V&R

Forschungen zur systematischen und ökumenischen Theologie

Herausgegeben von
Christine Axt-Piscalar, David Fergusson und Christiane Tietz

Band 172

Justus Geilhufe

Gnade als trinitarisches Sein

Bruce McCormacks Theologie in ihrer Entwicklung aus analytischer und konstruktiver Barthrezeption

Vandenhoeck & Ruprecht

Hans Böckler
Stiftung

Gedruckt mit freundlicher Unterstützung der Hans-Boeckler-Stiftung, der Evangelischen Kirche in Deutschland, der Union Evangelischer Kirchen, der Karl-Barth-Gesellschaft, der Nordkirche und der Evangelisch-Lutherischen Landeskirche Sachsens.

Bibliografische Information der Deutschen Nationalbibliothek:
Die Deutsche Nationalbibliothek verzeichnet diese Publikation in der Deutschen Nationalbibliografie; detaillierte bibliografische Daten sind im Internet über https://dnb.de abrufbar.

Wissenschaftlicher Satz: satz&sonders GmbH, Dülmen
Druck und Bindung: Hubert & Co BuchPartner, Göttingen
Printed in the EU

Vandenhoeck & Ruprecht Verlage | www.vandenhoeck-ruprecht-verlage.com

ISSN 0429-162X
ISBN 978-3-525-56731-9

Inhalt

1 Vorwort 9

2 Einleitung und Hinführung 11

2.1 Zielstellung und Aufbau der Arbeit 14

3 1989–1995: Aufstand gegen die Neo-Orthodoxie. McCormacks Neu-Interpretation der Entwicklung Barths bis 1936 . 17

3.1 Die Neo-Orthodoxie und von Balthasar: McCormacks erste grundsätzliche Überlegungen zu ihrem Verhältnis 17

3.2 Von Balthasars analytische Arbeit zur Genese der Barthschen Theologie 21

3.2.1 Von Balthasars Beziehung zu Barth 22

3.2.2 *Darstellung und Deutung*: Von Balthasars Barthstudie 23

3.3 McCormacks analytische Arbeit zur Genese der Barthschen Theologie 30

3.3.1 Erste Problematisierung der Barthanalyse von Balthasars durch Jüngel, Spieckermann und Beintker 30

3.3.2 McCormacks Weg zu einem neuen Paradigma der Barthanalyse 33

3.3.2.1 McCormacks Analyse der Theologie Barths im Zeichen der pneumatozentrischen Christologie 36

3.3.2.2 McCormacks Analyse der Theologie Barths im Zeichen der Christozentrik 46

3.3.2.3 McCormacks Vorschlag für ein neues Analyse-Paradigma der Arbeit Barths bis 1936 48

3.4 Zusammenfassung und Überleitung 49

4 1996–1999: Die Erwählungslehre als Schlüssel zu Barths reifer Theologie. McCormacks Interpretation der Entwicklung Barths im Lichte der Entscheidungen ab dem Jahr 1936 51

4.1 Gundlachs Arbeit zur *Kirchlichen Dogmatik* und ihre Bedeutung für McCormack 52

4.1.1 Gundlachs Analyse der Trinitätslehre Barths 55

4.1.2 Gundlachs Analyse der Erwählungslehre Barths 62

4.1.3 Gundlachs Analyse des Verhältnisses von Barths Trinitäts- und Erwählungslehre 68

4.1.4 Fazit 70
4.2 McCormacks Arbeit zur Theologie Barths im Anschluss an Gundlach und Goebel 71
4.2.1 McCormacks Konzept des epistemologischen „transfoundationalism“ bei Barth 73
4.2.2 McCormacks Konzept von der Wahrnehmbarkeit Gottes bei Barth 76
4.2.3 McCormacks Konzept der Erwählungslehre als Materialprinzip theologischer Arbeit bei Barth 78
4.3 Zusammenfassung und Überleitung 82

5 2000–2017 I: Gnade und Sein. McCormacks konstruktive Barthrezeption im Zeichen der Postmetaphysik 85

5.1 Die analytische und konstruktive Barthrezeption Eberhard Jüngels und ihre Rolle für McCormack 86
5.1.1 Jüngels analytische Arbeit zu den Grundlagen der Barthschen Gotteslehre 89
5.1.1.1 Jüngels Beziehung zu Barth 89
5.1.1.2 Jüngels Fokus auf Barths späte Theologie gegenüber der sozialistischen und liberalen Barthinterpretation 90
5.1.1.3 *Gottes Sein ist im Werden*: Jüngels Interpretation von Barths Gotteslehre 91
5.1.1.4 Die Vorgeschichte: Helmut Gollwitzers Debatte mit Herbert Braun über die göttliche Ontologie 92
5.1.1.5 Jüngels Interpretation der göttlichen Ontologie bei Barth: Sein im Werden 96
5.1.2 Jüngels konstruktive Barthrezeption 100
5.1.2.1 Jüngels postmetaphysische Wort-Gottes-Theologie 102
5.1.2.2 *Gott als Geheimnis der Welt*: Jüngels neue Christologie und ihr Einfluss auf die Gottes- und Trinitätslehre 105
5.1.2.3 Fazit: Jüngels Arbeit zur Ontologie Gottes und ihre Bedeutung für die Debatte um Gottes Sein und seine Konstitution 111
5.2 McCormacks konstruktive Barthrezeption 112
5.2.1 McCormacks konstruktive Arbeit zur göttlichen Ontologie im Anschluss an Barth 113

5.2.1.1 „Grace and Being“ – Die Ontologie der Gnade in McCormacks Lehre von Gott 113
5.2.1.2 McCormacks Neujustierung der Christologie im Anschluss an Barths Versöhnungslehre 118
5.2.1.3 „Barths grundsätzlicher Chalkedonismus?“ ... 120
5.2.1.4 „Participation in God: Yes; Deification: No“ .. 125
5.2.1.5 McCormacks Arbeit zu Barths Gotteslehre im Licht der rekapitulierten Christologie 132
5.2.1.6 McCormack über Barths christozentrisch entfaltete Lehre von der Trinität 136
5.3 Zusammenfassung und Überleitung 140

6 2000–2017 II: Gnadenwahl und Trinität. Die Debatte um McCormacks konstruktive Barthrezeption 143
6.1 Die Debatte um McCormacks konstruktive Barthrezeption als Teil zeitgenössischer angloamerikanischer Debatten 145
6.2 Hunsingers Arbeit zu Barth und seine Kritik an McCormack als Reflexion des Postliberalismus 147
6.2.1 Der Postliberalismus 148
6.2.2 Hunsingers analytische Barthrezeption 153
6.2.3 *How to read Karl Barth*: Der systematisch-theologische Ansatz der Barth-Studie Hunsingers 154
6.2.4 Hunsingers Interpretation der Barthschen Christologie 160
6.2.5 Hunsingers Interpretation der Barthschen Trinitätslehre 163
6.2.6 Fazit: Hunsingers Arbeit zur Grundlegung der Theologie, sowie Christologie und Trinitätslehre 165
6.3 Hunsingers Barthrezeption in Auseinandersetzung mit McCormacks Arbeit 166
6.3.1 „Election and the Trinity: Twenty-Five Theses on the Theology of Karl Barth“ 166
6.3.2 *Reading Barth with Charity*: Wohlwollende Interpretation gegenüber historisch arbeitender Theologie 171
6.3.3 Fazit: Hunsingers Kritik an McCormack 178
6.4 Molnars Kritik an McCormack 181

6.4.1 Der Hintergrund der Standpunkte Molnars 181
6.4.2 *Divine Freedom and the Doctrine of the Immanent Trinity* 182
6.5 Analysen der Beiträge Hunsingers und Molnars 184
6.6 McCormacks Reaktion auf seine Kritiker 188
6.6.1 Die direkte Reaktion auf Hunsinger: „25 Theses“ 188
6.6.2 Die direkte Reaktion auf Molnar: „Let's speak plainly“ 192
6.6.3 Die vorläufige Beendigung des Konflikts: McCormacks Kritik an Barth 194
6.7 Zusammenfassung und Überleitung 199

7 2017: McCormacks eigene Theologie. Ein Neustart mit Vorlauf ... 203

7.1 McCormacks neue Unabhängigkeit von Barth 204
7.2 Von Balthasars konstruktive Arbeit als Prägekraft von McCormacks Theologie 208
7.2.1 *Herrlichkeit*. Von Balthasars theologische Ästhetik und seine Bewusstseinschristologie als Anstoß für McCormacks exegetische Arbeit 210
7.2.2 *Theologie der drei Tage* und *Theodramatik*: Von Balthasars Theologie als Inspiration McCormacks und Gegenstand seiner Kritik 225
7.2.3 Fazit: Von Balthasars Arbeit und ihre Bedeutung für McCormacks Theologie 239
7.3 McCormacks Neustart 241
7.3.1 Psychologische Ontologie 242
7.3.1.1 McCormacks Weg zu einer eigenständigen Bewusstseinschristologie 246
7.3.1.2 McCormacks trinitarisch angelegte Re-Konzeptualisierung der Lehre von den göttlichen Attributen 254
7.3.1.3 Kritische Theologie 258
7.4 Zusammenfassung 266

8 Schluss 269

8.1 McCormacks analytische Barthrezeption 271
8.2 McCormacks konstruktive Barthrezeption 273
8.3 McCormacks Weg zu einer eigenen Theologie 275
8.4 ... und ihre Bedeutung für die Barthrezeption? 277

Bibliographie der Veröffentlichungen von Bruce Lindley McCormack 283

Literatur 291

1 Vorwort

Die vorliegende Arbeit ist eine leicht veränderte Fassung meiner im Wintersemester 2019/20 an der Theologischen Fakultät der Georg-August-Universität Göttingen eingereichten Dissertation.

Mein erster Dank gilt Frau Prof. Dr. Dr. h.c. Christine Axt-Piscalar. Ihre konzentrierte und anspruchsvolle Betreuung hat dieses Projekt vorangetrieben und geholfen, es zu einem erfolgreichen Abschluss zu führen. Ich danke ihr auch für die Erstellung des Erstgutachtens. Ebenso danke ich dem Zweitgutachter Prof. Dr. Martin Laube für die Übernahme des Zweitgutachtens. Dr. Matthias Gockel danke ich für die Mitarbeit im Betreuungsausschuss. Mit ihnen gilt es auch die Teilnehmer des Doktorandenkolloquiums von Frau Prof. Axt-Piscalar zu würdigen. Von ihnen und nicht zuletzt auch von meinem Göttinger Weggefährten Jan Reitzner habe ich über die Zeit der Abfassung meiner Dissertation entscheidende Impulse erhalten. Punktuell haben mich enorm voran gebracht zum einen Prof. Dr. Luigi Gioia OSB von der Universität St. Anselmo in Rom und zum anderen Prof. Dr. Alan Torrance vom St. Mary's College der University of St. Andrews, bei denen ich jeweils für eine Zeit während der Arbeit an meiner Dissertation studieren durfte. Auch Dr. Christopher Asprey, Dr. Dennis Stammer, Dr. Martin Brons und Dr. Julius Trugenberger waren mir hilfreiche Ratgeber.

Bruce McCormack selbst hat am Entstehen des nun vorliegenden Buches keinen Anteil. Während der Arbeit daran hatte ich keinen Kontakt mit ihm. So stellt das vorliegende Buch ausschließlich meine eigene Analyse seiner veröffentlichten Arbeiten dar und kann dementsprechend weder als von Bruce McCormack persönlich beeinflusst, bearbeitet, geschweige denn seinerseits genehmigt verstanden werden.

Finanziell ermöglicht wurde meine Arbeit durch das Studien- und später das Promotionsstipendium der Hans-Böckler-Stiftung. Nur durch diese Unterstützung konnte ich während des Studiums in Princeton beginnen, zu Bruce McCormack zu arbeiten und später eine Dissertation über sein theologisches Werk verfassen. Besonderer Dank gilt Wolfgang Nitsche, der mir oft eine große Stütze und ein warmherziger Freund war. Das Princeton Theological Seminary hat ebenfalls einen großen Anteil am Gelingen dieser Arbeit, hat es mich doch nicht nur bereits während meiner Studienzeit zu einem einjährigen Spezialstudium zugelassen, sondern dieses dazu auch noch großzügig finanziell unterstützt. Ebenfalls erwähnen muss ich jene, die mir bei der endgültigen Korrektur des Textes äußerst hilfreich zur Seite standen: Martin Höhl und Dr. Sven Ensminger. Für die Aufnahme meiner Arbeit in die Reihe *Forschungen zur systematischen und ökumenischen Theologie* danke ich den Herausgebern Prof. Dr. Dr. h.c. Christine Axt-

Piscalar, Prof. Dr. Christiane Tietz sowie Prof. Dr. David Fergusson. Für die Zusammenarbeit mit dem Verlag Vandenhoeck und Ruprecht danke ich Herrn Dr. Izaak de Hulster. Den Druck finanziell ermöglicht haben die Hans-Boeckler-Stiftung, die Evangelische Kirche in Deutschland, die Union Evangelischer Kirchen, die Karl-Barth-Gesellschaft, die Nordkirche und die Evangelisch-Lutherische Landeskirche Sachsens.

Ganz am Anfang dieses Projekts steht jedoch meine Freundschaft zu Dr. Andrew Peterson. Er hat mich mit der amerikanischen Theologie, der dortigen Barthforschung und damit letztlich auch mit McCormacks Arbeit vertraut gemacht. Durch ihn ist mir in McCormacks theologischem Werk eine kirchliche Dogmatik begegnet, von der ich mittlerweile überzeugt bin, dass sie eine theologische Existenz ein Leben lang im Dienst an der Kirche Jesu Christi zu tragen vermag. Was diese Kirche und der Dienst an ihr ist, das habe ich von meinen Eltern Wolfgang und Dr. Charlotte Geilhufe gelernt. Was diese Kirche und der Dienst an ihr zukünftig auch sein sollte, das lerne ich stets von meinem Bruder Martin und seiner Frau Dr. Isabella Miller. Diesen Dienst überhaupt ganz praktisch zu tragen, leistet meine Frau Anne täglich, und dafür bin ich ihr von Herzen dankbar.

S.D.G.

Freiberg, im August 2020 Justus Geilhufe

2 Einleitung und Hinführung

Im Jahr 1961 fiel es Karl Barth kurz nach seiner Emeritierung zu, noch ein weiteres Mal eine Vorlesung zu halten, die wenig später unter dem Titel *Einführung in die evangelische Theologie* erschien. Deren Gegenstand ist für Barth der „Gott des Evangeliums“[1], der „kein einsamer, sich selbst genügender und in sich selbst verschlossener, kein ‚absoluter‘ (zu deutsch: kein von Allem, was nicht er selbst ist, gelöster) Gott“[2] sei. Fast 40 Jahre nach Erscheinen der zweiten Auflage des für Barths Karriere ausschlaggebenden Römerbriefkommentars, in welchem Gott in seinem Sein als der ‚ganz Andere‘ expliziert wurde, machte Barth nun also deutlich, dass dieser nicht daran gebunden sei, „nur eben der oder das ‚ganz Andere‘ zu sein.“[3] Vielmehr ist Gottes Sein für Barth jetzt nicht mehr abgesehen von seiner „Selbstkundgebung in seiner Menschenfreundlichkeit“[4] darstellbar.

Die Bedeutung, die Barth dem Zusammensein Gottes mit den Menschen in Jesus Christus zumaß, nahm im Laufe seiner akademischen Lehrtätigkeit dergestalt zu, dass er an deren Ende in eben genannter Vorlesung anmerkt, sein Fach könnte von Theologie in „Theantropologie“[5] umbenannt werden. Eben eine solche „Theantropologie“ lässt der presbyterianisch-reformierte Theologe Bruce McCormack in seinen, für die Barth-Forschung wie auch für die zeitgenössische Christologie und Gotteslehre maßgeblichen Texten, (wenn auch nicht explizit) erste Gestalt annehmen. Er beantwortet im Anschluss an Barth eigenständig eine Reihe von grundlegenden Fragen, die sich im Angesicht von Gottes Hinwendung zum Menschen, die Barth als ewige „Selbstbestimmung“ Gottes in Jesus Christus bezeichnet, stellen. Indem er versucht, diese konsequent christozentrisch zu erarbeiten, verdeutlicht er die Relevanz christologischer und trinitarischer Fragestellungen für den heutigen theologischen Diskurs.

McCormacks historisch angelegte Barth-Analyse *Theologische Dialektik und kritischer Realismus* von 1995 hat zunächst das vorherrschende Paradigma der analytischen Barth-Rezeption mit dem Hinweis auf die zentrale Rolle der von Barth christozentrisch entfalteten Erwählungslehre grundlegend in Frage gestellt. Mit dem Barth konstruktiv nachvollziehenden Artikel „Grace and Being“ aus dem Jahr 2000 hat er die Anlage der trinitarischen Gotteslehre durch die Vorordnung der Erwählungslehre transformiert. In

1 Barth, *Einführung*, S. 16.
2 Ebd.
3 Ebd., S. 18.
4 Ebd., S. 18.
5 Ebd.

dem 2017 veröffentlichten Artikel „Immutability, (Im)passibility and Suffering" kündigt er mit der Ineinssetzung von Erwählung und trinitarischer Selbstkonstitution Gottes einen theologischen Neustart an, der zumindest im Kontext der angelsächsischen Welt auf den ersten konsequent trinitarisch angelegten dogmatischen Entwurf des 21. Jahrhunderts hoffen lässt.[6]

Vor allem das Verdienst McCormacks um die Forschung zu Barth schien früh offenkundig zu sein. So erhielt er bereits im Jahr 1998, nur neun Jahre nach seiner Promotion, den renommierten Karl-Barth-Preis durch die *Evangelische Kirche der Union*. In seiner *Laudatio* zu diesem Anlass sagte der deutsche Theologe Eberhard Jüngel:

> Mit der Verleihung des Karl-Barth-Preises an Bruce Lindley McCormack überschreitet die EKU weit ihre geographischen Grenzen – so wie sie ja mit der Vergabe desselben Preises an Hans Küng und Karl Lehmann bereits die konfessionellen Grenzen bewußt und gezielt überschritten hat. Die EKU war in der Ökumene – in der recht verstandenen Ökumene – immer einen Schritt voraus.[7]

In der Tat verschob diese Anerkennung der Arbeit McCormacks den Fokus eines Teils der akademisch- wie auch kirchlich-theologischen Öffentlichkeit Deutschlands auf das Wirken eines Systematikers aus dem angloamerikanischen Sprachraum. McCormack, der 1989 am *Princeton Theological Seminary* mit seiner Arbeit zur Entwicklung der Theologie Barths mit *summa cum laude* promoviert wurde, hatte zunächst in Edinburgh, dann ab 1991 in Princeton gelehrt. Mit der Vergabe des Karl-Barth-Preises für seine Analyse der theologischen Entwicklung des Basler Theologen erkannte die deutsche Barth-Forschung zum ersten Mal die Leistung eines nichtdeutschsprachigen Barth-Forschers mit dieser Auszeichnung an.

Wenngleich Jüngels zitierte Rede mit Sicherheit ironische Zwischentöne aufweist, wirkt sie doch was den deutschen Kontext anbelangt im Rückblick eher wie ein gewagter Vorgriff als wie eine Zustandsbeschreibung der hiesigen kirchlichen und auch akademischen Theologie. In der Tat hat McCormacks analytische wie auch konstruktive Arbeit mit ihrem trinitätstheologisch ermöglichten Fokus auf Gottes Selbstbindung an die Menschheit Jesu bisher kaum Nährboden im Lehrbetrieb der deutschen Fakultäten, Akademien oder Seminare gefunden. Eher im Gegenteil hat seine konsequent christozentrische Theologie trotz Erhalt des besagten Preises wie auch der Ehrendoktorwürde der Theologischen Fakultät der

---

6 Den ersten systematischen Entwurf dieses Jahrhunderts hat in der angelsächsischen Welt Katherine Sonderegger vorgelegt. Dessen 2015 erschienener erster Band *The Doctrine of God* legt jedoch den Fokus in maßgeblicher Art und Weise auf die Einheit Gottes und gerade nicht auf seine Trinität.

7 Jüngel, „Laudatio", S. 283.

Friedrich-Schiller-Universität Jena im Jahr 2004 für die Arbeit deutscher Dogmatiker, seien sie Barthianischer Prägung oder nicht, kaum Wirkung entfalten können.[8]

In Folge dessen ist McCormacks Verständnis des Barthschen Hauptwerks *Kirchliche Dogmatik* als einer bis hin zu substantiellen Brüchen in Entwicklung begriffenen systematischen Nachbetrachtung der umfänglichen Selbstoffenbarung Gottes in Jesus Christus nicht allgemein akzeptiert. Auch, dass sich aus Barths von der Erwählungslehre geprägten, reiferen Ausführungen weitgehende Implikationen ergeben, die mit Barth selbst nicht unmittelbar formuliert werden können, ist genauso wenig anerkannt. McCormacks eigenständige dogmatische Arbeit wird als solche derzeit überhaupt nicht wahrgenommen. Bisher gilt der Beitrag des Princetoner Theologen zur Barth-Forschung als ein lediglich analytischer Interpretationsansatz unter vielen.

---

8 Selbstverständlich ist die Prämierung eines theologischen Standpunktes generell möglich, ohne ihn zum allgemein gültigen zu erklären. Es ist dennoch augenfällig, dass gerade namhafte deutschsprachige Theologen Barthianischer Prägung, die mit McCormacks Arbeit gut vertraut sind, im Hinblick auf das Verständnis der Barthschen Trinitätslehre bis heute den McCormack exakt entgegengesetzten Weg einschlagen. Neben Ernstpeter Maurer oder Georg Plasger lässt sich hier Christian Link beispielhaft nennen. Seine Arbeit bringt Barths Trinitätslehre im Hinblick auf die Schöpfungslehre dergestalt in Anschlag, dass sie sogar eine „natürliche Theologie" ermöglichen soll. Link macht in seiner Auseinandersetzung mit der natürlichen Theologie in Werken wie *Schöpfungstheologie angesichts der Herausforderungen des 20. Jahrhunderts* oder *Die Welt als Gleichnis* deutlich, dass das zentrale *theologoumenon* für die schlussendliche Annäherung an die von Barth stets abgelehnte natürliche Theologie bezeichnenderweise die Barthsche Trinitätslehre sein soll. Link versteht deren Explikation in Barths *Kirchlicher Dogmatik* so, dass Barth an der eindeutigen Unterscheidung zwischen immanenter und ökonomischer Trinität stets festhält. Link erinnert an Barths Feststellung im Band II/1 der *Kirchlichen Dogmatik*: „Gott geht nicht auf in seinem Sichbeziehen und Sichverhalten zur Welt und zu uns" (S. 292). Daraus schließt Link Weitgehendes im Hinblick auf den Offenbarungscharakter der Schöpfung: Indem Gottes Sein an sich von seinem offenbaren Handeln an uns in Jesus Christus mit Hilfe der Trinitätslehre unterschieden wird, reduziert sich seine Geschichte gerade nicht auf die des „historischen Jesus, auf die *wir* von einem dritten Ort zurückblicken" (S. 176), sondern kann als dreifaltiges Verhalten Gottes an der gesamten Geschichte der Schöpfung expliziert werden. Daraus folgt für Link, dass die Schöpfung nicht nur Ort der konkreten Offenbarung Gottes in seiner *oikonomia* in Jesus Christus ist, sondern vor allem auch auf Gottes Zukunft, wie sie in seiner *koinonia* garantiert wird, bezogen ist. So schreibt Link mithilfe der Barthschen Trinitätslehre und des Begriffs des Gleichnisses in *Die Welt als Gleichnis* der Schöpfung die Fähigkeit zu, Zeugnis der verborgenen Gegenwart von Gottes Zukunft zu sein. Dabei bezieht er sich auf Barths Trinitätslehre aus den ersten Bänden der *Kirchlichen Dogmatik*, deren betonte Unterscheidung von immanenter und ökonomischer Trinitätslehre ihm dazu dient, die Schöpfung im Horizont der göttlichen Zukunft zu interpretieren. Siehe: Link, *Die Welt als Gleichnis*.

2.1 Zielstellung und Aufbau der Arbeit

Dass sowohl die analytische wie auch die konstruktive Barth-Rezeption und die eigenständige Arbeit des 1952 im US-amerikanischen Bundesstaat Indiana (Geburtsort: Peru) geborenen McCormack derzeit in Deutschland selten rezipiert wird, kann natürlich an seiner amerikanischen Herkunft und dem auch dort angesiedelten Wirkungsfeld liegen. Bis heute spielt die US-amerikanische Theologie eine tendenziell untergeordnete Rolle für deutsche Theologinnen und Theologen, was daran liegen mag, dass ihr ein oftmals ganz anderer Charakter zueignen ist als der deutschen: Zum einen gibt es dort nicht die Tradition einer zweiten Qualifikationsschrift, zum anderen spielt die konfessionelle Prägung der jeweiligen Theologinnen und Theologen, wie auch ihrer Bildungsinstitutionen eine weitaus stärkere Rolle als in Deutschland und nicht zuletzt ist die dortige akademisch-theologische Landschaft aus verschiedensten Gründen diverser als hier.

Neben diesen allgemein gültigen Faktoren sind aber auch noch spezifische zu betrachten. Zunächst ist festzustellen, dass in Deutschland bisher kaum wahrgenommen wird, dass ein wichtiger Teil von McCormacks Arbeit als Standortbestimmung innerhalb eines Streits zwischen Barth-Forschern entstanden ist. Dabei ist McCormacks Arbeit über einen Zeitraum von mindestens 11 Jahren (2006–2017) regelmäßig Beitrag zu einer Debatte mit George Hunsinger und Paul Molnar. Betrachtet man seine Texte aus diesem Zeitraum von jener Auseinandersetzung isoliert, birgt dies die Gefahr, dass ein wichtiger Teil von McCormacks Forschungsergebnissen nicht angemessen betrachtet wird.

Dazu kommt, dass aufgrund eines hierzulande nicht seltenen Ineinanders von Barth-Analyse und eigenen Standpunkten McCormacks konstruktive Arbeit im Anschluss an Barth hier noch nicht ausreichend von seiner Barth-Analyse unterschieden wird.[9] Infolgedessen geraten viele eigenständige Schlussfolgerungen aus seiner historisch angelegten Arbeit zum Werk des Basler Theologen oft von vornherein aus dem Blickfeld. McCormacks

9 Hier offenbart sich ein grundlegender Nachteil jeglicher Schulbildung im theologischen wie außertheologischen Bereich: Nicht selten herrscht das Selbstbild, die eigene Forschung, in diesem Fall zu Barth, sei die unmittelbare Wiedergabe Barthscher Gedanken, ohne, dass dies noch einmal selbstkritisch geprüft wird. Die Folge davon ist der Verzicht auf eine für Leserinnen und Leser hilfreiche Kennzeichnung der eigenen Standpunkte gegenüber denen Barths. Exemplarisch für diesen nicht seltenen Verzicht kann Michael Trowitzschs Bemerkung aus *Karl Barth heute* angeführt werden, die lautet: „Auf Trennschärfe zwischen der Wiedergabe seiner [Barths] Auffassungen und eigenen Überlegungen soll […] keinerlei Wert gelegt werden." Siehe: Trowitzsch, *Karl Barth heute*, S. 37.

Arbeit ist jedoch spätestens seit dem Jahr 2000 ein Ensemble analytisch-konstruktiven Arbeitens, dem es sowohl um die möglichst genaue Analyse des Zustandekommens und Hintergrundes eines theologischen Standpunktes, wie auch um die Formulierung eines daran anschließenden, möglicherweise überzeugenderen theologischen Arguments geht.

Nicht zuletzt gibt es entscheidende Prägungen McCormacks. Einmal ist er Schüler Daniel Migliores, der lange am *Princeton Theological Seminary* gelehrt hat. Dazu haben ihn laut eigener Aussage Arbeitsgruppen wie beispielsweise eine mit dem damaligen Basler Oberassistenten Niklaus Peter[10] und eine spätere in Princeton mit Robert Jenson[11] beeinflusst. Dazu kommen nach meinem Dafürhalten systematisch nachvollziehbare Impulse durch Jüngel und Hans Urs von Balthasar, sowie ein Denkanstoß durch Thies Gundlach und Hans-Theodor Goebel. Diese Vier haben eine für McCormack bedeutsame Atmosphäre analytisch-konstruktiven Denkens im Anschluss an Barth geschaffen, ohne die seine Arbeit in meinen Augen nicht verständlich ist.

Dieses Buch soll eine Einführung in McCormacks Denken geben, welche die eben genannten Aspekte berücksichtigt. Die dabei leitende These ist, dass sich McCormacks Arbeit in analytische, konstruktive und eigenständige Phasen unterteilen lässt. Zugleich soll dargelegt werden, dass sich in Bezug auf diese Phasen prägende Vordenker ausmachen lassen und ihre Prägung in der Arbeit des Princetoner Theologen systematisch nachvollziehbar ist.

Das dritte Kapitel der vorliegenden Arbeit gibt einen Einblick in McCormacks analytische Arbeit, allen voran in Inhalt und Ziel seiner 1989 eingereichten Dissertation, welche 1995 in erweiterter Form unter dem Titel *Karl Barth's Critically Realistic Dialectical Theology. Its Genesis and Development 1909–1936* veröffentlicht wurde. Dieses Werk zeichnet sich dadurch aus, dass es nicht nur eine detailreiche Analyse der Entwicklung Barths bis in das Jahr 1936 ist sondern, dass McCormack darin zuvörderst versucht, die sogenannte neo-orthodoxe Barth-Rezeption und damit ein Stück weit auch die gesamte sogenannte Neo-Orthodoxie kritisch zu hinterfragen. Da diese kritische Analyse McCormacks durch die Neubetrachtung der Barthschen Christologie ermöglicht wird, stellt die Christologie zusammen mit der Gotteslehre, in welcher die meisten Implikationen dieser Neubetrachtung ihren Niederschlag finden, den *focus imaginarius* der vorliegenden Arbeit dar.

Das vierte Kapitel zeichnet McCormacks zweite von 1996 bis 2000 andauernde Phase analytischen Arbeitens nach. Hier erarbeitet er sich im

---

10 Vgl. McCormack, *Orthodox and Modern*, S. 9.

11 Vgl. McCormack, „Jenson", S. 3.

Anschluss an Entdeckungen Gundlachs und Goebels eine neue Sicht auf Barths Arbeit seit seiner Zeit in Göttingen. Gundlach macht im Hinblick auf Barths *Kirchliche Dogmatik* die Beobachtung, dass deren Erwählungslehre eine kritische Korrektur der zuvor in ihr dargelegten Trinitäts- und Gotteslehre darstellt. Goebel verweist diesbezüglich auf die zentrale Rolle, die die Erwählunglehre für die Entfaltung anderer *loci* hat. McCormack versteht die Erwählungslehre daraufhin als Fluchtpunkt der gesamten Arbeit Barths seit seinem Bruch mit der liberalen Theologie und stellt in dieser zweiten Phase nun eine systematische *Relecture* eben dieser vor.

McCormacks dritte Phase theologischen Arbeiten ist die erste konstruktive. Sie wird Gegenstand des fünften Kapitels dieses Buches sein. In dem Text „Grace and Being" aus dem Jahr 2000 formuliert der Princetoner Theologe die These, dass im Rahmen von Barths Theologie nach der Erwählungslehre Gottes Sein als trinitarisches durch den Akt der Erwählung konstituiert ist. Diese These ist die Weiterführung der analytisch-konstruktiven Barth-Rezeption Jüngels, die in ihrer Prägekraft für McCormack zu Beginn des Kapitels nachvollzogen wird. Im Anschluss daran werde ich darlegen, welche Konsequenzen die theologische Vorordnung der Erwählung vor die Trinität aus McCormacks Sicht hat. Diese zeichnet er in den Jahren 2000–2017 als Arbeit mit Barth und über Barth hinaus nach.

Das sechste Kapitel gibt einen ersten Einblick in die Debatte, die sich um McCormacks konstruktive Arbeit ab dem Jahr 2000 entfaltet. Die beiden Dogmatiker George Hunsinger und Paul Molnar greifen McCormack für seine These von der theologischen Priorisierung der Erwählungslehre scharf an. Dabei ergibt sich ein Jahre andauernder Streit, der zu einer erheblichen Textproduktion einerseits, aber vor allem zu einer Klärung der jeweiligen Standpunkte andererseits führt.

Im Zentrum des siebten Kapitels dieser Arbeit steht der Essay „Immutability, (Im)passibility and Suffering" aus dem Jahr 2017. Dieser Text beendet McCormacks Streit mit seinen Kollegen, da McCormack darin einen theologischen Neustart ankündigt. Dieser ist nach seinem Dafürhalten notwendig, weil Barths Theologie die gänzliche und systematische Vorordnung der Erwählungslehre aus seiner Sicht letzten Endes nicht zulässt. Zu viele Festlegungen, gerade aus der Gotteslehre, stehen dem laut McCormack entgegen. Die sich aus diesen Festlegungen ergebenden Spannungen veranlassen ihn dann also nach je zwei Phasen analytischen und konstruktiven nun eine erste Phase eigenständigen Arbeitens einzuläuten, die von Balthasars Dogmatik als Prägekraft offenbart.

Den Abschluss dieser Arbeit bildet ein kurzes Schlusskapitel, gefolgt von einem tabellarischen Lebenslauf McCormacks und einer vollständigen Bibliographie seiner Arbeiten bis in das Jahr 2019.

3 1989–1995: Aufstand gegen die Neo-Orthodoxie. McCormacks Neu-Interpretation der Entwicklung Barths bis 1936

McCormacks theologische Arbeit nimmt ihren Anfang mit seiner am *Princeton Theological Seminary* eingereichten Dissertationsschrift *A Scholastic of a Higher Order*. Diese befasst sich zunächst mit der Entwicklung der Barthschen Theologie von 1921 bis in das Jahr 1931. Sie wird 1995 in erheblich erweiterter Form unter dem Titel *Karl Barth's Critically Realistic Dialectical Theology. Its Genesis and Development 1909–1936* veröffentlicht.[1]

Mit diesem Text tritt McCormack zuerst als analytisch arbeitender Theologe in Erscheinung. Dabei ist seine Dissertation insofern bemerkenswert, dass sie nicht nur eine mit *summa cum laude* ausgezeichnete akademische Qualifikationsschrift, sondern darüber hinaus auch eine theologische Stellungnahme darstellt. McCormacks Untersuchung ist nämlich nicht weniger als ein Aufstand gegen die sogenannte neo-orthodoxe Barth-Lesart, die ihre Schlüsse in McCormacks Augen vorrangig aus von Balthasars Paradigma der Barth-Interpretation zieht. Der katholische Theologe hatte die Auffassung geprägt, Barths theologische Entwicklung zeichne eine zweite Wendung von der Dialektik hin zu Analogie aus. Mit der Infragestellung dieses Paradigmas greift McCormack auch die Neo-Orthodoxie an und betritt damit die Bühne amerikanischer und internationaler Barth-Forschung.

3.1 Die Neo-Orthodoxie und von Balthasar: McCormacks erste grundsätzliche Überlegungen zu ihrem Verhältnis

McCormacks historisch-analytische Auseinandersetzung mit von Balthasar zielt laut eigenem Bekunden auf die Infragestellung der analytischen Grundlagen der neo-orthodoxen Barth-Lesart.[2] Diese sah laut McCormack – durch von Balthasars These von einer Barthschen Abwendung vom dialektischen Denken motiviert – in dessen späterer Arbeit zuvörderst die Repristination altkirchlicher beziehungsweise reformatorischer Standpunkte und übersah dabei nach McCormacks Dafürhalten die modernen und vor allem kritischen Elemente von Barths reifer Theologie. Indem Mc-

1 2006 erschien sie auch in einer von Matthias Gockel ins Deutsche übertragenen Ausgabe mit dem Titel *Theologische Dialektik und kritischer Realismus – Entstehung und Entwicklung von Karl Barths Theologie 1909–1936*. Aus ihr wird im Folgenden zitiert.

2 Vgl. McCormack, *Theologische Dialektik*, S. 11.

Cormack sich bemüht dieser Lesart nachzuweisen, dass sie in ihrer Analyse der Barthschen Theologie falsch liegt, versucht er, der Neo-Orthodoxie Barth als Gewährsmann zu entziehen.

Was genau verbirgt sich aber hinter dem Phänomen, das McCormack als „Neo-Orthodoxie" bezeichnet und dem er sich so vehement widersetzt? Laut Garry Dorrien sind damit, wie er in seinem Buch *The Barthian Revolt in Modern Theology* schreibt, eine Vielzahl von Theologien aus dem angloamerikanischen Sprachraum gemeint, die alle in einer gewissen Hinsicht ihren Ursprung im von Emil Brunner und Reinhold Niebuhr flankierten Barthschen Gegenentwurf zur liberalen Theologie haben.[3] Die Wortschöpfung „Neo-Orthodoxie" deutet dabei laut Dorrien auf deren Geltendmachung reformatorischer Einsichten unter Zuhilfenahme moderner Denk- und Sprachformen hin.[4]

Prominente Vertreter der Neo-Orthodoxie waren Alan Richardson, William Hordern und Paul Minear, die alle im Rückgriff auf Barth, der selbst seine Theologie nie so bezeichnet hatte (jedoch unbestreitbar sowohl Glaube als auch Offenbarung zu zentralen Themen seiner Theologie erklärt hatte), ein zunehmend antimodernistisches Verständnis seiner Theologie vertraten.[5] Dabei verloren sie laut Dorrien, der mit Hermann Diem und Otto Weber auch deutsche Vertreter der Neo-Orthodoxie ausmacht, bald ihre Verbindung zu den Inhalten der Arbeit Barths und konzentrierten sich auf klassisch reformatorische und teilweise auch altkirchliche dogmatische Entscheidungen.[6]

Dorrien verweist angesichts dieser Entwicklung darauf, dass Barth den Vertretern der Neo-Orthodoxie vor allem für den Rückgriff auf vormoderne dogmatische Überlegungen Anwalt zu sein schien, während Barths Theologie als solche immer weniger Einfluss auf ihre Arbeit hatte.[7] Bei späten Vertretern der Neo-Orthodoxie im angloamerikanischen Kontext, wie beispielsweise dem Niebuhr-Schüler Langdon Gilkey, spielte dann laut Dorrien nur noch die Verbreitung neo-orthodoxer Standpunkte eine Rolle und die Barth-Rezeption war bei Theologen wie ihm seiner Einschätzung

3 Vgl. Dorrien, *Revolt*, S. 7.

4 Vgl. ebd., S. 7.

5 Vgl. Jäggi, *Neoorthodoxie*, S. 97.

6 Dorrien verweist in diesem Zusammenhang auf folgende Werke der genannten Autoren: Richardson, *Christian Apologetics*, SCM Press, London, 1947., Hordern, *The Case for a New Reformation Theology*, Westminster Press, Philadelphia, 1959., Minear, *Eyes of Faith: A Study in the Biblical Point of View*, Westminster Press, Philadelphia, 1946., Diem, *Dogmatik: Ihr Weg zwischen Historismus und Existenzialismus*, Chr. Kaiser Verlag, München, 1955., Weber, *Grundlagen der Dogmatik, I*, Neukirchen, Verlag der Buchhandlung des Erziehungsvereins, 1955.

7 Vgl. Dorrien, *Revolt*, S. 9.

nach beendet.[8] Letzten Endes zeigt Dorrien in *The Barthian Revolt in Modern Theology*, dass die neo-orthodoxen oder auch „neureformationistischen“[9] Theologien sowohl im angloamerikanischen wie auch im deutschen Kontext durch die politischen Umwälzungsprozesse und den mit ihnen einhergehenden theologischen Entwürfen der „Gott-ist-tot“-Theologie und später dann der Befreiungstheologie schnell an Einfluss verloren.[10]

Der von Dorrien diagnostizierte Niedergang neo-orthodoxer Theologien änderte laut McCormack wenig am Charakter der angloamerikanischen Barth-Rezeption. Hier behielt die neo-orthodoxe Analyse seiner Meinung nach ihren Einfluss und betrachtete das Werk Barths im Sinne einflussreicher Einschätzungen, wie jener Ferdinand Kattenbuschs, vom dem McCormack folgende, für die neo-orthodoxe Barth-Analyse seiner Meinung nach verheerende Betrachtung zitiert:

> [Barth] will ‚Orthodoxer‘ sein, die Linie festhalten, der die Theologie bis zum Dämmern der ‚Aufklärung‘, des ‚Rationalismus‘ folgte. Auf ihr will er das in die Theologie einfügen, was die reformierten und lutherischen Orthodoxen an Bibel, Bekenntnis, Dogma nicht zu seinem Rechte haben kommen lassen. Also das ‚Mittelalterliche‘, ‚Altkirchliche‘, soweit ein Luther und Calvin es fortsetzen, soll bleiben, weiter genützt werden.[11]

In *Theologische Dialektik und kritischer Realismus* macht McCormack deutlich, dass die neo-orthodoxen Fehleinschätzungen nicht nur die dogmatischen Grundentscheidungen Barths, sondern auch seine Methode betreffen. Diesbezüglich verweist er auf den aus Nazi-Deutschland emigrierten und in den USA dann einflussreichen Theologen Paul Tillich, der die neo-orthodoxe Barth-Rezeption ähnlich stark wie Kattenbusch beeinflusste:

> Tillich sah in Barth einen ‚kerygmatischen Theologen‘, der die Inhalte seiner Theologie nur von der Bibel (und vielleicht noch von den Bekenntnissen) herleiten wollte, ohne Berücksichtigung der ‚Situation‘. Insofern die ‚Situation‘ in Barths Methode nicht systematisch integriert war, wurde diese [laut Tillich] zu einer ‚neo-orthodoxen‘ Methode, die der ‚Repristination‘ diente.[12]

Da Tillichs *Systematische Theologie* bald ins Deutsche übersetzt wurde, prägte sie auch im deutschen Sprachraum ein neo-orthodoxes Bild von Barth.[13]

---

8 Vgl. ebd., S. 9.

9 (eigene Übersetzung) ebd., S. 9.

10 Vgl. ebd., S. 9.

11 Kattenbusch, *Theologie*, S. 46.

12 McCormack, *Theologische Dialektik*, S. 46.

13 David Jäggi bestätigt diese Einschätzung McCormacks im Hinblick auf die Interpretation der Barthschen Methodik. Auch aus seiner Sicht wurde Barths Vorstoß im Römerbrief-

Die Folgen der neo-orthodoxen Lesart waren laut McCormack in der angloamerikanischen Welt für die Rezeption der Arbeit Barths, vor allem seines Werkes *Kirchliche Dogmatik*, verheerend:

> Es ist seit langem bekannt, dass Nordamerika und England keinen fruchtbaren Boden für eine tiefgehende Rezeption von Barths Theologie boten. Es verdichten sich jedoch die Hinweise, dass selbst innerhalb der sehr kleinen Gruppe von Theologen, die in den 1920er und 1930er Jahren als Anhänger Barths in der englischsprachigen Welt gelten konnten, die Theologie Barths nur teilweise akzeptiert wurde. Viele zentrale Fragen seiner frühen Theologie (z.B. der ‚unendliche qualitative Unterschied' zwischen Zeit und Ewigkeit oder zwischen Gott und Mensch, die alleinige Normativität der Selbstoffenbarung Gottes in Jesus Christus, die Ablehnung der natürlichen Theologie, die Liebe zu Paradoxa und Dialektik) erwiesen sich einfach als unannehmbar. Eine enorme kulturelle Übersetzungsleistung war erforderlich, um Barths Theologie zu assimilieren. [...] Der Barth, der in der anglo-amerikanischen Welt rezipiert wurde, war also ein Barth ohne seine dialektischen Ursprünge. Der Barth, der zu den Gründern der ‚Neo-Orthodoxie' in der anglo-amerikanischen Welt gerechnet wurde, war selbst das Produkt einer ‚neo-orthodoxen' Lesart. Diese Lesart wurde in den 1950er Jahren durch die Übernahme von von Balthasars These einer zweiten Kehrtwende in Barths Entwicklung bloß unterstrichen. Bis zum heutigen Tag ist die ‚neo-orthodoxe' Interpretation in der englischsprachigen Welt vorherrschend.[14]

Laut McCormack wäre die neo-orthodoxe Barth-Lesart gerade in Bezug auf das Barthsche Hauptwerk jedoch nie so einflussreich geworden, wenn es nicht im Jahr 1951 die von von Balthasar vorgestellte These von einer „Wendung zur Analogie"[15] bei Barth gegeben hätte.[16] Indem der katholische Dogmatiker in seiner Untersuchung *Karl Barth. Darstellung und Deutung seiner Theologie* der reifen Theologie Barths eine Rückkehr zum analogischen Denken unterstellte,[17] leistete er in McCormacks Augen einer zunehmend vormodern arbeitenden Interpretation von dessen Entwurf erheblichen Vorschub. Laut McCormack wurde diese dann vor allem von Hans Frei und Thomas F. Torrance in der englischsprachigen Theologie verbreitet, sodass die „Idee, dass Barths Buch über Anselm eine mehr oder weniger radikale Abkehr von der dialektischen Theologie des zweiten Rö-

kommentar wie auch in seinem *opus magnum* zunehmend als konservative Reaktion auf die historisch-kritische Methode und ihre Infragestellung der Schriftautorität verstanden (S. 97). Da Barth den Glauben an die biblische Geschichte von der historischen Analyse des biblischen Wortes zu trennen schien, glaubte die Neo-Orthodoxie laut Jäggi nun mit Barth ein weitestgehend wörtliches Verständnis der Bibel vertreten zu können (S. 103). Siehe: Jäggi, *Fundamentalismus contra ‚Neo-Orthodoxie'*

14 McCormack, *Theologische Dialektik*, S. 44.

15 Balthasar, *Karl Barth*, S. 93.

16 Vgl. McCormack, *Theologische Dialektik*, S. 11.

17 Vgl. Balthasar, *Karl Barth*, S. 101.

merbriefs repräsentierte, von englischsprachigen Interpreten als eines der sichersten Ergebnisse der Barth-Forschung betrachtet“ [18] wurde.

Dieser Barthrezeption hat McCormack mit seiner Dissertation und dem sich an sie anschließenden Buch *Theologische Dialektik und kritischer Realismus* ein alternatives Interpretationsparadigma gegenübergestellt. Mit ihm will er zeigen, dass Barths Theologie vor allem durch die Konzentration auf neue materialdogmatische Themen einen Wandel unterläuft, der aber den dialektischen und vor allem kritischen Charakter seiner Theologie nicht verschwinden lässt. Damit soll der Vorherrschaft der neo-orthodoxen Barth-Lesart ein Ende gesetzt und die innovativen Elemente seines Denkens zum Vorschein gebracht werden.

In der Betonung der Entwicklung der Barthschen Theologie ist jedoch auch McCormack durch von Balthasar geprägt.[19] Die Analyse des katholischen Theologen bildet, auch wenn er sich von ihr letztlich in Teilen distanziert, ebenfalls die Grundlage für McCormacks langjährige Arbeit zu Barth, die mit seiner erweiterten, unter dem Titel *Theologische Dialektik und kritischer Realismus* veröffentlichten, Dissertation ihren Anfang nimmt.

3.2 Von Balthasars analytische Arbeit zur Genese der Barthschen Theologie

Von Balthasar hat sich früh und intensiv mit der Arbeit Barths, vor allem mit seiner *Kirchlichen Dogmatik* befasst. Bereits sein 1937 erschienenes Werk *Apokalypse der deutschen Seele* enthielt ein Kapitel über Barth.[20] Ab 1938 veröffentlichte er dann eine Reihe von Rezensionen sowie Artikel über seinen Schweizer Kollegen.[21] Mit *Karl Barth: Darstellung und Deutung seiner Theologie* lieferte der katholische Theologe 1951 die erste systematische Studie zu der Genese der Barthschen Theologie, deren Wirkungsgeschichte auf die Forschung zu Barth bis heute anhält.

18 McCormack, *Theologische Dialektik*, S. 30.

19 Vgl. ebd., S. 31.

20 Vgl. Long, *Saving*, S. 10.

21 Long verweist hier unter anderen auf von Balthasars Rezension von Helmuth Thielickes *Die Krisis der Theologie*. In Longs Augen beschäftigt sich dieser Text weitaus mehr mit Barth als mit Thielicke, womit er aus seiner Sicht als erster Artikel von Balthasars bezüglich Barth gelten kann. Siehe: Long, *Saving Karl Barth*, S. 38.

3.2.1 Von Balthasars Beziehung zu Barth

Die persönliche Beziehung zu Barth begann im Jahr 1940 mit von Balthasars Rückkehr in die Schweiz.[22] Manfred Lochbrunner hat in seinem Buch *Hans Urs von Balthasar und seine Theologenkollegen* gezeigt, wie von Balthasar eine persönliche Begegnung mit Barth regelrecht herbeigesehnt hatte. Bis auf den 25. April 1940 dokumentiert Lochbrunner eine persönliche Korrespondenz zwischen den beiden, die dann, wie er zeigt, bis zum 31. Juli 1968 angehalten hat.[23]

Am 29. April des Jahres 1940 kam es zu einer ersten persönlichen Begegnung. Von Balthasar hatte den Band II/1 des Werkes *Kirchliche Dogmatik* zuvor „mit größtem Interesse"[24] gelesen und sich seit seinem Umzug in die Schweiz die Möglichkeit erhofft, mit Barth darüber sprechen zu können.[25] Dieses und manche andere Gespräche, welche sich oft genug mit Fragen der Gotteslehre beschäftigten, fanden dann im Rahmen einer Vielzahl an persönlichen Begegnungen im Laufe der nächsten Jahrzehnte statt.[26]

Der Austausch blieb aber, wie zu erwarten war, kein privater. 1941 lud Barth von Balthasar in sein Seminar über das Konzil von Trient ein. Von Balthasar hielt daraufhin seinerseits in den Jahren 1948/49 Vorlesungen über Barth und den Katholizismus. Barth verfolgte angesichts dieses bemerkenswerten Engagements von Balthasars in Bezug auf seine Theologie mit großer innerer Anteilnahme die Reaktionen der katholischen Amtskirche auf dessen Arbeit. Bereits 1951 war wegen der Diskussion um die im nächsten Abschnitt vorgestellte *Nouvelle Théologie* die Enzyklika *Humani Generis* veröffentlicht worden, welche die Situation für alle Theologen, die sich, wie es bei von Balthasar der Fall war, nicht den Zielen und der Methode der thomistisch geprägten Neuscholastik verschrieben hatten, angespannt werden ließ.[27] Darüber hinaus nahm Barth auch innerlich Anteil an der Diskussion um die Legalität oder Illegalität des Jesuitenordens in der Schweiz.[28] Trotz oder vielleicht gerade wegen dieser Ereignisse war der

---

22 Die neueste Arbeit zu diesem Verhältnis ist Longs Buch *Saving Karl Barth: Hans Urs von Balthasar's Preoccupation* von 2014. Weitere aufschlussreiche Texte dazu sind einerseits Stephen Wigleys Buch mit dem Titel *Karl Barth and Hans Urs von Balthasar. A critical Engagement* von 2007 und andererseits Wolfgang Müllers Buch *Karl Barth – Hans Urs von Balthasar. Eine theologische Zwiesprache* aus dem Jahr 2006.

23 Vgl. Lochbrunner, *von Balthasar*, S. 261.

24 Ebd., S. 267.

25 Vgl. Long, *Saving*, S. 10.

26 Vgl. ebd.

27 Vgl. ebd., S. 36.

28 Vgl. ebd.

Kontakt zwischen den beiden Theologen in dieser Zeit stets rege und von Treffen und gemeinsamen Unternehmungen geprägt.[29]

Aus den 1960er Jahren ist vor allem erwähnenswert, dass von Balthasar Gast auf Barths achtzigstem Geburtstag war und kurz danach auf der offiziellen Feier zu diesem Anlass nicht nur Barth, sondern auch viele andere Anwesende durch das mutige Bekenntnis, mit Barth Gemeinschaft in der Kirche Jesu Christi zu haben, bewegte.[30] Aus dem Jahr 1966 und 1967 sind mehrere fruchtbare Gespräche mit wiederholt sich anschließendem Austausch von Büchern belegt, wobei Busch außerdem regelmäßige hochachtungsvolle Erwähnungen von Balthasars durch Barth aus dieser Zeit dokumentiert.[31] Bis zuletzt hatten Barth und von Balthasar einen guten Kontakt und der katholische Theologe war dementsprechend mit vielen anderen zu Barths Beerdigung am 13.12.1968 gekommen.[32] Er überlebte Barth um 20 Jahre.

3.2.2 *Darstellung und Deutung*: Von Balthasars Barthstudie

Von Balthasar hat, wie bereits erwähnt, seit den 1930er Jahren Texte über Barth veröffentlicht, wobei sein 1951 erschienenes Werk *Karl Barth – Darstellung und Deutung seiner Theologie* dabei einen entscheidenden Punkt markiert. Diese Untersuchung zur Genese der Barthschen Theologie stellt nicht nur eine Analyse von dessen Arbeit dar, sondern ist darüber hinaus auch eine produktive Auseinandersetzung mit ihm. Zentral für beides ist dabei das Konzept der Analogie des Seins, die sogenannte *analogia entis*.

Von Balthasar kommt in der Betrachtung der Arbeit Barths aufgrund der Beobachtung, dass den Leserinnen und Lesern im Barthschen Werk die „stärkste Durchbildung des Protestantischen“[33] und zum anderen die „stärkste Annäherung an das Katholische“[34] begegnet, zur Frage nach der Analogie. Dieser Doppelcharakter eignet Barths Werk in von Balthasars Augen nämlich aufgrund seiner Christozentrik:

> [Barth] schreibt gut, weil er zwei Dinge vereint: Leidenschaft und Sachlichkeit. Und zwar Leidenschaft für die theologische Sache, und Sachlichkeit, wie sie einer so

---

29 So fuhren von Balthasar und Adrienne von Speyer zusammen mit Barth 1956 beispielsweise nach Paris, um dort der Verteidigung der Dissertation des Jesuiten Henri Bouillard beizuwohnen. Siehe: Stephen Wigley, *Karl Barth and Hans Urs von Balthasar. A Critical Engagement*, S. 13.

30 Vgl. Busch, *Zeit*, S. 42.

31 Vgl. ebd., S. 118.

32 Vgl. ebd., S. 695.

33 Balthasar, *Karl Barth*, S. 33.

34 Ebd.

aufregenden Sache, der Theologie, gebührt. Sachlichkeit heißt Vertieftsein in den Gegenstand, heißt Objektivität. Und Barths Gegenstand ist Gott, wie er sich in Jesus Christus der Welt offenbart hat, wovon die Schrift Zeugnis gibt.[35]

Die theologische Konzentration auf Gottes Offenbarung in Jesus Christus, die von Balthasar als leidenschaftliche Sachlichkeit Barths beschreibt, zielt, wie Stephen Wigley in *Karl Barth and Hans Urs von Balthasar* betont, darauf ab, jegliche sachfremden Elemente aus dem dogmatischen Arbeiten zu entfernen.[36] Dazu gehörte, so Wigley, für Barth die Vorstellung einer Seinsanalogie zwischen Gott und Schöpfung. In dem konkreten Wort, das Gott in Jesus Christus gesprochen hat, findet Barth laut Wigley die stärkste Motivation, sich gegen die in der Verwendung des allgemein angelegten Analogiekonzepts zum Ausdruck kommende Unsachlichkeit sowohl des modernen Protestantismus als auch des neoscholastischen Katholizismus der damaligen Zeit zu positionieren. Diesen beiden gegenüber verläuft in Wigleys Augen die theologische Front, die für Barth mit der Frage nach der Seinsanalogie markiert ist.[37]

Von Balthasar zeigt zunächst, wie Barth ohne ein allgemeines Konzept, wie jenes der Analogie, die Offenbarung Gottes in Jesus Christus im Rahmen seines Römerbriefkommentars explizieren will. Zum einen soll der „unendliche ‚qualitative Unterschied' [...] demonstriert werden. ‚Distanz' soll geschaffen werden, Platz für die Transzendenz. Fallen soll ‚jene Vergöttlichung des Menschen und Vermenschlichung Gottes in Form der romantischen Unmittelbarkeit'"[38]. Zum anderen hat laut von Balthasar das „Pathos der absoluten Distanz zwischen Gott und Geschöpf [...] eine heimliche, nein offen ausgesprochene Voraussetzung, die keine andere ist als ursprüngliche *Identität.*"[39]

Da die Theologie im Blick auf Jesus Christus sowohl den unendlichen Unterschied zwischen Gott und Mensch wie auch ihre ursprüngliche Identität im Blick haben muss, hat sie laut Barth dialektisch zu sein. Dieser theologischen Dialektik wirft von Balthasar aber vor,

> daß das Herzstück des Christentums, die Menschwerdung, unmöglich wird. Wo das Göttliche die Welt nur berührt, ‚wie die Tangente einen Kreis', der unendliche qualitative Unterschied wirklich die einzige Beziehung Gottes zur Welt ist, da gibt es kein mögliches Leben Christi, sondern wirklich *nur* einen *Tod* Christi als Sinn und Summe der Inkarnation[40].

35 Balthasar, *Karl Barth*, S. 35.
36 Vgl. Wigley, *Barth von Balthasar*, S. 15.
37 Vgl. ebd.
38 Balthasar, *Karl Barth*, S. 76.
39 (Kursivierung Balthasar), ebd., S. 77.
40 (Kursivierung Balthasar), ebd., S. 79.

Die Dialektik stellt nun, so von Balthasar, „Wort gegen Wort [..], um in diesem notwendigen und unvermeidlichen Gegeneinander einen Weg zu finden oder eine Richtung zu weisen."[41] Dabei löst aber die

> bloße Dialektik jene Subjekte auf, zwischen denen das theologische Geschehen sich begibt: Gott und die Kreatur. Gottes Aseität löst sich auf in das Ereignis seiner Offenbarung und hebt sich damit selbst auf, während die Kreatur keine Eigenständigkeit Gott gegenüber besitzt, sondern entweder [im Ursprung und Ziel] mit ihm zusammenfällt, oder [in der Sünde] als der reine Widerspruch zu ihm nur das Nichts sein kann.[42]

Laut von Balthasar setzt sich angesichts dieser Unzulänglichkeiten der dialektischen Methode Barths mit der Zeit ein notwendiges analogisches Moment in seinem Denken durch:

> Wie Augustin zwei Konversionen durchgemacht hat, [...] so gibt es auch in der Entwicklung Karl Barths zwei entscheidende Wendepunkte. Der erste, die Wende vom Liberalismus zum christlichen Radikalismus, erfolgte im ersten Weltkrieg und erhielt seinen Niederschlag im ‚Römerbrief'; der zweite ist der Endpunkt der Befreiung aus den Schlacken der Philosophie, um zu einer echten selbständigen Theologie zu gelangen; er liegt nach einem fast zehnjährigen Ringen um diese Befreiung, ungefähr 1930.[43]

Barths Neuorientierung hin zu einer analogischen Methode lässt sich laut von Balthasar auf das Jahr 1930 datieren. Barth bemühte sich seiner Meinung nach ab diesem Jahr um eine zunehmend theologisch angelegte Lehre vom Wort Gottes. Barth machte nun deutlich, dass der durch die dialektische Methode stets betonte Hiat zwischen Gott und der Kreatur durch das Wort Gottes, das Gott in Jesus Christus spricht, überwunden wird. So konnte er, wie von Balthasar zeigt, die Aneignung des Glaubens explizieren:

> Diese Möglichkeit beruht [bei Barth nun] nicht auf einer dem Menschen angeborenen apriorischen Fähigkeit der Seinserfahrung überhaupt, kraft derer er für das Sein der göttlichen Offenbarung gewissermaßen vorbereitet wäre. Sie wird vielmehr vom Wort Gottes selbst mitgebracht und verliehen. Und nur auf Grund dieses freien Geschenks der Gnade wird der Mensch als Glaubender und dem Worte Gehorsamer in eine Ähnlichkeit mit dem Worte einbezogen.[44]

Dieses menschliche Einbezogensein in das göttliche Wort nennt Barth im Rahmen seines ab 1932 erscheinenden Werkes *Kirchliche Dogmatik „analogia fidei"*[45] und kommt im Verlauf seiner Ausführungen letztlich zu der,

41 Ebd., S. 80.
42 Ebd., S. 93.
43 Ebd., S. 101.
44 Ebd., S. 117.
45 Barth, *KD I/1*, S. 258.

wie von Balthasar anmerkt, „klassischen Formel“[46]: „Im Glauben und Bekenntnis wird das Wort Gottes menschlicher Gedanke und menschliches Wort, gewiß in unendlicher Unähnlichkeit und Inadäquatheit, aber nicht in menschlicher Fremdheit gegenüber seinem Vorbild, sondern [...] dessen wirkliches Abbild.“[47]

In dieser Wort-Gottes-Theologie, welche im Gegensatz zur dialektischen Theologie auch das Einbezogensein des Menschen in das Tun Gottes entfaltet, drückt sich für von Balthasar Barths Versuch aus, das theologische Denken zunehmend christozentrisch anzulegen. Diese sich von 1930 an immer stärker ausbildende Methode ist für ihn das herausfordernste Element des Barthschen Entwurfs, das Barth selbst aber aus seiner Sicht spätestens in der Gotteslehre der *Kirchlichen Dogmatik* nicht nur dazu zwingt, das Konzept der Analogie im Hinblick auf die Glaubensaneignung in positiver Weise zu besprechen[48], sondern auch die Grundintention der Seinsanalogie, nämlich die Ermöglichung eines gedanklichen In-Beziehung-Setzens von Gott und Mensch, einzulösen. Dazu schreibt er:

> Je stärker [Barth] aber diesen christologischen Ansatzpunkt ausbildete, umso überflüssiger wurde die Polemik gegen die [...] [Bündnisfähigkeit des Menschen]. Wo die ganze Natur oder Schöpfungsordnung von vornherein nichts anderes war als Potentialität zum Akt der Offenbarung, also Voraussetzung für die Gnade, war die Frage nach der Möglichkeit oder Potenz je schon durch die Wirklichkeit überholt.[49]

Barths Abkehr von der Dialektik ist nun aber laut von Balthasar keine Hinwendung zur Vorstellung einer der Schöpfung als solcher innewohnenden Potentialität zum Akt der Offenbarung. Vielmehr ist das Geschöpf im Rahmen der christozentrisch angelegten Wort-Gottes-Theologie Barths nun „so sehr von Gott her, daß es von ihm sogar dies erhält: nicht nur zu empfangen, sondern auch zu antworten. Oder besser gesagt: auch dies zu empfangen, daß es antworten kann, und so antworten, daß gerade diese ‚selbständige‘ Antwort ein höchstes Empfangen bleibt. Das heißt theologische Analogie.“[50]

Von Balthasar erklärt Barths Hinwendung zur Vorstellung einer theologischen Analogie mit dessen Prägung durch die Gedanken Anselms von Canterbury. Barth hat nach seiner Beschäftigung mit dessen Werk *Proslogion* im Jahr 1931 das Buch *Fides quaerens intellectum* veröffentlicht. Eberhard Busch zitiert diesbezüglich folgende Äußerung Barths: „Den Meisten

46 Balthasar, *Karl Barth*, S. 117.
47 Barth, *KD I/1*, S. 254.
48 Vgl. Wigley, *Barth von Balthasar*, S. 18.
49 Balthasar, *Karl Barth*, S. 179.
50 Ebd., S. 123.

ist es wohl entgangen, daß man es in diesem Anselmbuch wenn nicht mit *dem*, so doch mit *einem* sehr wichtigen Schlüssel zum Verständnis der Denkbewegung zu tun hat, die sich mir dann eben in der ‚Kirchlichen Dogmatik' mehr und mehr als die der Theologie allein angemessene nahegelegt hat."[51] Tatsächlich spricht dann Barth im Band II/1 seines *opus magnum* davon, dass der Analogiebegriff bei allen Kontroversen unter gewissen Voraussetzungen „unvermeidlich"[52] geworden sei. Mit der sogenannten *analogia fidei* entwickelt er dann eine christozentrisch entfaltete Form der Analogie zwischen Gott und Mensch.

Für von Balthasar stellt Barths, in *Fides quaerens intellectum* dokumentierte, Beschäftigung mit Anselm im Jahr 1931 einen theologischen Wendepunkt dar. Dieses Buch zeigt seiner Ansicht nach, dass es Barth nun nach den dialektischen Ansichten aus der Zeit des Römerbriefkommentars zu einer, wie von Balthasar es formuliert, „neuen Begründung des Verhältnisses zwischen Gott und Welt"[53] drängt. Diese Neubegründung findet nun ab dem Jahr 1932 laut von Balthasar an Stelle der Dialektik mittels des Konzeptes der Analogie statt.

Die Analogie, von der Barth redet, ist, wie von Balthasar zeigt, jedoch keine „bloße Vorfindlichkeit oder Naturgesetzlichkeit"[54], sondern eine allein durch Gott in der Offenbarung hergestellte. Da Barth Aussagen *in puncto* Offenbarung, die über das Geschehen in Jesus Christus hinausgehen, nicht zulässt, ist sein Analogiebegriff christozentrisch ausgerichtet. Von Balthasar formuliert das wie folgt:

> Wenn vorhin der Begriff der Analogie bis zu einer Vereinbarkeit zwischen Gott und Geschöpf geführt wurde, so hat diese ihren letzten Grund und Beweis – und was bedürfte eigentlich mehr einer Begründung als dieses unwahrscheinlichste aller Wunder! – im Wunder der Menschwerdung Christi. Und sofern Christus das Maß aller Dinge ist, kann an die Tiefe dieser Kompatibilität kein Widerspruch mehr zwischen Gott und Welt heranreichen.[55]

Dieser Nachweis analogischen Denkens im bisher analogiekritischen Denken Barths führt von Balthasar zu einer systematischen Anfrage an die Theologie seines Basler Kollegen, vor allem an dessen Christozentrik. Diese birgt, so verheißungsvoll sie sich auch darstellt, in seinen Augen drei konzeptuelle Schwierigkeiten. Zunächst ist sie für ihn eine theologische Engführung. Alles in der Theologie nur im Blick auf Jesus Christus explizieren

---

51 Busch, *Karl Barth*, S. 192.
52 Barth, *KD II/1*, S. 254.
53 Balthasar, *Karl Barth*, S. 116.
54 Ebd., S. 118.
55 Ebd., S. 124.

zu wollen, führt in seinen Augen zu einer Engführung des Denkhorizonts und in deren Folge zu verfälschten Annahmen.[56] Dann wird die Theologie, so von Balthasar, von Barth auch überreizt. Ohne die Hilfe außertheologischer Terminologien kann sie in seinen Augen nicht systematisch entfaltet werden.[57] Schließlich bleibt durch den Fokus auf Jesus Christus nach von Balthasar offen, welche Rolle die Kirche im Barthschen Denksystem einnimmt. Er meint, es bleibt unklar, ob sie ein Raum der besonderen Offenbarungsvermittlung und damit auch der von Gott hergestellten Analogie ist oder nicht.[58]

Barths Christozentrik kann in von Balthasars Augen also nicht auf das Konzept der Analogie verzichten. Dies führt ihn zu einer eigenständigen katholischen Antwort auf Barths Arbeit, in der Christozentrik und Analogie zusammenfinden sollen. Dabei beginnt er zunächst damit, die theologiegeschichtliche Grundlage von Barths Kritik am Analogiekonzept zu hinterfragen, indem er zwei von Barth im Hinblick auf ihr Analogieverständnis stark kritisierte katholische Theologen gegen seinen reformierten Kollegen verteidigt.

Der erste der beiden ist Thomas, den von Balthasar viel stärker als Barth in seiner Übergangsfunktion zwischen der patristischen Theologie und der sich gerade etablierenden Scholastik interpretiert.[59] Laut von Balthasar kann Thomas in dieser Funktion kaum für die theologischen Entwicklungen verantwortlich gemacht werden, die Barth moniert, nämlich die Annahme, dass es ein Wissen von Gott abseits von seiner Offenbarung in Jesus Christus geben kann.[60] Vielmehr bietet gerade Thomas für von Balthasar eine Zuordnung von Natur und Gnade, die so weit von Barths nicht entfernt ist. Das Konzept einer sogenannten *natura pura*, einer Natur, die ohne Gnade existiert, gibt es laut von Balthasar bei ihm genauso wenig wie eine allgemein und abstrakt angelegte natürliche Theologie.[61] Von Balthasar vermerkt diesbezüglich, dass Barth, der sich immerhin in der Theologie Anselms wiederfinden kann, so nur noch in einem stark relativierten Antagonismus zur thomistisch geprägten Theologie steht.[62]

Neben Thomas wird auch der Jesuit Erich Przywara von von Balthasar gegen Barths Kritik verteidigt. Dessen Buch *Deus semper major* „ist eine einzige, unaufhaltsame Reduktion aller Bezüge auf den einzigen Bezug:

56 Vgl. Balthasar, *Karl Barth*, S. 253.
57 Vgl. ebd., S. 255.
58 Vgl. ebd., S. 257.
59 Vgl. ebd., S. 278.
60 Vgl. ebd., S. 279.
61 Vgl. Wigley, *Barth von Balthasar*, S. 32.
62 Vgl. Balthasar, *Karl Barth*, S. 277.

Gott im gekreuzigten Christus in der mitgekreuzigten Kirche, das Mithineinziehen jeder direkten Aussage und Beziehung zwischen Gott und Mensch in die Dialektik der sich kreuzenden Kreuzesbalken“[63]. Damit versteht von Balthasar auch Przywaras Entwurf der Seinsanalogie als christologisch grundgelegt.

Spätestens hier macht von Balthasar klar, dass die Christozentrik nichts ist, was ausschließlich protestantischen oder nur reformierten Denkern eigen ist, sondern auch von „katholischen Autoren (und nicht von beliebigen, sondern von gewichtigen und geistig repräsentativen)“[64] vertreten wird. Ihnen schließt er sich an und kritisiert damit zugleich die Barthsche Christozentrik. Diese biete keine konsistente Ontologie, um den transformatorischen Charakter des Geschehens in Jesus Christus wirklich nachvollziehen zu können.[65] Deshalb ist es nun in von Balthasars Augen die Aufgabe katholischer Theologie, die den richtigen christozentrischen Impetus Barths beibehalten will, eine solche Ontologie zu entwerfen. Dabei muss sie unter Zuhilfenahme außertheologischer Denkmuster und Termini Natur beziehungsweise Geschichte und Gnade einander zuordnen und dabei den Begriff der Analogie in ihr Zentrum rücken.[66]

Mit der Konzeption einer katholischen Christozentrik, die der protestantischen durch eine elaborierte Analogiekonzeption überlegen sein soll, gelangt von Balthasar über die Darstellung der Barthschen Theologie auch zu deren interpretierender Deutung. Die Entwicklung, die er Barth nachweisen kann, bestärkt ihn, seinem protestantischen Kollegen die Analogie ans Herz zu legen. Für McCormack ist diese nicht die zwingende Konsequenz aus dem Nachweis einer Entwicklung im Denken Barths. Dass eine solche aber, wenn auch mit andere Akzenten, darstellbar ist, wird für McCormack zu einem ersten und vor allem entscheidenden Anstoß, sich nun eigenständig mit Barth auseinanderzusetzen.

63 Ebd., S. 338.
64 Ebd., S. 336.
65 Vgl. Wigley, *Barth von Balthasar*, S. 36.
66 Vgl. ebd., S. 37.

3.3 McCormacks analytische Arbeit zur Genese der Barthschen Theologie

In *Theologische Dialektik und kritischer Realismus* untersucht McCormack von Balthasars These von einer Wende in Barths Theologie von der Dialektik hin zur Analogie. Jene Sicht auf das Barthsche Werk, die von einer grundlegenden und abschließenden Wende in Barths Theologie ausgeht, die in Zusammenhang steht mit Barths Untersuchung der Theologie Anselms von Canterbury aus dem Jahr 1931, prägt die Barth-Interpretation bis heute nachhaltig. McCormacks Anliegen ist es, von Balthasar gegenüber, die seiner Meinung nach ersichtlichen dialektischen Kontinuitäten innerhalb der Entwicklung Barths herauszustellen, um damit dessen kritischen materialdogmatischen Entscheidungen im Gegenüber zur Neo-Orthodoxie mehr zu würdigen.

3.3.1 Erste Problematisierung der Barthanalyse von Balthasars durch Jüngel, Spieckermann und Beintker

Nach von Balthasar sollte Barths Theologie in zwei Perioden unterteilt werden: Die dialektische Periode, die von 1918 bis etwa 1931 andauert, und die analogische, die um das Jahr 1931 beginnt. In der zweiten Hälfte des vergangenen Jahrhunderts haben mit Jüngel, Ingrid Spieckermann und Michael Beintker zwei Theologen und eine Theologin gezeigt, dass sich auch nach 1931 dialektische und vor 1931 analogische Elemente in Barths Theologie finden. Damit haben sie laut McCormack von Balthasars These von einer weiteren grundlegenden Wende innerhalb der Barthschen Theologie nach seinem Abschied von der liberalen Theologie problematisiert. Der Nachvollzug dieser Problematisierung dient McCormack als Einleitung zu seiner eigenen Analyse der Barthschen Entwicklung.

McCormack stellt in seiner Dissertation zunächst dar, wie Jüngel in seinen *Barthstudien* mit dem Aufsatz „Von der Dialektik zur Analogie – Die Schule Kierkegaards und der Einspruch Petersons“ empfohlen hat, Barths Wendung von der Dialektik zur Analogie weniger als einen Zeitpunkt als vielmehr als eine von 1927 bis 1931 andauernde Umbruchphase zu deuten.[67] In diesen vier Jahren entdeckte Barth laut Jüngel, dass nur die Rede von Gott, nicht aber Gott als Sache selbst dialektisch ist.[68] In McCormacks

67 Vgl. Eberhard Jüngel, Art.: „Von der Dialektik zur Analogie – Die Schule Kierkegaards und der Einspruch Petersons“ in: ders. *Barthstudien*, Benzinger Verlag und Gütersloher Verlagshaus, Zürich-Gütersloh, 1982, S. 127–179.

68 Vgl. Jüngel, „Dialektik“, S. 135.

Augen weist Jüngel Barth nach, dass er aus diesem Grund das Konzept der *analogia fidei* entwickelt.[69] McCormack zeigt dann, dass Jüngel die Rede von der Wende von der Dialektik hin zur Analogie bei Barth beizubehalten bereit ist, diese jedoch als Umbruchphase von 1927 bis 1931 expliziert, die Jüngel mit der Veröffentlichung des Anselmbuchs als zu ihrem vorläufigen Abschluss gekommen betrachtet. Jüngels Verdienst ist es dabei laut McCormack, dass er durch den Verweis auf die länger sich anbahnende Wende in Barths Denken „die entscheidende Bedeutung, die üblicherweise dem Buch über Anselm zugesprochen wird, in Frage stellte"[70].

Spieckermann schließt mit ihrer Untersuchung *Gotteserkenntnis. Ein Beitrag zur Grundfrage der neuen Theologie Karl Barths* nach McCormack an Jüngels Barth-Analyse an und denkt sie bezüglich des Konzepts der Analogie weiter:[71] Sie behauptet, dass es nicht nur, wie Jüngel gezeigt hatte, eine längere Phase der Wendung von der Dialektik hin zur Analogie war, die sich in Barths Theologie findet, sondern, dass sich die „Urgestalt der *analogia fidei*"[72] bereits in der zweiten Ausgabe des Römerbriefkommentars finde. Spieckermann meint damit, dass die Gotteserkenntis bereits in diesem Text ebenfalls einzig und allein „Erkenntnis*gabe*"[73] sei und sich die durch sie entstehende Analogie zwischen menschlicher Erkenntnis und ihrem Gegenstand Gott durch eine „sich in Beziehung setzende [...] selbst-begründete [...] Offenbarungstat"[74] Gottes ereigne. Diese Offenbarungstat Gottes wird von Barth laut Spieckermann in dieser Phase seines Arbeitens jedoch noch nicht „material christologisch, sondern formal Offenbarungsakt-bezogen und damit (wesenstrinitarisch-)pneumatozentrisch"[75] expliziert. McCormack weist bezüglich dieser aus seiner Sicht korrekten Einschätzung noch darauf hin, dass Spieckermann als erste Einsicht in die Göttinger Dogmatikvorlesungen Barths hatte und diese als Weiterführung der Theologie aus dem Römerbriefkommentar, die aus ihrer Sicht bereits ebenfalls auf die Selbstkundgabe Gottes gegründet ist, deutet.[76] Indem Spieckermann diese Einsicht auch *in nuce* in einer solch frühen Schrift Barths erkennen will, muss sie in McCormacks Augen folgerichtig auch die

69 Vgl. McCormack, *Theologische Dialektik*, S. 31.

70 Ebd., S. 32.

71 Vgl. Ingrid Spieckermann, *Gotteserkenntnis. Ein Beitrag zur Grundfrage der neuen Theologie Karl Barths*, Chr. Kaiser Verlag, München, 1985.

72 McCormack, *Theologische Dialektik*, S. 32.

73 (Kursivierung Spieckermann) Spieckermann, *Gotteserkenntnis*, S. 227.

74 Ebd., S. 227.

75 Ebd., S. 227.

76 Vgl. McCormack, *Theologische Dialektik*, S. 33.

Analogie bereits mitten in der von von Balthasar sogenannten dialektischen Phase annehmen.[77]

Zuletzt weist McCormack auf Beintkers Barth-Analyse *Die Dialektik in der ‚dialektischen Theologie' Karl Barths* hin.[78] Sie bestätigt, so McCormack, Spieckermanns These von der Präsenz einer Form der Analogie in der durch von Balthasar sogenannten dialektischen Phase. Laut McCormack findet Beintker mit der Vorstellung der Entsprechung des Menschen angesichts dessen, was Gott in seinem Wort tut, dass beispielsweise die Nächstenliebe die Liebe Gottes zu uns widerspiegeln kann, ebenfalls „analogische Momente in Barths früher Theologie"[79]. Der Münsteraner Theologe hat sich in seiner Arbeit vorrangig mit Barths Dialektik beschäftigt und Spieckermanns These auch aus dieser Perspektive laut McCormack bestätigt. Beintker stellt fest, dass sich die *Christliche Dogmatik* und die Göttinger Prolegomena-Vorlesung schwerlich einer rein dialektischen Phase, in der die Betonung des unendlichen qualitativen Unterschieds noch nicht überwunden ist, zuordnen lassen, wie es von Balthasar ja tut.[80] In diesen Werken sind die Momente, welche von Balthasar analogisch nennt, laut Beintker so stark, dass sich diesbezüglich nicht problemlos von Dialektik in Reinform sprechen lässt.[81] Für Barths Arbeit nach 1931 nimmt Beintker laut McCormack darüber hinaus auch noch dialektische Elemente an.[82] In Folge dessen muss also nicht nur von analogischen Elementen in Barths Theologie vor 1931, sondern auch von einer partiellen Beibehaltung dialektischer Denkstrukturen nach diesem Jahr gesprochen werden. Die Bedeutung dieser Beintkerschen Analyse liegt für McCormack darin, dass, solange die Forschung überhaupt noch von einer Wende von der Dialektik hin zur Analogie in Barths Theologie sprechen will, diese laut McCormack „nicht als Ersetzung einer Denkform durch eine andere verstanden werden"[83] kann. McCormack schlägt deswegen vor, Beintker darin zu folgen, von „leitenden Denkformen"[84] zu sprechen.

Die formale Konsequenz, die sich für McCormack aus den Arbeiten Jüngels, Spieckermanns und Beintkers in Bezug auf die Entwicklung der Barth-

77 Stephen Long macht darauf aufmerksam, dass mit Spieckermanns Entdeckung der Kontinuität der Analogie auch im Umkehrschluss auf die Präsenz der Dialektik in späteren Werken Barths hingewiesen werden muss. Siehe: Long, *Saving Karl Barth*, S. 103.

78 Vgl. Michael Beintker, *Die Dialektik in der ‚dialektischen Theologie' Karl Barths*, Chr. Kaiser Verlag, München, 1987.

79 McCormack, *Theologische Dialektik*, S. 34.

80 Vgl. ebd.

81 Vgl. ebd.

82 Vgl. ebd., S. 35.

83 Ebd., S. 36.

84 Ebd.

schen Theologie ergibt, ist, dass das durch von Balthasar geprägte Paradigma der Barth-Interpretation erheblich problematisiert wird. Dazu McCormack: „Wenn es einen Punkt gibt, an dem die neuere Barth-Forschung übereinstimmt, so ist es die Überzeugung, dass von Balthasars Idee einer zweiten Kehrtwende in Barths Entwicklung nicht aufrecht erhalten werden kann."[85] Die genauere Einsicht in die Texte Barths wie auch die detaillierte Betrachtung von theologischen Einzelphänomenen seiner Arbeit hat in McCormacks Augen dazu geführt, dass Dialektik und Analogie Barths Dogmatik nicht mehr als scharf trennbare, beziehungsweise einander nachgeordnete Phänomene oder Phasen betrachtet werden können.

3.3.2 McCormacks Weg zu einem neuen Paradigma der Barthanalyse

McCormacks Untersuchung *Theologische Dialektik und kritischer Realismus* verbindet nun Jüngels, Spieckermanns und Beintkers Einsichten zu einer *Relecture* des Barthschen Werks. Dabei versteht er Barths Theologie im Gegensatz zu von Balthasars Interpretation seit dem ersten Römerbriefkommentar aus dem Jahr 1919 einschließlich des Werkes *Kirchliche Dogmatik* durch eine Realdialektik von Verhüllung und Enthüllung geprägt.[86]

Was ist mit dieser Realdialektik gemeint? Laut McCormack findet die Erkenntnis Gottes für Barth nach seiner Abkehr von der liberalen Theologie zwar in der Geschichte statt, sie stammt jedoch nicht aus der Geschichte.[87] Im Spannungsfeld dieser Dialektik „enthüllt sich Gott, indem er sich in menschlicher Sprache verhüllt."[88] Diese Enthüllung mittels Verhüllung in der Geschichte gehört aber nach McCormacks Dafürhalten bei Barth stets zur Wirklichkeit des göttlichen Seins. Damit ist die Dialektik von Enthüllung und Verhüllung real in dem Sinne, dass sie Gott selbst zukommt und nicht etwa auf noetischer Ebene und damit auf menschlicher Seite zu verordnen ist.

Bei allen Nuancen des Begriffs Dialektik ist für McCormack zudem stets gemeint, dass Barths Theologie den Gegensatz von Gott und Mensch nie nivelliert, mehr noch, unter wechselnden Bedingungen regelmäßig betont.[89] Diesem Ziel dient die Konzeption der Realdialektik von Enthüllung und Verhüllung und in diesem Sinne sind laut McCormack nun alle Phasen von Barths Arbeit ab 1919 Perioden dialektischer Theologie. Letzten Endes

85 Ebd., S. 37.
86 Vgl. ebd., S. 240.
87 Vgl. ebd., S. 139.
88 Ebd., S. 40.
89 Vgl. ebd., S. 314.

setzt sich McCormack jedoch im Gegensatz zu Jüngel, Spieckermann und Beintker weniger mit Barths Methode, sondern vor allem mit Barths materialdogmatischen Grundsatzentscheidungen auseinander, deren Fokus aus seiner Sicht in der Zeit bis 1924 auf der Eschatologie, danach auf der Christologie liegt.[90]

Theologische Dialektik und kritischer Realismus ist also eine Besprechung der Barthschen Entwicklung im Lichte materialdogmatischer Fragen. Das neue Paradigma, was McCormack dem konventionellen, durch von Balthasar geprägten nun gegenüberstellen will, ist dann auch nicht mehr zwei-, sondern vierteilig. Er charakterisiert eine erste Phase anhand der Prägung durch die Eschatologie, die Prozesscharakter hat (a). Die zweite Phase der Barthschen Arbeit zeichnet sich durch eine Eschatologie mit konsistentem Charakter aus (b). Eine dritte Phase vollzieht McCormack anhand der Prägung durch eine anhypostatisch-enhypostatische Christologie mit pneumatozentrischem Charakter nach (c). Die vierte und letzte versteht er durchgehend christozentrisch (d).[91] Gemeinsam ist allen Phasen (a-d) die Realdialektik von Enthüllung und Verhüllung.

In der ersten Phase seines Arbeitens nach dem Bruch mit der liberalen Theologie seiner Lehrer legte Barth in seinem 1919 erschienenen Kommentar des Römerbriefs laut McCormack also den Fokus auf die Eschatologie. In dieser ersten Phase (a) hatte die Eschatologie bei Barth in seinen Augen einen Prozesscharakter. Das heißt: Gott war einerseits nun durch Barth gegenüber dem Idealismus des 19. Jahrhunderts als eine Realität anerkannt, „die in sich vollständig ist, auch ohne von menschlichen Individuen erkannt zu werden."[92] Andererseits war hier das „wahrhaft ‚Wirkliche' [...] die gänzliche Andersheit des *sich selbst* offenbarenden Gottes".[93] Angesichts dieser Diastase zwischen Gott und Welt erarbeitet sich Barth laut McCormack einen zweifachen Begriff der Geschichte: Die sogenannte Geschichte ist die menschlich wahrnehmbare, während die eigentliche Geschichte die Geschichte Gottes ist. In Jesus Christus ist die eigentliche Geschichte in die Welt eingebrochen und damit zu dem Motor geworden, „der die ‚sogenannte Geschichte' vorwärts treibt".[94]

Die Beziehung zwischen eigentlicher und sogennanter Geschichte ist laut McCormack dialektisch: „Es gibt eine eine wirkliche Beziehung zwischen diesen beiden Realitäten, trotz ihrer fundamentalen Differenz; und die Beziehung, wie wirklich sie auch sein mag, hebt die Differenz nicht

90 Vgl. McCormack, *Theologische Dialektik*, S. 41.
91 Vgl. ebd., S. 42.
92 Ebd., S. 127.
93 (Kursivierung McCormack) ebd., S. 128.
94 Ebd., S. 138.

auf."[95] Gott selbst verfügt laut McCormack über die Beziehung beider Formen von Geschichte. „Die Beziehung des Ineinander von Eschatologie und Geschichte ist daher nicht als eine statische, stabile, sondern als eine dynamische, lebendige Beziehung zu verstehen. [...] Sie manifestiert sich in der Zeit auf aktualistische Weise, in der Form von ‚Durchbrüchen'."[96]

Wie zeitgenössische Rezensionen laut McCormack zeigen, ermöglicht Barth mit diesem ersten Entwurf dialektischer Theologie die Vorstellung von einem zwar aktualistischen aber doch effektiven Zusammenkommen der göttlichen mit der menschlichen Sphäre.[97] An dieser Vorstellung arbeitet sich die 1922 erschienene zweite Auflage des Barthschen Römerbriefkommentars, welche laut McCormack die zweite Phase der eschatologischen Periode Barths (b) präsentiert, ab. Wiederum ist die Eschatologie das entscheidende Interpretament, wobei sie nun zu einer, wie McCormack es formuliert, „konsistenten Eschatologie"[98] entwickelt wird, „nach der das Gottesreich die Aufhebung alles Gegebenen, den Abbruch von allem Werden, das Vergehen dieser Weltzeit bedeutete."[99]

Entscheidend an McCormacks Interpretation der beiden Römerbriefkommentare ist, dass er sie beide als Dokumente dialektischer Theologie ansieht. Dies ist das entscheidende *Surplus* seiner analytischen Arbeit gegenüber der Beintkers. Während dieser behauptet, dass sich im Zeichen der Eschatologie des zweiten Römerbriefkommentars „eine überall greifbare Entgeschichtlichung des Heilsgeschehens"[100] Bahn breche und darin der Bruch gegenüber dem nichtdialektischen ersten Kommentar bestehe, insistiert der Princetoner Theologe, dass in beiden die grundlegende Absicht dieselbe ist, nämlich, dass Barth den in der Dialektik zum Ausdruck kommenden Unterschied zwischen Gott und Mensch aufzeigen will. In McCormacks Augen versucht Barth, sowohl in der ersten wie auch in der zweiten Auflage seines Römerbriefkommentars von der Gegenwart Gottes in der Geschichte dergestalt zu sprechen, dass klar ist, dass diese, wie oben erwähnt, nicht aus der Geschichte her stammt.[101]

Auch im Anschluss an seine beiden ersten Kommentare des Römerbriefs denkt Barth laut McCormack weiterhin dialektisch. Ab dem Jahr 1924 entwickelt er seine Theologie jedoch nicht mehr unter eschatologischen Vorzeichen, sondern auf der Basis christologischer Grundsatzentscheidungen.

95 Ebd., S. 139.
96 Ebd., S. 140.
97 Vgl. ebd., S. 168.
98 Ebd., S. 190.
99 Ebd., S. 190.
100 Ebd., S. 190.
101 Vgl. ebd., S. 190.

In der von eschatologischen Fragestellungen dominierten Arbeitsphase davor trieb Barth die Betonung des qualitativen Unterschieds zwischen Gott und Mensch, Ewigkeit und Zeit zuvörderst um. Dabei war es nach McCormacks Meinung nicht Barths oberstes Ziel, eine zusammenhängende Ontologie des in der Zeit handelnden Gottes zu entwerfen. Dies ändert sich nun und Barth beginnt ab 1924 mit der Erarbeitung einer Christologie, die es ihm ermöglicht, trotz der Betonung des Unterschiedes zwischen Gott und Mensch, ontologische Fragen in den Blick zu nehmen. So rücken zunehmend christologische und trinitätstheologische Fragestellungen in den Vordergrund. Darüber hinaus spielt aber auch Barths spätere Neuinterpretation der Erwählungslehre eine wichtige Rolle. McCormack rezipiert die Barthsche Neujustierung dieses *theologoumenons* intensiv und folgert, wie zu sehen sein wird, auch Tiefgreifendes für seine eigene konstruktive Arbeit. Aus diesen beiden Gründen konzentriere ich mich auf McCormacks Interpretation der Arbeit Barths ab 1924.

3.3.2.1 McCormacks Analyse der Theologie Barths im Zeichen der pneumatozentrischen Christologie

Nach McCormacks Dafürhalten beginnt die dritte Phase des Barthschen Denkens(c) folgendermaßen:

> Im Mai 1924 machte Barth eine Entdeckung. Während seiner ersten Dogmatikvorlesung stieß er in einem Textbuch der nachreformatorischen Theologie auf die altkirchliche Vorstellung der Anhypostasie und Enhypostasie der Person Christi. In dieser Vorstellung fand er den unendlichen qualitativen Unterschied zwischen Gott und Mensch bewahrt, dem während der vorangehenden Phase sein vorrangiges Augenmerk gegolten hatte. Der zentrale Aspekt dieser altkirchlichen Idee war es, dass der Logos als die zweite Person der Trinität menschliche Gestalt, das heißt eine menschliche ‚Natur' in ihrer Gänze, annahm und in ihr sowie durch sie ein menschliches Leben lebte. [...] Aber das Subjekt dieses Lebens ist in jedem Augenblick die zweite Person der Trinität, die aufgrund ihrer Verhüllung in einer menschlichen Gestalt unanschaulich bleibt.[102]

Die Lehre von der Anhypostasie und Enhypostasie der Person Christi entstand während des zweiten Konzils von Konstantinopel im Jahr 553. Sie begegnete dem Anliegen der sogenannten Monophysiten, die den Verdacht hegten, das Beharren auf zwei eigenständigen Naturen Jesu Christi im fleischgewordenen *Logos* gefährde die Personeinheit Jesu Christi.[103] Andererseits folgte sie der chalkedonischen Formulierung, nach der beide Naturen unvermischt seien.[104] Barth hat dieses Konzept im Jahr 1927 in

---

102 McCormack, *Theologische Dialektik*, S. 281.
103 Vgl. Barth, *Dogmatik*, S. 353.
104 Vgl. ebd., S. 353.

seinem ersten dogmatischen Versuch *Die christliche Dogmatik im Entwurf* wie folgt verstanden:

> Anhypostasie: die Menschheit Christi ist wohl seelisch-leibliches in der Zeit existierendes Individuum, aber ihr Existieren, ihr Sein, ihre Wirklichkeit ist nicht, auch nicht relativ, ihre eigene, sie ist abstrakt weder vorhanden, noch vorstellbar [...]. Enhypostasie: sie hat wohl Existenz, Sein, Wirklichkeit, aber diese Wirklichkeit ist konkret, die des als Person oder als das Wort handelnden Herrn, und keine andere als diese konkrete.[105]

Jesu Menschheit kann nach Barth also nur konkret in der Wirklichkeit des Wortes Gottes gedacht werden. Sein Menschsein hat damit keine eigene Hypostase, sondern ist in der zweiten Hypostase Gottes. Dazu noch einmal Barth:

> Die große Unsachlichkeit der neueren Theologie könnte nicht besser illustriert werden als durch den Abscheu, mit dem man heute gerade diesen Punkt der alten Christologie als künstlich, starr, unlebendig usf. meint ablehnen zu dürfen. Wenn es je eine geradezu unheimlich lebendige, d.h. lebenswahre Lehre gegeben hat, so ist es diese, die die ganze Christusfrage so messerscharf in die Entscheidung der göttlichen Tat und des menschlichen Glaubens stellt als an den Ort, wo sie allein sachgemäß beantwortet werden kann.[106]

Die Entdeckung der Lehre von der Anhypostasie und Enhypostasie der Person Christi ist laut McCormack zentral für die spätere Entwicklung des Barthschen Denkens. Sie markiert den Beginn der dritten Phase (c) der theologischen Arbeit Barths, die McCormack als nunmehr christologisch orientierte Theologie versteht. Laut McCormack ist der Vorteil dieser sich nun anbahnenden, christologisch angelegten Arbeitsweise ab 1924, dass der bisher herausfordernde Hiat von Zeit und Ewigkeit, damit also von Gott und Mensch, nun von Barth nicht mehr zuerst für sich, das heißt letztlich abstrakt, sondern konkret im Rahmen der Christologie betrachtet und darin auch theologisch ernst genommen werden konnte.[107] Mit der Person des *Logos* hat Barth laut McCormack einen undialektischen Einheitspunkt gefunden, „der über den Gegensatz von Gott und Mensch triumphierte, ohne ihn auszuschalten."[108] Dazu McCormack: „Die Menschwerdung Gottes [konnte] nun umfassend zum Zuge kommen. Barth brauchte den ‚Ort' der Offenbarung nicht länger auf einen ‚mathematischen Punkt' (das Ereignis des Kreuzes) beschränken. Die Objektive Seite der Dialektik von

105 Ebd., S. 353.
106 Ebd., S. 353.
107 Vgl. McCormack, *Theologische Dialektik*, S. 281.
108 Ebd., S. 314.

Verhüllung und Enthüllung konnte nun die gesamte irdische Existenz des Mittlers umfassen.“ [109]

Die anhypostatisch-enhypostatische Christologie überwand laut McCormack den Gegensatz von Ewigkeit und Zeit mit Hilfe der Formel „deus dixit“. [110] Mit ihr will Barth in McCormacks Augen zeigen, dass sich Gott in seinem Wort nicht nur selbst dem Menschen mitteilt, sondern sich gerade darin als Grund der Offenbarung zeigt. [111] McCormack meint damit, dass Gott für Barth in seiner Offenbarung eben als ihr Subjekt zugleich auch ihr einziger Inhalt ist. Er betont das deshalb, weil er es als eine bewusste Abgrenzung Barths von der Subjektivitätslehre idealistischer Provenienz interpretiert. [112] Jene Subjektivität, wie sie beispielsweise bei Georg Wilhelm Friedrich Hegel begegnet, ist für McCormack eine lediglich „reine Subjektivität“ [113], eine Subjektivität also, die das Wesen des Begriffs auf Gott überträgt, gerade darin aber an sich inhaltsleer ist.

Der Begriff des göttlichen Subjekts, den Barth entwickelt, will die problematische Inhaltsleere des idealistischen Subjektbegriffs laut McCormack unter Zuhilfenahme der Lehre von der Trinität überwinden. Dabei wird der Begriff des göttlichen Subjekts, das sich im göttlichen Wort offenbart, zum Ausgangspunkt der Barthschen Trinitätslehre. In McCormacks Augen ist diese Entfaltung der Lehre von der Trinität bei Barth bewusst nicht formal, sondern hat an und für sich bereits die „Fülle seines Inhalts“ [114]. Diese Fülle begegnet uns, so McCormack, bei Barth konkret in Jesus von Nazareth, der in der Person des Gottmenschen der *Logos*, damit also die Offenbarung Gottes ist. [115]

Die Erarbeitung einer kohärenten Wort-Gottes-Theologie bringt Barth offenbar dazu, sich mit der Trinitätslehre auseinanderzusetzen. Umfassend und vor allem systematisch äußerst sich Barth hier zum ersten Mal in der Dogmatikvorlesung aus dem für McCormacks Analyse so zentralen Jahr 1924, die oftmals auch als „Göttinger Dogmatikvorlesung“ [116] oder umgangssprachlich als „Göttinger Dogmatik“ bezeichnet wird. Sie enthält im Paragraph Fünf ein Kapitel über die Lehre von der Dreieinigkeit Gottes. McCormack schreibt dazu:

---

109 McCormack, *Theologische Dialektik*, S. 282.
110 Vgl. ebd., S. 289.
111 Vgl. ebd., S. 298.
112 Vgl. ebd., S. 299.
113 Ebd.
114 Ebd.
115 Vgl. ebd., S. 300.
116 Ebd., S. 288.

> Der Grund für ihre Behandlung an dieser Stelle war die Beantwortung der Frage nach dem Subjekt der Offenbarung. Mit dieser Frage verband Barth gleichzeitig eine systematische Reflexion über den *Grund* der Möglichkeit der Offenbarung. Aufgrund seiner besonderen Vorstellung von Offenbarung als Selbstoffenbarung stand er nun vor der Notwendigkeit, eine Lehre von der immanenten Trinität zu entwickeln, die die Möglichkeit einer so verstandenen Offenbarung *ontisch* begründen könnte.[117]

Die Trinitätslehre hängt also laut McCormack hier bei Barth unmittelbar mit der Lehre von der Offenbarung zusammen. Der Princetoner Theologe interpretiert ihn dabei so, dass sie nicht formal mit Hilfe einer Analyse eines vor der Betrachtung des Inhalts der Offenbarung bereits feststehenden Begriffs erarbeitet werden soll. Barth will für ihn vielmehr die Identität Gottes mit genau diesem Inhalt explizieren:[118] „Gott ist also nicht nur der erste und der letzte, der transzendente Erschaffer des Himmels und der Erde, der *über* den Widersprüchen unserer Existenz lebt und webt. Er hat sein Sein auch *in* den Widersprüchen unserer Existenz. Mit dieser Position hatte Barth die Zeit-Ewigkeit-Dialektik des 2. Römerbriefs prinzipiell durchbrochen“[119].

McCormack zeigt, dass die Trinitätslehre zur Zeit dieser frühen Wort-Gottes-Theologie nach dem ontologischen Grund der Offenbarung fragte.[120] Daraus schließt er, dass immanente und ökonomische Trinität inhaltlich identisch sind, wobei die Unterscheidung zwischen ihnen

> dennoch gültig und notwendig [ist]. Die ewige Beziehung zwischen Vater und Sohn, die in der alten Kirche im Sinne einer ‚generatio‘ oder ‚filiatio‘ verstanden wurde, ist die Grundlage oder Bedingung der Menschwerdung, der Sendung des Sohnes in der Zeit. Daher entspricht das Sein des Sohnes in der Zeit genau seinem Sein in der Ewigkeit. Der Sohn ist Gott ganz, Gott ein zweites Mal, Gott in einer zweiten Person.[121]

McCormack deutet im Hinweis auf Barths christologische Grundlegung der *theologoumena* also bereits hier an, dass eine inhaltliche Trennung beider Trinitäten schwerlich durchführbar ist, da „Offenbarung“ bei Barth stets „Selbstoffenbarung“ bedeute.[122]

Gottes Ökonomie ist also laut McCormack für Barth nichts, hinter dem sich Gottes immanentes Sein als etwas materiell Anderes oder *per se* Höheres verbirgt.[123] Diese metaphysische Spekulation ersetzt Barth, wie Mc-

117 Ebd., S. 298.
118 Vgl. ebd., S. 299.
119 Ebd., S. 303.
120 Vgl. ebd., S. 298.
121 Ebd., S. 303.
122 Vgl. ebd., S. 299.
123 Vgl. ebd., S. 304.

Cormack es darstellt, durch die trinitarische Explikation seines Offenbarungsbegriffs und legt damit in seinen Augen den ersten systematisch zu nennenden Grundstein seiner Lehre von der Trinität.

Was meint McCormack aber hier und im Folgenden mit „metaphysischer Spekulation"? Scott R. Swain hat in seinem Buch *The God of the Gospel* McCormacks Verständnis dieser Bezeichnung wie folgt dargelegt: Metaphysische Spekulation ist bei McCormack der Versuch, „von Gott zu sprechen, *indem man eher von etwas anderem spricht* (sei es nun der Kosmos im antiken Weltbild oder die menschliche Person im modernen Denken), als eine Gotteslehre christologisch, das heißt durch ein Sprechen von Gott auf der Basis seiner *Selbst*-Offenbarung in Jesus Christus, zu entwerfen."[124]

Die Trinitätslehre, die Barth entwickelt, um metaphysische Spekulation zu vermeiden, hat laut McCormack zwei Aspekte. Zuerst betont er, dass Gott in der irdischen Gestalt seiner Offenbarung bei Barth Gott bleibt. Zweitens entspricht für Barth Gottes Subjekt-Sein in der Zeit seinem Subjekt-Sein in Ewigkeit.[125] Damit grenzt McCormack erneut Barths Theologie von der Hegels ab:

> Während Hegel die göttliche Subjektivität mit der menschlichen Subjektivität, in der und durch die sie sich entfaltet, identifiziert, bewahrte Barth den dialektischen Gegensatz zwischen beiden. Gott ist Subjekt *in* irdischer Gestalt, aber er wird mit dieser nicht identisch. [...] Der Unterschied zwischen Barths und Hegels Position sollte damit deutlich geworden sein. Barths Trinitätslehre ist nicht idealistisch, denn sie versteht die Subjektivität Gottes nicht als ideale Projektion der menschlichen Subjektivität. Es handelt sich vielmehr um eine kritisch-realistische Trinitätslehre, die a posteriori ansetzt, bei der göttlichen Selbstoffenbarung (und dessen Bezeugung durch die Urkirche), um von dort aus zu fragen, wie Gottes Wesen beschaffen sein muss, wenn Gott so gehandelt hat. Wie muss Gott in Ewigkeit sein, wenn er sich in der Zeit offenbaren kann, ohne aufzuhören, Gott zu sein? Barths Herleitung der Trinitätslehre ist also das Ergebnis einer Analyse des *konkreten* Handelns eines *konkret existierenden* Subjekts.[126]

McCormacks Charakterisierung der Barthschen Gotteslehre als „kritisch-realistische Trinitätslehre"[127] zielt durch die Betonung ihres a-posteriori-Charakters auch auf die kritische Infragestellung menschlicher Versuche, das Sein Gottes aus eigener Kraft und mit Hilfe menschlicher Kategorien und Begriffe einzusehen. Die Entfaltung der göttlichen Ontologie geschieht

---

124 (eigene Übersetzung, Kursivierung Swain) Swain, *Gospel*, S. 214.
125 Vgl. McCormack, *Theologische Dialektik*, S. 301.
126 (Kursivierung McCormack) ebd., S. 301.
127 Ebd.

laut McCormack bei Barth trinitätstheologisch und auf der Basis des Wortes Gottes.

Diese Betrachtung der Barthschen Gottes- und Trinitätslehre vor dem Jahr 1931 führt McCormack im Rahmen seines Buches *Theologische Dialektik und kritischer Realismus* zu einer Problematisierung der These von Balthasars, Barths Theologie zeichne eine in das Jahr 1931 zu datierende Wende von der Dialektik hin zur Analogie aus. McCormack zeigt ihm gegenüber, dass bereits Barths Entwicklung einer auf dem Wort Gottes basierenden, dogmatisch entfalteten Lehre von der Trinität aus den Prolegomena zur Dogmatik von 1924 die Möglichkeit eines undialektischen Einheitsmoments in seiner Theologie eröffnete. McCormack meint, Barth finde dieses Einheitsmoment mit seiner neu begründeten Christologie und Trinitätslehre in der Person des *Logos*, der den Gegensatz zwischen Gott und Mensch aufhebt, ohne ihn zu nivellieren.[128]

In Bezug auf die dialektischen Momente der Barthschen Theologie in dieser Zeit schreibt McCormack: „Die Einsicht, dass die Gegenwart Gottes unter der Hülle menschlicher Gestalt eine Gegenwart in einer von Gott verschiedenen Wirklichkeit ist, gab er [Barth] nie auf. In diesem Sinne wird die ‚innere Dialektik der Sache' stets bewahrt."[129] Die „innere Dialektik der Sache" meint aus McCormacks Sicht, dass es der Trinitätslehre Barths weiterhin um den qualitativen Unterschied zwischen Gott und Mensch und Ewigkeit und Zeit ging und er zugleich Gottes Offenbarung in Jesus Christus als Selbstoffenbarung verstand. Damit musste Barth, wie gerade erwähnt, laut McCormack in dem Sinn eine theologische Dialektik entwerfen, dass „die Gegenwart Gottes unter der Hülle menschlicher Gestalt eine Gegenwart in einer von Gott verschiedenen Wirklichkeit"[130] ist. Durch die Entwicklung, die McCormack beschreibt, war Barth nun jedoch nicht mehr gezwungen, Gott diese Dialektik von Himmel und Erde in paradoxer Weise zuzuschreiben.[131] Indem Barth 1924 die Lehre von der Anhypostasie-Enhypostasie Jesu Christi in sein Denken integriert, war nun Gott aus seiner Sicht vielmehr in konkret nachvollziehbarer Form, nämlich in dem undialektischen Einheitspunkt der Person des *Logos*, in beidem, dem Himmel und der Erde, ganz der eine Gott. Da die bestimmende Dialektik zwischen Gott und Mensch und mit ihr die Realdialektik von Enthüllung und Verhüllung jedoch weiterhin zentrales Moment von Barths theologi-

128 Vgl. ebd.
129 Ebd., S. 314.
130 Ebd., S. 314.
131 Vgl. ebd., S. 35.

schen Denkens ist, deutet sie aus McCormacks Sicht weder hier noch für später einen Abschied von der Dialektik an.[132]

1924 setzt sich Barth laut McCormack schwerpunktmäßig noch mit Frage nach „der Offenbarung *im Hier und Jetzt*"[133] auseinander. Damit werden viele *loci* bei Barth noch mit dem Fokus auf das Wirken des Heiligen Geistes erörtert. McCormack bezeichnet seine Theologie in dieser Zeit dementsprechend als „pneumatozentrisch", weil Barth

> noch nicht [versuchte], seine gesamte Dogmatik von Gottes Selbstoffenbarung her zu verstehen, seine Selbstoffenbarung in Jesus Christus während der Jahre 1–30 n. Chr., dort und damals. An vielen Punkten versuchte er sie von dem Ereignis der Offenbarung, die in der Gegenwart empfangen wird, herzuleiten. Obwohl seine Theologie also einen klaren christologischen Grund besaß, war sie weitgehend pneumatozentrisch.[134]

Mit der Analyse der Integration der Lehre von der Anhypostasie-Enhypostasie in die Barthsche Theologie zeigt McCormack, dass sich Barth in der ersten Phase dieser zweiten Periode seines Schaffens zunehmend auf materialdogmatische Fragestellungen konzentriert.[135] Damit entwickelt sich Barths Theologie laut McCormack bereits in diesen Jahren hin zu einer höheren systematischen Komplexität. Das Werk *Fides quaerens intellectum* stellt für McCormack gegenüber von Balthasar damit aber keine erhebliche Wende innerhalb des Barthschen Denkens mehr dar.

Neben der Analyse der christologischen Grundsatzentscheidungen Barths ist McCormack wichtig zu zeigen, dass für das Verständnis von Barths Entwicklung ab 1924 auch der Nachvollzug seines zunehmend intensiveren Kontakts mit dem Katholizismus eine erhebliche Rolle spielt. Ein wichtiger Kontakt am Ende der 1920er Jahre war der mit dem Jesuiten Przywara. McCormack betont, dass Barth auch bei ihm „das Streben nach einem Gottesbegriff feststellte, der mit einer angemessenen Lehre des Wortes Gottes einhergeht"[136]. Przywara wurde so zu einem Gesprächspartner für Barth und McCormack interpretiert eine Reihe an Barthschen Äußerungen aus dieser Zeit auf dem Hintergrund der Auseinandersetzung mit ihm. So wird bei McCormack beispielsweise die Vortragsreihe „Schicksal und Idee in der Theologie", die Barth 1929 in Dortmund präsentierte und die vordergründig die philosophischen Orientierungen des Realismus und

132 Vgl. McCormack, *Theologische Dialektik*, S. 314.
133 (Kursivierung McCormack) ebd., S. 282.
134 Ebd., S. 282.
135 Vgl. ebd., S. 318.
136 Ebd., S. 324.

des Idealismus behandelte, zu einer Beschäftigung mit Przywara und dessen Konzept der *analogia entis*.[137]

Beide, Realismus und Idealismus, repräsentieren für Barth laut McCormack ein berechtigtes Anliegen:

> Das Anliegen des Realismus ist sein Insistieren darauf, dass Gott wirklich ist. Gott besitzt eine objektive Existenz, auch abgesehen und vorgängig dem menschlichen Wissen von ihr. [...] Doch Realismus bedeutet mehr als die bloße Affirmation der Existenz Gottes. Es geht auch um den Weg der Erkenntnis Gottes. Für den Realisten beginnt die Gotteserkenntnis mit dem Wissen von einer direkt erfahrenen Realität. Darin sah Barth ebenfalls ein berechtigtes Anliegen. Seit den Tagen des 2. Römerbriefs betonte er, dass Gott nicht erkannt werden kann, wenn Gott sich nicht selber in Gegenständen dieser Welt zu erkennen gibt. In dem Maß, in dem die Gegebenheit der Offenbarungsmittel (Menschheit Christi, Bibel, Predigt) eine wichtige Rolle in Barths Offenbarungsverständnis spielen, sind realistische Elemente für sein Denken bestimmend.[138]

Realismus beschreibt laut McCormack für Barth die Form der Erkenntnis Gottes, die für Barth auch Gottes Nicht-Gegenständlichkeit gegenüber der menschlichen Denkanstrengung betont. Diese Betonung war laut McCormack für Barth wiederum erstes Anliegen des Idealismus.[139] Dieser hat jedoch, wie McCormack zeigt, für Barth einen anderen Ausgangspunkt:

> Anstatt sich zuerst an der Frage der Realität zu orientieren, beginnt der Idealismus mit der Frage nach der Wahrheit, die allem Gegebenen vorausliegt und dieses in Frage stellt. Idealismus ist *kritisches* Denken, das sich seiner selbst bewusst geworden ist. Es sucht eine nicht-gegebene, nicht-gegenständliche, unbedingte Wahrheit, die die notwendige ontische und noetische Voraussetzung des Gegebenen, Gegenständlichen und Bedingten darstellt. Der Idealismus in der Theologie legt großen Wert auf die Nicht-Gegenständlichkeit Gottes, auf Gottes Verborgenheit und Andersheit.[140]

McCormack zeigt in *Theologische Dialektik und Kritischer Realismus*, dass Barth beides, Realismus und Idealismus, in ihrem berechtigten Anliegen ernst nimmt, indem er sich, so McCormack, auf Gottes Zugang zu uns in seiner Offenbarung verlässt, um seine Epistemologie zu begründen. So entwickelt er nach McCormack eine Sichtweise auf die objektive Wirklichkeit Gottes, die aber nicht davon ausgeht, dass der Menschen abseits der Offenbarung etwas über Gott zu sagen in der Lage ist.

Die göttliche Offenbarung, verstanden als Selbstoffenbarung Gottes, liefert laut McCormack das Kriterium ihrer Wahrheit selbst. Das will Barth

---

137 Vgl. ebd., S. 325.
138 Ebd., S. 325.
139 Vgl. ebd., S. 327.
140 Ebd., S. 327.

laut McCormack gegenüber Przywara und seiner Interpretation der *analogia entis* deutlich machen. Die *analogia entis* war aus seiner Sicht für Barth ein eher zweifelhafter Versuch, Gott und Mensch unter dem Begriff „Sein" zusammenfassen zu können.[141] Da Barth diese Zusammenfassung als irreführende Form theologischer Epistemologie empfand, weil sie nicht zuvörderst bei Gottes Selbstoffenbarung in Jesus Christus ansetzte, entwickelte er laut McCormack eine Form des „kritischen Realismus"[142], in der der theologische Realismus sich seiner latenten Objektivierungstendenzen bewusst zu sein versucht. Diese selbstkritische Form theologischen Denkens wurde für Barth in den Folgejahren tragend und sie verdankt sich aus McCormacks Sicht in nicht geringem Maße dem Dialog mit dem Katholizismus.

Für McCormack hat Barth durch den Kontakt zu katholischen Denkern wie Przywara eine Theologie entwickelt, die sich ihrem Hang zur Objektivierung bewusst zu sein versucht. Betrachtet man dies in Verbindung mit Barths bleibender Betonung der Dialektik, verbietet sich laut McCormack die Spekulation über eine Wiederaufnahme des abstrakt analogischen Denkens in dessen Arbeit. Für McCormack ist der Kern der damaligen Überlegungen Barths dessen Arbeit zu materialdogmatischen Grundsatzproblemen, allen voran jenen der Gottes- und Trinitätslehre.

Neben dieser materialdogmatischen Fundierung der Barthschen Theologie ist es vor allem dessen theologisch und methodologisch zunehmend komplexere Entwicklung bis hin zum ersten Band der *Kirchlichen Dogmatik*, die McCormack in diesem Kapitel seines Buches ins Auge gefasst hat. Seine These ist hier, wie oben bereits erwähnt, dass sich mit *Fides quaerens intellectum* kein erheblicher Wandel im theologischen Entwurf Barths vollzieht. Vielmehr ordnet McCormack die Aussagen Barths, die dieser innerhalb des Buches über seinen eigenen theologischen Standpunkt macht, dem zu, was von ihm bereits vorher in ähnlicher Weise formuliert wurde.[143]

Um die These von einem Wandel auf materialdogmatischer Ebene im Jahr 1924 statt einem auf methodischer Ebene im Jahr 1931 zu untermauern, muss sich McCormack ein zweites Mal mit Beintker auseinandersetzen. Beintker hatte es laut McCormack als die entscheidende Neuheit des Anselmbuches bezeichnet, dass die Wahrheit Gottes sich nun innerhalb des theologischen Entwurfes Barths „*gegenständlich* macht, ohne in das Netzwerk der cartesianischen Subjekt-Objekt-Polarität verstrickt zu werden"[144].

141 Vgl. McCormack, *Theologische Dialektik*, S. 328.

142 Ebd.

143 Vgl. ebd., S. 363.

144 Ebd.

McCormacks Analyse zeigt demgegenüber, dass Beintkers Einschätzung bezüglich *Fides quaerens intellectum* weitestgehend von dessen Annahme geprägt ist, dass Barth in der zweiten Ausgabe des Römerbriefs die absolute Nichtgegenständlichkeit der oben genannten Wahrheit vertrat.[145] McCormack findet jedoch bereits innerhalb des Römerbriefkommentars frühe Spuren dieser Gegenständlichkeit. Außerdem expliziert er das, was Barth über den gesamten Verlauf der 1920er Jahre mit Nichtgegenständlichkeit meinte, als Dialektik von Nichtgegenständlichkeit und Gegenständlichkeit.[146]

Nicht zuletzt analysiert McCormack Barths vermeintliche Selbstanzeigen bezüglich einer Wende in seinem Denken. So versteht er Barths oft zitiertes Diktum, er hätte in *Fides quaerens intellectum* die letzten Reste existentieller Philosophie aus seiner theologischen Arbeit entfernt,[147] auf dem Hintergrund seines historischen Entstehungskontextes. McCormack verweist dabei im Anschluss an seine Betrachtung der Barthschen Auseinandersetzung mit Przywara darauf, dass Barth hier ausschließlich von Elementen sprach, die eine abstrakte Gründung, Stützung oder Rechtfertigung der Theologie zu ermöglichen schienen. Für Barth war in seinen Augen stets klar, dass die Theologie nur auf Gottes Selbstoffenbarung in seinem Wort fußen konnte. Dabei eignet dem göttlichen Wort auch unabhängig vom Menschen reale Wirklichkeit.[148] Da Gleiches in seinen Augen bei Barth auch für Gott selbst gilt, begegnet man bei Barth auch zu Beginn der 1930er Jahre noch einem „langjährigen Insistieren darauf, dass Schöpfung und Offenbarung für Gott nicht notwendig"[149] sind.

Mit dieser Detailanalyse und Beobachtung zur Genese der Barthschen Theologie im Zeichen der anhypostatisch-enhypostatischen Christologie belegt McCormack seine These, dass mit Barths Buch über Anselm keine substantiell neuen Inhalte oder Methoden in sein Werk integriert werden. Vielmehr wird mit diesem Buch aus seiner Sicht nachhaltig die Grundeinsicht der dialektischen Theologie ab 1924 bestärkt und vielfältig begründet: Nämlich, dass Gottes vorgängige Selbstoffenbarung in Jesus Christus zwar Grund und Ausgangspunkt jeglicher Rede von Gott, diese Selbstoffenbarung aber lediglich ein undialektischer Einheitspunkt zwischen den ansonsten weiterhin als qualitativ unendlich verschieden angesehenen Wirklichkeiten Gott und Schöpfung ist. In Bezug auf diese Selbstoffenbarung und ihre Interpretation im Zeichen der anhypostatisch-enhypostatischen

145 Vgl. ebd.

146 Vgl. ebd., S. 364.

147 Vgl. Barth, *KD I/1*, S. VIII.

148 Vgl. McCormack, *Theologische Dialektik*, S. 367.

149 Ebd., S. 368.

Christologie vollzieht sich aber ganz gewiss ein Wandel, den McCormack im letzten Teil seiner Arbeit im Hinblick auf Barths Christozentrik darstellt.

3.3.2.2 McCormacks Analyse der Theologie Barths im Zeichen der Christozentrik

In den Jahren 1935 und 1936 wurde Barths Theologie laut McCormack umfassend von einer christozentrischen Denkform geprägt. In *Theologische Dialektik und kritischer Realismus* versteht McCormack diese Christozentrik von da an als methodologisches Grundsatzprinzip der theologischen Arbeit Barths. Laut McCormack werden in dieser vierten und letzten Phase der theologischen Entwicklung Barths (d) alle Themen der Theologie nicht mehr vom Ereignis der Offenbarung, wie sie durch den Heiligen Geist in der Gegenwart empfangen wird, her verstanden, sondern im Lichte der göttlichen Selbstoffenbarung in Jesus Christus interpretiert.[150]

Mit dem Band II/1 seines *opus magnum* beginnt Barth in dieser Zeit die Behandlung der Gotteslehre, welche er im Band II/2 mit der Neuauslegung der Erwählungslehre beendet. An Barths Behandlung der Erwählungslehre tritt für McCormack der Unterschied zum ersten Teil der christologisch angelegten Phase der Barthschen Arbeit am deutlichsten zu Tage: Während sie darin noch von der konkreten „Situation einer Person, die von der Offenbarung im Hier und Jetzt angesprochen wird, bezogen ist“[151], erscheint sie nun in der vierten Phase umfänglich christozentrisch ausgelegt.

Die christozentrische Auslegung der Erwählung als Gnadenwahl, mit der Barth die reformierte Vorstellung eines einmaligen göttlichen *decretum absolutum* zur doppelten Prädestination der Menschheit verabschiedet, ist laut McCormack auf einen Vortrag von Piere Maury auf dem Genfer Calvin-Kongress 1936 zurückzuführen. Er löste in McCormacks Augen die grundlegende theologische Neuausrichtung in diesem Teil der Barthschen Gotteslehre aus.[152] Laut McCormack hatte Maury in seinem Vortrag mit dem Titel „Erwählung und Glaube“ gefordert, die göttliche Erwählung „nicht unter Absehung von ihrer konkreten Verwirklichung und Offenbarung in Jesus Christus“[153] zu betrachten. Es ist nur das Kreuz, das in Maurys Ansicht eindeutig zeigt, dass es Erwählung nie ohne Verwerfung gibt. In Maurys Augen kann man, wie McCormack zeigt, deswegen über Verdammnis nur im Zusammenhang mit dem Kreuz Christi sprechen. Mehr noch: Nur dort muss man von Verdammnis sprechen.[154] Die Verdammnis selbst

---

150 Vgl. McCormack, *Theologische Dialektik*, S. 282.
151 Ebd., S. 282.
152 Vgl. ebd., S. 379.
153 Ebd.
154 Vgl. ebd., S. 380.

möchte er dann so verstehen, dass sie etwas ist, was Gott gemeinsam mit seinem Volk erlebt und deren Ziel die Erwählung ist.[155]

Nach Maurys Vortrag konnte Barth aus McCormacks Sicht nicht anders, als seine eigene Lehre von der Erwählung zu überdenken.[156] Im Rahmen eines Vortrags in Debrecen im September 1936 stellte er laut McCormack fest, dass Gottes Erwählung nur in Jesus Christus erkannt werden kann.[157] Weder sei sie denknotwendiges Prinzip, noch Gegenstand allgemeiner religiöser Erfahrung.[158] Mit beiden Aussagen grenzte sich Barth in den Augen McCormacks von der klassisch reformierten Lehre ab.[159]

Die Konsequenzen der nun durch Maurys Anstoß redigierten Erwählungslehre schienen Barth laut McCormack klar zu sein: Er stellt am Ende von *Theologische Dialektik und kritischer Realismus* fest, dass Barth den ewigen Sohn in Gemeinschaft mit Vater und Heiligem Geist zum Subjekt der Erwählung macht. In ihm ist nun die göttliche Prädestination vollständig verwirklicht „und zwar in beide Richtungen: Jesus Christus wurde dazu erwählt, die Verwerfung des Menschen auf sich zu nehmen“[160]. Das bedeutet für McCormack, dass die Verwerfung nur in ihm stattgefunden hat, während ihr Ziel wiederum die Erwählung der Menschheit ist.[161]

McCormack versteht Barth in der christozentrischen Phase also so, dass Erwählung und Verwerfung nicht mehr zwei Möglichkeiten in Gott sind, sondern vielmehr in Jesus Christus realisiert wurden und im Verlauf der Geschichte stattgefunden haben.[162] Für McCormack bedeutet dies nicht, dass Barth die Dialektik von Verhüllung und Enthüllung aufgegeben hätte. Vielmehr bleibt diese in seinen Augen Teil des Barthschen Entwurfes, der nun aber mit der Christozentrik ein regulatives Prinzip enthält, das laut McCormack den ewigen Willen Gottes zusammen mit dessen Sein und Wirken in der Geschichte kohärent zu explizieren vermag.[163]

---

155 Vgl. ebd.

156 Vgl. ebd., S. 381.

157 Karl Barth, Art.: „Gottes Gnadenwahl“ in: Theologische Existenz heute 47., München, Chr. Kaiser Verlag, 1936, S. 11.

158 Vgl. Barth, „Gnadenwahl“, S. 11.

159 Vgl. McCormack, *Theologische Dialektik*, S. 380.

160 Ebd.

161 Vgl. ebd.

162 Ebd.

163 Vgl. ebd., S. 382.

3.3.2.3 McCormacks Vorschlag für ein neues Analyse-Paradigma der Arbeit Barths bis 1936

Mit der Untersuchung *Theologische Dialektik und kritischer Realismus* hat McCormack gegenüber von Balthasar ein neues Paradigma für die Interpretation der theologischen Entwicklung Barths erarbeitet.[164] Er verabschiedet darin nicht nur dessen einflussreiches Votum, sondern entwickelt auch die Analysen Beintkers, Spiekermanns und Jüngels weiter.[165]

McCormack geht nicht mehr von einer methodischen Wende von der Dialektik zur Analogie in Barths Theologie aus. Während von Balthasar eine solche in das Jahr 1931 datiert und mit Barths Arbeit zum Denken und Werk Anselms in Verbindung bringt, versucht McCormack einen besonderen, viel stärker materialdogmatisch geprägten Entwicklungsschritt für das Jahr 1924 herauszustellen. Hier hat Barth die Lehre der Anhypostasie-Enhypostasie der Person Jesu Christi entdeckt und in seinen Entwurf integriert. Damit besteht zu einer späteren Hinwendung zur Idee einer Seinsanalogie kaum noch Notwendigkeit, kann eine solche Christologie doch die dialektische Verschiedenheit von Gott und Welt im konkreten Blick auf ihren undialektischen Einheitspunkt im Schicksal Jesu Christi kohärent zusammen denken. *Fides quearens intellectum* stellt dementsprechend für McCormack keine Barthsche Wende mehr dar, sondern ist Teil einer immer durchdringenderen Komplexität im Denken des Schweizer Theologen.

Die wichtigste Komponente in Barths Entwicklung ist dabei laut McCormack dessen Christologie und später dessen Christozentrik. Letztere entwickelt sich seiner Meinung nach innerhalb des Barthschen Denkens ebenfalls ab 1924. Dabei haben wir es in McCormacks Augen zunächst mit einer pneumatozentrischen Lehre von Jesus Christus zu tun, die in seinen Augen mit dem Band II/2 des Werkes *Kirchliche Dogmatik* von Barths konsequenter Christozentrik abgelöst wird. Der elementarste Teil dieser Christozentrik ist für McCormack Barths Lehre von der Gnadenwahl, in welcher er Erwählung und Verwerfung als ausschließlich in Jesus Christus geschehen expliziert. In Jesus Christus, der sowohl erwählter Mensch als auch erwählender Gott ist, hat Gnade und Verdammnis laut McCormack bei Barth ihren offenbaren Ort.

---

164 Jüngels Arbeit zu Barth hatte zwar bereits die Idee eines zweiten „Bruchs" in dessen Entwicklung verabschiedet. Er war jedoch wie von Balthasar laut McCormack weiterhin „zufrieden mit der Beibehaltung der Formel von einer ‚Wende von der Dialektik zur Analogie' als angemessener Beschreibung von Barths Entwicklung". Siehe: McCormack, *Theologische Dialektik und kritischer Realismus*, S. 31.

165 Vgl. McCormack, *Orthodox and Modern*, S. 9.

3.4 Zusammenfassung und Überleitung

In seiner ersten Arbeitsphase hat sich McCormack intensiv mit der Entwicklung der Theologie Karl Barths beschäftigt und dabei den Versuch unternommen, die neo-orthodoxe Barth-Lesart zu problematisieren. Während diese im Rückgriff auf von Balthasars These von einer Wende im Barthschen Denken von der Dialektik hin zur Analogie gerade dessen spätere Theologie als antiliberale Repristination vor-aufklärerischer dogmatischer Überzeugungen versteht, will er, obgleich auch er nach 1924 im *Logos* einen undialektischen Einheitspunkt der Barthschen Theologie erkennt, im Verweis auf dessen Beibehaltung der qualitativen Abgrenzung von Gott und seiner Schöpfung und dessen Abwehr theologischer Objektivierungstendenzen sowohl auf die dialektischen wie auch kritischen Elemente von Barths Arbeit hinweisen.

Mit McCormacks Barthanalyse *Theologische Dialektik und kritischer Realismus* gerät von Balthasars und damit auch das neo-orthodoxe Interesse an der Methode Barths in den Hintergrund. Nichtsdestoweniger ist der Einfluss des katholischen Theologen auf die Arbeit McCormacks nicht zu unterschätzen. Dass sich nämlich Barths Theologie entwickelt, hatte zuerst und entscheidend von Balthasar nachgewiesen.

Der Nachweis von Barths Entwicklung hin zu einer immer durchdringenderen Christozentrik wird für das Verständnis des im Folgenden nachzuvollziehende Ensembles von analytischer und konstruktiver Barth-Rezeption bei McCormack und jenen, die ihn ebenfalls geprägt haben, wichtig. Neben von Balthasar ist im Folgenden Thies Gundlach ein weiterer Impulsgeber. Gundlachs Dissertation zeigt McCormack, dass Barths Erwählungslehre, die McCormack ja als Höhepunkt der im Jahr 1924 angestoßenen Entwicklung hin zu einer immer durchdringenderen Christozentrik versteht, derart zentral für das Verständnis des Barthschen Arbeitens ist, dass sie für McCormack zum letzten Endes umfassend bestimmenden Merkmal des Barthschen Oeuvres wird. Den Weg zu dieser Erkenntnis und die Konsequenzen, die McCormack daraus zieht, werden im folgenden Kapitel expliziert.

4 1996–1999: Die Erwählungslehre als Schlüssel zu Barths reifer Theologie. McCormacks Interpretation der Entwicklung Barths im Lichte der Entscheidungen ab dem Jahr 1936

Mit seiner Dissertation hat McCormack im Jahr 1989 nicht nur eine akademische Qualifikationsarbeit vorgelegt, sondern auch versucht, das vorherrschende neo-orthodoxe Paradigma der Barth-Rezeption mit dem Verweis auf Barths kritisch-realistische Christozentrik in Frage zu stellen. Aber selbst in deren Erweiterung, die 1995 unter dem Titel *Karl Barth's Critically Realistic Dialectical Theology. It's Genesis and Development 1909–1936* veröffentlicht wurde, hatte er sich lediglich mit Barths Entwicklung bis zum Band II/2 der *Kirchlichen Dogmatik* beschäftigt. So war Barths *opus magnum* unter der Maßgabe des von ihm entwickelten neuen Interpretationsparadigmas vorerst nur teilweise in den Blick genommen worden.

Im Rahmen seiner Beschäftigung mit Barths Theologie ab dem Band II/2 der *Kirchlichen Dogmatik* begegnet McCormack 1996 der Dissertation des deutschen Theologen Thies Gundlach *Christozentrik und Pluralität. Studien zur Neuzeitlichkeit der Theologie Karl Barths am Beispiel der Offenbarungs- und Erwählungslehre*. Diese Arbeit, die 1992 gekürzt unter dem Titel *Selbstbegrenzung Gottes und die Autonomie des Menschen. Karl Barths Kirchliche Dogmatik als Modernisierungsschritt evangelischer Theologie* erschien, bestätigt ihn, wie er sagt,[1] in der bereits 1994 erstmals formulierten Beobachtung, dass die Erwählungslehre aus dem Band II/2 der *Kirchlichen Dogmatik* als Höhepunkt der mit der Integration der Lehre von der Anhypostasie-Enhypostasie Jesu Christi initiierten Christozentrik Barths zentral für das Verständnis von dessen gesamten Werk ist. Zudem zeigt ihm Gundlach auf, dass Barths Erwählungslehre auch eine kritische Korrektur gegenüber seinen Überlegungen aus dem Band I/1 der *Kirchlichen Dogmatik* ist, die erhebliche Konsequenzen für die Betrachtung des Verhältnisses von Prädestinations- und Trinitätslehre in sich birgt.[2]

Wenngleich McCormack letztlich seine analytische wie später auch konstruktive Rezeption der Theologie Barths unter Zuhilfenahme Jüngels und Goebels entwickelt, ist Gundlachs Dissertation der Auslöser für McCormacks 1996 bis 1999 stattfindende *Relecture* des Barthschen Werkes im Lichte von Barths Erwählungslehre. Dazu stellt Gundlachs Arbeit eine weitgehende Zusammenfassung der analytischen Barth-Rezeption der vor ihm

1 McCormack, „Processions“, S. 120.
2 Ebd., S. 120.

liegenden Jahre dar. So ist die Darstellung seiner Einsichten zugleich auch eine Darstellung jener Barth-Lesart, die McCormack entscheidend geprägt hat und die er fortzuentwickeln gedenkt.

4.1 Gundlachs Arbeit zur *Kirchlichen Dogmatik* und ihre Bedeutung für McCormack

Gundlach wurde also im Jahr 1991 mit einer Dissertation über die Entwicklung in Barths *Kirchlicher Dogmatik* promoviert. Der auf dieser Qualifikationsschrift basierenden späteren Veröffentlichung *Selbstbegrenzung Gottes und die Autonomie des Menschen* hat McCormack im Jahr 2013 in seinem Artikel „Processions and Missions: A Point of Convergence between Thomas Aquinas and Karl Barth" rückblickend eine erstaunliche Bedeutung für seine Arbeit im Anschluss an Barth zugewiesen.[3] Während er nämlich bereits 1989 mit einer Arbeit zur Entwicklung der Theologie Barths promoviert wurde und darin selbst dessen Entwicklung hin zur umfassenden Christozentrik in der Erwählungslehre nachgewiesen hatte, war ihm die Relevanz dieser Beobachtung für die Gottes- und Trinitätslehre als solche erst durch die Lektüre von Gundlachs Dissertation deutlich geworden: „Es ist wahr, dass ich diese Punkte noch nicht mit der Lehre von der Trinität verbunden hatte. [...] Ich habe es erst tun können, nachdem ich 1996 Thies Gundlachs hervorragendes Buch *Selbstbegrenzung Gottes und die Autonomie des Menschen* [...] gelesen hatte."[4]

Mit *Selbstbegrenzung Gottes und die Autonomie des Menschen* hatte Gundlach McCormack durch eine onto-theologische Interpretation der Barthschen Offenbarungstheologie deutlich gemacht, dass die Grundentscheidung der Erwählungslehre aus dem Band II/2 der *Kirchlichen Dogmatik* erhebliche, „kritische"[5] Korrekturen der Aussagen aus dem Band I/1

3 Gundlach bleibt für McCormack über einen längeren Zeitraum eine für die Verhältnisbestimmung der Barthschen Trinitäts- und Erwählungslehre wichtige Referenz. So findet der deutsche Theologe bereits 1997 in dem Vorwort der englischsprachigen Paperbackausgabe von *Theologische Dialektik und kritischer Realismus* Erwähnung. Siehe: McCormack, *Karl Barth's Critically Realistic Dialectical Theology. Its Genesis and Development 1909–1936*, S. vi. Im Jahr 2009 zitiert McCormack den deutschen Theologen dann in seiner Beigabe zur Festschrift Migliores, die den Titel trägt, „God is His Own Decision". Hier erscheint Gundlach neben Jüngel als der wichtige Entdecker der Spannung zwischen Barths Trinitäts- und seiner Erwählungslehre. Siehe: McCormack, Art.: „God is His Own Decision. The Jüngel-Gollwitzer ‚Debate' Revisited" in *Theology as Conversation. The Significance of Dialogue in Historical and Contemporary Theology*, S. 63.

4 (eigene Übersetzung) McCormack, „Processions", S. 120.

5 Gundlach, *Selbstbegrenzung*, S. 315.

beinhalte und sich damit die trinitarisch verfasste Gotteslehre nach Barth künftig nur noch im Licht der Erwählungslehre betrachten lasse. Diese Einsicht führt McCormack, wie zu sehen sein wird, dazu, die Erwählungslehre im Anschluss an Barth theologisch zu priorisieren und Gottes Sein mit dem geschichtlichen Schicksal Jesu Christi zu identifizieren.

Gundlach zeigt McCormack also auf, dass Gottes Sein im Licht von Barths Erwählungslehre anders zu explizieren ist als im Rahmen von dessen Trinitätslehre. Indem Gundlach die systematischen Konsequenzen der Erwählungslehre für Gottes Sein andeutet, weist er McCormack auch auf die Möglichkeit der Entfaltung einer göttlichen Ontologie nach der Maßgabe von Gottes Bund mit seiner Schöpfung hin. Dass damit letztlich auch ein grundlegendes Anliegen Barths mehr zur Geltung kommen würde, deutet Gundlach an, indem er darauf verweist, dass Barth im Gegensatz zu dem herkömmlichen Verständnis von Ontologie beziehungsweise Metaphysik

> nicht das in der Welt vorfindliche und also gegebene Sein oder die vermeintlich allgemeinen Wirklichkeitsstrukturen analysiert, sondern umgekehrt die in der Schrift bezeugte Geschichte des Jesus von Nazareth ontologisch ausgelegt. [...] Die Pointe der Barthschen Argumentation liegt gerade nicht in der Entfaltung der möglichst universalen, allgemeinen, abstrakt-generellen Implikationen [des göttlichen Handelns] [...] hinsichtlich der nichtgöttlichen Wirklichkeit, die sich in allgemein-empirischen oder subjektivitätstheoretischen Reflexionen konkretisieren könnte, sondern in der theologischen Präzisierung und Charakterisierung der Universalität Gottes in und durch Jesus Christus[6].

Gundlachs Analyse des Verhältnisses zwischen der Trinitäts- und Erwählungslehre Barths ist für McCormacks theologische Arbeit zwischen den Jahren 1996 bis ins Jahr 1999/2000 wegweisend. Letzten Endes ist neben von Balthasar und Jüngel jedoch, wie zu sehen sein wird, Goebel mit seiner Einschätzung der Entwicklung der Barthschen Theologie für McCormack der entscheidende Einfluss. Sein Buch *Vom freien Wählen Gottes und des Menschen* von 1990 wird neben Arbeiten der beiden gerade genannten Theologen in McCormacks 2016 unter dem Titel „Christonomie" veröffentlichten Beitrag zu Beintkers *Barth Handbuch* als Referenz genannt.[7] Dieser Beitrag zum *Barthandbuch* kann meines Erachtens als McCormacks Rückschau auf sein analytisches Arbeiten zu Barth verstanden werden,

---

6 Ebd., S. 176.

7 Hans-Theodor Goebel, *Vom freien Wählen Gottes und des Menschen. Interpretationsübungen zur ‚Analogie' nach Karl Barths Lehre von der Erwählung und Bedenken ihrer Folgen für die Kirchliche Dogmatik*, Forschungen zur Praktischen Theologie 9, Frankfurt am Main, 1990.

womit Gundlachs Einfluss in seiner begrenzten Relevanz für McCormacks Arbeit eingeordnet sein sollte.[8]

Gundlachs für McCormack punktuell ohne Zweifel sehr wichtige Dissertation greift explizit auf Erkenntnisse anderer Theologen zurück. Meines Erachtens stellt sie letztlich eine methodisch detailreiche Zusammenfassung und teilweise auch Spezifizierung der Beobachtungen Jüngels und Wilfried Härles dar.[9] Jüngels Barth-Interpretation behandelt Gundlach vor allem im Hinblick auf *Gottes Sein ist im Werden* und die *Barthstudien* mit ihren zahlreichen Artikeln, wie dem wichtigen historisch angelegten Text „...keine Menschenlosigkeit Gottes...Zur Theologie Karl Barths zwischen Theismus und Atheismus".[10] Diese Texte zeigen in analytischer Form, dass die Ausführungen der Erwählungslehre der *Kirchlichen Dogmatik* gegenüber dem Band I/1 durchaus revidierenden Charakter haben. Mit dieser Einsicht legte Jüngel den Grundstein für eine an ihn anschließende Rezeption der Barthschen Gotteslehre, die Gottes Sein christozentrisch, also mit dem Fokus auf Gottes Handeln in Jesus Christus und damit vorrangig von dem Akt der Erwählung her zu entfalten versuchte.[11]

Härles Barth-Rezeption findet in Gundlachs Dissertation ihren Platz, weil sie als erste Jüngels analytischen Standpunk in systematischer Form weitergehend behandelt. In dem aus seiner Habilitationsschrift hervorgegangenen Buch *Sein und Gnade: Die Ontologie in Karl Barths Kirchlicher Dogmatik* analysiert Härle das Barthsche Verständnis der göttlichen Ontologie. Dabei kommt er im Anschluss an Jüngel zu dem Ergebnis, dass

---

8 Außerdem nennt McCormack Goebel in seinem prominenten Artikel „Grace and Being" aus dem Jahr 2000 sowie in dem 2012 erschienenen Text „The Doctrine of the Trinity after Barth". Siehe: McCormack, „Grace and Being", S. 194; McCormack, „The Doctrine of the Trinity after Barth", S. 94.

9 Der insbesondere für McCormacks spätere Betrachtung des Verhältnisses der Barthschen Trinitätslehre und seiner Erwählungslehre instruktive Aufsatz Goebels kommt bei ihm am Rande, jedoch an einer, wie zu sehen sein wird, entscheidenden Stelle vor.

10 Jüngel, Art.: „...keine Menschenlosigkeit Gottes...Zur Theologie Karl Barths zwischen Theismus und Atheismus" in *Barthstudien*, Zürich, Benzinger Verlag, 1982 und Jüngel, *Gottes Sein ist im Werden*, Tübingen, J.C.B. Mohr, 1965.

11 Zur Arbeit Jüngels in Bezug auf Gotteslehre und Ontologie gibt es bereits folgende Abhandlungen: Die Arbeit Michael Kappes mit dem Titel *...Keine Menschenlosigkeit Gottes eine Auseinandersetzung mit Eberhard Jüngels Ansatz einer trinitarischen Kreuzestheologie jenseits von Atheismus und Atheismus* von 1989, das genauso lesenswerte Buch *Gott ist Liebe* von Rainer Dvorak aus dem Jahr 1999 oder die Untersuchung *Freiheit aus Glauben* von Christoph Herbst von 2012. Eine weitreichendere, jedoch weniger luzid gehaltene Arbeit hat Michael Schulz mit dem Titel *Sein und Trinität. Systematische Erörterungen zur Religionsphilosophie G.W.F. Hegels im ontologiegeschichtlichen Rückblick auf J. Duns Scotus und I. Kant und die Hegelrezeption in der Seinsauslegung und Trinitätstheologie bei W. Pannenberg, E. Jüngel, K. Rahner und H.U.v. Balthasar* vorgelegt.

der Schweizer Theologe eben diese als Ontologie der Beziehung entfaltet.[12] Härle geht durch seinen ontologischen Fokus im erwähnten Buch jedoch nicht systematisch auf die Frage ein, was damit gemeint ist, wenn Barth im Band II/2 seines *opus magnum* sagt, dass Gott in dem Akt der Erwählung in „ursprünglicher Weise über sich selbst bestimmt“[13] hat. Obgleich Härle diese Frage nach Gottes Selbstbestimmung nicht *en détail* beantwortet, macht er in seinem Buch grundlegend deutlich, dass diese Selbstbestimmung Gottes zu einem Sein mit dem Menschen ein einheitliches Tun beziehungsweise einen einzigen Akt zusammen mit dem Sein Gottes an sich bildet. Dieses Tun Gottes ist damit nach Barth aus Härles Sicht mit dem Sein Gottes in eins zu setzen.[14]

Gundlachs Untersuchung nimmt die Impulse Jüngels und Härles auf. Da es ihm in seiner Dissertation aber vorrangig darum geht, Barths Theologie „[M]odernitätstüchtig[keit]“[15] nachzuweisen, positioniert er seine Arbeit gegenüber deren Analysen „auf der Grenze zwischen einer systematischen Interpretation der Theologie Barths und einer Lokalisation derselben in einem nichttheologischen Theoriezusammenhang.“[16] Genau deshalb scheint er bei der Wahrnehmung einer eventuell substantiellen Entwicklungen im Werk Barths unbefangener als Jüngel, der die Pointe des gesamten Textes der *Kirchliche Dogmatik* in deren Versöhnungslehre sieht und deshalb eine Lesart „von hinten“ vorschlägt, und Härle, der gar keine substantielle Entwicklung ab deren Band II/2 annimmt und diesbezüglich lediglich von „terminologischen Verschiebungen“[17] zu sprechen bereit ist. Diese Gundlachsche Unbefangenheit endet in der Analyse von der Erwählungslehre als kritischer Korrektur von Barths im Band I/1 der *Kirchlichen Dogmatik* entfalteter trinitarisch angelegter Gotteslehre. Die damit verbundene Einsicht, dass konsequent betrachtet die Trinitätslehre im Licht der Erwählungslehre expliziert werden müsste, ist für McCormacks weitere Arbeit im Anschluss an Barth dann entscheidend.

4.1.1 Gundlachs Analyse der Trinitätslehre Barths

Barth entfaltet seine Lehre von Gottes trinitarisch verfasstem Sein im Band I/1 der *Kirchlichen Dogmatik*. Damit ist dieses *theologoumenon* Teil seiner Lehre von Gottes Offenbarung, in deren Zentrum das Wort Gottes steht.

---

12 Vgl. Härle, *Sein*, S. 293.
13 Barth, *KD II/2*, S. 1.
14 Vgl. Härle, *Sein*, S. 56.
15 Gundlach, *Selbstbegrenzung*, S. 23.
16 Ebd., S. 23.
17 Härle, *Sein*, S. 205.

Seine Trinitätslehre entwickelt Barth dann laut Gundlach mit Hilfe der Analyse des Wortes Gottes, weil diese ihm ermöglicht, Gott einerseits mit seinem Wort zu identifizieren, ihn aber andererseits von der Schöpfung und ihrer Geschichte als unabhängig und für sie unverfügbar zu explizieren.

Barth identifiziert das Wort Gottes also zum einen mit Gott selbst, indem er sagt: „Gottes Offenbarung ist nach der Schrift Gottes eigenes unmittelbares Reden, nicht zu unterscheiden von dem Akt dieses Redens, also nicht zu unterscheiden von Gott selbst, von dem göttlichen Ich, das dem Menschen in diesem Akt, in dem es Du zu ihm sagt, gegenübertritt. Offenbarung ist *Dei loquentis persona.*“[18] Gundlach weist jedoch zum anderen darauf hin, dass das Wort Gottes bei Barth lediglich unverfügbares Kriterium der menschlichen Rede von Gott ist.[19] Dazu zitiert er Barth, der sagt: „Wir können dieses Kriterium nicht handhaben. Es ist das Kriterium, das sich selbst handhabt und außerdem in niemandes Hand ist.“[20]

Angesichts dieses besonderen Charakters des göttlichen Wortes betont Gundlach, dass „[d]ie theologische Unverfügbarkeit des Kriteriums [...] es unumgänglich [macht], mit einer [...] unabweisbaren These, einem [...] dezisionistischen Element zu beginnen.“[21] Gundlach meint damit, dass der Gegenstand der Theologie bei Barth zwar nichts anderes als das Wort Gottes ist, dies jedoch dem Menschen zugleich so eindeutig unverfügbar ist, dass der Mensch es nur mittels einer „Behauptung“[22] zum Kriterium der Theologie machen kann.

Ist diese getroffen, zeigt sich laut Barth, dass das Wort Gottes nicht nur Objekt des „Wollen[s] und Vollbringen[s] des verkündigenden Menschen [ist]. Es ist auch und [...] sogar zuerst und entscheidend göttliches Wollen und Vollbringen.“[23] Weil sich also das Wort Gottes allem selbständigen Suchen des Menschen nach Gott gegenüber setzt und so Gott selbst zur Sprache bringt, wird das Wort Gottes für Barth zur Voraussetzung der kirchlichen Verkündigung und somit auch der Theologie. Durch diese Selbstsetzung wird „die Verkündigung zur Verkündigung und damit die Kirche zur Kirche [ge]macht.“[24].

Das Wort Gottes ist also für Barth das Reden Gottes über sich selbst und damit die verbale Offenbarung Gottes. Diese unterteilt Barth in der

18 Barth, *KD I/1*, S. 320.
19 Vgl. Gundlach, *Selbstbegrenzung*, S. 102.
20 Barth, *KD I/1*, S. 94.
21 Gundlach, *Selbstbegrenzung*, S. 102.
22 Ebd., S. 102.
23 Barth, *KD I/1*, S. 96.
24 Ebd., S. 89.

Kirchlichen Dogmatik in das verkündigte, das geschriebene und das geoffenbarte Wort Gottes. Während das Erste die kirchliche Verkündigung und das Zweite die Bibel ist, bezeichnet das Dritte die Offenbarung, auf welche die biblischen Zeugen „von sich wegsehend und wegzeigend hinsehen“[25]. Diese dritte Gestalt des Wortes Gottes ist das Offenbarungsgeschehen, in welchem Gott in freier Gnade aus mittelbarer Verkündigung und Bibel unmittelbares Wort Gottes werden lässt.[26]

Alle drei Gestalten des Wortes Gottes verweisen auf Gott, wobei Gundlach betont, dass Gott dabei seiner Erkenntnis durch den Menschen gegenüber frei und das heißt zuvörderst unabhängig bleibt: „Diese Unverfügbarkeit des wahren Kriteriums muß als radikale Freiheit Gottes gedacht werden.“[27] Barth betont dies vor allem im Verweis auf eine theologische Tradition, die bereits bei Augustinus begann. Diese unterscheidet, um der Unabhängigkeit Gottes willen, die überlieferten Aussagen der Propheten und Apostel von dem, was Gott ihnen eingegeben hat.[28] Die biblische Schrift und die kirchliche Verkündigung bezeugen also die Offenbarung Gottes nur und sind nicht unmittelbar mit dieser zu identifizieren.

Gundlach versteht Barths Theologie des Wortes Gottes offensichtlich unter der Maßgabe von dessen Unverfügbarkeit, die jedoch keine rein abstrakte, sondern eine durchaus bestimmte Form göttlicher Freiheit widerspiegelt: „Die theologische Begründung jener Konzentration des kirchlichen Redens von Gott auf die drei Gestalten des Wortes Gottes besteht darin, dass diese Verkündigung nicht für die Offenbarung der Freiheit Gottes, sondern für Gottes Freiheit zur Offenbarung einsteht.“[29]

Freiheit Gottes bedeutet in diesem Teil der *Kirchlichen Dogmatik* laut Gundlach also Freiheit zur Offenbarung. Gundlach versteht diese Anlage der Trinitätslehre durch Barth so, dass

> diese die Unverfügbarkeit des dogmatischen Kriteriums reflektierende Lehre von der dreifachen Gestalt des Wortes Gottes [...] für Barth keineswegs ein theologisch willkürliches Konstrukt, sondern Ausdruck eines höchst spezifischen Verständnisses des ‚deus dixit‘ [ist]. Denn nach Auskunft der Barthschen Prolegomena repräsentieren alle drei Gestalten des Wortes Gottes die angewandte, konkret vollzogene Freiheit Gottes zur Offenbarung in Jesus Christus.[30]

25 Ebd., S. 116.
26 Vgl. ebd., S. 120.
27 Gundlach, *Selbstbegrenzung*, S. 103.
28 Vgl. Barth, *KD I/1*, S. 117.
29 Gundlach, *Selbstbegrenzung*, S. 111.
30 Ebd., S. 111.

Die Grundlage der Barthschen Trinitätslehre ist die Formel „Gott offenbart sich als der Herr“[31]. In der von Barth dargelegten Dreiheit von Vater, Sohn und Heiligem Geist erkennt der Mensch die Herrschaft Gottes laut Gundlach „als freier und frei bleibender Gott“.[32] Gottes Tun, die Offenbarung in seinem Wort, ist hier für Gundlach eine kontingente, nicht notwendigerweise von Gott wahrgenommene Möglichkeit. Wer aber „Gott im Medium von Verkündigung und Bibel in seinem geoffenbarten Wort Jesus Christus wirklich erkennt, der erhält nach Barth keineswegs die Mitteilung über die radikale Autonomie Gottes, sondern über die autonome Radikalität seines Erbarmen mit dem Menschen.“[33]

Wie kann nun aber Barths Festlegung „Gottes Wort ist Gott selbst in seiner Offenbarung“[34] verstanden werden? Gundlach zeigt, dass das Wort „in“ darauf hinweist, dass die drei Gestalten des Wortes Gottes nicht *per se* mit der Offenbarung gleich gesetzt werden können, sondern durch Gott dazu gemacht werden. Diese Verwandlung von einem Zeugnis des Wortes Gottes zu einer Offenbarung Gottes ist, das macht Gundlach deutlich, bei Barth kein Zustand, sondern ein Ereignis.[35] Damit ist die Wirklichkeit der Offenbarung Gottes schöpferische Vollmacht, was in Gundlachs Augen wiederum „die nicht zu leugnende Betonung der Freiheit Gottes in aller Offenbarung“[36] darstellt.

Gundlach versteht dieses Ereignis-Moment in Barths Verständnis der Offenbarung als „Aktualismus“[37], wobei er hier nicht der erste ist, der dies festgestellt und betont hat.[38] Dazu schreibt er:

> Die in den Prolegomena verhandelte Lehre von der dreifachen Gestalt des Wortes Gottes versucht die Unterscheidung zwischen der kirchlichen Verkündigung bzw.

---

31 Barth, *KD I/1*, S. 331.
32 Gundlach, *Selbstbegrenzung*, S. 103.
33 Ebd., S. 113.
34 Barth, *KD I/1*, S. 311.
35 Vgl. ebd., S. 116.
36 Gundlach, *Selbstbegrenzung*, S. 112.
37 Ebd., S. 112.
38 Der Aktualismus ist beispielsweise laut Horst Georg Pöhlmann ein zentrales Moment der Barthschen Wort-Gottes-Theologie, weil Barth sich unter Zuhilfenahme dieser Denkfigur von konfessionell anders geprägten Konzepten abgrenzt. Dabei geht es ihm nicht nur um eine althergebrachte Grenzziehung gegenüber den dogmatischen Grundlagen des Katholizismus, sondern auch gegenüber denen des von ihm sogenannten protestantischen Modernismus. Pöhlmann konkretisiert das wie folgt: „[...] Barths Wahrheitsquelle ist nicht so sehr die Heilige Schrift als solche, sondern das aktuelle Wort Gottes. So verläuft seine Front anders als in der traditionellen reformatorischen Theologie, nämlich: Hier steht Wahrheitsaktualismus gegen Wahrheitsverdinglichung, durch Schrift, Tradition und Lehramt und nicht Schrift gegen Tradition und Lehramt.“ Siehe: Pöhlmann, *Analogia entis oder Analogia fidei?*, S. 17.

> den biblischen Schriften und Gottes eigenem Wort festzuhalten. Die dogmatische Reflexion Barths bezieht sich daher auf die weltliche Dimension jener beiden Größen, sie bringt nicht Gottes eigenes Wort als Kriterium der Dogmatik unmittelbar in Anschlag. Gottes eigene Rede kommt so nur als der unverfügbare Fluchtpunkt des erinnerten Wortes Gottes zur Sprache.[39]

Da die Offenbarung laut Gundlach ein von Gott allein, aktualistisch initiiertes Ereignis ist, muss auch der Vorgang des Offenbarens selbst Gott allein zugeschrieben werden, womit Gott der Offenbarer ist.[40] Weil Gott aber als Offenbarer nur sich selbst offenbaren kann, ist er laut Barth auch die Offenbarung.[41] Indem Barth dazu noch sagt, dass das Wirksamwerden dieser Offenbarung ebenfalls ausschließlich Gott zugeschrieben werden muss, ist Gott nicht nur Offenbarer und die Offenbarung, sondern auch das „Offenbarsein"[42]. Aus den Zuschreibungen Offenbarer, Offenbarung und Offenbarsein ergibt sich eine triadische Struktur in Bezug auf Gott. In Gott müssen sich diese drei Funktionen in irgendeiner Weise unterscheiden, sonst wären sie rein sprachliche Figuren ohne einen Bezug zu Gott selbst. Gott muss also eine triadische Struktur eignen, denn keines der Strukturelemente kann, soll es Teil des Offenbarungsgeschehens sein, aufhören Gott zu sein. Damit hat sich Barth über den Begriff des Wortes Gottes und der Offenbarung die theoretische Notwendigkeit, von einer wie auch immer gearteten Dreieinigkeit Gottes zu sprechen, erarbeitet.[43] Damit ist aber auch die Lehre von dieser Dreieinigkeit, die sogenannte Trinitätslehre, an den unmittelbaren Anfang der Barthschen Theologie und damit an den unmittelbaren Anfang der *Kirchlichen Dogmatik* gerückt.[44]

Gundlach macht angesichts dieser trinintätstheologisch angelegten Offenbarungslehre im Anschluss an die Lehre von der dreifachen Gestalt des Wortes Gottes deutlich, dass auch diese vor allem die Funktion erfüllen soll, Gottes Unabhängigkeit theoretisch zu bewahren. So ist sie für ihn weniger „als eine Offenbarungslehre, sondern als inhaltlich bestimmte Gnadenlehre entfaltet"[45]. Dass Gott nämlich als Offenbarer in seiner Offenbarung offenbar ist, ist theologisch betrachtet ein Wunder und zwar das Wunder des Glaubens. Pöhlmann hat dies einmal wie folgt pointiert: „Der von sich aus für den Empfang des Wortes Gottes ungeeignete Mensch bekommt

---

39 Gundlach, *Selbstbegrenzung*, S. 110.
40 Vgl. Barth, *KD I/1*, S. 312.
41 Vgl. ebd.
42 Ebd.
43 Vgl. ebd., S. 320.
44 Vgl. ebd., S. 311.
45 Gundlach, *Selbstbegrenzung*, S. 111.

im Glauben ‚eine Eignung' zum Hören des Wortes Gottes ‚geliehen', eine Eignung also, die nicht sein eigen ist, eine uneigene Eignung."[46]

Dass der Mensch das Wort Gottes hört und es in ihm wirksam werden kann, ist also kein Vermögen des Menschen, sondern eine Gnade Gottes, die dem Menschen das Vermögen leiht. Selbst wenn er also das Vermögen ausüben kann, ist es ihm nicht verfügbar, sondern nur seine momentane Verfassung, die ausschließlich auf das Handeln Gottes zurückzuführen ist. So verbleibt das Verhältnis zwischen Wort Gottes und seiner Erkenntnis durch den Menschen in jedem Fall und in jedem Moment aktualistisch und ist doch zugleich nach Barth wahre Offenbarung. Dies ist die Vorsicht Barths in Bezug auf die Fähigkeiten des Menschen und Unabhängigkeit Gottes, unter deren Vorzeichen gerade die Theologie der frühen Bände der *Kirchlichen Dogmatik* laut Gundlach immer nachvollzogen werden muss.[47]

Laut Gundlach betont Barth Gottes Unabhängigkeit, um der Verabsolutierung theologischer Aussagen entgegenzuwirken. Dazu Gundlach:

> Barths Prolegomena implizieren ein absolutheitskritisches Element. Diese entabsolutierende Kraft der Barthschen Offenbarungstheologie wird nicht dadurch erreicht, daß Barth für die eigene Position Absolutheit beansprucht und sie anderen abspricht, sondern dadurch, daß er Absolutheit allein für den unverfügbaren Gott beansprucht und solche Absolutheit sowohl der Kirche und ihrer Rede von Gott, wie auch allen anderen weltlichen Positionen abspricht.[48]

Gundlachs Analyse von Barths Betonung der göttlichen Absolutheit offenbart nach meinem Dafürhalten jene vormodernen Elemente der Barthschen Theologie, die sich hinter der modernen Sprache der Bände I/1 bis II/1 der *Kirchlichen Dogmatik* verbergen. Indem Gundlach Barths Fokus auf Gottes Absolutheit hervorhebt, zeigt er nämlich, dass der Barthsche Begriff der göttlichen Freiheit, den dieser bis zum Band II/1 der *Kirchlichen Dogmatik* verwendet, im Sinne einer „Freiheit von aller Bedingtheit"[49] zu verstehen ist. So zeigt sich – und das ist Gundlachs bisheriger Analyse meines Erachtens unbedingt hinzuzufügen -, dass sich auch Barths Begriff der Herrschaft Gottes klassisch zu nennenden Vorstellungen der Gotteslehre anpasst. Denn obgleich Barth auf der sprachlichen Ebene neue Wege geht, indem er beispielsweise die Trias der Offenbarungsfunktionen, die Gottes konkret bestimmte Herrschaft offenbaren[50], „Seinsweisen"[51] nennt,

46 Pöhlmann, *Analogia*, S. 20.
47 Vgl. Gundlach, *Selbstbegrenzung*, S. 117.
48 Ebd., S. 143.
49 Barth, *KD II/1*, S. 340.
50 Vgl. Barth, *KD I/1*, S. 323.
51 Ebd., S. 103.

bezieht sich sein Begriff der Herrschaft Gottes explizit auf den Begriff der βασιλεία τοῦ θεοῦ. Diese meint für Barth das umfassende Herr-Sein und das dem Menschen in seiner Offenbarung als Herr Begegnen Gottes.[52] Damit ist die Trinitätslehre für Barth vor allem eine Funktion der Theologie, die klärt, wer Gott ist[53], nämlich „der Herr". Mit der Verwendung des alten Begriffs der εξουσια zeigt Barth darüber hinaus, dass Gott gegenüber allem das absolut freie Subjekt ist.[54] Die in diesem Begriff zum Ausdruck kommende, einzigartige Verbindung von Herrschaft und Freiheit in Gott ist das, was Barth dann die Gottheit Gottes nennt.[55]

Gundlach verdeutlicht mit seiner Analyse, dass Barth die Trinitätslehre aus zwei Gründen mit Hilfe des Offenbarungsbegriffes entfaltet. Einmal, weil Barth damit sicherstellen kann, dass die kirchliche Lehre in Bezug auf dieses *theologoumenon* nur auf Gottes gnädige, das heißt in diesem Fall aktualistische Selbstkundgabe rekurriert und nicht auf ein menschliches Nachdenken über Gott abseits von dieser.[56] Des Weiteren erlaubt der Offenbarungsbegriff Barth laut Gundlach, das Verhältnis zwischen Sein und Tun Gottes in materialdogmatischer Hinsicht als das einer Entsprechung nachzuvollziehen.[57]

Die Pointe der Lehre von der dreifachen Gestalt des Wortes Gottes ist für Gundlach also

---

52 Vgl. ebd., S. 323.

53 Vgl. Busch, *Karl Barth*, S. 195.

54 Vgl. Barth, *KD I/1*, S. 323.

55 Barth erläutert also mithilfe der Begriffe βασιλεία τοῦ τεοῦ und εξουσία die Gottheit Gottes. Das Paradigma, in dem diese Erläuterung stattfindet, ist zwar das der Wort-Gottes-Theologie, doch Barth setzt seinen Begriff der Gottheit Gottes mit dem gleich, was die altkirchliche Sprache mit Wesen Gottes, seiner *deitas* beziehungsweise *divinitas* oder mit *ουσια*, *essentia*, *natura* oder *substantia* bezeichnete. Damit weicht Barths Gottesbegriff im Band I,1 der *Kirchlichen Dogmatik*, obgleich er ihn in einer bis *dato* unbekannten und in diesem Sinn als modern zu bezeichnenden Weise entwickelt, von dem traditionellen Verständnis Gottes nicht ab. Gott ist deswegen Gott, weil ihm in einem absoluten Sinn Herrschaft und Freiheit zukommen. Das ist seine Gottheit und das Wort Gottes zeugt von ihr. Siehe: Barth, *Kirchliche Dogmatik. Die Lehre vom Wort Gottes, Erster Halbband*, S. 369.

56 Vgl. Gundlach, *Selbstbegrenzung*, S. 143.

57 Goebel argumentiert diesbezüglich ähnlich, betont jedoch, dass Barth „hier in Ermöglichungskategorien" denkt. Nämlich, „so, dass er von der Offenbarung her als der ‚Selbstinterpretation' Gottes als des Herrn [...] zurückdenkt in das dieser Selbstinterpretation in Gott selbst zugrundeliegende ewige Sein Gottes und dort das begründet und ermöglicht findet, was sich hier selbst auslegt." Damit versteht er, wie zu sehen sein wird, das Verhältnis zwischen Trinitäts- und Erwählungslehre bei Barth etwas kongruenter als Gundlach, der zwischen beiden letztlich eine Dissonanz wahrnimmt. Siehe: Goebel, „Trinitätslehre und Erwählungslehre bei Karl Barth", S. 153.

> die rechtfertigungstheologische Fassung der Offenbarung als Gnadenoffenbarung. Da aber die Gnade der Offenbarung Gottes nach reformatorischem Verständnis niemals menschlich-weltlich bedingt sein darf, müssen alle Aspekte einer Anknüpfungstheologie aus den Prolegomena verbannt werden. So allein ist das geoffenbarte Wort Gottes im Raum des geschriebenen und verkündigten Wortes als frei, unverfügbar und damit gnädig auslegbar.[58]

Gottes Sein ist also an sich unabhängig von seinem Tun und doch entspricht er sich in seiner Offenbarung selbst, indem er sie per göttlichem Akt zur Offenbarung macht. Damit wahrt Barth die Unabhängigkeit des göttlichen Seins, ohne dessen Verkündigung zu verunmöglichen.

An diesem Punkt kommt Gundlach zum Abschluss seiner Betrachtung der Barthschen Trinitätslehre auf einen Hinweis Goebels zu sprechen. Goebel hatte bezüglich der Barthschen Arbeit zu diesem *locus* folgende Anfrage: „Gottes Zuvorinsichselbersein in den drei Seinsweisen und Gottes Zuvor-in-sich-selber-der-unsrige-Sein in den drei Seinsweisen sind dem Begriff nach aber auseinanderzuhalten, zu unterscheiden. So läßt sich die Frage stellen: Wie kommt es vom einen zum anderen in Gott selber?“[59]

Dass sich diese Frage stellt, liegt laut Goebel daran, dass in dem Entwurf der Trinitätslehre in den Prolegomena der *Kirchlichen Dogmatik* eine gewisse „Abstraktion alles erkenntnisleitende Interesse trägt.“[60] Gundlach formuliert dies noch einmal schärfer und stellt fest: „Barth hat natürlich auch die Trinitätslehre als eine theologische Interpretation der Offenbarung Gottes in Jesus Christus verstanden und zu explizieren versucht; aber daß dieser Versuch überzeugend gelungen sei, läßt sich mit guten Gründen bezweifeln.“[61] Offenbar muss geklärt werden, wie sich Gottes Sein für sich und Gottes Sein für uns zueinander verhalten. Goebel wie Gundlach sehen den entscheidenden Hinweis darauf in Barths Erwählungslehre.

4.1.2 Gundlachs Analyse der Erwählungslehre Barths

Gundlach hatte bisher gezeigt, wie Barths Grundlegung der Lehre von der Trinität durch die Offenbarungslehre der theologischen Absicherung der Absolutheit Gottes diente. Gottes Freiheit war bisher laut Gundlach bei Barth Freiheit von aller Bedingtheit und das Kriterium des theologischen Arbeitens damit unverfügbar. Gundlach führt in seiner Dissertation nun den Nachweis, dass sich das onto-theologische Paradigma, das Barths Lehre vom trinitarisch verfassten Sein Gottes zugrunde lag, mit dem Band II/2 der

---

58 Gundlach, *Selbstbegrenzung*, S. 117.

59 Goebel, „Trinitätslehre“, S. 153.

60 Ebd., S. 154.

61 Gundlach, *Selbstbegrenzung*, S. 162.

Kirchlichen Dogmatik zusehends verändert:[62] „Ließ sich für die Prolegomena Barths der Leitfaden in der unverfügbaren Freiheit Gottes in seiner Offenbarung in Jesus Christus finden, so fängt Barth in der Erwählungslehre ‚noch einmal mit dem Anfang an' und entfaltet die Implikationen, die die Selbstbestimmung und Selbstbindung Gottes durch seine Offenbarung in Jesus Christus beinhalten."[63]

Gundlach weist Barth nun nach, dass er die Lehre von der Prädestination nicht mehr unter der Maßgabe von Gottes Freiheit, sondern unter der seiner Selbstbindung an Jesus Christus entwirft. Hier macht Gundlach deutlich, dass Barth, der diese Lehre nicht nur bewusst im Rahmen der Gotteslehre, sondern vor allem auch in christozentrischer Form expliziert, schließlich das göttliche Sein der Geschichte Jesu Christi stark annähert. In Gundlachs Augen lässt Barth „damit die Offenbarung Gottes in Jesus Christus nicht nur – wie in der Offenbarungslehre bisher – den formalen Bezugspunkt aller christlichen Rede von Gott sein, sondern er erweitert diesen Bezugspunkt zum Ort der materiellen Erkenntnis Gottes."[64]

Gundlach erkennt in Barths Neuausrichtung der Prädestinationslehre offensichtlich nennenswerte Konsequenzen für das Nachdenken über Gottes Sein. Diese Einsicht ist zunächst jene Jüngels, dessen Arbeit zur göttlichen Ontologie und trinitarischen Gotteslehre im folgenden Kapitel ausführlich dargelegt wird. Grundsätzlich ist jedoch bereits hier zu sagen, dass Jüngel den Nachweis führen konnte, dass Gottes Tun in Jesus Christus nach Maßgabe der Barthschen Versöhnungslehre „nicht mehr gleichsam als eine ad-hoc Maßnahme angesichts unvorhergesehener (sündiger) Ereignisse"[65] zu verstehen ist, sondern als „unumstößliche Entscheidung Gottes zu seiner gnädigen Menschwerdung."[66]

Gundlachs Analyse der Barthschen Erwählungslehre greift zunächst auf Jüngels Buch *Gottes Sein ist im Werden* zurück. Darin redet Jüngel jedoch nicht von substantiellen Veränderungen innerhalb der *Kirchlichen Dogmatik*, sondern bemüht sich, in Barths später Theologie eine christozentrische Konkretisierung der frühen Bände der *Kirchlichen Dogmatik* zu sehen. So verwendet er die Aussagen der Trinitätslehre aus deren Band I/1 in gleicher

62 Daneben beschäftigen sich aber unter anderen auch folgende Arbeiten damit: Kreck, *Grundentscheidungen in Karl Barths Dogmatik*, Evangelische Verlagsanstalt, Berlin, 1983; Freyer, *Zeit-Kontinuität und Unterbrechung. Studien zu Karl Barth, Wolfhart Pannenberg und Karl Rahner*, echter Verlag, Würzburg, 1993; Murrmann-Kahl, *Mysterium Trinitatis. Fallstudien zur Trinitätslehre in der evangelischen Dogmatik des 20. Jahrhunderts*, Walter de Gruyter, Berlin, 1997.

63 Gundlach, *Selbstbegrenzung*, S. 147.

64 Ebd., S. 147.

65 Ebd., S. 158.

66 Ebd., S. 158.

Weise wie jene des Bandes II/2, um aufzuzeigen, dass Gott ist, wer er sein will, und sein Sein demnach in seinen drei Seinsweisen relational angelegt und Sein im Werden der Geschichte ist.[67]

Gegenüber Jüngels Versuch einer Integration der späten Aussagen Barths in dessen frühe Ansichten oder auch Goebels Betonung der frühen Barthschen Bestimmung der göttlichen Freiheit als Freiheit zur Offenbarung meint Gundlach, die Aussagen der Erwählungslehre seien so weitreichend, dass die Prädestinationslehre, die Barth „Lehre von der Gnadenwahl" nennt, eine „kritische Korrektur"[68] der in Band I/1 seines Hauptwerkes entworfenen trinitarischen Gotteslehre darstellt.[69] Dazu schreibt er:

> Die zentrale Bedeutung des geoffenbarten Wortes Gottes für das christliche Verständnis von Gott [in der Erwählungslehre] zeigt sich nach Barth zuerst darin, dass Gott nicht als der einsame, für sich seiende und bleibende Gott verstanden werden darf, der als ‚unwiderstehlich wirksame Allmacht die gleichsam nackte Freiheit und Souveränität' um sich verbreitet. Der christliche Gott ist als solcher Gott zu verstehen, der sich ‚in seiner Freiheit und in seiner Liebe bestimmt und gebunden hat … und als solcher souverän und allmächtig' ist.[70]

Was hatte Barth in seiner Erwählungslehre neu gemacht? Ganz grundlegend hat er sie unabhängig von der reformierten Tradition nicht mehr im Sinne eines ewigen *decretum absolutum* über Erwählung und Verwerfung einzelner Menschen erörtert, sondern als Gottes Selbstbestimmung zur Erwählung der Menschheit in Jesus Christus.[71] Als Lehre von dieser Erwählung ist sie für Barth die „Summe des Evangeliums"[72]. Wolf Krötke bemerkt dazu treffend: „Höher kann man kaum greifen, wenn das Gewicht eines Lehrtopos christlicher Theologie hervorgehoben werden soll."[73]

Barth entfaltet die Erwählungslehre also im Gegensatz zur reformierten Tradition christozentrisch: Jesus Christus wird für ihn in seinem historischen Schicksal zum ausschließlichen Ausgangspunkt der Reflexion dieses *theologoumenons.*[74] Von dieser konkret-historischen Sachlage ausgehend

---

67 Jüngel, *Gottes Sein*, Vgl. S. 44, 83.

68 Gundlach, *Selbstbegrenzung*, S. 315.

69 Auch das ist nicht vollständig seine Beobachtung. Kreck spricht bereits 1978 hier von „revolutionären Konsequenzen", die sich aus dem Band II/2 für die Bestimmung der Begriffe Freiheit, Geheimnis und Gerechtigkeit Gottes ergeben. Siehe: Kreck, *Grundentscheidungen in Karl Barths Dogmatik*, S. 193.

70 Gundlach, *Selbstbegrenzung*, S. 151.

71 Vgl. Barth, *KD II/2*, S. 45.

72 Ebd., S. 1.

73 Krötke, „Erwählungslehre", S. 67.

74 Vgl. Barth, *KD II/2*, S. 37.

versucht Barth den *topos* der Erwählung beziehungsweise Verwerfung neu darzustellen.

Da Barth Gottes Sein als Akt versteht, lässt sich zwischen Gottes Sein und Tun nicht trennen, weshalb die Erwählungslehre als Teil der Gotteslehre zu gelten hat. Da sich Gottes Sein durch sein Tun in Jesus Christus als Hinwendung zur Welt offenbart hat, muss dieser *topos* in Barths Augen grundsätzlich positiv expliziert werden.[75] Wenn das Tun der Erwählung nun, christozentrisch ausgelegt, etwas durchweg Positives darstellen soll, dann gibt es hinter dem Gott in Jesus Christus, wie Krötke es ausdrückt, kein „Reservoir dunkler Göttlichkeit"[76] mehr, sondern Gott ist in seiner ganzen Fülle in Jesus Christus anwesend. So findet, folgt man Barth-Forschern wie von Balthasar oder Krötke, Barths allgemeine Forderung an die Theologie in seiner Erwählungslehre ihre vollendete Gestalt, indem sie Jesus Christus als erwählten Menschen und erwählenden Gott darstellt.[77]

Für Gundlach ist nun damit bei Barth „[d]as erkenntnisleitende Interesse [...] nicht mehr die Frage der Prolegomena: Was bedeutet es, dass Gott in seiner Offenbarung frei bleibt, sondern: Was bedeutet es, dass Gott sich selbst in der Offenbarung Jesu Christi bestimmt hat?"[78] Dieser Frage geht Gundlach in seiner Dissertation nach und zeigt, welche Folgen die Erwählungslehre für Barths Gotteslehre hat: „Indem die Erwählungslehre Barths das geoffenbarte Wort Gottes als ewigen Willen Gottes versteht, muss sie sich als Interpretation des ewigen Zusammenseins von Gott und Mensch in Jesus Christus entfalten."[79] Das ist laut Gundlach die wesentliche materialdogmatische Folge aus Barths Christozentrik.

Darüber hinaus ist Gundlach davon überzeugt, dass „Barths These von Jesus Christus als dem erwählenden Gott [...] erstmals die inhaltliche Selbstbindung Gottes in Jesus Christus über die Aussage der Freiheit Gottes stellt."[80] Damit ist grundsätzlich die materielle Erkenntnis des göttlichen Seins in dem geschichtlichen Ereignis des Schicksals Jesu Christi möglich.[81] Das bedeutet aber, dass die christozentrisch entworfene Erwählung in ihrem vollständigen und das heißt eben auch geschichtlichen Vollzug zum Teil der Gotteslehre wird. Darin liegt laut Gundlach die große Herausforderung für den gesamten theologischen Entwurf Barths, wenn er unter dem Vorzeichen der Erwählungslehre erarbeitet werden soll.

---

75 Vgl. ebd., S. 1.

76 Krötke, „Erwählungslehre", S. 68.

77 Vgl. ebd., S. 75.

78 Gundlach, *Selbstbegrenzung*, S. 147.

79 Ebd., S. 150.

80 Ebd., S. 167.

81 Vgl. ebd., S. 162.

Barths Neuordnung der Erwählungslehre führt ihn zu dem einzigartigen Schluss, dass Gott im Schicksal Jesu Christi nun beides, Erwählung und Verwerfung, auf sich genommen hat.[82] Für ihn ist Jesus Christus damit derjenige, der erwählt und zugleich verworfen ist. Gottes Tun hat bei Barth also Konsequenzen für Gottes Sein. Diese „revolutionäre"[83] Grundentscheidung Barths führt ihn zu einer Gotteslehre, die es laut Krötke „in der theologischen Tradition noch nicht gegeben hat"[84], denn Gott hat, so schreibt es Barth am Beginn des Bandes II/2 der *Kirchlichen Dogmatik*, „indem er den Menschen wählt, nicht nur über diesen, sondern in ursprünglicher Weise über sich selbst bestimmt"[85].

Diese Gotteslehre „ganz eigener Art"[86] beschreibt Jesus Christus nun nicht mehr nur mit einem erkenntnistheoretischen beziehungsweise offenbarungstheologischen Impetus als Wort Gottes, sondern vielmehr als erwählender Gott und erwählter Mensch.[87] Bezogen auf Gottes Sein in Christus heißt es laut Gundlach zunächst, dass sich Gott selbst dem aussetzt, was eigentlich dem Menschen zukommt. Barth schreibt dazu: „Eben Jesus Christus ist aber selbst Gottes Gnadenwahl und darum Gottes Wort, Beschluss und Anfang in jener schlechthin Alle und Alles umfassenden, jede Eigenständigkeit aller anderen Worte, Beschlüsse und Anfänge umschließenden Weise."[88] Gundlach bezeichnet den Gott dieser Überlegung „als ‚aufgeklärte[n] Gott', der als ‚erster Diener seines Staates' dessen Gesetze und Bedingungen für sich selbst gültig sein lässt".[89]

Gottes Absolutheit ist also in der Barthschen Erwählungslehre nicht mehr offenbarungstheologisch als kontingente Entscheidung für die Offenbarung in seinem Wort expliziert. Für Gundlach zeigt sie sich nach den obigen Überlegungen nun vielmehr in „Gottes Selbstbestimmung [...] [, die] die Freiheit Gottes als Willkür und pure Wahlfreiheit ausgeschlossen"[90] hat.

> Barths ganzes Interesse ruht auf dem Gedanken, dass Gottes Souveränität, seine Macht und Herrschaft inhaltlich bestimmt und konkretisiert wird durch die ewige Erwählung Jesu Christi. [...] Ein ‚deus nudus absconditus' existiert so wenig wie ein ‚decretum absolutum' hinter, über oder jenseits des sich selbst in und die Erwählung Jesu Christi bestimmenden Gottes.[91]

---

82 Vgl. Barth, *KD II/2*, S. 101.
83 Kreck, *Grundentscheidungen*, S. 193.
84 Krötke, „Erwählungslehre", S. 69.
85 Barth, *KD II/2*, S. 1.
86 Krötke, „Erwählungslehre", S. 69.
87 Vgl. Barth, *KD II/2*, S. 101.
88 Ebd., S. 102.
89 Gundlach, *Selbstbegrenzung*, S. 240.
90 Ebd., S. 152.
91 Ebd., S. 152.

Für Barth nimmt Gott das menschliche Schicksal Jesu Christi, zu dem nicht nur Erwählung, sondern auch Verwerfung gehört, auf sich. Gundlach erklärt die ontologischen Konsequenzen dieses Schrittes: Wenn Gott beides auf sich nimmt, hat er beides zu Bestimmungen seines Seins gemacht beziehungsweise er lässt in diesem Schicksal die Bedingungen seines Geschöpfs auch für ihn selbst gelten.[92] Angesichts der Verwerfung Jesu Christi bedeutet das zunächst grundsätzlich, dass Gott sich dem aussetzt, was dem Menschen zugedacht ist. Das bedeutet, dass er sich, so Gundlach, um des Menschen Willen schöpferisch selbst begrenzt.[93]

Im Zuge dieser schöpferischen Selbstbegrenzung ist aber nicht nur Gott selbst bestimmt. Gleichermaßen ist mit ihm nämlich auch das, was nicht Gott ist, bestimmt. So entwickelt Barth laut Gundlach ein neues Wirklichkeitsverständnis. Darin bedeutet Verwerfung nicht mehr Gottferne, weil die Verwerfung zu Gottes Selbstbestimmung und damit auch zu ihm gehört.[94] Das heißt in der Konsequenz nicht, dass es die Verwerfung nicht mehr real gibt. Es bedeutet aber, dass es sie nur noch „in Jesus Christus" gibt, insofern Gott in Jesus die Verwerfung vollzogen hat. In diesem einen geschichtlichen Vollzug hat sie laut Gundlach in Barths Erwählungslehre ihre Wirklichkeit, während alle anderen Erfahrungen der Verworfenheit nur mehr Phänomene dieser Urgeschichte der Verwerfung sind.

Gundlach zeigt also in seiner Arbeit, welche Konsequenzen die Neu-Zuordnung von Gottes Sein und seinem Tun der Erwählung bedeutet: Gott ist nun, wie oben erläutert, nicht mehr nur Subjekt, sondern als dieses Subjekt auch Objekt seines Tuns. Gundlach schreibt dazu:

> Die Offenbarungslehre zwang in ihrer strikten Konzentration auf das eine, unverfügbare Wort Gottes die kirchliche Rede von diesem Wort als nicht-göttliche, menschlich-profane Anerkennung zu verstehen, die jede Identifizierung oder Habitualisierung dieses Wortes Gottes mit bzw. in weltlich-menschlichen Dimensionen definitiv ausschloß. Die Erwählungslehre entfaltete dagegen ein eigenes, in der ewigen Erwählung Jesu Christi begründetes Wirklichkeitsverständnis, in dem die Erwählungswirklichkeit als Seinsgrund zwar unterschieden ist von der Weltwirklichkeit, das aber im Medium des Entsprechungsgedankens diese Weltwirklichkeit in neuer Weise Gott zuzuordnen erlaubt und so die Weltwirklichkeit einer theologischen Anonymität entzieht. Der innere Faden dieses Gedankenganges der Theologie Barths liegt in der unerhörten Konzentration auf die Person und den Namen Jesus Christus.[95]

92 Vgl. ebd., S. 240.
93 Vgl. ebd., S. 184.
94 Vgl. ebd.
95 Ebd., S. 231.

4.1.3 Gundlachs Analyse des Verhältnisses von Barths Trinitäts- und Erwählungslehre

Gundlach weist darauf hin, dass das Nebeneinander der Barthschen Trinitäts- und Erwählungslehre kein unproblematisches ist:

> Wird aber Jesus Christus selbst als der in Ewigkeit erwählende Gott behauptet, dann folgt daraus systematisch konsequent, daß die zweite Person der Trinität der Akteur seiner eigenen Erwählung ist. [...] Zum anderen folgt aus dem bisher Dargestellten, daß nach Barth nun auch der Mensch Jesus von Nazareth an einer vorzeitigen Wahl – wenn auch zuerst und überwiegend als Objekt dieser Wahl (vgl. II/2,2,110) – beteiligt gewesen ist. Der Gottmensch Jesus Christus muss daher als das präexistente Wesen am Anfang aller Wege und Werke Gottes gedacht werden (vgl. II/2,114.117f).[96]

Der Wandel, den Barths Werk im Rahmen der neu ausgelegten Erwählungslehre vollzieht, stellt für Gundlach eine „kritische Korrektur"[97] dar. Gott ist hier nicht mehr als Unbedingter absolut. Der christliche Gott ist nun laut Gundlach „als ein solcher zu verstehen, der sich ‚in seiner Freiheit und in seiner Liebe bestimmt und gebunden hat ... und als solcher souverän und allmächtig ist' (II,2,52). Gott will nicht ‚für sich und als solches' (II/2,3), sondern nur in jener ‚Bestimmtheit und nicht anders' sein und erkannt werden (II/2,57)".[98]

Gundlach zeigt zunächst den diese Überlegungen leitenden Gedanken an:

> Mit diesen Aussagen gewinnt Barth die Möglichkeit, die Inkarnation Gottes als die Vereinigung der zwei Naturen in Jesus Christus nicht mehr gleichsam als eine ad-hoc-Maßnahme Gottes angesichts unvorhergesehener (sündiger) Ereignisse verstehen zu müssen. Barth kann die Inkarnation jetzt als die vorzeitlich gewollte, ewige und also unumstößliche Entscheidung Gottes zu seiner gnädigen Menschwerdung entfalten und muß diese nicht als eine Reaktion auf die menschliche Sünde verstehen. [...] Dies ermöglicht ein Verständnis der Offenbarung Gottes in Jesus Christus als eine freie, vorzeitlich beschlossene und also umumstößliche Selbstbestimmung Gottes zur gnädigen Offenbarung, nach der Gottes Tun immer und überall in und durch Jesus Christus und also durch die Gnade für den Menschen bestimmt ist und sein wird.[99]

Diesen Leitgedanken würdigt Gundlach, um zugleich jedoch anzumerken, dass ihn die Trinitätslehre Barths schwerlich auszudrücken in der Lage ist:

---

96 Gundlach, *Selbstbegrenzung*, S. 158.
97 Ebd., S. 315.
98 Ebd., S. 151.
99 Ebd., S. 159.

> Aber so einsehbar diese theologische Intention ist, so sehr scheint die Begründung dieses theologoumenons von Jesus Christus als dem erwählenden Gott und der darin implizierten Lehre von einer Präexistenz des Menschen Jesus von Nazareth an der vorausgesetzten Trinitätslehre zu hängen, die Barth zuvor in KD I/1 und I/2 entfaltet hat. Damit ermöglicht Barth aber das Mißverständnis, als sei die Offenbarung Gottes in Jesus Christus eine Konsequenz des trinitarischen Seins Gottes, so daß der von Barth selbst betonte Erkenntnisweg der Erwählungslehre als Konsequenz und Interpretation der Offenbarung Gottes in Jesus Christus, wie sie in der Heiligen Schrift bezeugt ist, in Frage gestellt wird. Denn nach seinem eigenen Ansatz müßte Barth eigentlich das trinitarische Verständnis Gottes als Konsequenz der Offenbarung Gottes in Jesus Christus kenntlich machen. Von der Erwählunglehre aus stellen sich daher kritische Rückfragen an die Stellung der Trinitätslehre im Aufriß der KD Barths.[100]

Für Gundlach sind Barths Aussagen aus dem Band II/2 der *Kirchlichen Dogmatik* in ihrer Christozentrik also derart weitgehend, dass die Aussagen über Gott in seinem Tun, die er davor gemacht hat, in höchstem Maße problematisch erscheinen. Er schreibt dazu:

> Denn ist Gott nach den Aussagen der Erwählungslehre Barths wirklich der allein in Jesus Christus angemessen zu erkennende Gott, dann fragt es sich, wie Barth über sein [Gottes] Wesen und seine Vollkommenheiten anders unterrichtet sein will als eben im Ausgang von diesem Jesus Christus. (II/2,95)? ‚Ohne die Gestalt Jesus Christus hat für uns der dreieinige Gott kein Gesicht und keine Sprache, ist und bleibt auch er nur der unbekannte Gott' (II/2,162). Von dieser Bestimmung Barths aus kann man es nur bedauern, daß Barth diese Einsicht durch die Vorordnung der Trinitäts- vor die Erwählungslehre verdunkelt hat![101]

Offensichtlich stehen sich nun die vom Leitsatz „Gott offenbart sich als der Herr" ausgehende Trinitätslehre und die christozentrische Erwählungslehre entgegen. Während sich letztere um die größtmögliche Konkretheit in Bezug auf das Nachdenken über Gottes Sein bemüht, erscheint erstere ihr gegenüber laut Gundlach spekulativ:

> Wie kann Barth von Gott und seinen Eigenschaften überhaupt wissen, wenn nicht aus der Selbstoffenbarung Gottes, die nun nach seinen eigenen Aussagen niemals ohne Jesus Christus gedacht werden darf? Und wie begründet sich überhaupt die trinitarische Rede von Gott, wenn nicht exakt aus der bei Barth erwählungstheologisch begründeten einzigartigen Bedeutung Jesu Christi?[102]

Diese Anfrage führt Gundlach im Anschluss an Goebels Artikel „Trinitätslehre und Erwählungslehre bei Karl Barth" zu der für McCormack dann zentralen These, der Erwählungslehre sollte eine theologische Priorität gegenüber der Trinitätslehre zukommen. Er schreibt dazu: Barth müsste

---

100 Ebd., S. 161.
101 Ebd.
102 Ebd.

> doch die Trinitätslehre in theologisch unanfechtbarer Weise als Konsequenz der offenbar einzigartigen Bedeutung Jesu Christi entfalten und nicht umgekehrt die Bedeutung Jesu Christi als Konsequenz der Trinität erscheinen lassen. Barth muss darin kritisiert werden, daß seine frühzeitige Einführung der Trinitätslehre vor der Erwählungslehre und das entsprechende Theologoumenon von dem erwählenden Gott Jesus Christus faktisch die Intention konterkariert, die seine Erwählungslehre verfolgt: Die theologisch einzigartige Bedeutung der Offenbarung in Jesus Christus zu betonen![103]

Goebels Text fasst dies in den Worten zusammen: „Diese Überlegungen ergeben in der Konsequenz die Forderung einer durch die Prädestinationslehre bestimmten Trinitätslehre."[104]

4.1.4 Fazit

Gundlachs onto-theologisch angelegte Untersuchung der Barthschen Arbeit bis zur Erwählungslehre zeigt, dass diese gegenüber der Trinitätslehre aus dem Band I/1 der *Kirchlichen Dogmatik* neue Akzente setzt. „Barths These von Jesus Christus als dem erwählenden Gott muss als die theologische Begründung der ewigen, nichtzufälligen Zuwendung Gottes zum Menschen und so als Begründung der wesentlichen Menschlichkeit Gottes in Jesus Christus verstanden werden."[105] Damit muss die Erwählungslehre in Gundlachs Augen „als eine korrigierende Präzisierung der trinitätstheologischen Offenbarungslehre Barths verstanden werden."[106]

Diese Offenbarungslehre fußte laut Gundlach natürlich zum einen auf Barths Verständnis der „Trinitätslehre als eine[r] theologische[n] Interpretation der Offenbarung Gottes in Jesus Christus"[107]. Dieser „trinitarischen Explikation der Offenbarung [...] [ging es dabei zum anderen aber immer um] die ‚unaufhebbare[...] Subjektivität in der Offenbarung' Gottes"[108]. So explizierte Barths Trinitätslehre in Gundlachs Augen die Offenbarung als absolut freies und gnädiges Tun Gottes.

Demgegenüber zeigt nun die Erwählungslehre Barths, dass sich „diese unaufhebbare Subjektivität Gottes [...] nach Barths eigenen Aussagen in der Erwählungslehre nicht irgendwo, sondern nur im geoffenbarten Wort Jesus Christus und also als Gnade für den Menschen [ereignet]."[109] Gottes

103 Gundlach, *Selbstbegrenzung*, S. 162.
104 Goebel, „Trinitätslehre", S. 154.
105 Gundlach, *Selbstbegrenzung*, S. 167.
106 Ebd., S. 164.
107 Ebd., S. 162.
108 Ebd., S. 163.
109 Ebd.

Gottheit ist im Rahmen dieser Lehre für Gundlach nun in Jesus Christus präzisiert. So entfaltet die Erwählungslehre in Gundlachs Augen „den konkreten Ort der Freiheit Gottes und betont damit Gottes zwar freien, aber inhaltlich durch die Gnade für den Menschen bestimmten Entschluß zur Offenbarung.“[110]

Mit dieser Analyse macht Gundlach deutlich, dass sich Barths Theologie nicht nur bis zum Beginn der Abfassung der *Kirchlichen Dogmatik* entwickelt, sondern, dass auch sein *opus magnum* Entwicklungsschritte aufweist. Dabei zeigt er auch, welche Konsequenzen Barths Neuformulierung der Erwählungslehre hat: Einerseits, dass mit ihr ein ewiges Zusammensein von Gott und Mensch gedacht werden muss und andererseits, dass die Erwählungslehre somit zum *articulus stantis et cadentis ecclesiae* geworden ist, wie Krötke es formuliert.[111]

In der Konsequenz liest Gundlach die Erwählungslehre aus dem Band II/2 der *Kirchlichen Dogmatik* als Korrektur der Ausführungen zur Trinitätslehre in deren Band I/1. Im Lichte ihrer, die Freiheit und das Wesen Gottes präzisierenden Aussagen müsste Barth laut Gundlach beziehungsweise Goebel eine theologische Priorisierung dieses *theologoumenons* gegenüber der Trinitätslehre und anderen *loci* anstreben. Damit prägt Barths Neuinterpretation der Erwählungslehre die dogmatische Arbeit im Anschluss an ihn entscheidend. McCormacks Arbeit ist, wie im Folgenden zu sehen sein wird, Ausdruck dieser Prägung.

4.2 McCormacks Arbeit zur Theologie Barths im Anschluss an Gundlach und Goebel

Gundlach hatte im Rückgriff auf Goebel gezeigt, dass die weitgehenden christozentrischen Aussagen der Erwählungslehre Barths seine Trinitätslehre korrigieren. Aus diesem Grund stellt Gundlach auch im Anschluss an Goebel die Frage, ob die Erwählungslehre dann nicht prioritär gegenüber der trinitarisch angelegten Gotteslehre Barths zu behandeln ist. Nach eigenem Bekunden rezipiert McCormack diese Frage und beantwortet sie positiv. Was nun der konkrete Einfluss Gundlachs ist und vor allem ab wann genau er wirksam wird, lässt sich nur vermuten. In jedem Fall steht für McCormack nun jedoch fest, dass nicht nur die Trinitätslehre, sondern zunächst auch eine Reihe anderer basaler *loci* der Theologie im Lichte der Barthschen Erwählungslehre als deren finaler Fluchtpunkt neu erörtert werden müssen.

---

110 Ebd., S. 165.

111 Vgl. Krötke, „Erwählungslehre“, S. 67.

In den Jahren 1996 bis 1999 veröffentlicht McCormack eine Reihe von historisch angelegten Arbeiten, welche das Werk Barths im Sinne des Gundlachschen Impulses zunächst noch einmal neu nachvollziehen und darüber hinaus auch zum Teil systematisch die Konsequenzen einer theologischen Priorisierung der Erwählungslehre aufzeigen sollen. Diese Arbeiten sind zunächst die Artikel „Beyond Nonfoundational and Postmodern Readings of Barth: Critically Realistic Dialectical Theology“ welcher 1997, und „Revelation and History in Transfoundationalist Perspective: Karl Barth's Theological Epistemology in Conversation with a Schleiermacherian Tradition“, der 1998 veröffentlicht wurde. Diese beiden Texte sind mit großer Wahrscheinlichkeit noch nicht unmittelbar von Gundlach geprägt. „Beyond Nonfoundational and Postmodern Readings of Barth: Critically Realistic Dialectical Theology“ wurde bereits im Frühjahr 1996 verfasst und am 19., 22., und 23. April 1996 in London, St. Andrews und Aberdeen vorgetragen. „Revelation and History in Transfoundationalist Perspective: Karl Barth's Theological Epistemology in Conversation with a Schleiermacherian Tradition“ wurde am 3. Mai 1996 bei einem Symposion zu Ehren Brian Gerrishs vorgetragen. Inwiefern also diese beiden unter dem Einfluss Gundlachs stehen, lässt sich nicht abschließend beantworten. In jedem Fall zeugen sie von einem neuen Interpretationsmuster, das sich in den sicherlich von Gundlach beeinflussten Artikeln „The Limits of the Knowledge of God: Theses on the Theological Epistemology of Karl Barth“ von 1999 und „The Sum of the Gospel: The Doctrine of Election in the Theologies of Alexander Schweizer and Karl Barth“, ebenfalls von 1999, offenbart.

McCormacks Anstrengungen gelten zunächst der Abgrenzung seiner Interpretation der Theologie Barths als kritisch-realistisch dialektischer Theologie gegenüber den seiner Meinung nach im englischsprachigen Raum exklusiv erscheinenden Vorstellungen einer einfachen Gegebenheit beziehungsweise Nicht-Gegebenheit Gottes in seiner Offenbarung bei Barth. Diesem Vorhaben widmet sich McCormack in seinem Artikel „Beyond Nonfoundational and Postmodern Readings of Barth. Critically Realistic Dialectical Theology“. In dem Artikel „Revelation and History in Transfoundational Perspective“ widmet er sich der theologischen Epistemologie, die Barth im Anschluss an seine Integration der Lehre von der Anhypostasie-Enhypostasie in seine dogmatische Arbeit, seiner Meinung nach entwickelt hat und die McCormack „transfoundationalism“ nennt. Diese Einschätzung konkretisiert McCormack mit dem Text „The Limits of the Knowledge of God“, der deutlich macht, dass Gott sich von sich aus vollständig wahrnehmbar macht. In „The Sum of the Gospel“ widmet sich McCormack dann der Erwählungslehre aus dem Band II/2 der *Kirchlichen Dogmatik* und legt dar, dass sich Barth mit seiner Bezeichnung eben jenes *theologoumenons* als „Summe des Evangeliums" der Vorstellung eines Materialprinzips theologischen Denkens durchaus annähert.

Diese Texte bilden meines Erachtens die von Gundlach teilweise beeinflusste beziehungsweise bestätigte Vorarbeit zu McCormacks bis heute wahrscheinlich einflussreichstem Text, seinem Artikel „Grace and Being" aus dem Jahr 2000, dessen Veröffentlichung nach der Infragestellung der neo-orthodoxen Barth-Lesart und der Entdeckung der Rolle der Erwählungslehre durch die Arbeit Gundlachs unter zwei Gesichtspunkten eine weitere Zäsur für McCormacks Arbeit darstellt: Einmal, weil sie eine neue Phase der Arbeit McCormacks einleitet, die nicht mehr als analytische, sondern mindestens als konstruktive Barth-Rezeption nachvollzogen werden muss und ein andermal, weil er hier die These von der logischen Priorität der Erwählungs – über die Gotteslehre zum ersten Mal in ihrer systematischen Konsequenz für die trinitarische Gotteslehre darlegt und sich damit in eine über 11 Jahre anhaltende Debatte begibt, die sein Arbeiten auch strukturell verändern wird.

4.2.1 McCormacks Konzept des epistemologischen „transfoundationalism" bei Barth

McCormack klärt nach der Lektüre von Gundlachs Arbeit in den Jahren 1997 und 1998 zuvörderst Fragen, die sich den Prolegomena zur Theologie zuordnen lassen. Grundlegend betont McCormack in beiden genannten Artikeln aus diesem Zeitraum, dass Barths epistemologischer Ausgangspunkt die Grundeinsicht der Kantschen Aufklärung ist: „Es ist durchaus richtig, dass es Barth stets abgelehnt hat, die Theologie in irgendetwas anderes zu gründen als der Offenbarung (beispielsweise in einer philosophischen Anthropologie). Aber wenn Barth eine Philosophie hatte und mit ihr arbeitete, war sie Kantianisch."[112]

McCormack ist also der Überzeugung, Barth gehe mit Kant davon aus, dass menschliches Wissen auf den wahrnehmbaren, phänomenalen Bereich beschränkt sei und Gott damit aus menschlichem Vermögen heraus nicht wahrnehmbar ist. Nichtsdestoweniger verzichtet Barth nicht auf theologisch begründete Aussagen über Gott. Laut McCormack ist die dabei leitende Überlegung: „Wenn Gott (der nicht wahrnehmbar ist) dennoch wahrnehmbar werden soll (und damit im strengen theoretischen Sinn *gewusst*), muss Gott sich selbst phänomenale Gestalt geben und das heißt, geschöpfliche Form annehmen."[113]

---

112 (eigene Übersetzung) McCormack, „Transfoundationalism", S. 35.
113 (eigene Übersetzung, Kursivierung McCormack) McCormack, „Beyond", S. 111.

McCormack führt nun den Nachweis, dass es Barths christologische Revision seiner Theologie im Jahr 1924 war, die eine epistemologische Neuorientierung in diesem Sinn grundlegend ermöglichte.[114] Mit Hilfe der Lehre der Anhypostasie-Enhypostasie Jesu Christi hat er laut McCormack nämlich eine Inkarnationslehre entwickelt, die davon ausgeht, dass Gottes Sein „durch die Aufnahme der menschlichen Natur in den Raum der historisch verfassten Wahrnehmung eintritt."[115] Für den Princetoner Theologen steht hier im Anschluss fest: Gott ist für Barth in Jesus Christus „umfänglich [...] in den Bereich der Wahrnehmbarkeit [eingetreten] und hat ein Leben auf der Ebene der Geschichte gelebt."[116] Damit ist Gott für McCormack bei Barth nicht nur teilweise, sondern in Gänze auch Teil der weltlichen Subjekt-Objekt-Relation.[117]

Laut McCormack ist die Wahrnehmung Gottes in Barths revidierter Christologie nach 1924 keine menschliche Leistung oder Fähigkeit, sondern vielmehr göttliches Tun: „Für den Barth der *Göttinger Dogmatik* liegt die epistemologische Bedeutung der Fleischwerdung darin, dass Gott durch die Annahme der menschlichen Natur in den Raum der historischen Wahrnehmung eingetreten ist, ohne die Gott eigene Nicht-Wahrnehmbarkeit aufzugeben."[118]

Die Einheit der beiden Naturen ist für McCormack im göttlichen *Logos* realisiert.[119] Alle Attribute, die Christi menschlicher Natur eigen sind, werden nun dem *Logos* zugeschrieben. Damit sagt nun McCormack, dass Gott laut Barth in der zweiten Person der Trinität „vollständig als Subjekt eines menschlichen Lebens in die Geschichte eingetreten ist. Gott, der Logos, lebte als Mensch, litt und starb und wurde von den Toten wieder erweckt."[120]

Die epistemologische Relevanz dieser Erkenntnis liegt in der Annahme, dass Gott durch sein willentliches Handeln in Gänze Teil der weltlichen Subjekt-Objekt-Relation geworden ist. Diese theologische Epistemologie nennt McCormack in Anspielung auf einerseits den erkenntnistheoretischen „foundationalism", der davon ausgeht, dass es möglich ist, allgemein valide Theorien zu formulieren, weil es mit allgemein akzeptierten Vernunftprinzipien eine Basis wissenschaftlicher Aussagen gibt und andererseits den „nonfoundationalism", der, indem er alle Wissensvermehrung

---

114 Vgl. McCormack, „Transfoundationalism", S. 30.
115 (eigene Übersetzung) ebd., S. 31.
116 (eigene Übersetzung) ebd., S. 35.
117 Vgl. ebd.
118 (eigene Übersetzung) ebd., S. 31.
119 Vgl. ebd., S. 31.
120 (eigene Übersetzung) ebd., S. 31.

lediglich als in einem sozialen Kontext verhandelte und darin akzeptierte Sammlung von Behauptungen mit nur relativem Wert ansieht, das Gegenteil behauptet, „transfoundationalism“ [121].

Diese Idee des „transfoundationalism“ [122] verlässt aus McCormacks Sicht das von Kant geprägte epistemologische Schema der Aufklärung nicht: [123] Gott ist auch hier laut McCormack nicht an sich Gegenstand der menschlichen Vernunft. Vielmehr ist es Gottes ureigener Wille, sich in menschlicher Gestalt wahrnehmbar zu machen. Wie genau, das kann Barth laut McCormack in dieser Phase seines Arbeitens noch nicht umfassend erläutern. Bis ins Jahr 1936 hinein fehlte es ihm in den Augen des Princetoner Theologen dafür an einer konzisen Ontologie. [124]

Nichtsdestoweniger bietet diese Epistemologie aber eine bessere Lösung gegenüber dem von Kant aufgeworfenen Problem der Unerkennbarkeit Gottes als die frühe dialektische Theologie der Römerbrief-Phase. Dazu McCormack:

> Hat sich Barth hier ernsthaft entwickelt? Ich denke aus folgendem Grund ja: Während es für Barth sicherlich in gewisser Hinsicht weiterhin das Werk des Heiligen Geistes ist, die wahre Identität Gottes zu offenbaren, ist es doch [nun] der Fall, dass Jesu Leben Gottes Leben ist. Hatte Barths Römerbrief die Begegnung mit dem in der Geschichte erkennbaren Gott noch auf einen einzigen mathematischen Punk reduziert, behauptet er nun, dass der unerkennbare Gott *umfassend* erkennbar geworden ist und ein Leben im vollständig historisch zu nennenden Maß gelebt hat. [125]

In dem Artikel „Beyond Nonfoundational and Postmodern Readings of Barth“ verweist McCormack darauf, dass Gott, obwohl er sich zum Objekt des menschlichen Wissens macht, nicht aufhört, Subjekt zu sein. [126] Das

121 (eigene Übersetzung) ebd., S. 35.

122 Es ist meines Erachtens sachlich zielführend McCormacks Wortschöpfung im Rahmen dieser Arbeit unübersetzt zu lassen. Die Übertragung von „transfoundationalism“ in beispielsweise „Transfundamentalismus“ bürge die Gefahr der Interpretation, Gott würde laut McCormack den Fundamentalismus überwinden. Wie gerade erwähnt hat „foundationalism“ jedoch eine völlig andere Bedeutung, sodass im Folgenden auf eine Übersetzung verzichtet und „transfoundationalism“ im Sinne eine Terminus technicus verwandt wird.

123 Richtig ist aus meiner Sicht in jedem Fall, dass Gott bei Barth wie bei Kant nicht durch menschliche Anstrengung erkannt werden kann. Ob die zentrale Idee des „transfoundationalism“, das Gott sich von sich aus zum Teil des phänomenalen Wahrnehmungsbereiches macht, innerhalb des Kantianischen Denkens sinnvoll anwendbar ist, lässt sich meines Erachtens jedoch bezweifeln. In diesem Schema würde sie das Wahrnehmungsproblem ja lediglich auf eine andere Ebene verlagern, wodurch Aussagen über Gottes Sein weiterhin problematisch wären.

124 Vgl. McCormack, „Transfoundationalism“, S. 35.

125 (eigene Übersetzung) ebd., S. 34.

126 Vgl. McCormack, „Beyond“, S. 159.

Wissen von Gott ist auch hier, wie er zeigt, bei Barth ein ausschließlich aktualistisch vom Geist gegebenes Wissen.[127] So macht McCormack auf den kritischen Impetus der erkenntnistheoretischen Neuorientierung Barths aufmerksam: Wie bei Kant ist seine theologische Epistemologie zunächst darin kritisch, dass sie dem Menschen die Fähigkeit abspricht, Gottes Sein von sich aus zu erkennen. Sie ist aber laut McCormack im Gegensatz zu Kant in einer noch tiefgreifenderen Form kritisch, weil sie sich ausschließlich auf Gottes eigene Äußerung stützt, die für McCormack nun wahrhaft kritisch ist.[128]

McCormack betont also, dass Gott Subjekt bleibt, während er sich selbst aktualistisch im Heiligen Geist zum Objekt der menschlichen Vernunft macht. So stellt sich hier zuletzt die Frage nach der konkreten Rolle des Heiligen Geistes. McCormacks Artikel „Revelation and History in Transfoundationalist Perspective" beschreibt sie als „Reorientierung unseres Denkens"[129]. Er meint, das Werk des Heiligen Geistes bestünde darin, unser Denken so auf Gott in der Geschichte Jesu Christi zu lenken, dass wir ihn darin als Gott erkennen.[130] Der Heilige Geist wirkt also zuerst in unserer Vernunft. Durch ihn erkennen wir Gottes Offenbarung in Jesus Christus.

4.2.2 McCormacks Konzept von der Wahrnehmbarkeit Gottes bei Barth

Gundlach hatte mit seiner Ausarbeitung der Korrekturen, welche die Barthsche Theologie durch die Neuinterpretation der Erwählungslehre erfährt, den Fluchtpunkt von dessen Arbeit angedeutet. McCormacks Konzept des „transfoundationalism" offenbarte nun dessen erste Ansätze in dem in *Theologische Dialektik und kritischer Realismus* herausgearbeiteten und von ihm in das Jahr 1924 datierten wesenhaften Entwicklungsschritt im Hinblick auf Barths Christologie. Angesichts dieser Erörterungen stellte sich die Frage, was nun aber das Konzept „Offenbarung" im Rahmen einer Interpretation der Theologie Barths im Sinne des „transfoundationalism" beinhaltet.

In seinem Artikel „The Limits of the Knowledge of God – Theses on the Theological Epistemology of Karl Barth" von 1998 macht McCormack klar, dass die Offenbarung für Barth ab 1924 grundsätzlich ein Teil menschlicher Wahrnehmung ist.[131] Er schreibt hier: „Für Barth ist Offenbarung ein ra-

127 Vgl. McCormack, „Beyond", S. 159.
128 Vgl. ebd., S. 160.
129 (eigene Übersetzung) McCormack, „Transfoundationalism", S. 34.
130 Vgl. ebd.
131 Vgl. McCormack, „Limits", S. 168.

tionales Ereignis, also etwas, das im Rahmen der menschlichen *ratio* durch den Vorgang herkömmlicher Erkenntnis stattfindet.“ [132]

McCormack versteht Offenbarung in Barths Theologie ab 1924 als ein wesenhaft verbales Ereignis. Dabei erinnert er daran, dass wir laut Barth zunächst das Unvermögen unserer Sprache, Gott zu erkennen, erfassen. [133] Dies gründet aber nach McCormack laut Barth nicht in der Analyse der Sprache selbst, sondern in der einmaligen Erfahrung, dass Gott es der Sprache ermöglicht, sein Sein zu erfassen. [134] Gott selbst ermächtigt unsere Sprache, ihn zu beschreiben und so erreicht sie uns als Offenbarung. Während Barth jedoch noch im Gegenüber zur lutherischen Orthodoxie von einer nur extrinsischen Analogie von menschlicher Sprache und göttlichem Sein zu sprechen wagt, meint McCormack unter dem Eindruck der Untersuchung Gundlachs, diese sei zumindest ab 1924 durchaus auch intrinsisch nachvollziehbar. Diese Analogie von menschlicher Sprache und göttlichem Sein existiert für McCormack jedoch nicht *per se*, sondern durch den Akt der göttlichen Hinwendung zum Menschen. [135] Durch diese Hinwendung ist die Theologie aber laut McCormack in die Lage versetzt, durchaus von einer intrinsischen Analogie zwischen menschlicher Sprache und göttlichem Sein zu sprechen.

Während McCormack im Jahr 1996 Barths Ontologie bis zur Revision der Erwählungslehre noch als weitestgehend untaugliche Basis für seine Lesart nach Maßgabe des „transfoundationalism“ ansieht, offenbart seine Rede von der intrinsischen Analogie zwischen menschlicher Sprache und göttlichem Sein, dass er nun Barths diesbezüglichen Aussagen auch vor dem Jahr 1936 mehr zutraut. So schreibt er im Anschluss an seine Auseinandersetzung mit Barths theologischer Arbeit vor dem Jahr 1936:

> Barths Ontologie […] ist Bundesontologie (darin, dass sie ihren Grund in dem Gnadenbund hat, in welchem Gott sich selbst und die Kreatur von Ewigkeit her bestimmt) und aktualistische Ontologie (darin, dass die Verwirklichung der Bundesbeziehung in der Zeit für uns nie einfach ein vergangenes Ereignis ist, sondern etwas, das zwar etwas ist, das einmal und für alle Zeit erreicht wurde, aber ein immer, in jedem Moment, zu erneuerndes Ereignis ist). [136]

Da McCormack in diesem Artikel lediglich aus dem Band II/1 der *Kirchlichen Dogmatik* zitiert, ist seine Rede von der ewigen göttlichen Selbstbestimmung, die sich ja erst in Barths Erwählungslehre aus dem Band II/2 später

132 (eigene Übersetzung, Kursivierung McCormack) ebd., S. 168.
133 Vgl. ebd., S. 169.
134 Vgl. ebd., S. 174.
135 Vgl. ebd., S. 178.
136 (eigene Übersetzung) ebd., S. 178.

findet, als „ontologische Implikation [zu verstehen], die zu klären, Barth gut zu Gesicht gestanden hätte."[137] Dass Barth jedoch diesen, wie McCormack es nennt, „Fehler"[138] macht, liegt darin begründet, dass er in seinen Augen noch nicht alle ontologischen Implikationen bedacht hatte, die mit der sich im Jahre 1936 ankündigenden Revolution verbunden sind.[139]

Mit der Neuinterpretation der Erwählungslehre entwickelt Barth dann laut McCormack eine dem „transfoundationalism" dienliche Ontologie. Darin ist es Gottes Urentscheidung der Erwählung Jesu Christi, welche es ermöglicht, ihn zu erkennen. Im Akt der Erwählung hat sich Gott zum Gegenstand menschlicher Erkenntnis gemacht. Dass dies als eine göttliche Selbstbestimmung verstanden wird, führt dazu, dass Gott in seinem ganzen Sein wahrnehmbar ist.

Diese Konzeption der Wahrnehmbarkeit Gottes verabschiedet keinesfalls die Vorstellung der göttlichen Verborgenheit. Für McCormack muss jedoch Gottes wahre Verborgenheit von seiner falschen Verborgenheit unterschieden werden. Die falsche Verborgenheit Gottes ist die Vorstellung, es gäbe ein Teil des göttlichen Seins, welches von uns nicht erkannt oder von Gott nicht preisgegeben wird. Die wahre Verborgenheit Gottes ist, wie McCormack in seinem Artikel „The Limits of the Knowledge of God" abschließend erläutert, für Barth in dem Moment erkannt, in welchem sich Gott selbst erkennbar macht.[140] Diese Fähigkeit, welche der menschlichen Unfähigkeit verliehen wird, ermöglicht, da sie im Sein Gottes ihren Grund hat, somit wahres Wissen von ihm.[141]

4.2.3 McCormacks Konzept der Erwählungslehre als Materialprinzip theologischer Arbeit bei Barth

Im Anschluss an den Nachvollzug einer dergestalt möglichen Neuprägung der Prolegomena im Anschluss an die Barthsche Erwählungslehre beschäftigt sich McCormack auch in ersten Ansätzen mit dessen Neubegründung des Verhältnisses von Gottes- und Erwählungslehre. Gundlach hatte deutlich gemacht:

> Barths These von Jesus Christus als dem erwählenden Gott muß als die theologische Begründung der ewigen, nichtzufälligen Zuwendung Gottes zum Menschen und so als Begründung der wesentlichen Menschlichkeit Gottes in Jesus Christus verstanden werden. Sie stellt erstmals die inhaltliche Selbstbindung Gottes in Jesus Christus über

137 (eigene Übersetzung) McCormack, „Limits", S. 178.
138 (eigene Übersetzung) ebd., S. 179.
139 Vgl. ebd., S. 179.
140 Vgl. ebd., S. 180.
141 Vgl. ebd.

> die Aussage der Freiheit Gottes, und kann daher als kritische Korrektur des in KD I,2 und II,1 entfalteten trinitarischen Verständnisses Gottes und seiner Eigenschaften verstanden werden.[142]

McCormack stellt die kritische Korrektur Barths in ihrer grundlegenden systematischen Dimension dar. In seinem Artikel „The Sum of the Gospel" aus dem Jahr 1999 beschreibt er diese wie folgt:

> Dass die Erwählung die ‚Summe des Evangeliums' ist, gründet bei Karl Barth in der Annahme, dass das primäre Objekt eben dieser Erwählung nicht die Menschheit, sondern zunächst Gott selbst ist. In Barths Augen ist es die ursprüngliche Entscheidung Gottes, [...] nie Gott getrennt von der Menschheit zu sein. Anders ausgedrückt: Gott wählt sich selbst für uns, Gott bestimmt sich selbst zur Gnade.[143]

Diese Ausführung McCormacks beziehen sich augenscheinlich auf den Band II/2 der *Kirchlichen Dogmatik*, in dem Barth die Erwählungslehre als die „Summe des Evangeliums"[144] bezeichnet hatte. Im Akt der Erwählung hat Gott „in ursprünglicher Weise über sich selbst bestimmt"[145]. Mit dieser Formulierung gibt Barth in McCormacks Augen die Richtung der Erwählungslehre an.

In „The Sum of the Gospel" setzt sich McCormack mit der Erwählungslehre im Allgemeinen und ihrer Rolle in den Entwürfen der beiden reformierten Theologen Alexander Schweizer und Barth auseinander. Die These McCormacks ist, wie zu sehen sein wird, dass beide Theologen (so unterschiedlich sie auch gearbeitet haben) in Bezug auf genau jenes *theologoumenon* Gemeinsamkeiten haben.[146] Durch diesen Nachweis gelingt es McCormack im Anschluss an die Arbeit Gundlachs zu zeigen, dass nach Barth die Notwendigkeit besteht, die Lehre von der Erwählung prioritär zu behandeln und sie im Letzten zum Materialprinzip des theologischen Denkens zu machen.[147]

Zunächst geht McCormack auf die Erwählungslehre selbst ein und geht der Frage nach, inwiefern diese als zentrales und distinktes Dogma der

---

142 Gundlach, *Selbstbegrenzung*, S. 315.

143 (eigene Übersetzung) McCormack, „Sum", S. 57.

144 Barth, *KD II/2*, S. 1.

145 Ebd.

146 Gockel zeigt in seinem Buch *Barth and Schleiermacher on the Doctrine of Election: A Systematic-Theological Comparison* von 2006, dass diese Gemeinsamkeiten aus dem gemeinsamen reformierten Hintergrund der beiden Theologen herrührt. Dazu führt er den Nachweis, dass die theologischen Entwürfe beider eine inhaltliche Nähe zu Friedrich Daniel Ernst Schleiermachers Arbeit aufweisen. Diese zeigt sich vor allem in Bezug auf die Lehre von der Erwählung. Siehe: Gockel, *Barth and Schleiermacher on the Doctrine of Election: A Systematic-Theological Comparison*, S. 13.

147 Vgl. McCormack, „Sum", S. 42.

reformierten Kirchen zu verstehen ist. Hier erinnert er an Schweizer und sein Diktum, die Lehre von der Erwählung in Gestalt der doppelten Prädestinationslehre sei das Materialprinzip der reformierten Kirchen, insofern sie die absolute Abhängigkeit von Gott betonen wollen.[148] Laut Schweizer ist dieses Prinzip nicht ein Dogma neben anderen, sondern nach reformierter Lehre im Sinne eines Materialprinzips das bestimmende Moment des religiösen Bewusstsein.[149]

In McCormacks Augen widersetzt sich Barth zunächst der Vorstellung eines Materialprinzips oder Fundamentalsatzes in der Theologie.[150] Der Grund ist laut McCormack Barths grundsätzlicher Widerstand gegen alle formalen Aussagen, die sich vor die Begegnung mit Gottes Offenbarung drängen und diese in ihrem konkreten Inhalt durch abstrakte Gesetzmäßigkeiten abwandeln.[151] Barths Auslegung der Prädestinationslehre als Erwählungslehre deutet jedoch laut McCormack eine Änderung im Hinblick auf die Frage nach einem theologischen Materialprinzip an. Gundlach hatte gezeigt, dass die Erwählung als „jesuanische Präzisierung der universalen Dimensionen Gottes in Schöpfung, Versöhnung und Erlösung verstanden werden [kann], in der sich die gnädige Selbstbestimmung Gottes durch die Erwählung Jesu Christi als Näherbestimmung einer eigenständigen, theologischen Wirklichkeitsauffassung erweist."[152]

Indem Barth im Rahmen dieser Präzisierung die Erwählungslehre die „Summe des Evangeliums" nennt, nähert er sich in McCormacks Augen der Schweizerschen Vorstellung eines theologischen Materialprinzips an. Diese Annäherung wurde für McCormack durch die bereits in seiner Dissertation nachgewiesenen, immer durchdringendere Christozentrik in Barths Theologie ermöglicht, da sich im Blick auf Jesus Christus Gottes Sein in seinem Tun zeigt. Das ist zunächst, so McCormack, die Erwählung.[153] „Materialprinzip" bedeutet dann meines Erachtens laut McCormack nicht, dass sich nach Barth nun doch ein Grundsatzprinzip im Hinblick auf theologisches Nachdenken im Allgemeinen formulieren ließe. Der Blick auf das konkrete Geschehen in Jesus Christus drängt aber das Nachdenken über Gottes Gnadenhandeln dergestalt vor das Nachdenken über andere *theologoumena*, dass sie nur noch in seinem Licht entfaltet werden können. Dieses Faktum macht die Erwählungslehre folglich zentral für die Theologie bei und logischerweise auch nach Barth.

---

148 Vgl. McCormack, „Sum", S. 43.
149 Vgl. ebd., S. 44.
150 Vgl. ebd., S. 46.
151 Vgl. ebd.
152 Gundlach, *Selbstbegrenzung*, S. 316.
153 Vgl. McCormack, „Sum", S. 49.

McCormack betont in „The Sum of the Gospel“, dass das entscheidende Thema der Erwählungslehre bei Barth und Schweizer die Betonung der Unbedingtheit der göttlichen Gnade ist.[154] Schweizer hatte diese laut McCormack vor Barth betont, wobei er methodologisch die Form der Glaubenslehre nie aufgab.[155] Vom Bewusstsein des religiösen Subjekts ausgehend schrieb er Gott laut McCormack so Allmacht und Allwissenheit zu.[156] Für ihn ist Gott damit der souveräne Schöpfer und Herrscher, der in keiner Weise durch das Geschehen in der Zeit bedingt ist.

Laut McCormack folgt Barth Schweizer natürlich nicht darin, den Ausgangspunkt theologischen Denkens im religiösen Bewusstsein des Menschen zu suchen. Er hält sich an die Offenbarung des göttlichen Seins in Jesus Christus. McCormack weist aber in seinem Artikel darauf hin, dass Schweizer neben der abstrakten Unbedingtheit des Seins und Tuns Gottes erstaunlicherweise auch betont, dass der Akt der Schöpfung für Gott in gewisser Weise notwendig war.[157] Da Gottes Wesen Gnade ist, ist die Schöpfung als Ausdruck dieser göttlichen Gnade in gewisser Hinsicht für Schweizer notwendig.

An sich ist diese Argumentation für McCormacks Barth-Analyse auf dem Hintergrund ihrer epistemologischen Begründung uninteressant. Bemerkenswert ist für McCormack jedoch der allgemeine Hinweis, dass nach Schweizer mit der Betonung der Erwählung eine formale Gegenüberstellung von Notwendigkeit und Freiheit in Bezug auf das Wesen Gottes nicht durchführbar ist. Vielmehr empfiehlt Schweizer diese Vorstellung als falschen Anthropomorphismus in Bezug auf die Betrachtung des göttlichen Seins aufzugeben und beides im Rahmen der göttlichen Ontologie als gleichberechtigt zu denken. Schweizer selbst scheitert laut McCormack an diesem Vorhaben, da seine Methode der Glaubenslehre es methodologisch nicht zulässt, dieses Zusammendenken ausgehend vom Bewusstsein des religiösen Subjekts zu leisten.[158]

McCormack lässt sich von Schweizers Hinweis in Bezug auf das Verhältnis von Freiheit und Notwendigkeit im göttlichen Sein inspirieren. Schweizer zeigt seiner Meinung nach auf, dass es im Hinblick auf Gott kein Subjekt als ontologische Voraussetzung für das Tun benötigt. Laut Schweizer muss Gott etwas nicht bedenken bevor er es tut.[159] Zu Gottes Perfektion gehört es in seinen Augen vielmehr, dass er im Wissen um sich selbst und sein Wesen

154 Vgl. ebd.
155 Vgl. ebd., S. 50.
156 Vgl. ebd.
157 Vgl. ebd., S. 53.
158 Vgl. ebd.
159 Vgl. ebd.

alles in einem ewigen Akt tut.[160] Genau darin zeigt sich für Schweitzer sein Gott-Sein.

Laut McCormack verabschiedet auch Barth die formale Unterscheidung zwischen Notwendigkeit und Freiheit in Bezug auf Gottes Sein und Tun.[161] Er tut dies jedoch im konzentrierten Hinblick auf dessen Erwählungshandeln und nicht ausgehend vom religiösen Bewusstsein des Menschen. Für Barth ist Gottes Entscheidung zu sich selbst laut McCormack seine Entscheidung für uns.[162] Das bedeutet, dass auch nach Barth Gottes Sein nie unabhängig von seiner Menschlichkeit zu verstehen ist.[163] Dass es keine Menschenlosigkeit Gottes gibt, hat Barth bereits festgestellt. McCormack folgert nun aus dieser Feststellung ein Weiteres: Wenn Gott in dieser Entscheidung sich ewig selbst bestimmt, wie Barth es ja zu Beginn des Paragraph 32 der *Kirchlichen Dogmatik* festgestellt hat, dann ist die Erwählungslehre für McCormack der *locus*, bei dem das Nachdenken über Gott im Sinne der reifen Theologie Barths angesetzt werden muss.[164]

Mit dieser Untersuchung zur Rolle der Prädestinationslehre in den theologischen Entwürfen Schweizers und Barths versucht McCormack nachzuweisen, dass theologisches Denken im Anschluss an Barth die theoretische Priorität der Erwählungslehre beachten muss. Gottes Sein nach Barth kann für ihn nicht unabhängig von Gottes Hinwendung zu uns, also niemals ohne seine Menschlichkeit, korrekt bedacht werden. Diese Einsicht wendet er, wie oben gesehen, systematisch auf die Prolegomena des Barthschen Hauptwerkes an, sodass er am Ende von der Erwählungslehre als Materialprinzip einer Theologie im Anschluss an Barth spricht.

4.3 Zusammenfassung und Überleitung

McCormack hatte in Auseinandersetzung mit von Balthasar und gegenüber der Neo-Orthodoxie Barths theologische Entwicklung bis 1936 als Entwicklung hin zu einer immer umfassenderen Christozentrik expliziert. Er hatte deren Ursprung in Barths Integration der Lehre von der Anhypostasie-Enhypostasie der menschlichen Natur Jesu Christi verortet und ihren Höhepunkt in seiner Erwählungslehre gesehen. Was dies jedoch in Bezug auf das Barthsche Hauptwerk *Kirchliche Dogmatik* bedeutet, wurde ihm erst durch die Begegnung mit Gundlachs und Goebels Barth-Analyse er-

160 Vgl. McCormack, „Sum".
161 Vgl. ebd., S. 57.
162 Vgl. ebd.
163 Vgl. ebd.
164 Vgl. ebd., S. 61.

öffnet: Letztlich führt Barths Christozentrik zu einer Notwendigkeit der Priorisierung der Erwählungslehre im Rahmen des gesamten theologischen Denkens.

Zur Idee einer allgemeinen Priorisierung der Erwählung durch Barth gelangt McCormack durch Gundlachs Nachweis der kritischen Korrekturen, die Barths Auffassung von diesem *theologoumenon* gegenüber seiner Trinitäts- und Gotteslehre erfordern. Während Barths Auslegung dieses *topos* für Gundlach aber vor allem eine Präzisierung der Aussagen aus dem Band I/1 der *Kirchlichen Dogmatik* durch die Ausführungen ab dem Band II/2 darstellten, vollzieht McCormack die Erwählung nun im Sinne der Notwendigkeit ihrer theoretischen Vorordnung vor jene nach. Damit leitet er die zweite Phase seiner analytischen Arbeit zu Barth ein.

Ab dem Jahr 1996 macht es sich McCormack zur Aufgabe, Barths Theologie, auch in ihren früheren Phasen ab dem Jahr 1924, unter dem Vorzeichen ihres Fluchtpunktes in der theoretischen Vorordnung der Erwählungslehre vor andere *loci* historisch nachzuvollziehen. Mit den bisher vorgestellten Texten erarbeitet er sich damit ein Verständnis der Barthschen Theologie, das auf seine Entwicklung hin zu einer immer umfänglicheren Christozentrik fokussiert.

Im Rahmen dieses Nachvollzugs der Barthschen Theologie gelangt McCormack zuerst in seinem Artikel „Revelation and History in Transfoundational Perspective" von 1996 zur Entwicklung des Konzepts des von ihm sogenannten „transfoundationalism". Mit ihm expliziert McCormack die epistemologische Dimension der Christozentrik Barths in dem Sinn, dass Gott die menschliche Unfähigkeit, ihn zu erkennen in der Erwählung übersteigt. Im Sinne dieses „transfoundationalism" tritt Gott laut McCormacks Text „The Limits of the Knowledge of God" von 1999 aus eigener Entscheidung heraus in den Bereich der menschlichen Geschichte und der menschlichen Kommunikation ein. Damit wird er analog zu anderem Innerweltlichem wahrnehmbar. Diese Einsicht führt McCormack 1999 in „The Sum of the Gospel" zu einer Neubetrachtung der gesamten Barthschen Theologie, die ihn zu dem Schluss bringt, dass darin kein *topos* mehr unter Absehung des göttlichen Erwählungshandelns erörtert werden kann. Damit wird die Lehre von der Gnadenwahl in seinen Augen zu einer Art theologischem Materialprinzip des Barthschen *opus magnum*.

McCormacks Arbeit zwischen 1996 und 1999 ist eine neue Phase seiner analytischen Arbeit zu Barth. Bis 1996 ging es ihm hauptsächlich um die Hervorhebung der materialdogmatischen Grundsatzentscheidungen Barths, welche seine Theologie zunehmend christozentrisch gestalten. Gundlach und Goebel haben ihn nun auf die Auswirkungen eben jener Christozentrik auf die Erwählungslehre Barths hingewiesen. In Folge dessen beginnt McCormack mit einer erneuten *Relecture* von Barths Theologie seit ihrer Göttinger Zeit. Darin kommt er zu dem Schluss, dass die Erwählungslehre deren Fluchtpunkt ist, was McCormack auch zu einer Neuinterpretation von Barths früher Erkenntnistheorie und dessen allgemeiner Anlage theologischen Arbeitens führt. Diese historische Theologie McCormacks ist, wie zu sehen sein wird, dergestalt angelegt, dass sie aus der Barth-Analyse auch zunehmend konstruktive Schlüsse zieht.

5 2000–2017 I: Gnade und Sein. McCormacks konstruktive Barthrezeption im Zeichen der Postmetaphysik

Gundlachs Arbeit hatte McCormack deutlich gemacht, dass Barth mit der Erwählungslehre im Band II/2 der Kirchlichen Dogmatik Aussagen macht, welche die davor liegende Lehre von der Trinität korrigieren und dass der Dogmatik im Anschluss an Barth an einer systematisch-theologischen Priorisierung der Erwählungslehre gelegen sein muss. Welche Bedeutung dies für die Prolegomena und die allgemeine Anlage der Theologie nach Barth haben kann, hat McCormack in den Jahren 1996–1999 historisch-analytisch dargelegt. Ab dem Jahr 2000 widmet er sich in systematischer Hinsicht den Auswirkungen dieser Priorisierung auf Trinitäts- und Gotteslehre. So beginnt die erste konstruktive Phase seiner Arbeit zu Barth.

Durch die erkenntnistheoretische Priorisierung der Erwählungslehre im Rahmen einer Theologie nach Barth ergibt sich laut McCormack eine materialdogmatische Frage, welche der Basler Theologe im Verlauf seines gesamten Oeuvres nicht eindeutig beantwortet und zwar die nach der Konstitution des trinitarisch verfassten Seins Gottes: Liegt diese Konstitution im absoluten Willen Gottes, trinitarisch zu sein, oder im Akt der Erwählung? Die erste Antwort ist die eher traditionelle. Gott ist hier unabhängig von seiner Hinwendung zur Welt trinitarisch gedacht, sodass er auch an sich unabhängig von seiner Schöpfung ist. Bei dieser Antwort stellt sich jedoch die Frage, ob sie der von Gundlach dargestellten Intention der Erwählungslehre Barths gerecht wird. Die zweite Antwort ist die sicherlich innovativere aber zugleich auch die riskantere. Sie denkt Gottes Sein als durch den Beschluss, sich der Welt zuzuwenden, trinitarisch verfasst. Damit hat Gottes Tun nach außen eine Auswirkung auf sein Sein, womit man Gott gewissermaßen in die Gefahr bringt, in der Gestalt seines Seins abhängig von seiner eigenen Schöpfung zu sein.

McCormack nimmt Gundlachs Arbeit und mit ihr auch Goebels Einsicht aus dem Artikel „Trinitätslehre und Erwählungslehre bei Karl Barth“ dergestalt in sein Denken auf, dass er in materialdogmatischer Hinsicht dem Akt der Erwählung eine konstitutive Rolle gegenüber dem trinitarisch verfassten Sein Gottes zubilligt. Der allgemeinen Öffentlichkeit präsentiert McCormack diese These im Rahmen seines Artikels „Grace and Being: The Role of God's Gracious Election in Karl Barth's Theological Ontology“, der, wie im Folgenden zu sehen sein wird, bis in das Jahr 2017 breites Echo erfährt.

McCormack hat in einem später erschienenen Artikel mit dem Titel „Election and the Trinity: Theses in response to George Hunsinger“ aus dem Jahr 2010 deutlich gemacht, dass diese Rezeption der Arbeit Barths in vielen Teilen auch eigene Gedanken enthält. Er stellt dabei aber fest, dass diese zu jener Zeit nur im Sinne der Intention der Barthschen Erwählungslehre entwickelt wurden.[1] Die sich bei dieser Barth-Rezeption entwickelnden Idiosynkrasien verhandelt McCormack unter der Ägide „mit Barth und über Barth hinaus"[2], nennt sie aber jetzt in Abgrenzung zu seinen bisherigen Betrachtungen „meine eigene konstruktive Arbeit"[3].

In „Election and the Trinity" gibt McCormack auch Rechenschaft über den theologischen Hintergrund seiner konstruktiven Arbeit im Anschluss an Barth ab und nennt Jüngel als deren Wegbereiter. Aussagen aus seinem Band *Orthodox and Modern* untermauern dabei den erheblichen Einfluss des deutschen Theologen auf McCormacks erste konstruktive Arbeit im Anschluss an seine Barth-Analyse.[4]

Die erste Phase von McCormacks konstruktiver Arbeit zu Barth kommt meines Erachtens im Jahr 2017 zu einem vorläufigen Ende.[5] Zu diesem Zeitpunkt veröffentlicht der Princetoner Theologe den Artikel „Immutability, (Im)passibility and Suffering: Steps towards a ‚Psychological' Ontology of God". Darin beendet er nicht nur seinerseits den um seine These der Vorordnung der Erwählung vor die Trinität bei Barth entstandenen Streit, sondern kündigt zugleich auch einen theologischen „Neustart"[6] an.

5.1 Die analytische und konstruktive Barthrezeption Eberhard Jüngels und ihre Rolle für McCormack

In seinem 2008 veröffentlichten Sammelband *Orthodox and Modern. Studies in the Theology of Karl Barth*, in welchem die bisher ausführlicher behandelten Artikel zu finden sind, nennt McCormack Jüngel als wichtigsten Einfluss für seine Arbeit im Anschluss an Barth. Bereits 1982 hatte er

1 Vgl. McCormack, „Theses in response", S. 203.
2 (eigene Übersetzung) ebd., S. 221.
3 (eigene Übersetzung) ebd., S. 224.
4 Vgl. McCormack, *Orthodox and Modern*, S. 9.
5 Der Begriff „Phase" muss zu Beginn dieses Kapitels insofern präzisiert werden, dass er nicht so verstanden werden darf als hätte McCormack sich zwischen 2000 und 2017 nicht in Detailfragen weiterentwickelt. Kapitel 7 dieses Buches widmet sich den Entwicklungen in dieser Zeit, die aus meiner Sicht erste Schritte hin zu einer eigenständigen Theologie, die sich von Barth unabhängig macht, darstellen. Trotz dieser Entwicklungsschritte in der Zeit zwischen 2000 und 2017 lässt sich meines Erachtens eine Phase konstruktiver Barthrezeption nachvollziehen, deren Darstellung dem Verständnis des Gesamtwerkes McCormacks dienlich ist.
6 (eigene Übersetzung) McCormack, „Immutability", S. 20.

Jüngels Werk *Gottes Sein ist im Werden* zur Vorbereitung seines Promotionsexamens studiert.[7] Darüber schreibt er zur Einführung in *Orthodox and Modern*: „Mir war zum ersten Mal Barths Theologie so umfassend erschlossen, dass mir auch deren Details sinnvoll erschienen. Diesem Buch verdanke ich alle meinen zentralen Überlegungen als Barth-Forscher."[8] Während McCormack also durch Gundlach auf die Entwicklung von Barths *Kirchlicher Dogmatik* aufmerksam gemacht wurde, kommt Jüngel der Verdienst zu, McCormack auf deren „zugrunde liegende Logik"[9] aufmerksam gemacht zu haben. So schreibt er es in seinem 2009 erschienenen Artikel „God is His Decision: The Jüngel – Gollwitzer ‚Debate' Revisited".

Jüngel will mit seiner Arbeit eine „interpretierende Paraphrase"[10] des Barthschen Werkes liefern. Dabei versteht er Barth so, dass dieser Gottes Sein im Werden verorten will und geht diesbezüglich sogar soweit zu sagen, dass laut Barth das göttliche Sein in seiner Trinität vom göttlichen Tun konstituiert ist. Diese Barthinterpretation Jüngels ist jene „Logik", die von McCormack im Rahmen seiner Barth-Rezeption ab seinem im Jahr 2000 erschienen Artikel „Grace and Being" übernommen und *en détail* weiterentwickelt wird.[11]

„Grace and Being" offenbart den Jüngelschen Einfluss auf McCormacks konstruktiv angelegte Arbeit (nach Barth) am prominentesten, da hier auch McCormack die These aufstellt, das göttliche Sein sei durch den Akt der Erwählung als trinitarisches konstituiert. Der Princetoner Theologe vollzieht damit im Anschluss an Jüngel die entschiedene materialdogmatische Verhältnisbestimmung zwischen Trinitäts- und Erwählungslehre, auf deren problematisches Verhältnis in Barths *Kirchlicher Dogmatik* ja Gundlach hingewiesen hatte.

Jüngels Verortung des göttlichen Seins im Werden machte es aus McCormacks Sicht zudem notwendig, Theologie ohne den Rückgriff auf klassisch metaphysische Denkfiguren zu betreiben. Dies bezeichnet er zunächst zwar als das Grundanliegen Barths,[12] darüber hinaus jedoch vor allem als Jüngels Verdienst.[13] Schlussendlich will er, wie er in seinem Artikel „Election and the Trinity" sagt, selbst dieses Ziel verfolgen.[14] Deshalb nennt er das Vorhaben, eine Theologie im Anschluss an die Barthsche Erwählungs-

7 Vgl. McCormack, *Orthodox and Modern*, S. 9.
8 (eigene Übersetzung) ebd., S. 9.
9 (eigene Übersetzung) McCormack, „Debate", S. 48.
10 Jüngel, *Gottes Sein*, S. VI.
11 Vgl. McCormack, „Grace and Being", S. 194.
12 Vgl. McCormack, „Theses in response", S. 203.
13 Vgl. McCormack, „Debate", S. 66.
14 Vgl. McCormack, „Theses in response", S. 210.

und später auch Versöhnungslehre zu entwickeln, ein postmetaphysisches Projekt.

Interessanterweise ist der für McCormacks konstruktive Arbeit grundlegende analytische Standpunkt Jüngels aus einer Debatte heraus entstanden, die strukturanalog zu der im Folgenden vorgestellten Debatte zwischen McCormack und Hunsinger ist. Jüngels Theologie nimmt ihren Ausgangspunkt implizit in jener Spannung, die sich durch die später von Gundlach dargestellte Entwicklung innerhalb der *Kirchlichen Dogmatik* ergibt. So unternimmt auch er eine erste Verhältnisbestimmung zwischen der Trinitätslehre aus dem Band I/1 der *Kirchlichen Dogmatik* und der Erwählungslehre aus dem Band II/2. Seine These, dass Gottes Sein sich im Lichte der Erwählungslehre Barths nur noch in seiner Bindung an das Werden der Welt explizieren lässt, stößt bei seinem Gegenüber Gollwitzer, der Gottes Allmacht und Unabhängigkeit herausstellen möchte, auf Widerstand. In dieser, nie offen geführten Auseinandersetzung, werden also beinahe deckungsgleiche Fragen und Thesen zum Verhältnis des göttlichen Seins zu dessen Tun behandelt, wie zwischen McCormack und Hunsinger.

Jüngels Verhältnisbestimmung zwischen Barths Trinitäts- und Erwählungslehre versucht die Entwicklung der Theologie Barths einheitlich zu analysieren. So legt er den Fokus nicht nur auf die relational-ontologischen Aussagen der von der Erwählungslehre geprägten Versöhnungslehre, um sie der, noch von der Wort-Gottes-Theologie geprägten Trinitätslehre gegenüberzustellen. Vielmehr integriert er die gesamte Barthsche Entwicklung in seine Arbeit im Anschluss an ihn. Dabei ist Jüngels Theologie Wort-Gottes-Theologie, deren Wort die Person Jesus Christus in ihrem geschichtlich manifesten Schicksal ist. So versucht Jüngel meines Erachtens sowohl Barths Prolegomena, als auch die vom Band II/2 geprägte Versöhnungslehre in seinem eigenen Entwurf miteinander zu verbinden.

Die Verbindung, die die Wort-Gottes-Theologie und die historische Bestimmung des göttlichen Seins bei Jüngel in seinem Buch *Gott als Geheimnis der Welt* eingeht, ist für McCormacks Denken vor allem aus einem methodischen und drei inhaltlichen Gründen von entscheidender Bedeutung.[15]

Methodisch ist für McCormack zentral, dass Jüngels Frage immer die nach der Möglichkeit einer christologisch entfalteten Gotteslehre ist. So schreibt McCormack beispielsweise im Hinblick auf Jüngels Erstlingswerk:

---

15 Dass McCormacks theologisches Denken in dieser gesonderten Hinsicht von Jüngel geprägt ist, erwähnt er selbst oft. Siehe hierzu exemplarisch: McCormack, „Election and the Trinity: Theses in response to George Hunsinger“, S. 204; McCormack, „Karl Barth's historicized Christology – Just how Chalcedonian is it?“, S. 201; McCormack, „Participation in God, Yes; Deification, No“, S. 256.

„Statt die eher generelle Frage zu stellen, wie sich Gottes Sein an sich und sein Sein ‚für uns' zueinander verhalten, stellt Jüngel nun die konkrete Frage: Wie verhält sich Gottes Sein an und für sich selbst zu seiner Seinsweise als Subjekt eines geschichtlich verfassten, menschlichen Lebens – zu einem Subjekt also, das Leiden und Tod erlebt?"[16]

Inhaltlich ist darüber hinaus Folgendes bei McCormack wirksam: Zum einen ist es, wie erwähnt, Jüngel, der angesichts der weitgehenden Aussagen der Barthschen Versöhnungslehre zuerst die These vertritt, Gottes Sein sei durch den Akt der Erwählung konstituiert. Folglich ermuntert Jüngel zum Zweiten die protestantische Theologie von der Identität der ökonomischen und immanenten Trinität auszugehen. Dementsprechend lehnt er zum Dritten die Vorstellung eines *Logos*, der an sich *asarkos* ist oder war, konsequent ab.

5.1.1 Jüngels analytische Arbeit zu den Grundlagen der Barthschen Gotteslehre

5.1.1.1 Jüngels Beziehung zu Barth

Jüngel ist weitaus jünger als von Balthasar, sodass die enge intellektuelle Beziehung zwischen ihm und Barth nicht auf eine ebenso enge persönliche schließen lässt. Dennoch verknüpfen sich die Biographien dieser beiden Theologen an für Jüngels theologische Arbeit durchaus wichtigen Punkten. So notiert Busch in seinen Erinnerungen an Barth für das Jahr 1957/58 eine Vielzahl von Studenten Gerhard Ebelings aus Zürich, die sich für Barths Veranstaltungen interessierten und deswegen regelmäßig nach Basel fuhren. Unter ihnen „trat gerade in jenem Winter Eberhard Jüngel hervor, der sich lebhaft an der Diskussion beteiligte."[17] 1962 wurde dann bereits im sogenannten „freien Nebenunterricht", den Barth den Basler Studierenden nach seiner Emeritierung ermöglichte, die Dissertation Jüngels gelesen und besprochen.[18]

Barth hatte nachweislich Interesse an seinem noch jungen ostdeutschen Schüler und freute sich umso mehr über den Austausch mit ihm, der ihm durch dessen erstes Ordinariat an der Universität Zürich im Jahr 1966/67 unkomplizierter und direkter ermöglicht wurde. Für ihn war er, wie Busch es vermerkt, „einer der Jungen, den Barth – wegen seines Versuchs, von Bultmann und Ernst Fuchs herkommend, die Gotteslehre der ‚Kirchlichen

16 (eigene Übersetzung) McCormack, „Debate", S. 57.
17 Busch, *Karl Barth*, S. 445.
18 Vgl. ebd., S. 479.

Dogmatik' neu zur Sprache zu bringen – hoffnungsvoll begleitete"[19]. Ein weiteres solches Begleiten war ihm durch seinen Tod im Jahr 1968 nicht mehr möglich. Bei der Gedenkfeier für Barth im Basler Münster hielt Jüngel die Ansprache als Vertreter der jüngsten akademischen Generation.[20]

5.1.1.2 Jüngels Fokus auf Barths späte Theologie gegenüber der sozialistischen und liberalen Barthinterpretation

Der katholische Theologe Rainer Dvorak hat in seinem Buch *Gott ist Liebe – Eine Studie zur Grundlegung der Trinitätslehre bei Eberhard Jüngel* dargelegt, dass Jüngels Interpretationsarbeit mit ihrem Fokus auf die Versöhnungslehre Barths einen Sonderweg neben der sozialistischen Barth-Lesart und derjenigen, die sein Denken als radikalisierte liberale Theologie zu deuten versucht, darstellt. Die erste dieser beiden Barth-Interpretationen ist nachhaltig geprägt von Friedrich Wilhelm Marquardts Arbeit *Theologie und Sozialismus. Das Beispiel Karl Barth* und nimmt einen „nicht nur vage spürbaren, sondern deutlich erkennbaren Einfluss des Sozialismus auf das theologische Denken"[21] Barths an. Der Idee, dass Barths Werk eine theologische Ausdrucksform politischer Überzeugungen sei, kann Jüngel, so Dvorak, insofern etwas abgewinnen, als er deren allgemeine, innere Wahrheit im Eingebettetsein jeder theologischen Arbeit in ihre jeweiligen sozialen Bezüge erkennt.[22] Das zweite Deutungsmuster ist maßgeblich von Trutz Rendtorff voran gebracht worden. Er versteht Barths Theologie als „Ausdruck des gegenwärtigen Standes der Christentumsgeschichte unter den Bedingungen der Neuzeit"[23] und erkennt in Barths Theologie das Autonomiebewusstsein des modernen Menschen. Dvorak macht deutlich, dass Jüngel dies ebenfalls in dem Bewusstsein, dass jede Kritik einer Zeit immer zu einem Teil auch auch Kind dieser Zeit ist, in begrenztem Maß bejaht.[24]

Dvorak zeigt, dass beide, das sozialistische als auch das liberaltheologische Deutungsmuster, die Prämissen des „frühen" Barth, sowohl in dem Sinne, dass dessen Ausführungen im Kommentar des Römerbriefs noch eine zentrale Rolle spielen wie auch insofern, dass dessen dogmatische Periode mit dem Wort-Gottes-Paradigma des Bandes I/1 der *Kirchlichen Dogmatik* identifiziert wird, übernehmen. Darüber hinaus macht er deutlich, dass sich Jüngel zunächst in seinen diagnostischen, später

---

19 Busch, *Karl Barth*, S. 509.
20 Vgl. ebd., S. 517.
21 Marquardt, *Theologie*, S. 15.
22 Vgl. Dvorak, *Gott*, S. 202.
23 Ebd., S. 204.
24 Vgl. ebd.

dementsprechend auch in seinen konstruktiven Ausführungen zur Gotteslehre auf „die Theologie des ‚späten' Karl Barth"[25] stützt und ihn in Bezug auf seine theologische Grundintention „von hinten"[26] liest. Damit zeigt Dvoraks Untersuchung, dass die Wahrnehmung und Interpretation der Barthschen Entwicklung, gerade auch derjenigen innerhalb der *Kirchlichen Dogmatik*, eine fundamentale Bedeutung für die Erarbeitung von Jüngels eigener Theologie im Anschluss an Barth haben.

Außerdem nehmen sowohl die sozialistische als auch die theologisch liberale Barth-Rezeption starken Bezug auf die Arbeit Barths bis zu den Prolegomena seines *opus magnum* und reduzieren Barths Theologie in Jüngels Augen dabei auf „dürre Konstruktionsprinzipien"[27]. Jüngel meint damit, dass sowohl Marquardt als auch Rendtorff ihren Fokus mehr auf erkenntnistheoretische und weltanschauliche Fragestellungen in Bezug auf die Gestalt der Barthschen Theologie legen als auf den Nachvollzug seiner Entfaltung einer umfassenden Gotteslehre. Dvorak betont, dass diese bei Barth stets von der Offenbarung ausgeht und darin nicht nur ihre Denkform, sondern vor allem auch ihren Sachgehalt erhält.[28] Deshalb setzt Jüngel laut Dvorak gegenüber diesen beiden Deutungsmustern in seiner eigenen Interpretationsarbeit auf die späte Theologie Barths, wobei er diese nachweislich ebenso als Wort-Gottes-Theologie versteht.[29]

5.1.1.3 *Gottes Sein ist im Werden*: Jüngels Interpretation von Barths Gotteslehre

Jüngel hat *Gottes Sein ist im Werden* 1965 im Alter von nur 31 Jahren als Debattenbeitrag zu einer Auseinandersetzung zwischen dem Barth-Schüler Helmut Gollwitzer und dem Bultmann-Schüler Herbert Braun veröffentlicht. Darin stellt Jüngel Gollwitzers substantialistischer Interpretation des göttlichen Seins bei Barth seine Interpretation desselben im Sinne einer Relationenontologie gegenüber. Diese Gegenüberstellung hat, wie in der Einführung bereits erwähnt, ähnliche Probleme zum Gegenstand, wie die Debatte um Gottes Sein und dessen Konstitution zwischen McCormack, Hunsinger und Molnar.

Mit der Vorstellung vom göttlichen Sein, das in das Werden der Geschichte involviert ist, offenbart Jüngel für McCormack den relationsontologischen Fluchtpunkt und damit auch die innere Logik der *Kirchlichen*

25 Ebd., S. 205.
26 Ebd.
27 Ebd., S. 204.
28 Vgl. ebd.
29 Vgl. Jüngel, *Geheimnis*, S. 309.

Dogmatik.[30] Dabei nimmt er Barths Vorstoß von der Annäherung von Gottes Sein mit seinem Tun in Jesus Christus in der Art ernst, dass er zu dem Schluss kommt, Gottes trinitarisch verfasstes Sein sei nach Barth von seinem Tun konstituiert. Jüngel betrachtet also die eingangs dargelegte Frage, welche am Ende der *Kirchlichen Dogmatik* offen bleibt, nicht als unbeantwortet. Er interpretiert Barth in dieser Hinsicht, wie Dvorak gezeigt hat, nach der Maßgabe von dessen später Theologie: Im Sinne von deren relationsontologischen Paradigma versteht er die Hinwendung Gottes zur Welt als Bestimmung des trinitarisch verfassten göttlichen Seins.

5.1.1.4 Die Vorgeschichte: Helmut Gollwitzers Debatte mit Herbert Braun über die göttliche Ontologie

In seinem Artikel „God Is His Decision: The Jüngel-Gollwitzer ‚Debate' Revisited" macht McCormack auf den Entstehungskontext von *Gottes Sein ist im Werden* aufmerksam. Auch Webster und Hans-Georg Geyer haben hierzu gute Hinweise gegeben: Webster in der instruktiven Einführung zur englischen Übersetzung des Jüngelschen Textes, Geyer in seinem Aufsatz „Gottes Sein als Thema der Theologie". Jüngel schreibt *Gottes Sein ist im Werden* als eine Auseinandersetzung mit den Thesen des Berliner Dogmatikers Gollwitzer. Dieser hatte zuvor mit dem Exegeten Braun sowohl in Form von Aufsätzen als auch in einer direkten Debatte an der Universität Mainz am 13. Februar 1964 über das Verständnis und die theologische Darstellung des göttlichen Seins gestritten.[31]

Als Schüler Bultmanns führte Braun dessen sogenanntes Entmythologisierungsprogramm fort. Dabei sieht er in Bezug auf die „Heilstatsachen im Neuen Testament"[32] die Problematik, dass das „Einbegriffensein des erkennenden Subjekts in den Erkenntnisvorgang"[33] zwar generell angenommen wird, die Heilstatsachen der Bibel aber als ausschließlich durch Offenbarung vermittelt verstanden werden. Wie soll aber einerseits der Mensch in seinem Erkennen Gottes einen Anteil haben und zugleich aber dieses Erkennen gänzlich unabhängig vom menschlichen Verfügen expliziert werden? Für Braun geht dies nur, wenn Gott in konsequenter Fortführung der kerygmatischen Theologie seines Lehrers ausschließlich im Rahmen der subjektiven und intersubjektiven menschlichen Wirklichkeit behandelt wird.[34]

30 Vgl. McCormack, „Debate", S. 48.
31 Vgl. ebd., S. 51.
32 Braun, „Heilstatsachen", S. 41.
33 Ebd.
34 Vgl. Geyer, „Gottes Sein", S. 116.

In Brauns Augen ist Gottes Sein also in keiner Weise objektivierbar.[35] Die Theologie darf in seinen Augen nicht den Fehler machen und die Gedankenwelt der Menschen des Neuen Testamentes übernehmen. Für die Menschen damals gab es eine objektivierbare Wirklichkeit Gottes und die Autoren und Figuren des Neuen Testaments haben deswegen „die ihnen am Herzen liegenden Inhalte predigend so gesagt, daß sie dem *damaligen* geistigen und religiösen Umgangston und Modus dicendi zwar durchaus angemessen waren; [aber eben auch so] daß [...] diese gleichen Aussageweisen für *uns* zu schwer verstehbaren Chiffren geworden sind."[36]

Der Gegensatz zu der antiken Weltanschauung ist aus Brauns Sicht nicht überbrückbar. Aus diesem Grund muss es der Theologie darum gehen, den „maßgeblichen Skopus des neutestamentlichen Kerygmas"[37] herauszuarbeiten und diesen nun im Rahmen der heutigen Weltanschauung zum Gegenstand ihres Arbeitens zu machen. Dieser liegt für Braun darin, dass das Leben des Menschen von dem, „was er nicht tut, nicht hat; in das, was ihm geschenkt [ist, verlegt wird]. Sein ‚Du sollst' ist umschlossen und gehalten von dem ‚Du darfst'"[38]. Gott ist damit nicht mehr ein objektiver Gegenstand der menschlichen Erkenntnis, sondern vielmehr das personale „Woher meines Umgetriebenseins"[39]. Damit will Braun das umsetzen, was Bultmann in seinem Grundlagentext „Welchen Sinn hat es von Gott zu reden" von 1925 gefordert hat.[40]

Gollwitzer sagt demgegenüber deutlich, dass das „Postulat, von Gott nur zu reden als von einer Bestimmtheit meiner Existenz, und das Verbot, Aussagen über Gott selbst zu machen, [...] der Ausdruck dafür [sind], dass überhaupt nicht mehr von Gott, sondern nur noch von Zuständen und Veränderungen der menschlichen Existenz gesprochen werden soll"[41]. Das ist die „Hypertrophie der existentialen Interpretation"[42], die letztlich dazu führt, dass der Mensch mit seinen Empfindungen zum konstitutiven Grund des Zur-Sprache-Kommens Gottes wird.[43]

Gegenüber der „anthropologischen Reduktion des christlichen Bekenntnisses"[44] geht es Gollwitzer um die Objektivierbarkeit Gottes. Er will die ontologischen Fragen in Bezug auf Gott beantworten und dabei vor allem

35 Vgl. Gollwitzer, *Holz*, S. 338.
36 (Kursivierung Braun) Braun, „Heilstatsachen", S. 42.
37 Geyer, „Gottes Sein", S. 116.
38 Braun, „Problematik", S. 296.
39 Ebd., S. 341.
40 Vgl. Geyer, „Gottes Sein", S. 118.
41 Gollwitzer, *Existenz*, S. 26.
42 Geyer, „Gottes Sein", S. 119.
43 Vgl. ebd.
44 Ebd., S. 120.

das Reden über Gottes Sein an sich ermöglichen.[45] Der Nachweis eines solchen Seins an sich verhindert in Gollwitzers Augen, sofern er systematisch kohärent entfaltet ist, die Reduktion des göttlichen Seins auf eine bloß subjektive oder intersubjektive Wirklichkeit.

Selbstverständlich ist Gott Teil der subjektiven Wahrnehmung des Menschen. Gollwitzer macht laut Geyer aber klar, dass „die Unterscheidung zwischen Gottes Begegnung und des Menschen Verstehen und ihre Zuordnung im Sinne der Fundierung des Verstehens in der Begegnung“[46] von zentraler Bedeutung für die christliche Gotteslehre ist. Gott hat dementsprechend in dem Sinne ein Sein für sich abseits der subjektiven und intersubjektiven Wirklichkeit, dass er in seiner Anrede „es uns möglich macht, zu Ihm in eine objektivierende Distanz mit Aussagen über sein Ansichsein zu treten“[47]. In seiner Anrede ermöglicht er also eine Verobjektivierung seines Seins.

Die von Gott autorisierte Verobjektivierung seines Seins lässt den Satz „Gott ist“ nach Gollwitzers Dafürhalten zu. „Gott ist“ ist für ihn ein durchaus problematischer, aber doch notwendiger Satz, da der Glaube an der Objektivität des göttlichen Seins besonders interessiert ist.[48] Gollwitzer geht deshalb noch weiter:

> Infolgedessen darf auch der Satz nicht vermieden und gescheut werden: *Gott ist an und für sich*. Er darf nicht von vornherein denunziert werden als ein spekulativer Satz, bei dem das pro me vergessen sei und der von einem Gott rede, der uns nichts angeht. Er bezeichnet vielmehr, wenn er im Kontext der bekennenden Antwort auf die göttliche Anrede steht, ein unentbehrliches Moment der Glaubenserkenntnis.[49]

Die Aseität Gottes ist also für Gollwitzer die Garantie der realen Unterschiedenheit von Gott und Mensch. Wie Barth in den frühen Bänden der *Kirchlichen Dogmatik* geht es Gollwitzer dabei um die absolute göttliche Unabhängigkeit. Zur guten Botschaft wird das Evangelium nämlich dadurch, dass das Tun Gottes ein unverschuldetes ist. In seiner „Unterschiedenheit, Überlegenheit und Unfasslichkeit“[50] hat Gott sich selbst erniedrigt.

Für Gollwitzer stellt sich auf dem Hintergrund der Betonung der göttlichen Unabhängigkeit jedoch die Frage, wie er göttliches Sein an sich und Tun in der Welt kohärent zusammen denken kann. In seinen Augen ge-

---

45 Vgl. Webster, „Introduction“, S. xi.
46 Geyer, „Gottes Sein“, S. 121.
47 Gollwitzer, *Existenz*, S. 168.
48 Vgl. ebd., S. 173.
49 (Kursivierung Gollwitzer) ebd., S. 175.
50 Ebd., S. 189.

lingt dies über eine systematische Unterscheidung von göttlichem Sein und Willen.[51] Während das Sein Gottes die „Unterschiedenheit, Überlegenheit und Unfasslichkeit"[52] Gottes an sich ist, ordnet Gollwitzer dem göttlichen Willen das trinitarisch verfasste Handeln Gottes nach außen zu. Indem er dieses Handeln dem Willen Gottes und nicht seinem Sein zuordnet, will Gollwitzer die göttliche Unabhängigkeit von der Welt theologisch verteidigen. Diese Zuordnung verhindert nämlich in seinen Augen, dass das Handeln Gottes trotz des Leidens und Sterbens Jesu Christi ontologische Konsequenzen für Gottes Sein selbst hat.

Mit dieser Unterscheidung von göttlichem Sein und Willen will Gollwitzer meines Erachtens Gottes Tun nach außen kontingent, Gottes Sein an sich dagegen als notwendig Gott zukommend verstehen. Indem er aber die Unabhängigkeit Gottes derart betont, dass er in seiner Barth-Rezeption zu einem von seinem Handeln unberührten Sein Gottes gelangt, nähert sich Gollwitzer so sehr abstrakten Vorstellungen vom Sein Gottes an, dass Jüngel mit *Gottes Sein ist im Werden* im Sinne der Barthschen Identifizierung von göttlichem Sein und Tun einen Gegenentwurf verfasst.[53]

Der Hintergrund für Jüngels Thesen in *Gottes Sein ist im Werden* ist also die Auseinandersetzung zwischen Gollwitzer und Braun um das Sein Gottes. Und obgleich Braun das göttliche Sein als eine subjektive, menschliche Wirklichkeit und Gollwitzer es als eine objektive, vom Menschen und der Schöpfung absolut unabhängige, göttliche Wirklichkeit versteht, haben sie beide laut McCormack erstaunlich viel Gemeinsam: Gollwitzer weiß um die Gefahr, Gottes Sein „Objektivität" zuzuschreiben, weshalb er (wie Braun) auch Gottes Selbstoffenbarung nur im Sinn der Begegnung und der Anrede durch Gott nachvollziehen will.[54]

McCormack zeigt, wie Jüngel jedoch mit *Gottes Sein ist im Werden* den Fokus von dieser Begegnung des einzelnen Menschen mit der Anrede Gottes hin zur Christologie verlegt.[55] „Die Konsequenz dieser Verschiebung des Fokus ist die Reformulierung und vor allem Radikalisierung der basalen Frage, die im Angesicht jeder Rede von Gott an und für sich provoziert wird [...]: Wie verhält sich Gottes Sein in und für sich selbst zu seinem Sein als Subjekt, [...] das Leiden und Tod erfährt?"[56] Jüngels Fokus auf die Christologie führt laut Webster dazu, dass Jüngel in Gollwitzers Fokussierung auf den Begriff der Allmacht Gottes vor allem die Wiedereinführung

51 Vgl. Webster, „Introduction", S. xii.
52 Gollwitzer, *Existenz*, S. 189.
53 Vgl. Jüngel, *Gottes Sein*, S. 6.
54 Vgl. McCormack, „Debate", S. 52.
55 Vgl. ebd., S. 57.
56 (Eigene Übersetzung) ebd., S. 57.

eines abstrakten Verständnisses von Gottes Sein wittert, das in der Betrachtung vor und abseits von Gottes Handeln verbleibt.[57] Davon will er er sich primär distanzieren, ohne jedoch auch zwischen Gollwitzer und Braun zu vermitteln. Auf der einen Seite teilt Jüngel Gollwitzers Sorge um die Gottheit Gottes, nimmt aber auf der anderen Seite das Anliegen Brauns, die Menschlichkeit Gottes nicht außer Acht zu lassen, ernst. Beides verbindet sich bei ihm in seiner Darstellung der Theologie Barths unter dem Leitwort *Gottes Sein ist im Werden*.

5.1.1.5 Jüngels Interpretation der göttlichen Ontologie bei Barth: Sein im Werden

Jüngels Buch *Gottes Sein ist im Werden* ist der Versuch einer „ontologischen Lokalisierung"[58] Gottes im Rahmen von Barths *Kirchlicher Dogmatik*. Dabei berücksichtigt er, wie zu sehen sein wird, zuvörderst die von Barths Reformulierung der Erwählungslehre geprägte Christologie der Versöhnungslehre. So muss er der Herausforderung begegnen, die mit den Aussagen des Band II/2 der *Kirchlichen Dogmatik* verbunden ist, nämlich, dass Gottes Sein durch den Akt der Erwählung „im Werden"[59] der Geschichte gedacht werden muss.[60] Jüngel macht diesbezüglich von Anfang an klar, dass er Barth nicht in dem Sinne versteht, dass Gott etwas wird, sein Sein sich demnach als solches verändert, sondern so, dass nach Barth Gott sein Sein im Werden der Welt vollzieht.[61] Diese besonders von Barths späten Ausführungen zur Versöhnungslehre inspirierte Idee des göttlichen Seinsvollzugs in der Geschichte zu explizieren, ist das Grundanliegen von *Gottes Sein ist im Werden*.

Dieses Erstlingswerk Jüngels ist als eine Antwort auf Gollwitzer geschrieben. Dessen Barth-Rezeption offenbart in Jüngels Augen eine Reihe schwerwiegender Aporien. Die grundlegende und auch für Jüngels Überlegungen Anstoß gebende ist die Unmöglichkeit der sinnvollen Unterscheidung beziehungsweise Trennung von göttlichem Sein und Willen im theologischen System Barths. Unmöglich wird diese laut Jüngel, weil in Barths *Kirchlicher Dogmatik* kein „metaphysischer Hintergrund im Sein Gottes ausgespart [werden kann], der sich seinem geschichtlichen Offenbarungshandeln gegenüber gleichgültig verhält."[62]

---

57 Vgl. Webster, „Introduction", S. xii.
58 Jüngel, *Gottes Sein*, S. V.
59 Ebd., S. 101.
60 Vgl. McCormack, „Debate", S. 57.
61 Vgl. Jüngel, *Gottes Sein*, S. 101.
62 Ebd., S. 6.

Jüngel unterstellt Gollwitzer nicht, dass er in seiner Interpretation Barths einen metaphysischen Hintergrund behaupten möchte. Jüngel will aber aufzeigen, dass Gollwitzers Konzeption in dieser Hinsicht ein systematisch-theologisches Problem faktisch mit sich führt, da er in Jüngels Augen nicht erläutern kann, wie bei Barth Gottes Tun in Liebe zu seiner Schöpfung, das laut Gollwitzer bei ihm lediglich „Wesen seines Willens“[63] ist, nicht auch „Wille seines Wesens“[64] sein soll. Jüngel fragt also: „Ist [bei Barth] nicht gerade in Gottes Willen sein Wesen entschieden?“[65] Und weiter: „Zwingt uns nicht das in und als Geschichte offenbar werdende *Sein* Gottes dazu, dieses Sein Gottes [bei Barth] in seiner die Offenbarung ermöglichenden Kraft *schon* als geschichtliches Sein zu denken?“[66] Das ist Jüngels zentrale Anfrage an Gollwitzers Rezeption der Barthschen Überlegungen zur Ontologie Gottes. Während Gollwitzer sie in Jüngels Augen verneint, sieht sie Jüngel mit Entschiedenheit durch Barth bejaht.

Jüngel interpretiert Barth nach der Maßgabe von dessen Vorstellung, Gott sei „im voraus der unsrige“[67]. Diese Formulierung dient ihm als Leitgedanke für seine Barth-Interpretation in *Gottes Sein ist im Werden.*[68] Der Ausgangspunkt dieser Interpretation liegt bei Barths Überzeugung, dass sich der auf Gott angewandte Seinsbegriff an seiner Offenbarung messen muss.[69] Jüngel bezeichnet die Offenbarung als das kritische Korrektiv, das Barth gegenüber allen ontologischen Aussagen, die die Theologie trifft, anwendet. Während Gollwitzer Sein und Tun unterscheiden will und damit am Sein Gottes abstrakt festhält, will Jüngel zeigen, dass es durch Barths Theologie eine Möglichkeit gibt, die göttliche Ontologie so zu entfalten, dass Sein und Tun Gottes derart miteinander gedacht werden können, dass das Sein Gottes nicht mehr nur der Ermöglichungsgrund des göttlichen Tuns ist, sondern wesenhaft mit diesem zusammen gedacht werden kann. So gelingt es Barth in seinen Augen nämlich, die theoretische Lücke zwischen beidem zu schließen und eine genuin theologische Ontologie zu entwerfen.

McCormack beschreibt Jüngels Interpretation der göttlichen Selbstoffenbarung wie folgt: „‚In Gottes Offenbarung ist Gottes Wort identisch mit Gott selbst.‘ Damit ist die Offenbarung in dem Sinn ‚die Selbstinterpretation Gottes‘, dass das, was Gott als das Subjekt eines menschlichen Lebens in der Zeit *tut*, die vollkommene Offenbarung dessen darstellt, wer und was

63 Ebd.
64 Ebd.
65 Ebd.
66 Ebd.
67 Barth, *KD I/1*, S. 404.
68 Vgl. Jüngel, *Gottes Sein*, S. 88.
69 Vgl. ebd., S. 75.

Gott ist."[70] Gottes Offenbarung in seinem Wort ist also laut McCormack für Jüngel eine umfassende Offenbarung seines Seins.

Grundlegend sind sich Jüngel und Gollwitzer in ihrer Interpretation des göttlichen Seins bei Barth darin einig, dass Gottes Sein stets „durch sich selbst bewegt"[71] ist. Gottes Sein kann nur durch Gott selbst bewegt sein, niemals von etwas, das nicht Gott ist. Angesichts der Zentralität des Erwählungsaktes Gottes, von dem die Theologie Barths ab dem Band II/2 der *Kirchlichen Dogmatik* geprägt ist, stellt sich für Jüngel jedoch die Frage, wie es systematisch denkbar sein soll, dass die Ewigkeit des durch sich selbst bewegten Seins Gottes und die Geschichtlichkeit seines Erwählungshandelns zum selben und einzigen göttlichen Sein gerechnet werden?[72] Das ist für Jüngel die herausfordernde Frage, wenn theologisches Denken die weitreichenden Aussagen der späten Bände der *Kirchlichen Dogmatik* ernst nehmen will.Letzten Endes will Jüngel zeigen, dass dies für Barth dann denkbar wird, wenn das theologische Denken konsequent auf Jesus Christus ausgerichtet ist.[73] Dabei betont er, dass laut Barth Jesus Christus Gottes Wille in Aktion ist. Dementsprechend kann die Theologie, die unter dem Vorzeichen seiner Theologie weiterentwickelt wird, in Jüngels Augen in der Christozentrik nicht nur den Auslöser, sondern auch die Lösung für das sich im Angesicht der Erwählung Gottes ergebende ontologische Problem finden.[74]

Jüngel versteht Barths Christozentrik so, dass über die Offenbarung in Jesus Christus hinaus nichts über Gott und das göttliche Sein gesagt werden soll. In Anlehnung an dessen Diktum aus der *Kirchlichen Dogmatik* bezeichnet Jüngel Gottes Sein deshalb als „Schon-im-voraus-der-Unsrige-Sein"[75]. Darüber hinaus macht Jüngel deutlich, dass in Barths christozentrischer Entfaltung der Lehre von Gottes Sein Jesus Christus natürlich in seinem ganzen, also auch geschichtlich manifesten Schicksal in ursprünglicher Weise Bestimmung des göttlichen Seins ist.[76] Damit gibt es für ihn bei Barth keinen Aspekt der göttlichen Ontologie, der so entfaltet werden könnte, dass er nicht bereits auf uns, die Schöpfung, bezogen wäre. Folglich zeigt er damit auf, dass Barths Konzentration auf das Schicksal Christi dazu führt, Gottes Sein als wesenhaft und damit ursprünglich auf sein Tun bezogen zu entfalten.

70 (eigene Übersetzung, Kursivierung McCormack) McCormack, „Debate", S. 57.
71 Jüngel, *Gottes Sein*, S. 79.
72 Vgl. ebd., S. 82.
73 Vgl. ebd., S. 84.
74 Vgl. ebd.
75 Ebd., S. 88.
76 Vgl. ebd., S. 89.

McCormack hebt hier deutlich hervor, dass dies für Jüngel nicht bedeutet, dass Gottes Sein abstrahiert von jeglicher Geschichte mit dem geschichtlichen Subjekt Jesus Christus korrespondiert, sondern vielmehr „Gottes Sein in der Seinsweise eines Subjekts in der Geschichte zu einer Dreieinigkeit, die in sich selbst *bereits* vom Ereignis der Erwählung bestimmt ist."[77] So rücken diese beiden laut McCormack bei Jüngel so nah zueinander, dass sich „[i]n Jüngels Barth-Lesart [...] keine ontologische Priorität der Trinität über die Erwählung [mehr findet]."[78]

Der umfassende Bezug des göttlichen Seins auf das göttliche Tun hat natürlich auch negative Auswirkungen. Jüngel drückt dies wie folgt aus: Das Sein Gottes ist durch seinen umfassenden Bezug auf sein Tun im Schicksal Jesu Christi auch mit dem „Nein" des Menschen gegenüber Jesus Christus konfrontiert.[79] Diese Konfrontation beendet das Leben Jesu Christi am Kreuz und das Sein Gottes ist damit zwangsläufig mit dem Nicht-Sein konfrontiert.[80] McCormack sagt dazu: „*Das* ist das ‚Werden', von dem der Titel [Gottes Sein ist im Werden] spricht, das ‚Werden', das zum Tod führt."[81]

Da die göttliche Ontologie christozentrisch entfaltet werden muss, muss Barth einen Weg finden, nicht nur das Tun Gottes, sondern auch die Bedrohung durch dieses Tun, mit dem Sein Gottes zusammen zu denken. Jüngel meint, dass Barth dieser Herausforderung begegnet, indem er es zur Praevenienz des göttlichen Seins rechnet, bereits „in der Urgeschichte des ewigen Bundes"[82] auf die unmittelbare Konfrontation mit dem Nichtsein in der Verwerfung durch Gott ausgerichtet zu sein, an deren Ende der „Triumph der Gnade"[83] steht. In dem Gedanken der Prävenienz beziehungsweise des Zuvorkommens der Gnade, das auch die Verwerfung mit einschließt, wahrt Barth in Jüngels Augen Gottes Gottheit in seiner Selbsterniedrigung.

Jüngel sagt aber noch mehr als nur das. Für ihn ist das Gottsein Gottes bei Barth in der Prävenienz zur Selbsterniedrigung nicht nur einfach gewahrt. Vielmehr tritt es seiner Meinung nach für Barth nirgendwo höher und klarer zu Tage als in Gottes Erniedrigung am Kreuz.[84] Die Erniedrigung und damit gerade auch der Kreuzestod sind laut Jüngel die klarste Offenbarung des Seins Gottes bei Barth. Anders ausgedrückt ist das Sein Gottes für Barth nirgendwo eindeutiger anwesend als im Kreuzestod Christi. Nimmt

---

77 (eigene Übersetzung, Kursivierung McCormack) McCormack, „Debate", S. 59.
78 (eigene Übersetzung) ebd., S. 60.
79 Vgl. Jüngel, *Gottes Sein*, S. 91.
80 Vgl. ebd.
81 (eigene Übersetzung, Kursivierung McCormack) McCormack, „Debate", S. 60.
82 Jüngel, *Gottes Sein*.
83 Ebd., S. 92.
84 Vgl. ebd., S. 99.

man diese Aussage Jüngels ernst, dann kann die Erniedrigung nicht wie bei Gollwitzers Barth-Interpretation etwas Gott kontingent Zukommendes sein, sondern muss Gott in ursprünglicher Weise wesenhaft zugehörig sein. Das ist für Jüngel der *nucleus* der Barthschen Ablehnung des Redens von Gottes Sein „an sich".

Der klassische Substanzbegriff,[85] wie ihn noch Gollwitzer, obgleich er es anders wollte,[86] für die Beschreibung der göttlichen Ontologie nach Barth verwendet hat, ist in Jüngels Barth-Lesart damit obsolet geworden.[87] Das Ja Gottes zur Welt ist in Barths Beschreibung laut Jüngel nicht Ergebnis einer kontingenten Entscheidung, deren Ermöglichung das absolute göttliche Sein an sich war, sondern Ausdruck beziehungsweise Teil der puren göttlichen Intentionalität. Insofern ist die ontologische Unterscheidung von Sein und Tun Gottes bis zu dem Grad hinfällig, dass das Tun der Erwählung für Barth eben jenes Sein erst konstitutiert.[88] Das ist die durchaus radikal zu nennende und spätestens für McCormack prägende Schlussfolgerung, die Jüngel im Rahmen seiner Interpretation des Barthschen *opus magnum* zieht.

5.1.2 Jüngels konstruktive Barthrezeption

McCormack schreibt im Jahr 2009: „Ich möchte gern so klar, wie ich nur kann, sagen, dass Jüngel Barth meiner Meinung nach exakt interpretiert. Mir scheint er in jedem Moment die Barthsche Intention, [also] eben jenes zu berühren, was als das Barthsche Selbstverständnis gelten kann."[89] Mit diesem Urteil über *Gottes Sein ist im Werden* zeigt sich, in welcher Hinsicht

---

85 Gottes Sein ist substantialistisch expliziert etwas, „das so existiert, dass es zu seiner eigenen Existenz keines anderen Dinges bedarf". Da René Descartes den Begriff Substanz so definiert, soll dieses Verständnis im Folgenden substantialistisch genannt werden. Siehe: Hoffmeister, *Wörterbuch der philosophischen Begriff*, Meiner Verlag, Hamburg. 2013, S. 587. Ein anderes theologiegeschichtliches Beispiel für ein solches Verständnis von Gottes Sein ist Thomas von Aquins Beschreibung Gottes als ein *ens perfectum*. Für ihn ergibt sich mit Notwendigkeit aus dem Gottesbegriff, „dass Gott, der das wechselvolle Auf und Ab der Weltdinge in Bewegung setzt, selbst über alle Veränderung und Entwicklung erhaben ist". Siehe: Thomas von Aquin, *Lehre des Heils. Eine kleine Summe der Theologie*, F-H- Kerle Verlag, Heidelberg, 1948, S. 51.

86 Gollwitzer will die Analogie zwischen Gott und Schöpfung natürlich nicht als *analogia entis*, sondern als *analogia relationis* entfalten. Jüngel stellt diesbezüglich jedoch sehr ernste Rückfragen, ob das im Rahmen von Gollwitzers Rede vom Sein Gottes an sich, unabhängig von dessen Tun in Jesus Christus, denkerisch überhaupt möglich ist. Siehe: Jüngel, *Gottes Sein ist im Werden*, S. 6.

87 Vgl. Jüngel, *Gottes Sein*, S. 103.

88 Vgl. ebd., S. 108.

89 (eigene Übersetzung) McCormack, „Debate", S. 61.

Jüngel für alle „grundlegenden Überzeugungen“[90] der McCormackschen Barth-Analyse verantwortlich ist. Zugleich offenbart es zunehmend auch die konstrukiven Elemente, zuerst der Jüngelschen und dann auch von McCormacks Barth-Rezeption.

Was meint jedoch „konstruktive Barth-Rezeption“? Jüngel selbst gibt sechs Jahre nach Veröffentlichung von *Gottes Sein ist im Werden* in „... Keine Menschenlosigkeit Gottes ... Zur Theologie Karl Barths zwischen Theismus und Atheismus“ selber einen Hinweis, indem er seine Arbeit an diesem Punkt als ein Denken, das sich von Barth inspirieren aber nicht fesseln lässt, beschreibt.[91] Jüngel lässt sich von Barth zu Gott, der sich in Jesus Christus offenbart, führen.[92] Gemeinsam mit Barth nennt Jüngel diesen Gott die „Sache“[93] der Theologie. Diese Sache versucht Jüngel jedoch konsequenter in einer, wenn auch nicht „metaphysikfreie[n], wohl aber [in] eine[r] sich der Metaphysik gegenüber frei verhaltende[n] christliche[n] Theologie“[94] zu entfalten. Darin inspiriert er McCormack nach meinem Dafürhalten maßgeblich.

Jüngels „postmetaphysisches“[95] Denken zeigt sich am deutlichsten in seiner Formulierung Gott sei „vollständig definiert in Jesus Christus“[96]. Indem er mit seiner Interpretation des göttlichen Seins als Liebe[97] die bereits in seiner analytischen Arbeit zu Barth entwickelte Vorstellung der Prävenienz des göttlichen Seins zur Selbsterniedrigung in Jesus Christus unter Zuhilfenahme des Barthschen Konzepts der ursprünglichen Entscheidung Gottes zur Erwählung noch einmal vertieft, ebnet er McCormack den Weg zu einer Weiterführung der Barthschen Erwählungslehre als Ermög-

---

90 (eigene Übersetzung) McCormack, *Orthodox and Modern*, S. 9.

91 Vgl. Jüngel, „Keine Menschenlosigkeit“, S. 332.

92 Vgl. ebd.

93 Ebd.

94 Jüngel, *Geheimnis*, S. 62.

95 Den Begriff „postmetaphysisch“ übernehme ich von Hartmut von Sass. In seiner Habilitationsschrift *Gott als Ereignis des Seins* beschreibt er die postmetaphysische Theologie als ein Nachdenken über Gott, der nicht zwischen zwei Welten, sondern in der einen Welt handelt (43) und dessen Sein als nicht substantialistisches (45) umfänglich im Rahmen unserer Sprache verhandelt werden kann (44). Postmetaphysik bedeutet dann, dass metaphysische Terminologien und Denkmuster als solche im Rahmen der Theologie als unvermeidlich vorkommen dürfen, die „problematischen Resultate metaphysischen Denkens“ jedoch wenn möglich überwunden werden sollten. Siehe: Hartmut von Sass, *Gott als Ereignis des Seins*, Tübingen, 2013, S. 55.

96 Jüngel, „Keine Menschenlosigkeit“, S. 337.

97 Siehe: Nicolaus Klimek, *Der Gott – Der Liebe ist. Zur trinitarischen Auslegung der Begriffs „Liebe“ bei Eberhard Jüngel*, Die Blaue Eule, Essen, 1986, S. 29. oder Engelbert Paulus, *Liebe – Das Geheimnis der Welt. Formale und materiale Aspekte der Theologie Eberhard Jüngels*, echter, Würzburg, 1990, S. 142.

lichungsgrund, Sein und Tun Gottes in ihrer Verbundenheit theoretisch nachzuvollziehen.

5.1.2.1 Jüngels postmetaphysische Wort-Gottes-Theologie

Jüngels Theologie im Anschluss an Barth versteht sich als Wort-Gottes-Theologie: „Theologie hat also allemal mit dem – sie doch nur ehrenden! – Eingeständnis anzufangen, dass sie eben nichts anderes als Theologie ist, daß sie Gott als den von sich aus Redenden zur Sprache bringt. Die Rede vom seinerseits redenden Gott darf in der Theologie nicht überraschen – so überraschend für jeden Menschen Gott selber ist. Theologie ist vielmehr wesentlich Lehre vom Worte Gottes.“[98] Offensichtlich ist das Wort Gottes die Grundlage von Jüngels Weiterführung der Barthschen Ideen. Anders als Barth nuanciert es Jüngel aber in der Hinsicht, dass das Wort Gottes vor allem auch in seiner geschichtlichen Form zur Bestimmung des göttlichen Seins wird. Dies führt dazu, dass sich Jüngels Arbeit zu Barth über eine bloß interpretierende Paraphrase hinaus entwickelt. In meinen Augen versucht er dabei, das, was bei Barth faktisch nebeneinander steht, reflexiv zu machen und miteinander produktiv zu verbinden.

Gottes Wort ist auch für Jüngel, wie Engelbert Paulus es beschreibt, „das Reden von Gott regulierende Rede von Gott“[99]. Während Barth jedoch die Theologie so begründet sein lässt, um die Unabhängigkeit des göttlichen Seins zu betonen, tut es Jüngel meines Erachtens mit einer anderen Intention. Barth ging es in seiner Wort-Gottes-Theologie zwar um die Befähigung des Menschen, Gott zu erkennen aber nur mit der gleichzeitigen Wahrung der Aseität Gottes an sich. Diese gelang ihm, wie oben dargelegt, weil er mit dem Terminus „Wort Gottes“ das göttliche Tun in erkenntnistheoretischen Kategorien beschreiben konnte, sodass dies keinen Einfluss auf das Sein Gottes selbst hat. Dem gegenüber geht es Jüngel mit seiner Wort-Gottes-Theologie vorrangig um die Befähigung des Menschen, das göttliche Sein denken zu können, während die Wahrung der göttlichen Aseität bei ihm in den Hintergrund rückt.[100]

Diese Befähigung des Menschen zum Denken Gottes ist also Jüngels leitendes Interesse, was seine materialdogmatischen Festlegungen regelmäßig mit erkenntnistheoretischen Erwägungen umkleidet. Paulus zeigt, dass für Jüngel die Denkbarkeit Gottes mit dessen Sagbarkeit einhergeht.[101] Gottes Sein lässt sich, so Jüngel, im Glauben aussprechen und so ist die Grundlage der Denkbarkeit Gottes in seinem theologischen Entwurf, das Bekenntnis

---

98 Jüngel, *Geheimnis*, S. 217.
99 Paulus, *Liebe*, S. 90.
100 Vgl. Jüngel, *Geheimnis*, S. 203.
101 Vgl. Paulus, *Liebe*, S. 90.

des Glaubens.[102] Das Bekenntnis ist damit die verbale Antwort des Menschen auf die verbale Selbstmitteilung Gottes. Nach Paulus schließt Jüngel daraus, dass der bekennende Mensch das Wort Gottes unbedingt benötigt. In ihm kann er Gott vernünftig erfassen. Jüngel verfolgt demnach wie Barth auch zunächst eine erkenntnistheoretische Frage. Er beantwortet sie aber meiner Meinung nach vorrangig, um Gottes Sein denken zu können, und führt nicht wie Barth theologisch immer zugleich auch die Sorge um die göttliche Unabhängigkeit als solcher mit.

Dvorak fügt dem hinzu, Jüngel folge Barth auch in der Annahme, dass Gottes Wort Gott selbst ist.[103] In seiner Sagbarkeit macht Gottes Wort dessen Sein denkbar und offenbart diesen so als redenden Gott. Dvorak betont, dass Gott dadurch in Jüngels Augen bereits grundlegend gekennzeichnet ist.[104] Mit Pannenberg spitzt Jüngel dies ja zudem noch zu, indem er sagt, dass „Gott nur dann als Gott gedacht wird, wenn er als sich offenbarender Gott gedacht ist"[105].

Aus Jüngels erkenntnistheoretischer Erwägung in Bezug auf die Denkbarkeit Gottes in seinem Wort wird eine für McCormack wichtige materialdogmatische Aussage mit umfassenden Konsequenzen: Dass Gott durch die Offenbarung in seinem Wort denkbar ist, hat für Jüngel zur Folge, dass Gottes Sein wesenhaft dadurch gekennzeichnet ist, dass er redet. Die Offenbarung als Wort Gottes und Gott als Redenden zu verstehen, ist für Jüngel laut Dvorak eine Folge des „Ereignisses, in dem Gott sprachlich zugänglich wird"[106]. Dieses Ereignis ist Gottes Menschwerdung.[107] Für Jüngel ist diese Ausdruck dessen, was Gott in seinem Sein selbst ist.[108] Damit führt Jüngels erkenntnistheoretischer Fokus auf Jesus Christus als Wort Gottes zu einer umfassenden materiellen Bestimmung der göttlichen Ontologie.

Jüngel geht bei der Bestimmung des göttlichen Seins aber noch weiter. Das Ereignis des Wortes Gottes ist für ihn „allein mit Jesus Christus identisch"[109]. Dvorak macht diesbezüglich deutlich: Hier „oszillieren Jüngels Ausführungen"[110], denn wird „einmal das Sein des Menschen Jesus, das sein Leben, Sterben und Auferwecktwerden umfasst, als die Geschichte benannt, in der der von sich aus redende Gott sich ausgesprochen hat, so ist es

---

102 Vgl. ebd.
103 Vgl. Dvorak, *Gott*, S. 59.
104 Vgl. ebd.
105 Ebd.
106 Ebd.
107 Vgl. ebd., S. 60.
108 Vgl. ebd.
109 Ebd., S. 84.
110 Ebd., S. 85.

jetzt das ‚Wort vom Kreuz'"[111]. Dvorak zeigt damit, dass Jüngels Theologie des Wortes Gottes den Fokus nicht mehr auf das Offenbarungsgeschehen legt, sondern auf die Beziehung des göttlichen Seins zu dem geschichtlich verfassten Schicksal der Verwerfung und Erhöhung Jesu Christi. Jüngel selbst begründet dies auch, indem er in seinem Aufsatz „Von der Dialektik zur Analogie – Die Schule Kirkegaards und der Einspruch Petersons" schreibt: „[D]er Ausdruck [Wort Gottes] tritt in der Kirchlichen Dogmatik allmählich zurück [...][und wird in] seiner Funktion als Zentralbegriff seit KD II/1 durch den Namen ‚Jesus Christus' zwar nicht verdrängt oder ersetzt, aber doch immer mehr inhaltlich bestimmt, konkretisiert"[112]. Mit dieser Analyse lässt Jüngel auch seine eigenen Überlegungen konkret kreuzestheologisch geprägt sein. Damit identifiziert er nicht nur Jesu Verkündigung, sondern Jesu historisches Schicksal mit dem Sein Gottes. Daraus schließt Dvorak, es biete sich bei Jüngel so die Formel an: „Die Person [und nicht die Verkündigung] des gekreuzigten Jesus Christus ist das eine Wort Gottes."[113]

Jüngels nuancenreiche Grundlegung der Theologie des Wortes Gottes durch dessen unmittelbare Gleichsetzung mit dem konkret-historischen Schicksal Jesu Christi hat meines Erachtens unmittelbare Konsequenzen für seine Lehre vom Sein Gottes. Für ihn, das wurde oben deutlich, ist das Reden Gottes etwas Gott wesenhaftes, das heißt durch eine ursprüngliche Entscheidung zukommendes. Gottes Sein kann folglich nicht mehr unabhängig von diesem Reden gedacht werden. Dvoraks Arbeit hat nun gezeigt, dass Jüngel dieses Reden konkretisiert, indem er das Wort Gottes mit dem Schicksal Jesu Christi bis zu dessen Tod am Kreuz identifiziert. Das bedeutet nach meiner Überzeugung in der Konsequenz, dass durch Jüngels Entfaltung der Wort-Gottes-Theologie dieses Schicksal mit dem Tod am Kreuz in ursprünglicher, das heißt bei Jüngel denknotwendiger Weise zu Gottes Sein gehört.

Indem Jüngel diese Entwicklung Barths darlegt, offenbart er McCormack die innere Logik des gesamten Barthschen Werkes.[114] Zugleich verbindet er auch die Einsichten von Wort-Gottes- und Erwählungsparadigma zu einer facettenreicheren Wort-Gottes-Theologie, die im Gegenüber zu Barth meines Erachtens auch konstruktive Elemente enthält. Aber genauso wenig wie es Barth in seiner Versöhnungslehre tut, revidiert auch Jüngel das Paradigma der Wort-Gottes-Theologie nicht. Im Gegensatz zu Barth verhilft er ihm aber durch die explizite Identifikation des Wortes Gottes mit dem

111 Dvorak, *Gott*.

112 Jüngel, „Dialektik", S. 128.

113 Dvorak, *Gott*, S. 89.

114 Vgl. McCormack, „Debate", S. 48.

historisch manifesten Schicksal Jesu Christi zu einer erheblichen Tiefe und inhaltlichen Breite. Dazu Jüngel: „Ist doch der Name ‚Jesus Christus' für den späteren Barth der Inbegriff dessen, was der Begriff ‚Wort Gottes' zu sagen vermag."[115] Mit dieser expliziten Identifikation integriert Jüngel die von der Erwählungslehre geprägten Aussagen der späten Bände der *Kirchlichen Dogmatik* in die Wort-Gottes-Theologie der ersten drei Bände. Damit hat er zum einen die Entwicklung innerhalb des Barthschen *opus magnum* hervorgehoben und zugleich deutlich gemacht, dass innerhalb dieser Entwicklung seiner Meinung nach kein Bruch zu finden ist. Beides gelingt ihm mit der konstruktiv angelegten Wort-Gottes-Theologie, die nun die Verhältnisbestimmung der beiden ontologischen Entwürfe des Barthschen Hauptwerkes vollzieht, welche Barth seinen Lesern noch schuldig geblieben war.

Bisher habe ich versucht zu zeigen, dass Jüngel Gottes Sein, beide Barthschen Ansätze aufnehmend, als sich in Jesu Christi Schicksal vollziehend versteht. Damit beantwortet er die selben Fragen wie Barths Prolegomena, wobei er sie im Sinne von dessen Erwählungslehre postmetaphysisch weiterdenkt. Gott ist bei ihm in Jesu Christi geschichtlich manifestem Schicksal offenbart. Das hat theologisch zur Folge, dass das gesamte göttliche Sein mit diesem Schicksal zu identifizieren ist. Mit dieser Schlussfolgerung geht Jüngel nach meinem Dafürhalten über seinen Lehrer hinaus, ohne jedoch dessen theologische Intention zu vergessen. Vielmehr führt er beide faktisch nebeneinander existierenden systematischen Entwürfe zu einem einzigen zusammen. Damit ist seine Arbeit aber keine reine Barth-Paraphrase mehr, sondern auch genuin Jüngelsche Theologie.

5.1.2.2 *Gott als Geheimnis der Welt*: Jüngels neue Christologie und ihr Einfluss auf die Gottes- und Trinitätslehre

Im Hinblick auf Jüngels analytische Arbeit hatte McCormack ihm im Besonderen zugute gehalten, dass er „[s]tatt die eher generelle Frage zu stellen, wie sich Gottes Sein an sich und sein Sein ‚für uns' zueinander verhalten, [...] nun die konkrete Frage stellt: Wie verhält sich Gottes Sein in und für sich selbst zu seiner Seinsweise als Subjekt eines geschichtlich verfassten, menschlichen Lebens – zu einem Subjekt also, das Leiden und Tod erlebt?"[116] Eine vergleichbare Einschätzung teilt McCormack offensichtlich auch bezüglich des Jüngelschen Hauptwerkes *Gott als Geheimnis der Welt*, denn der Princetoner Theologe würdigt es zwar zuerst und ausgiebig für seine „Logik der Liebe"[117] und der sich daraus ergebenden Gottes- und

115 Jüngel, „Dialektik", S. 128.
116 (eigene Übersetzung) McCormack, „Debate", S. 57.
117 (eigene Übersetzung) McCormack, „Participation", S. 251.

Trinitätslehre. Beides bringt er jedoch mit dem Nachvollzug der bereits bei Barth angestoßenen Transformation an sich altkirchlich geprägter christologischer *theologoumena* wie der Anhypostasie Enhypostasie der menschlichen Natur Jesu Christi in relational-historische in Verbindung.[118]

Gott als Geheimnis der Welt entfaltet das göttliche Sein im Blick auf das Wort Jesus Christus. Dabei unternimmt Jüngel laut Eigenaussage nicht weniger als „das dem christlichen Glauben eigene Gottesverständnis...[als] eine[n] universale Geltung beanspruchenden Gottesbegriff"[119] zu explizieren. Seine Entfaltung der ontologischen Aspekte der Gotteslehre orientieren sich dabei in systematisch umfassender Weise an dem Leitsatz „Gott ist Liebe"[120]. Als Liebe ist Gott das Geheimnis der Welt.

Weite Teile von *Gott als Geheimnis der Welt* behandeln zunächst neuzeitliche Probleme in Bezug auf den Gottesgedanken und seine Denkbarkeit. Jüngel schließt hier an seine Interpretation Barths in *Gottes Sein ist im Werden* an, indem er sagt, dass Gott denkbar im Rahmen einer Theologie wird, die christozentrisch angelegt ist.[121] Mit dem konzentrierten Blick auf Jesus Christus ist laut Jüngel erkennbar, wie Gott ist: Er vollzieht sein Sein in Jesus Christus. Dadurch setzt das Denken Gottes, so Jüngel, den Glauben an Jesus Christus voraus.[122]

Im Zentrum steht nun also Jesus Christus als das Wort Gottes in seiner menschlich-zeitlichen Dimension. Dabei existiert er jedoch an sich anhypostatisch, da er, wie oben gezeigt, ontologisch allein durch die Beziehung zu Gottes Herrschaft bestimmt ist.[123] In Bezug auf diese Anhypostasie sieht McCormack nun einen Unterschied zwischen Barth und Jüngel zum Vorschein kommen: „Während Barth beinahe das gesamte Gewicht auf die Konfrontation Jesu mit Gottes erwählender Gnade legt, meint Jüngel, eine angemessene Wahrnehmung der damaligen neutestamentlichen Forschung würde nahelegen, den Fokus eher auf seine Verkündigung der Gottesherrschaft zu legen."[124] Die Folge dessen wäre eine theologische Aufwertung der historischen Seinsweise Jesu Christi.

In Bezug auf die Enhypostasie, die Jesu alleiniges Sein in der zweiten göttlichen Person konzeptuell fasst, meint nun McCormack, dass diese Fundierung an sich unstrittig ist. Aber, „[...] [o]bwohl es stimmt, dass die anhypostatische Existenz Jesu ohne das ‚Werden' (also seine Selbst-Hingabe

118 Vgl. McCormack, „Participation", S. 248.
119 Jüngel, *Geheimnis*, S. X.
120 Ebd., S. XI.
121 Vgl. ebd., S. 259.
122 Vgl. ebd.
123 Vgl. McCormack, „Participation", S. 248.
124 (eigene Übersetzung) ebd., S. 249.

und Demut) der zweiten Person nicht möglich gewesen wäre, ist dies doch etwas, das ausschließlich in der Auferstehung offenbart ist."[125] McCormacks Frage ist nun: „Ist das ein bloß epistemologisch nachzuvollziehender Sachverhalt? Oder hat es ontische – wenn nicht sogar ontologische Bedeutung?"[126] Man ahnt, McCormack sieht Jüngel zu Letzterem tendieren. Auch darin ist eine gewachsene Rolle des Seins Jesu Christi für die göttliche Ewigkeit zu erkennen.[127]

Mit diesem Fokus auf das Schicksal Jesu Christi und die damit verbundene Selbsthingabe Gottes in der zweiten Seinsweise expliziert Jüngel Gottes Sein in *Gott als Geheimnis der Welt* nicht als ein Sein an sich, sondern als einen Seinsvollzug im Werden der Geschichte. Im Rahmen einer demnach relational angelegten Ontologie expliziert Jüngel das göttliche Sein im Werden der Geschichte und damit als mit dem Widerspruch des Menschen konfrontiert. Dementsprechend versteht er es auch so, dass es sich auch durch den Tod Jesu Christi hindurch vollzieht. Jüngel hat Barth in *Gottes Sein ist im Werden* so interpretiert und unternimmt nun in *Gott als Geheimnis der Welt* den Versuch, den göttlichen Seinsvollzug systematisch mit dem Widerspruch des Menschen gegenüber Jesus Christus zusammen zu denken. Dieses Vorhaben steht bei Jüngel unter dem Leitwort „Gott ist Liebe".

Jüngel führt im Folgenden aus: „‚Gott ist Liebe' […] ist die Erörterung der Selbst-Identifikation Gottes mit dem gekreuzigten Menschen Jesus."[128] Dies betont Jüngel laut McCormack, um klarzustellen, dass der Satz, dass Gott die Liebe sei, nicht vom Konzept Liebe aus deduziert werden kann, sondern nur voll verstanden ist, wenn Gottes Wesen als eines wahrgenommen wird, in dem und als das Gott sich in trinitarischer Form verwirklicht.[129] Für Jüngel differenziert sich Gott darin aus, dass er liebt oder eben anders ausgedrückt: „Er ist Gott der Vater *und Gott der Sohn*."[130]

Im Sinne seiner postmetaphysischen Wort-Gottes-Theologie will Jüngel auch die Trinitätslehre so konkret-historisch wie möglich entfalten. Demnach expliziert Jüngel in Anlehnung an sein Verständnis der Anhypostasie Jesu Gottheit über dessen Verkündigung des Gottesreiches. Jesu Beziehung zu Gott ist damit durch seine einzigartige historische Offenheit ihm gegen-

125 (eigene Übersetzung) ebd., S. 250.
126 Ebd., S. 250.
127 Vgl. ebd., S. 251.
128 Ebd., S. 253.
129 Ebd., S. 252.
130 (eigene Übersetzung, Kursivierung McCormack) ebd., S. 253.

über gekennzeichnet und als solcher ist „er das menschliche Gleichnis des Gottes, der Liebe ist.“[131]

McCormack legt großen Wert darauf, dass Jüngel hier ausschließlich mit Blick auf das historische Schicksal Jesu Christi argumentiert. Dies gilt auch in Bezug auf dessen Bearbeitung der Frage, wie sich Gott mit diesem Menschen, der letztlich am Kreuz stirbt, identifiziert. Jüngel verweist in diesem Zusammenhang auf das Ereignis der Auferstehung. McCormack meint, dass die Bedeutung der Auferstehung bei Jüngel jene ist, anzuzeigen, „dass das menschliche Leben Jesu nicht einfach zu einem Ende gekommen ist. Etwas ereignete sich in und durch seinen Tod und da dieses ‚Etwas‘ nicht durch den toten Jesus geschehen konnte, [...] geschah es durch Gott. [...] Das bedeutet zugleich, dass sich Gott in Jesus selbst mit der Gott-Verlassenheit identifiziert.“[132] Der Geist ist dann bei Jüngel das Band der Liebe durch welches Vater und Sohn in ihrer umfassenden Trennung miteinander verbunden sein lässt.[133]

McCormack zeigt, dass die Rede von der Identifikation im Rahmen der Jüngelschen Christologie die Rolle des traditionell geprägten Redens von der „Inkarnation, der hypostatischen Union etc.“ übernimmt.[134] Damit macht Jüngel seines Erachtens erste Schritte hin zu einer Formung der gesamten Theologie durch seinen Blick auf die Geschichte Jesu. Folglich erarbeitet sich Jüngel ein Konzept der immanenten Trinität als Nachvollzug des Satzes „‚Das Sein Gottes ist ein Sein im Kommen‘. Gott kommt von Gott. [...] Wenn Gott unwiderruflich sein eigener Ursprung ist, [...] ist er auch sein eigenes Ziel.“[135]

Für Jüngel spielt die Lehre von der Trinität für das Verständnis des göttlichen Seinsvollzugs eine zentrale Rolle, weil sie die Geschichte des göttlichen Seinsvollzugs „so wahr sein [...] [lässt], dass sie verantwortlich erzählt werden kann“[136]. Anders ausgedrückt stellt die Trinitätslehre, wie Jüngel es in seinem Artikel „Das Verhältnis von ökonomischer und immanenter Trinität“ von 1975 schreibt, dar, dass Gott das Leben ist: „Es gilt, Gottes Sein als eine Einheit von Leben und Tod zugunsten des Lebens zu begreifen.“[137] Die Bedingung der Möglichkeit dieser Identifikation ist, so Jüngel, das Verständnis von Gottes Sein als Liebe. Sie existiert, wie bereits erwähnt, in der Spannung von Macht und Ohnmacht, von Leben und Tod.

131 Jüngel, *Geheimnis*, S. 491.
132 (eigene Übersetzung) McCormack, „Participation“, S. 255.
133 Vgl. ebd., S. 256.
134 Vgl. ebd., S. 255.
135 (eigene Übersetzung) ebd., S. 257.
136 Jüngel, *Geheimnis*, S. 472.
137 Jüngel, „Trinität“, S. 265.

Der Gott, der Liebe ist, ist für Jüngel ganz in seinem Seinsvollzug. Damit ist die Identifikation seines Seins mit der Liebe in Jüngels Augen auch der Ermöglichungsgrund der Identifizierung von immanenter und ökonomischer Trinität.[138] Er schreibt: „Denn Liebe ist strukturell zu beschreiben als eine inmitten noch so großer und mit Recht noch so großer Selbstbezogenheit immer noch größere Selbstlosigkeit, beziehungsweise als ein in Freiheit über sich selbst hinausgehendes, sich verströmendes und verschenkendes Selbstverhältnis.“[139]

Jüngel schreib weiter: „Der Begriff des göttlichen Wesens kann nicht mehr abstrahiert von dem Geschehen des dreifaltigen Daseins Gottes gedacht werden. Es dürfte vielmehr erst aufgrund der – nur trinitarisch zu gewinnenden – Antwort auf die Frage, wer Gott ist, theologisch zu Verhandlung kommen, was das ist: Gottheit.“[140] Wie in *Gottes Sein ist im Werden* wird in diesem Artikel deutlich, dass bei Jüngel auch das *theologoumenon* der Trinität auf dem Hintergrund sowohl erkenntnistheoretischer als auch materialdogmatischer Fragestellungen nachvollzogen wird. Folgerichtig ist damit nicht nur Gottes trinitarisch sich vollziehendes Sein, sondern auch die Identität von immanenter und ökonomischer Trinität in seinen Augen ein lediglich „als Geheimnis erfahrbarer Sachverhalt“[141].

Das Grundereignis der Identität von ökonomischer und immanenter Trinität ist für Jüngel der Sohn. Nicht Gott allgemein und an sich, sondern die Betrachtung des Schicksals Jesu Christi führt Jüngel zu der Annahme ihrer Identität. Die derart, das heißt historisch ausgedrückte Einheit von Gott und Mensch ist für ihn naheliegenderweise ausschließlich christologisch zu verstehen. Die *unio hypostatica* des Sohnes, die Vereinigung des Menschen Jesus mit Gott, kann in seinen Augen damit nicht als „Fall“ eines noch umfassenderen Verhältnisses der Identität von Gott und Mensch verstanden werden, sondern nur in ihrem einzigartigen Charakter in Jesus Christus allein, mit dem sich Gott identifiziert.

Jüngels Identifizierung von immanenter mit ökonomischer Trinität hat auch christologische Konsequenzen. Wenn Jesus Christus in ursprünglicher Weise zusammen mit dem Sein Gottes gedacht werden muss beziehungsweise umgekehrt, dann kann der ewige *Logos* – so hatte es Jüngel schon in seiner Barth-Analyse erklärt – an keinem Punkt seines Seins als *asarkos* gedacht werden.[142] Der *Logos* muss für ihn immer als *verbum incarnandum*, also als bereits im Begriff stehend Fleisch zu werden, ver-

138 Vgl. ebd., S. 270.
139 Ebd., S. 270.
140 Ebd., S. 274.
141 Ebd., S. 269.
142 Vgl. Jüngel, *Gottes Sein*, S. 93.

standen werden, weil das göttliche Sein nach Jüngel insgesamt auf diese Fleischwerdung hin angelegt ist:

> [D]a Jesus Christus als Ereignis des doppelten Wählens Gottes ist, ist in der Urgeschichte des ewigen Bundes auch der Mensch Jesus schon am Anfang bei Gott. [...] Wenn jene Urgeschichte wirklich *Geschichte* zwischen Gott und Mensch sein soll, dann kann der Sohn Gottes in dieser Geschichte nicht ohne den Menschen Jesus, dann kann der ewige λόγοσ nicht als λόγοσ ἄσαρκοσ gedacht werden.[143]

Jüngel sagt dabei nicht, dass der *Logos* immer *incarnatus* ist. Dieser ist ausschließlich die Person Jesu Christi. Jüngel betont aber, dass diese Person Jesu Christi die ewige Bestimmung des *Logos* ist und dieser deshalb immer *verbum incarnandum* ist. Die Prävenienz zur Hinwendung zur Welt, die Jüngel im göttlichen Sein erkennt, erfordert nun auch diese christologische Grundentscheidung.

Wenn Jesus für Jüngel der Anfang des postmetaphysischen Denkens über Gott ist, dann bedeutet das aus seiner Sicht auch zugleich eine Identifizierung von Gottes Sein mit ihm. „Gott – vollständig definiert in Jesus“[144] lautet eine Zwischenüberschrift seines Vortrags „...Keine Menschenlosigkeit Gottes...“. Jüngel behauptet hier im Anschluss an seine These vom Anfang der Theologie beim Namen Jesus Christus, dass Gott in Jesus Christus ontologisch vollständig bestimmt sei. Im Verweis auf das *Chalcedonense* macht Jüngel dabei aber deutlich, dass zwar Gottes Sein seinen Ort in Jesus Christus, dieser aber seine Identität nur in der Gnade Gottes hat.[145] Aus diesem Grund betont er im Verweis auf die Tradition die „Unverschmischtheit der göttlichen und menschlichen Natur“[146]. Gottes Sein in Jesus Christus ist nicht das Ergebnis einer latent vorliegenden Möglichkeit der Vergottung der menschlichen Natur. Es ist vielmehr das Ergebnis der ursprünglichen Selbstbestimmung Gottes. Anders ausgedrückt: Die Selbstidentifizierung Gottes mit dem Menschen Jesus ist unumkehrbar. Sie ist nur als von Gott ausgehende, darin aber umfassende zu verstehen.

In der Identifizierung von immanenter und ökonomischer Trinität bringt die Trinitätslehre die Geschichte des göttlichen Seinsvollzugs laut Jüngel auf den Begriff. Damit hält sich Jüngel an Barths Grundeinsicht aus dem Band II/2 der *Kirchlichen Dogmatik*, dass sich nämlich Gott zu diesem Vollzug selbst bestimmt hat. Mit Barth will Jüngel der Aporie der traditionellen Gotteslehre, dass Sein und Tun Gottes oft auseinanderfal-

---

143 (Kursivierung Jüngel) Jüngel, *Gottes Sein*, S. 93.

144 Jüngel, „Keine Menschenlosigkeit“, S. 337.

145 Vgl. ebd., S. 338.

146 Ebd., S. 338.

len, vorbeugen.[147] Jüngel macht deutlich, dass das Woher und Wohin des Kommen Gottes Gott selbst ist.[148] In diesem Sinne kommt Gott in der Geschichte, die die Trinitätslehre darstellt, zu sich selbst und da Ursprung und Ziel seines Kommens gleich ursprünglich sind, kann nun mit Hilfe der Trinitätslehre gesagt werden, dass das göttliche Sein sich in Vater, Sohn und Geist vollzieht.[149]

5.1.2.3 Fazit: Jüngels Arbeit zur Ontologie Gottes und ihre Bedeutung für die Debatte um Gottes Sein und seine Konstitution

Jüngels Überlegungen zu Gottes Sein und dessen Verhältnis zum göttlichen Tun haben ihren Ausgangspunkt bei den offen gebliebenen Fragen in Bezug auf die Entwicklung der *Kirchlichen Dogmatik*. In Anbetracht des Streits zwischen Gollwitzer und Braun um die göttliche Ontologie angesichts der Menschwerdung Gottes, begreift Jüngel in seiner Arbeit zu Barth die Gottheit Gottes in dessen Menschlichkeit und expliziert die Folgen dieser Annahme.

Jüngel entwickelt laut McCormack unter dem Vorzeichen der Erwählungslehre eine kreuzestheologisch geprägte, „post-Barthianische"[150] und „post-metaphysische"[151] Lehre von Gottes Sein. Die von ihm entfaltete göttliche Ontologie betont sowohl das Gottsein Gottes als auch dessen Menschlichkeit, indem sie das Wort Gottes als das historische Schicksal Jesu Christi, in ihrer Mitte hat.

Diese Arbeit zu Barths Theologie führt Jüngel wie gezeigt zu den Details der trinitarischen Gotteslehre. Gottes Sein ist aus seiner Sicht durch sein Tun konstituiert. Das war Jüngels Interpretation der Barthschen Lehre von Gottes Sein in seinem Tun. Des Weiteren legt sich Jüngel auch auf die Identifizierung der immanenten mit der ökonomischen Trinität fest. Damit ist für ihn zugleich klar, dass das Konzept eines *Logos*, der an sich und nicht als bereits im Begriff stehend Fleisch zu werden expliziert wird, zu verabschieden ist. Dies sind die drei materialdogmatischen Grundentscheidungen, die in meinen Augen einen erheblichen Einfluss auf das Denken McCormacks und für die heutige Debatte über Gottes Sein haben.

Jüngels Arbeit, die aus der Debatte Gollwitzers mit Braun heraus entstand, stellt einen Vorstoß dar, in dessen Windschatten sich erneut eine Debatte um Gottes Sein entlädt. McCormacks Überlegungen sind nach

---

147 Vgl. Jüngel, *Geheimnis*, S. 508.
148 Vgl. ebd., S. 474.
149 Vgl. ebd., S. 527.
150 (eigene Übersetzung) McCormack, „Suffer", S. 55.
151 (eigene Übersetzung) McCormack, „Actuality", S. 240.

seiner Auseinandersetzung mit der analytischen Arbeit von Balthasars und Gundlachs auch eine Fortentwicklung dieser Überlegungen Jüngels. Seine Interpretation von Jüngels These, Gott offenbare sich gerade in der Menschlichkeit und im Kreuz als wahrer Gott, führt auch bei ihm dazu, in dieser trinitarisch vollzogenen Erniedrigung Gottes die eigentliche Konstitution von Gottes Sein zu sehen. MCormack wendet dabei Jüngels Aussagen auf viele *theologoumena* der Lehre von Gott an und entwickelt damit derart kontroverse Thesen, dass er den Streit mit Hunsinger und Molnar auslöst.

5.2 McCormacks konstruktive Barthrezeption

McCormacks rein analytische Arbeit zu Barth beschränkt sich in monografischer Form auf dessen Arbeit bis zum Oktober 1936 also bis zu den grundsätzlichen Überlegungen, die etwas später in die Abfassung des Bandes II/2 der *Kirchlichen Dogmatik* münden.[152] In essayistischer Form behandelt er dann darüber hinaus Barths Ausführungen zu Gottes Sein und manche Nebenbereiche bis zu dessen Versöhnungslehre. Im Anschluss an Jüngel wagt sich McCormack seit der Jahrtausendwende dann auch zunehmend an konstruktive Thesen zu Barths Arbeit.

McCormacks konstruktive Thesen haben meines Erachtens ihren Auslöser in der im vorhergegangenen Kapitel besprochenen Polarität von substantialistischen und relationalen Paradigma in Barths Lehre vom göttlichen Sein. McCormack bemerkt in dieser Phase seines Arbeitens dazu: „[...] [D]a ist ein ungelöstes Problem im Denken Barths."[153] Der Princetoner Theologe trifft im Gegensatz zu Jüngel angesichts dieses Problems eine Entscheidung für die vom Erwählungsparadigma geprägte Theologie Barths und bemüht sich nun das herauszuarbeiten, was Barth am Ende der *Kirchlichen Dogmatik* seiner Meinung nach eigentlich hätte sagen müssen beziehungsweise implizit eigentlich sagt. Dabei zeichnet sich seine Arbeit neben der starken Konzentration auf das theologische Anliegen in der Erwählungslehre Barths auch durch eine in der Rezeption der Vorarbeiten von Balthasars, Gundlachs und Jüngels gegründeten Freiheit dessen Entwurf gegenüber aus.

Ähnlich wie bei Jüngel ist also auch viel der konstruktiven Arbeit McCormacks in seine noch teilweise analytisch angelegte Barth-Rezeption eingebettet. Beide sind stellenweise nur schwer voneinander zu trennen. Den-

152 Vgl. McCormack, *Theologische Dialektik*, S. 380.
153 (eigene Übersetzung) McCormack, „Suffer", S. 63.

noch ist meines Erachtens festzustellen, dass McCormack bei dieser Arbeit weitestgehend eigenständig materialdogmatische Schlüsse aus Barths reifen Überlegungen zieht.

5.2.1 McCormacks konstruktive Arbeit zur göttlichen Ontologie im Anschluss an Barth

5.2.1.1 „Grace and Being" – Die Ontologie der Gnade in McCormacks Lehre von Gott

Im Jahr 2000 veröffentlicht McCormack im von John Webster herausgegebenen Buch *The Cambridge Companion to Karl Barth* einen Beitrag mit dem Titel „Grace and Being – The Role of God's Gracious Election in Karl Barth's Theological Ontology".[154] Dieser Artikel kann als Schlüsseltext von McCormacks konstruktiver Arbeit zu Barth gelesen werden. Zugleich ist er wohl kaum hinreichend zu würdigen, wenn er nach der analytischen Arbeit nicht auch als konstruktiver Gegenentwurf zur neo-orthodoxen Barth-Lesart und damit auch zur Neo-Orthodoxie im Allgemeinen nachvollzogen wird.[155]

Wenngleich es dieser Text war, der die im folgenden darzulegende Debatte um Barths Theologie und um das Verhältnis von Trinitäts- und

---

154 Wenngleich es bis zum Jahr 2000 keinen expliziten Hinweis auf diese Veröffentlichung in McCormacks Arbeiten gibt, soll doch an dieser Stelle angemerkt werden, dass eine für die Analyse der theologischen Ontologie bei Barth zentrale Arbeit, nämlich die 1975 veröffentlichte Habilitationsschrift des deutschen Systematikers Wilfried Härle, mit *Sein und Gnade* betitelt war. Spätestens McCormacks Beschäftigung mit Gundlach macht es aus meiner Sicht sehr unwahrscheinlich, dass der Princetoner Theologe dieses Werk zum Zeitpunkt der Abfassung von „Grace and Being" nicht gekannt hat. Nimmt man an, es war ihm bekannt, ist die Umkehrung des Titels natürlich bedeutsam, zeigt sie doch an, dass McCormack ontologische Aussagen bei Barth nur im Licht seiner Auseinandersetzung mit dem göttlichen Gnadenhandeln und nicht an sich bearbeiten will. Im Jahr 2010 wird Härle dann als einer von vielen erwähnt, die McCormacks Standpunkt vorbereitet haben und ihn bis heute mittragen. Siehe: McCormack, Art.: „Election and the Trinity: Theses in response to George Hunsinger" in: *Scottish Journal of Theology*, Nr. 63, S. 203–224, S. 204.

155 „Grace and Being" stellt McCormacks Standpunkt im Rahmen der derzeitigen Debatte meines Erachtens am konsequentesten dar, weshalb er zum einen dessen am stärksten kritisierter Text ist und zugleich aber auch zum Ausgangspunkt der Auseinandersetzung mit ihm dient. Die vorliegende Arbeit reiht sich mit der prominenten Behandlung von „Grace and Being" in eine bereits bestehende Tradition ein. Neben Hectors Essay „God's Triunity and Self-Determination: A Conversation with Karl Barth, Bruce McCormack and Paul Molnar" ist wohl der wichtigste Text mit analogem Vorgehen Hunsingers Buch *Reading Barth with Charity* von 2015.

Erwählungslehre entfacht hat, betonte McCormack im Jahr 2010 unter dem Eindruck eben jener Auseinandersetzung, dass „Grace and Being" keineswegs radikal neue Gedanken beinhaltet, sondern über längere Zeit konzeptionell vorbereitet wurde. Dabei verweist McCormack auf einen Vortrag, den er bereits 1994 auf einer Barth-Tagung in St. Paul gehalten hat: „[Bereits] damals stellte ich die These auf, dass der Akt der Erwählung für Barth von erheblicher ontologischer Relevanz ist. Die nun in meinem Beitrag zum *Cambridge Companion* [Grace and Being] darauf folgende Verbindung der jeweiligen Versatzstücke war ein kleiner und vor allem offensichtlicher Schritt."[156] Da dieser Vortrag von St. Paul jedoch nie veröffentlicht wurde,[157] werden hier nun die Gedanken des Texts von der Jahrtausendwende nachgezeichnet.

In „Grace and Being" zeigt McCormack ganz grundsätzlich an, was er in Bezug auf die bislang weder von Barth selbst noch von Jüngel oder Gundlach vollzogene Verhältnisbestimmung der beiden ontologischen Entwürfe der *Kirchlichen Dogmatik* empfiehlt: Er votiert zugunsten der späten Theologie Barths aus der Erwählungs- und Versöhnungslehre und macht zugleich deutlich, dass theologisches Denken im Anschluss daran, deren Implikationen für Gottes- und Trinitätslehre eigenständig zu klären hat.

Dieses Votum ergibt sich aus der gerade in diesem Artikel besonders klar einsehbaren und vor allem umfassenden Anwendung christozentrischer Denkmuster. McCormack versteht die Versöhnungslehre noch entschiedener als Jüngel und Gundlach nicht mehr als ein Arbeitsstadium unter anderen, sondern als deren Fluchtpunkt, welcher noch einmal anders und vor allem im Vergleich zu Barths Arbeitsstadien davor ganz grundsätzlich dessen zentrales theologisches Anliegen ausdrückt. Aus diesem Grund wendet er auch Barths darin vollzogene Identifikation von Gottes Sein mit seinem Tun in Jesus Christus in konstruktiver Weise auf die betreffenden *theologoumena* an.

„Grace and Being" gehört meines Erachtens damit eindeutig zu McCormacks konstruktiver Arbeit, da er es sich hier ausdrücklich zur Aufgabe macht, die ontologischen Implikationen aus Barths Lehre von der Gnadenwahl zu erarbeiten.[158] Damit nimmt McCormack Gundlachs, Jüngels und natürlich seine eigene analytische Arbeit zur *Kirchlichen Dogmatik* zum Ausgangspunkt seiner konstruktiven Barth-Rezeption. Dieses Vor-

---

156 (eigene Übersetzung) McCormack, „plainly", S. 61.

157 Der Titel des Vortrages lautete: „Radical Autonomy or Communicative Freedom? Divine Election and Human Freedom in the Theology of Karl Barth". Siehe: McCormack Art.: „Lets Speak plainly. A Response to Paul Molnar" in: Theology Today, Vol. 67, (2010), S. 57–65, S. 61.

158 Vgl. McCormack, „Impassibility", S. 170.

gehen nennt er selbst in dem späteren Artikel „Divine Impassibility or Simply Divine Constancy? Implications of Barth's Later Christology for Debates over Impassibility" aus dem Jahr 2009 „smoothing out"[159]. Laut McCormack bedeutet diese Formulierung, die wörtlich mit „Ausglätten" oder „Ausziehen", in diesem Kontext jedoch meines Erachtens besser mit „Verdeutlichen" oder „Klären" zu übersetzen ist, nicht, dass McCormacks eigene Standpunkte in Barth hineingelesen werden sollen.[160] Es bedeutet in meinen Augen jedoch schon, dass der grundlegenden Intention und Denkrichtung vor etwaig abweichenden Äußerungen Vorrang gegeben wird, um so weniger die Reflexion und Explikation aller Äußerungen zu leisten, als vielmehr eine grundlegende Denkrichtung herauszuarbeiten. Offensichtlich entscheidet sich McCormack für eine Denkrichtung, sodass zumindest diese Entscheidung seinen Standpunkt ausweist.

Im gerade zitierten Artikel „Divine Impassibility or Simply Divine Constancy?" erwähnt McCormack, dass der ungenannte Gesprächspartners des Vorhabens, eine theologische Ontologie im Zeichen der göttlichen Gnadenwahl zu entwerfen, der kürzlich verstorbene lutherische Theologe Robert Jenson ist.[161] Jenson hatte laut McCormack im persönlichen Gespräch Zweifel an der Konsistenz des reformierten Arguments für das sogenannte *Extra Calvinisticum* geäußert.[162] Diese Lehre besagt, dass der *Logos asarkos* auch nach der hypostatischen Union des *Logos* mit der menschlichen Natur Himmel und Erde erfüllt und demzufolge nicht umfänglich vom Schicksal Jesu Christi bestimmt ist. Für die Gotteslehre ist dieses systematische Detail der reformierten Tradition nicht unerheblich, da es ganz grundsätzlich die Frage aufwirft, ob Gottes Sein mit seinem Tun umfänglich oder nur teilweise identifiziert werden kann. Diese Frage ist der Ausgangspunkt jener Arbeit McCormacks, die in „Grace and Being" mündet.

Der Lutheraner Jenson ist dem reformierten Theologen McCormack ein herausforderndes Gegenüber, weil er im Rekurs auf die Offenbarung Gottes in Jesus Christus gegenüber philosophischen Erörterungen, wie jenen des Aristoteles und seiner Vorstellung eines unbewegten Bewegers, die Frage aufwirft, ob die Perfektion des göttlichen Seins nicht gerade darin zu finden sei, dass Gott sich der Geschichte der Schöpfung gegenüber verpflichtet und sich damit eben auch von ihr bewegen lässt.[163]

---

159 Ebd., S. 173.

160 Vgl. ebd.

161 Vgl. ebd., S. 170.

162 Dieses Gespräch, sowie seine persönliche Beziehung zu Jenson beschreibt McCormack in seinem Nachruf auf Jenson in der ersten Ausgabe des *International Journal of Systematic Theology* des Jahres 2018. Siehe: McCormack, „In Memoriam: Robert Jenson (1930–2017)", S. 3–8.

163 Vgl. Jenson, *Systematic Theology I*, S. 64.

Das *Extra Calvinisticum* erfüllt zusammen mit der Lehre vom *Logos asarkos* die Funktion, theologisch zu verhindern, dass Gottes Sein in seiner Selbstverpflichtung gegenüber dem Werden der Welt aufgeht. Damit haben Fragen über eine mögliche Gestalt der Trinität abgesehen vom göttlichen Handeln in der Erwählung ihr bleibendes Recht. Jenson bezeichnet diese Art von Fragen angesichts des geschehenen Handelns Gottes in der Erwählung als „Nonsens"[164] und lehnt damit die der Konzeption des *Logos asarkos* zugrunde liegende Form theologischen Arbeitens ab.

Durch diese Überlegungen Jensons entdeckt McCormack, dass eben die Vorstellungen von *Extra Calvinisticum* und *Logos asarkos* im Licht des relational ausgelegten ontologischen Paradigmas der Barthschen Versöhnungslehre problematisiert werden. Da er es sich, wie oben erwähnt, zum Ziel gemacht hat, deren materialdogmatische Implikationen zu erarbeiten, führt ihn Jensons Anfrage dazu, die Vorstellung vom *Extra Calvinisticum* mit Hilfe von Barths Ausführungen zur Erwählungs- und Versöhnungslehre zu überdenken.[165]

Dank Jensons Denkanstoß vollzieht nun McCormack in „Grace and Being" das Verhältnis zwischen Gottes Sein und Tun angesichts von Barths Intention, die Theologie christozentrisch anzulegen, eigenständig nach. Dabei ist für ihn auch die Kritik, die Barth selbst an der reformierten Lehre vom *Extra calvinisticum* geäußert hat, zentral. Wie oben expliziert hat Barth bereits die calvinistische Vorstellung einer doppelten Prädestination problematisiert, indem er das Geschehen von Erwählung und Verwerfung theologisch ganz auf Jesus Christus selbst fokussiert.[166] McCormack liest Barth nun so, dass jener mit der gleichen Intention, mit der er die Vorstellung von der doppelten Prädestination hinterfragt hat, das *Extra Calvinisticum* problematisiert.

Nach McCormacks Verständnis geht es Barth in seiner Kritik des *Extra calvinisticums* nicht nur um theologische Aussagen im Hinblick auf Jesus Christus, sondern darüber hinaus um die Ontologie Gottes im Allgemeinen. McCormacks Leitfrage im Hinblick auf Barths diesbezügliche Arbeit

---

164 Jenson, „Logos", S. 131.

165 Scott Swain versteht McCormack dabei im Gegenüber zum eschatologisch orientierten Lutheraner Jenson als dezidiert reformierten und auch protologisch orientierten Theologen. (Scott R. Swain, *The God of The Gospel. Robert Jensons Trinitarian Theology*, IVP Academic, Downers Grove, 2013, S. 31.) Dieser Hinweis ist durchaus zu unterstreichen, sodass der Impuls Jensons gewürdigt wird und zugleich doch der Einfluss gerade der analytischen Arbeit von Balthasars und der konstruktiven Arbeit Jüngels gegenüber Jensons Werk in seiner höheren Gewichtung zur Geltung kommt. Jenson war in meinen Augen vor allem über die persönliche Bekanntschaft mit McCormack und die regelmäßige Zusammenarbeit bis zu seinem Tod im Jahr 2017 ein konstanter Stimulus.

166 Vgl. McCormack, „Grace and Being", S. 185.

ist deshalb, wie es Gott möglich ist, in Jesus Christus ganz in das Werden der Zeit einzutreten, ohne einen wesenhaften Wandel seines Seins zu riskieren.[167]

McCormack will Barths Antwort auf diese Frage so verstehen, dass nach ihm Gott in Ewigkeit in einem Modus der Antizipation der ist beziehungsweise sein will, der er in der Zeit sein wird.[168] Diese Annahme einer ewigen Antizipation der Geschichte Jesu Christi in Gott beinhaltet für McCormack eine kritische Korrektur der Vorstellung von Gottes trinitarisch verfasstem Sein, wie sie im Nachgang zu Barth expliziert wird: Der Erwählungsakt wird, wie es bereits Jüngel in *Gottes Sein ist im Werden* angemerkt hat, als ontologischer Konstitutionsmoment des trinitarisch verfassten göttlichen Seins zu denken sein. McCormack formuliert dies wie folgt: „Die Entscheidung für den Gnadenbund ist der Grund für Gottes Dreieinigkeit und demzufolge auch für das ewige Hervorgehen des Sohnes [aus dem Vater] und des Heiligen Geistes aus Vater und Sohn. Anders ausgedrückt: Die Werke Gottes *ad intra* (die trinitarischen processiones) finden ihren Grund im *ersten* Werk Gottes *ad extra* (der Erwählung)“.[169]

Die Vorordnung der Lehre von der Gnadenwahl vor die Gotteslehre stellt für McCormack die Trinitätslehre aus dem Band I/1 der *Kirchlichen Dogmatik* in Frage. Diesbezüglich sind seines Erachtens Änderungen angebracht. Zwar offenbart sich auch im Rahmen der Barthschen Versöhnungslehre für McCormack im Wort Gottes ein göttliches Subjekt in drei verschiedenen Seinsweisen, aber es hat sich laut McCormack gezeigt, dass Gottes Akt der Erwählung nur als ewige Entscheidung verstanden werden kann.[170]

Aus McCormacks Sicht kann also bereits in Barths Versöhungslehre kein ontologisches Davor und Danach der Entscheidung für den Gnadenbund angenommen werden. Für McCormack braucht es in diesen reifen Überlegungen Barths nämlich kein göttliches Subjekt an und für sich, das auf der Basis einer abstrakt explizierten Aseität die Entscheidung zum Akt der Erwählung trifft. Aus seiner Sicht ist das ein falscher Anthropomorphismus, der über Gott nicht als Gott nachdenkt. Gott als der dreieinige Gott ist für McCormack das göttliche Ich, das nicht in zeitlicher Abfolge entscheidet, sondern sich in einer Entscheidung ganz an das andere hingibt und damit auch zugleich über sich selbst bestimmt.[171] Damit macht nun aber McCormack implizit gegenüber Jüngel klar, dass das substanzontologische

167 Vgl. ebd., S. 187.
168 Vgl. ebd., S. 190.
169 (eigene Übersetzung, Kursivierung McCormack) ebd., S. 194.
170 Vgl. ebd.
171 Vgl. ebd., S. 195.

Denken aus dem Band I/1 der *Kirchlichen Dogmatik*, das Gottes Sein als unabhängigen Ausgangspunkt des göttlichen Tuns verstand, verabschiedet ist.

Aus McCormacks Sicht bildet das Zentrum der von der Erwählungslehre geprägten und damit auch zunehmend christozentrisch angelegten Barthschen Dogmatik ab deren Band II/2 eine Ontologie des Bundes Gottes mit der Schöpfung. Diese „Bundesontologie“[172], wie er sie nennt, ist eine Ontologie der Gnade Gottes und des in Glauben und Gehorsam antwortenden Menschen. Barths bisheriges Verständnis des göttlichens Seins *ad intra* in seinem Verhältnis zum göttlichen Sein *ad extra* ist damit umgekehrt und wie Goebel sagt als „*Geschichte von reziproken Beziehungen*“[173], in denen Gottes Tun wie Gottes Sein gegenseitige Wirkung entfalten, expliziert.

Gegenüber von Balthasars Beobachtung, Barth kehre im Rahmen seiner Lehre von der Versöhnung letztlich zur Vorstellung einer *analogia entis* zurück, betont McCormack, dass nicht eine substantialistische Ontologie im Zentrum der Barthschen Neujustierung der Theologie steht, sondern die Ontologie der göttlichen Gnade und Erwählung. Sie ist die Grundlage einer Gottesvorstellung, in der kein falscher, sondern ein angemessener Anthropomorphismus bestimmend ist: Gott ist seinsmäßig von seiner Entscheidung für den Menschen bestimmt. Mit dieser Neu-Interpretation beziehungsweise Neu-Anwendung der Barthschen Christozentrik tritt McCormack eine Debatte über Barths Theologie wie das Verhältnis von Trinitäts- und Erwählungslehre los, die in ihrer Tiefe aber auch Schärfe aus den zeitgenössischen Auseinandersetzungen der protestantischen Theologie hervorsticht. Bevor diese jedoch dargelegt wird, soll hier erläutert werden, wie McCormack seinen Standpunkt durch eine im Anschluss an die Barthsche Versöhnungslehre elaborierte Christologie weiter entwickelt.

5.2.1.2 McCormacks Neujustierung der Christologie im Anschluss an Barths Versöhnungslehre

McCormacks konstruktive Arbeit geht nicht nur von Barths zunehmender Konzentration auf die Erwählungslehre, sondern zuvörderst auch von dessen christologischen Aussagen aus der Versöhnungslehre der *Kirchlichen Dogmatik* aus. Dabei spielt Jüngels These, Gottes Sein sei durch Gottes Tun in der Erwählung konstituiert, eine große Rolle. Im Rekurs auf Jensons Hinweis, Gottes Gottheit zeige sich gerade in Relation zum Werden der Geschichte, entwickelt er daraus ein Konzept des göttlichen Seins nach Barth, in dem Gottes Entscheidung zur Menschheit den metaphysischen Antagonismus von Notwendigkeit und Freiheit überwinden soll.

172 (eigene Übersetzung) McCormack, „Limits“, S. 178.

173 (Kursivierung Goebel) Goebel, „Trinitätslehre“, S. 163.

McCormack behandelt vorrangig die materialdogmatischen Probleme, die sich im Anschluss an die These von der Konstituierung des göttlichen Seins durch sein Tun in Jesus Christus stellen. Wie Jüngel in Werken wie *Gott als Geheimnis der Welt* nimmt er dabei die „erzählte Geschichte Jesu Christi, wie sie von der Heiligen Schrift bezeugt wird, in den Blick“[174] und beschäftigt sich folgerichtig zunächst vorwiegend mit der Christologie. Diese Beschäftigung im Anschluss an McCormacks Artikel „Grace and Being“ nimmt ihren Ausgangspunkt bei einer Beobachtung, die Bertold Klappert im Jahr 1971 in seiner Arbeit *Die Auferweckung des Gekreuzigten. Der Ansatz der Christologie Karl Barths im Zusammenhang der Christologie der Gegenwart* wie folgt formulierte: „Im Gegensatz zu KD 1/1, § 15 geht Barth auch methodisch nicht vom präexistenten Logos aus, sondern setzt [...] bei dem *egeneto*, dh bei dem Geschehen, bei der Doppelbewegung des versöhnenden Gottes und des versöhnenden Menschen in Jesus Christus, bei der Versöhnungsgeschichte selbst ein.“[175]

McCormack sieht den Grund für diesen Wandel im Ansatz der Barthschen Christologie in der Neubegründung der Erwählungslehre und der Bezeichnung Jesu Christi (an Stelle des *Logos*) als Subjekt der Erwählung. Damit ist Barth seines Erachtens gezwungen, sich auf die erzählte Geschichte Jesu Christi, statt auf ein formales Konzept der zweiten göttlichen Person zu konzentrieren.[176] Folgerichtig ersetzt McCormack die metaphysischen Kategorien seiner Christologie und Trinitätslehre durch historische.

McCormack hat sich nach der Veröffentlichung von „Grace and Being“ im Jahr 2000 in verschiedenen Aufsätzen zu dem Verhältnis von Gotteslehre und Christologie im Lichte der reifen Überlegungen Barths und der sich daraus ergebenden Implikationen geäußert. Zwei beleuchten gewichtige Aspekte in diesem Verhältnis. Der erste, 2002 erschienene Aufsatz, der auch bereits in einer deutschen Übersetzung von Amy Marga vorliegt, trägt den Titel „Barths grundsätzlicher Chalkedonismus?“.[177] Dieser Text behandelt die Frage, inwiefern sich die Barthschen Gedanken zur zweiten göttlichen Person in das von diesem frühkirchlichen Konzil entwickelte Schema der zwei Naturen und der hypostatischen Union einordnen lassen. Der andere Aufsatz, 2004 erschienen, trägt den Titel „Participation in God: Yes; Deification: No“.[178] Darin setzt sich McCormack mit der Frage aus-

174 (eigene Übersetzung) McCormack, „Suffer“, S. 58.

175 Ebd., S. 58.

176 Vgl. ebd., S. 58.

177 Bruce McCormack, Art.: „Barths grundsätzlicher Chalkedonismus?“ in: Zeitschrift für Dialektische Theologie, Jahrgang 18, Nr. 2, Kampen, 2002, S. 138–173.

178 Bruce McCormack, Art.:„Participation in God: Yes; Deification: No“ in: Orthodox and Modern. Studies in the Theology of Karl Barth, Baker Academic, Grand Rapids, 2008, S. 235–260.

einander, wie die Teilhabe von Jesu Christi Leben am göttlichen Sein zu denken ist.

5.2.1.3 „Barths grundsätzlicher Chalkedonismus?"

Mit dem Aufsatz „Barths grundsätzlicher Chalkedonismus?" problematisiert McCormack die seiner Meinung nach vorherrschende Sichtweise auf den Barthschen Entwurf, die diesen als „grundsätzlich chalkedonisch"[179] versteht. McCormack bezieht sich mit „chalkedonisch" beziehungsweise „Chalkedonismus" auf die vom Konzil in Chalkedon festgelegte Lehre von den zwei Naturen. Dabei ist das Entscheidende der chalkedonischen Formel für ihn nicht

> die ‚Zweinaturenlehre' [...], sondern [...] vielmehr der Versuch, die Einheit der zwei Naturen in der Singularität der ‚Person' oder ‚Hypostase' zu finden, in welcher das Sein und die Existenz von beiden begründet ist, d.h. eine ‚Person', die unmittelbar als ‚der einziggeborene Sohn, Gott, das Wort, der Herr Jesus Christus' anerkannt wird.[180]

McCormack meint, dass Barth spätestens mit der relationalen Ontologie, die er im Anschluss an den Band II/2 der *Kirchlichen Dogmatik* entwickelt hat, „die traditionellen Kategorien ‚Person', ‚Natur', ‚Gott' usw."[181] verabschiedet. Das systematisch dargestellte Ergebnis dieser Wende verortet McCormack in die Bände IV/1 bis IV/3 des Werkes *Kirchliche Dogmatik*, in deren Betrachtung man seiner Meinung nach nicht mehr von einem grundsätzlichem Chalkedonismus sprechen könne.[182]

In McCormacks Augen war die Begrifflichkeit der chalkedonischen Formulierungen für den Zweck, den ihre Verfasser im Sinn hatten, ungeeignet.[183] Schon Barth bemerkte im Band IV/2 der *Kirchlichen Dogmatik*: „Die in der alten Kirchenlehre und Theologie seit den Kämpfen und Entscheidungen des 4. und 5. Jahrhunderts herrschend gewordene Rede von den zwei ‚Naturen' Jesu Christi hat sich als einem schweren Mißverständnis ausgesetzt und darum als mindestens sehr interpretationsbedürftig erwiesen."[184]

Diese Interpretationsarbeit in Bezug auf die Kategorien des *Chalcedonense* gedenkt McCormack in meinen Augen nun zu leisten. Dabei versteht er die Konzilsväter, wie eben zitiert, so, dass es weniger darum ging, die

179 McCormack, „Chalkedonismus", S. 138.
180 Ebd., S. 140.
181 Ebd.
182 Vgl. ebd., S. 139.
183 Vgl. ebd., S. 141.
184 Barth, *KD IV/2*, S. 26.

Art der Einheit zweier Naturen zu explizieren, als vielmehr darum „die Einheit der zwei Naturen in der Singularität der ‚Person' oder ‚Hypostase' zu finden,[...] die unmittelbar als der ‚einziggeborene Sohn', Gott, [...] anerkannt wird"[185]. Demzufolge geht es also im Konzil von Chalkedon für McCormack vielmehr um den *Logos* und das Ereignis seiner Einheit mit der menschlichen Natur als um die abstrakte Analyse des Naturen-Verhältnisses als solchem.[186]

Für McCormack ist nicht umfassend geklärt, ob im Konzil von Chalkedon das Resultat der Fleischwerdung, deren Werden an sich oder lediglich der Akt der Fleischwerdung besprochen wurde.[187] Ungeklärt bleiben laut McCormack außerdem zwei wichtige Folgeprobleme der chalkedonischen Formel. Das Erste hat mit der sogenannten *communicatio idiomatum*, der Lehre also, dass beide Hypostasen ihre Eigenschaften austauschen, zu tun.[188] Wenn dies im Rahmen der Soteriologie nämlich so verstanden würde, dass der *Logos* das Leben in die menschliche Natur einbringt und sie so wiederherstellt und wieder erschafft, dann hieße das seiner Meinung nach, den *Logos* als Subjekt und die menschliche Natur als Objekt zu begreifen. Laut McCormack würde dies der ursprünglichen Intention der Zweinaturenlehre des chalkedonischen Symbols widerstreben. Das zweite Folgeproblem stellt sich laut McCormack beim Thema Erlösung: Hier bleibt die Frage offen, wer eigentlich das Subjekt des Erlösungshandelns ist. Die Konzilsformel spricht hier vom *Logos simpliciter*, was aber im Hinblick auf das beim Konzil vorausgesetzte metaphysische Gottesverständnis problematisch ist, da Leiden und Tod auch Erfahrungen des göttlichen Wortes werden müssten, was im damaligen Verständnis göttlicher Unveränderlichkeit laut McCormack unmöglich ist.[189]

McCormack erarbeitet also eine Liste von Problemen, die mit den metaphysischen Voraussetzungen der chalkedonischen Formel zusammenhängen. McCormack sieht die Lösung dieser Probleme in Barths Ablehnung des abstrakten und metaphysischen Subjektgedankens von Chalkedon.[190] Er schreibt „Barth löst diese Probleme, indem er das abstrakte metaphysische Subjekt von Chalkedon ablehnt und es durch ein Verständnis des Erlösers als Subjekt ersetzt, dessen Wirklichkeit durch eine zweifache Ge-

185 McCormack, „Chalkedonismus", S. 140.

186 Vgl. ebd.

187 Vgl. ebd.

188 Vgl. ebd., S. 142.

189 Vgl. ebd., S. 143.

190 Vgl. ebd.

schichte (nämlich die Erniedrigung Gottes und die Erhöhung des Menschen) konstituiert ist (in der Ewigkeit und in der geschaffenen Zeit).“[191]

Der Band I/2 der *Kirchlichen Dogmatik* ist für McCormack dabei bereits das Dokument eines „erste[n] Vorstoß[es]“[192] zur Abschaffung der metaphysischen Kategorien. Ihr Paragraph 15 wird mit der Besprechung Jesu Christi als des „ewig[en] Wort[es] Gottes“[193] eingeleitet. Damit ist das Wort Gottes, also die Offenbarung in Jesus Christus, ewig und doch behandelt Barth unter dem „Problem der Christologie“[194], das im ersten Abschnitt dieses Paragraphen entfaltet wird, laut McCormack die Vorstellung eines Jesus an sich, abgesehen von seiner Geschichte. So trennt er in McCormacks Augen die Konzepte von „Person“ und „Werk“ Jesu Christi, die doch lediglich zwei unterschiedene Aspekte von ein und demselben *theologoumenon* sind.[195]

Laut McCormack lehnt Barth aber später eine „besondere Christologie“[196], welche die Person Christi unterschieden von ihrem Werk in den Blick nimmt, ab.[197] Dass er im Band I/2 der *Kirchlichen Dogmatik* daran festhält, ist für McCormack nur dadurch verständlich, dass die Ontologie in dieser Phase seiner theologischen Entwicklung die „Substanzontologie ist, eine Ontologie, auf der auch die Christologie des Chalkedonischen Konzils gründete.“[198] Im Sinne des Substanzgedankens kann Barth in diesem Band laut McCormack auch noch Aussagen treffen, die später im Rahmen seines Entwurfes fraglich werden, nämlich, dass das Wort Gottes „nicht weniger sein Wort sein [würde]“[199], wenn die Hinwendung zur Welt nicht geschehen wäre.

Das Wort Gottes ist im Rahmen dieser Ontologie also etwas fest stehendes und unveränderliches. Wie das Wort dann aber im Sinne der kirchlichen Lehre Fleisch „werden“ konnte, wird laut McCormack nur insofern beantwortet, dass der Sohn Gottes im Sinne der Anhypostasie und Enhypostasie der menschlichen Natur Jesu Christi sich eben diese zu eigen gemacht hat und diese verwirklichte. Die Wirklichkeit dieses Menschen in Gott liegt damit ausschließlich im göttlichen Gnadenhandeln begründet.[200]

---

191 McCormack, „Chalkedonismus“, S. 143.
192 Ebd., S. 143.
193 Barth, *KD I/2*, S. 134.
194 Ebd.
195 Vgl. McCormack, „Chalkedonismus“, S. 144.
196 Barth, *KD I/2*, S. 136.
197 Vgl. McCormack, „Chalkedonismus“, S. 144.
198 Ebd., S. 144.
199 Barth, *KD I/2*, S. 146.
200 Vgl. McCormack, „Chalkedonismus“, S. 148.

Im Band I/1 der *Kirchlichen Dogmatik* nutzt Barth, wie McCormack meint, noch klassische metaphysische Kategorien. Die Ontologie der Person ist noch nicht dynamisch angelegt. Demnach „ist" sie laut McCormack hier etwas vollständiges in und für sich selbst und was sie ist, ist getrennt von allen Entscheidungen, Handlungen und Beziehungen. Mit anderen Worten: Sein und Existenz werden nicht nur unterschieden, sondern auch getrennt.[201] So kann das Wort Gottes selbst nicht werden, da es vom Werden des Menschen getrennt ist.[202]

Der Band II/2 der *Kirchlichen Dogmatik* legt in McCormacks Augen die Grundlage für einen ganz anderen Weg. An dessen Ende steht die Christologie der Bände IV/1 – 3 des Barthschen *opus magnum*. Verstehen kann dieses Ergebnis nach McCormacks Meinung aber nur, wer die theologische Ontologie nachvollzieht, die dessen Basis bildet. Diese Ontologie entwirft Barth in seinen Augen im Nachgang zum Band II/2. Sie ist geprägt von den zwei bereits erwähnten Grundsatzentscheidungen: Erwählung und Verdammung werden in Jesus Christus miteinander verbunden und Jesus Christus ist Subjekt der Erwählung. Den letzten Schritt bezeichnet McCormack in seinem Essay als revolutionär.[203] Er meint, damit fege „Barth die klassische Logik"[204], die ewiges und fleischgewordenes Wort voneinander unterscheidet, weg.[205]

Die Christologie der Barthschen Versöhnungslehre ist laut McCormack Ergebnis eines „dramatischen Wandels"[206] im Denken des Basler Theologen. Nachdem Barth mit dem Band II/2 die ontologische Weichenstellung vorgenommen hatte, stellt er in der Versöhnungslehre laut McCormack klar, dass vom *Logos* nicht mehr in Absehung seiner Fleischwerdung geredet werden kann. Da Gott mit der Erwählung des Menschen in ursprünglicher Weise über sich selbst bestimmt hat, kann er in seinem Sein von diesem Tun nicht mehr abstrahiert werden. Für den *Logos* bedeutet das, so zitiert McCormack Barth, dass die Theologie sich hier nicht mehr auf den sogenannten *Logos asarkos* zurückziehen kann:

> Man darf sich hier nicht auf die zweite ‚Person' der Trinität als solche, auf den ewigen Sohn oder das ewige Wort Gottes *in abstracto* und also auf den sogenannten λόγοσ ἄσαρκοσ zurückziehen. Was soll dieser Regreß auf den angeblichen Seins- und Erkenntnisgrund aller Dinge? […] Die zweite ‚Person' der Gottheit an sich und als solche ist nicht Gott der Versöhner. Sie an sich und als solche ist uns auch nicht

201 Vgl. ebd., S. 149.
202 Vgl. ebd., S. 150.
203 Vgl. ebd., S. 155.
204 Ebd.
205 Vgl. ebd., S. 156.
206 Ebd., S. 151.

> offenbar. *Deus pro nobis* ist sie an sich und als solche gerade nicht: weder ontologisch noch erkenntnismäßig.[207]

Die Folge dessen, dass vom *Logos* nicht mehr als *Logos asarkos* gesprochen werden kann, ist, dass die zweite Person der Gottheit laut McCormack nicht mehr an sich als Gott der Versöhner gelten kann. Dieser ist in seinen Augen nur noch Gott in Jesus Christus. Barth vollzieht hier seiner Meinung nach die Gleichsetzung von ewigem Sohn und Jesus Christus.[208] Dies ist für McCormack die Implikation der theologischen Grundentscheidungen der Barthschen Versöhnungslehre. Dass Barth trotz dieses Schritts die theologischen Wahrheiten des *Symbolum Chalcedonense* zu bewahren vermag, gelingt ihm laut McCormack dadurch, dass er die Kategorien dieser Wahrheiten abändert:

> Obwohl Barth sicherlich in seiner Versöhnungslehre die theologischen Wahrheiten der chalkedonischen Formel bewahrt, ist ihm das doch nur dadurch gelungen, dass er die Kategorie ‚Natur' durch die Kategorie ‚Geschichte' ersetzt und dass er dann ‚Geschichte' in seinen Begriff ‚Person' integriert. Das Ergebnis ist eine theologische Ontologie, die nur auf der formalen Ebene der Bejahung der ‚wahren Göttlichkeit' und der ‚wahren Humanität' Jesu Christi mit der in Chalkedon vorausgesetzten Ontologie verglichen werden kann. Inhaltlich sind jedoch beide Christologien ziemlich verschieden, sodass wir uns selber, und andere in die Irre führen, wenn wir einfach von Barths ‚chalkedonischer' Christologie oder auch von Barths ‚*prinzipiell* chalkedonischer Christologie' sprechen.[209]

In McCormacks Augen führt die Revision der christologischen Kategorien[210] zu einem neuen Verständnis der Teilnahme des göttlichen am menschlichen Sein. Hier offenbaren sich in seinen Augen weitere Unterschiede zwischen Barths reifer Christologie und derjenigen des Konzils. McCormack versteht die Implikationen der späten Ausführungen Barths so, dass die ursprüngliche Selbstbestimmung Gottes in der Gnadenwahl dessen Selbstauslieferung in Form des Wegs des Sohnes in die Fremde bedeutet.[211] Gottes ureigene Geschichte wird so als Geschichte der Selbsterniedrigung verstanden, in der der Sohn die zentrale Rolle spielt. Die Anteilnahme Gottes am menschlichen Sein geschieht dann laut McCor-

---

207 (Kursivierung McCormack) Barth, *KD IV/1*, S. 54.

208 Vgl. McCormack, „Chalkedonismus", S. 160.

209 (Kursivierung McCormack) ebd., S. 161.

210 Hector unterstellt McCormack in Bezug auf dessen Aussagen zum *Logos asarkos* eine Korrektur Barths. Leider belegt er es nicht. Der Vollständigkeit halber soll es hier jedoch Erwähnung finden. Siehe: Hector, Art.: *God's Triunity and Self-Determination: A Conversation with Karl Barth, Bruce McCormack and Paul Molnar* in: International Journal of Systmatic Theology, Volume 7, Number 3, Juli 2005, S. 250.

211 Vgl. McCormack, „Chalkedonismus", S. 164.

mack in der Partizipation Gottes an der Geschichte des Jesus von Nazareth.[212] Diese Partizipation wird in McCormacks Augen durch den aktiven Gehorsam Jesu gegenüber dem Willen des Vaters ermöglicht.[213] Damit ist jener Gehorsam für ihn das Mittel der göttlichen Selbsterniedrigung und dabei zugleich Jesu Erhöhung in der sich anschließenden Heimkehr des Menschensohnes.

Die Einheit der Person ist damit laut McCormack, nachdem die klassische Vorstellung des metaphysischen Subjekts verabschiedet wurde, in Gottes Ur-Entscheidung zur Erwählung begründet.[214] Die Wahrheit der chalkedonischen Formel wird laut McCormack also damit bewahrt, dass deren ontologische Prämissen verändert werden. Das versöhnende Subjekt ist bei McCormack nicht mehr der *Logos simpliciter*, sondern der Gott-Mensch in seiner in gewandelten Kategorien explizierten Einheit.

Ausblickend meint McCormack, Christologie im Anschluss an Barth müsse die theologische Wahrheit des *Symbolum Chalcedonense* bewahren. Bei ihm heißt das, die Einheit von Gott und Mensch in der Singularität der Person Jesus Christus zu bekennen. Gleichzeitig muss eine solche Christologie Termini finden, die ihr theologisches Anliegen sachgemäß darstellen, was für McCormack eben bedeutet, die substanzontologische Betrachtung mittels des Begriffs „Natur" aufzugeben und diesen Begriff mit „Geschichte" zu ersetzen. So lässt sich seines Erachtens kohärent von Gott-Mensch-Einheit sprechen und die Lehre von der Gnadenwahl hat damit ihren Weg in eine christozentrisch entfaltete Gotteslehre gefunden.

5.2.1.4 „Participation in God: Yes; Deification: No"

In seinem Artikel „Barths grundsätzlicher Chalkedonismus" ging McCormack letztlich der Frage nach, wie Gott in der zweiten Person Mensch geworden ist. McCormack erläuterte dies im Hinblick auf jene christologischen Kategorien, die er in der reifen Theologie Barths zu finden meinte. Sein Aufsatz „Participation in God: Yes; Deification: No" aus dem Jahr 2004 bespricht das Problem beziehungsweise die Frage nach der Gott-Mensch-Einheit nun aus der entgegengesetzten Perspektive: Hier untersucht McCormack, wie Barth im Rahmen des ontologischen Paradigmas seiner späten Theologie Jesu Christi Teilhabe am Sein Gottes expliziert.[215] Dabei lautet seine These, dass durch Barths Verzicht auf die metaphysischen Kategorien der Gotteslehre dem Bild der Vergöttlichung Jesu Christi, das sich laut McCormack derzeit bei protestantischen Theologen wie Dennis Cun-

212 Vgl. ebd., S. 165.
213 Vgl. ebd.
214 Vgl. ebd., S. 168.
215 Vgl. McCormack, „Participation", S. 236.

ningham[216], und den bereits erwähnten Jenson[217] und Torrance[218] großer Beliebtheit erfreut, die Vorstellung einer „Partizipation" gegenüber gestellt wird.[219]

Was ist aber diese Vorstellung der Vergöttlichung und warum setzt sich McCormack mit ihr auseinander? Die ursprünglich altkirchliche[220] Vorstellung der Vergöttlichung oder auch Vergottung des Menschen hängt in einer aktuellen Interpretation, die auch den angloamerikanischen Diskurs prägt, eng mit der lutherischen Lehre vom *genus majestaticum* zusammen. Diese Lehre besagt, dass im Rahmen der *communicatio idiomatum* „die Attribute der göttlichen Majestät (Allmacht, Allwissenheit und Allgegenwart usw.) der menschlichen Natur Jesu Christi mitgeteilt werden"[221]. Durch diese Mitteilung ereignet sich Jesu Christi *theosis*, also seine Vergöttlichung. Diese Lehre wird heutzutage besonders durch eine Zahl von finnischen Lutheranern verstärkt im Rahmen der Soteriologie besprochen. Eine prominente Darstellung und Interpretation dieses Begriffs liefert der Helsinkier Theologe Tuomo Mannermaa in seinem Aufsatzband *Der im Glauben Gegenwärtige Christus: Rechtfertigung und Vergottung. Zum ökumenischen Dialog* von 1989.[222]

In den USA kam die Vorstellung der Vergöttlichung der menschlichen Natur Jesu Christi unter anderen durch Jensons Beschäftigung mit ihr zu einer neuen Bedeutung. 1998 veröffentlichte dieser zusammen mit Carl. E. Braaten das Buch *Union with Christ: The New Finnish Interpretation of Luther*.[223] McCormack erwähnt zusätzlich die im selben Zeitraum erschienen Systematische Theologie Jensons, in der er sich ebenfalls mit diesem *theologoumenon* auseinandersetzt. Kurt E. Marquart weist in seinem Artikel „Luther and Theosis" darauf hin, dass seit der Jahrtausendwende auch noch weitere englische Literatur zu diesem Thema zur Verfügung stand.[224]

---

216 Siehe: Dennis Cunningham, *These Three Are One: The Practice of Trinitarian Theology*, Blackwell, Oxford, 1998.

217 Siehe: Robert Jenson, *Systematic Theology*, Oxford University Press, 1997–1999.

218 Siehe: Thomas F. Torrance, *The Trinitarian Faith*, Edinburgh, T and T Clark, 1988.

219 Vgl. McCormack, „Participation", S. 235.

220 Vgl. Mannermaa, „Lutherforschung", S. 11.

221 McCormack, „Chalkedonismus", S. 166.

222 Siehe: Tuomo Mannermaa, Der im Glauben Gegenwärtige Christus: Rechtfertigung und Vergottung. Zum ökumenischen Dialog. Arbeiten zur Geschichte und Theologie des Luthertums, Neue Folge, Band 8, Hannover: Lutherisches Verlagshaus, 1989.

223 Siehe: Carl E. Braaten, Robert W. Jenson, *Union with Christ. The New Finnish Interpretation of Luther*, Eerdmanns, Grand Rapids, 1998.

224 Vgl. Marquart, „Theosis", S. 183.

Bereits in „Barths grundsätzlicher Chalkedonismus“ hatte McCormack gegenüber der Lehre des *genus majestaticum* und der mit ihm verbundenen Vorstellung der *theosis* betont,

> [w]o man sagt, dass der Mensch Jesus am Sein und Leben Gottes durch eine gewollte Übereinstimmung von seinem Denken und Wollen, seinem Tun und seiner Haltung mit dem Werk Gottes und der Haltung Gottes ‚partizipiert‘, und wo man außerdem sagt, dass solch menschliches Denken und Wollen usw. in *Analogie* zur Seinsweise und Existenz Gottes steht und dass es eine *Parallele* in der kreatürlichen Welt zum Plan und zur Absicht Gottes, seinem Werk und seinem Verhalten darstellt, dort kann man richtigerweise von der ‚Erhöhung‘ des Menschen sprechen, aber nicht von einer Vergöttlichung.[225]

Die Basis für diese Kritik an der Lehre von der *theosis* ist McCormacks Interpretation der Barthschen Theologie, allen voran aber McCormacks Verständnis von dessen Erwählungslehre.[226] Die dort entwickelte Vorstellung einer ursprünglichen und ewigen Selbstbestimmung Gottes zur Selbsterniedrigung impliziert in McCormacks Augen, dass das, was uns in der Geschichte Jesu Christi begegnet, die Wiederholung und Verwirklichung einer ewigen Entscheidung ist. Laut McCormack ist Gottes Sein bei Barth ohne Bezug zu seiner Erniedrigung folglich nicht *in toto* erfasst. Da McCormacks Barth-Interpretation nun ebenfalls ohne metaphysische Kategorien zu operieren versucht, ist in diesem Zusammenhang mit Sein nicht etwa Substanz gemeint.[227] Vielmehr stellt McCormack hier nun das Konzept einer Form der Selbstidentität im Rahmen der mit der Selbsterniedrigung verbundenen Bewegung des göttlichen Seins vor. Gottes Sein ist aus McCormacks Sicht beim späten Barth nämlich eher „die Beschreibung einer Person oder eines Dings *in seiner Ganzheit*, in der Summe seiner ganzen Existenz, aller seiner Akte und seiner Beziehungen“[228].

Diese Neubestimmung des göttlichen Seins erklärt nun auch die Neubestimmung der Erhöhung Jesu Christi: Die Selbsterniedrigung ist Gottes Teilhabe am Sein des Menschen und da sie Gott wesenhaft zukommt laut McCormack zugleich Jesu Christi Teilhabe am Sein Gottes.[229] In McCormacks Augen „spricht Barth von einer ‚gegenseitigen‘ oder ‚doppelseitigen‘ Teilhabe, [wobei] er sehr darauf bedacht ist, zu betonen, dass diese in ihrer Form verschieden sind.“[230] Das Göttliche wie das Menschliche in Jesus sind also voneinander unterschieden. Das betont McCormack bewusst, weil er

---

225 McCormack, „Chalkedonismus“, S. 167.

226 Vgl. McCormack, „Participation“, S. 236.

227 Vgl. ebd., S. 239.

228 Ebd., (eigene Übersetzung, Kursivierung McCormack).

229 Vgl. ebd., S. 240.

230 (eigene Übersetzung) ebd., S. 240.

hier Barths Beharren auf den unendlichen qualitativen Unterschied und dessen Vermeidung einer direkten Identifikation Gottes mit dem Menschen Jesus weiterhin erkennt.[231]

Obgleich Göttliches und Menschliches in Jesus Christus laut McCormack auch in Barths später Theologie unterschieden sind, versteht er sie in seinen Augen gleichwohl als Einheit. Diese in Jesus Christus offenbare Einheit, die von der theologischen Tradition sogenannte hypostastische Union, versteht McCormack bei Barth im konventionellen Sinn als Gott-Mensch-Einheit. Er weist jedoch darauf hin, dass nach Barths Dafürhalten dort nicht Zwei nebeneinander existieren, sondern der eine Sohn, in seinem göttlichen und menschlichen Sein: „Jesus Christus ist der Gott-Mensch, nicht nur ein menschliches Sein. Ohne aufzuhören Gott zu sein, ist er *auch* wahrer Mensch."[232]

McCormack betont also noch einmal: „Gott selbst ist das Subjekt eines menschlichen Lebens, eines menschlichen Todes und so weiter? Wie kann das sein? Das ist das Geheimnis der *unio hypostatica*. Wir dürfen dabei in keiner Weise versuchen, den Fakt, dass Gott das Subjekt dieses Lebens ist, so zu erklären, dass er das Menschliche übergeht oder negiert."[233] Wie also lässt sich die *unio* bei Barth hier nun nachvollziehen? Sie ist laut McCormack eine reziproke Partizipation des Göttlichen im Menschlichen und umgekehrt. Zugleich macht der Princetoner Theologe deutlich: Es gibt einen Unterschied in der Form der Partizipation. Die Selbstbestimmung Gottes ist eine Bestimmung von Gott, um zu leiden und am Kreuz zu sterben.[234] Diese wird ausgeführt durch Gott den Sohn. Die göttliche Bestimmung des Menschen ist in und durch den willentlichen Gehorsam des Menschen Jesus gegenüber dem Willen des Vaters verwirklicht. Dies wird ausgeführt durch den Menschen Jesus.[235]

Was ist nun also das Subjekt dieser Vereinigung des Göttlichen und Menschlichen? McCormack meint Barth sei diesbezüglich sehr klar, wenn er schreibt:

> Das Subjekt Jesus Christus ist diese Geschichte. [...] Er sagt, dass das göttliche Subjekt (in dem Fall Gott der Sohn, die zweite Person der Trinität) die Geschichte *ist*, in welcher das menschliche Wollen Jesu dem Willen seines himmlischen Vaters entspricht – eine Geschichte, die in der Unterordnung des Sohnes unter den Vater in der Erwählung antizipiert wurde. Das verdrängt nun keineswegs das Geheimnis

231 Vgl. McCormack, „Participation", S. 241.
232 (eigene Übersetzung, Kursivierung McCormack) ebd.
233 (eigene Übersetzung) ebd.
234 Vgl. ebd., S. 242.
235 Vgl. ebd.

der Fleischwerdung. Es versucht dieses Geheimnis lediglich am richtigen Ort zu lokalisieren.[236]

In der Vereinigung ist die Partizipation Jesu bei Barth laut McCormack natürlich zugleich dessen Erhöhung. Für ihn findet diese aber nicht auf der Basis seiner permanenten Durchdringung durch Gott statt. Jesu menschlicher Wille entspricht in einem Akt Gottes dessen Willen. Damit ist klar: McCormack interpretiert Barth weiterhin in einem aktualistischen Sinn. Deswegen spricht er auch lieber von Vereinen oder Vereinigung, statt von Einheit.[237]

Zunächst stellt McCormack im Rahmen seiner aktualistischen Interpretation fest, dass die Erhöhung nur als Ereignis richtig verstanden werden kann.[238] Dieses Ereignis ist die Kommunikation Gottes mit den Menschen, die in Jesus Christus stattfindet. Die Form dieser Kommunikation ist die Zuwendung Gottes zum Menschen Jesus Christus und zwar in Gestalt der Gnade der Erwählung.[239] Diese Zuwendung ist zum einen die Bestimmung Gottes über sich selbst und zum anderen auch über Jesus Christus, der diese Erwählung frei erwidert.[240]

McCormack interpretiert hier weiterhin Barths Versöhnungslehre. In deren, von ihm dargelegten Implikationen, versteht er sie nicht nur als aktualisierte Lehre von der Fleischwerdung, sondern auch als transformierte Lehre von der Anhypostasie und Enhypostasie der Person Jesu Christi. Jesu Anhypostasie besteht darin, dass er keine unabhängige Existenz außer in der Begegnung mit Gott und seiner Bestimmung hat.[241] In den neuen relationalen und historischen Kategorien der späten Barthschen Theologie heißt das nun laut McCormack, dass „die *Anhypostasie* zur Erklärung der gelebten (geschichtlichen) Beziehung des Menschen Jesus in seiner historischen Existenz zum göttlichen Logos“[242] wird. McCormack spezifiziert dies nochmal, indem er Barths Verständnis der Anhypostasie auf den Punkt bringt, „Jesus lebe aus der Konfrontation mit der erwählenden Gnade Gottes.“[243] Jesu Enhypostasie ist dann für Barth die gelebte und zugleich ewige Beziehung des *Logos* zu ihm.[244] McCormack formuliert dies wie folgt:

---

236 (eigene Übersetzung, Kursivierung McCormack) ebd., S. 243.
237 Vgl. ebd., S. 243.
238 Vgl. ebd., S. 244.
239 Vgl. ebd.
240 Vgl. ebd.
241 Vgl. ebd., S. 245.
242 (eigene Übersetzung, Kursivierung McCormack) ebd., S. 245.
243 (eigene Übersetzung) ebd., S. 245.
244 Vgl. ebd.

> Das Sein des Menschen Jesu im Akt der Konfrontation der erwählenden Gnade Gottes als ein Sein im Logos findet seinen ontologischen Grund in der gnädigen und ewigen Hinwendung des Logos zu ihm. […] Dass Jesus sein Sein für *ewig* im Logos hat, kann nur bedeuten, dass der Logos nie ohne Jesus und damit Gott ein menschlicher Gott ist.[245]

Offensichtlich sieht McCormack in seinem Artikel „Participation in God, Yes; Deification, No" bei Barth eine Umdeutung der basalen christologischen, wie trinitätstheologischen Kategorien. In seinem eben bereits kurz erwähnten Artikel „Divine Impassibility or Simply Divine Constancy? Implications of Barth's Later Christology for Debates over Impassibility" aus dem Jahr 2009 macht McCormack deutlich, dass Barth in seinen Augen zwar versucht, den gesamten Apparat metaphysischer Kategorien und Denkmuster der Theologie zu ersetzen. Zugleich sieht er bei ihm jedoch das Bemühen, die *formalia* der theologischen Tradition zu bewahren. Laut McCormack bewahrt Barth die Vorstellung der hypostatische Union, legt sie jedoch neu als eine fortlaufende Aktivität aus.[246] Gleiches gilt für die Lehre der Anhypostasie Enhypostasie der menschlichen Natur Jesu Christi. Die Aktivität dieses fortlaufenden Ereignisses ist die des Sohnes Gottes, der Jesu Sein und Existenz in sein eigenes Sein und seine eigene Existenz je neu aufnimmt.[247] So wird aus McCormacks Sicht die theologische Wahrheit dieser alten Vorstellungen gewahrt, ohne jedoch zugleich an metaphysischen und substantialistischen Kategorien festhalten zu müssen.

Im letztgenannten Artikel äußert McCormack die These, dass die Aufnahme des Seins Jesu in das Sein des Sohnes Gottes bei Barth letztlich durch die positive Rezeption des sogenannten *genus tapeinoticum*, also der Lehre von der Erniedrigung und Demut des Sohnes Gottes, ermöglicht wird.[248] McCormack erinnert hier an die Zentralität der Erwählung für Barths späteres Werk. Für Barth hat Gott in ihr in ursprünglicher Weise über sich selbst bestimmt. So kann die Erniedrigung und Demut Gott selbst offensichtlich nicht mehr äußerlich bleiben.[249] Das drückt die Lehre vom sogenannten *genus tapeinoticum* aus, indem sie besagt, dass der ewige Sohn an der Demut des historischen Schicksals Jesu Anteil hat.[250] Barth bespricht dieses *theologoumenon* im Band IV/2 der *Kirchlichen Dogmatik* durchaus vorsichtig, aber positiv.[251]

---

245 (eigene Übersetzung) McCormack, „Participation", S. 246.
246 Vgl. McCormack, „Impassibility", S. 174.
247 Vgl. ebd.
248 Vgl. ebd., S. 175.
249 Vgl. ebd., S. 176.
250 Vgl. ebd., S. 175.
251 Vgl. Barth, *KD IV/2*, S. 93.

In dem 2012 erschienenen Artikel „The Doctrine of the Trinity after Barth. An Attempt to Reconstruct Barth's Doctrine in the Light of His Later Christology" macht McCormack auf die Tragweite der zaghaften Einführung des *genus tapeinoticum* in Barths theologisches System aufmerksam. Zunächst bemerkt er dazu: „Die alten Reformierten lehnten sowohl das *genus majestaticum* wie das *genus tapeinoticum* ab. Sie sperrten sich gegenüber der Idee einer wechselseitigen Durchdringung der Naturen als Basis der Kommunikation der jeweiligen Attribute."[252] Auch Barth sah laut McCormack zuerst keinen Nutzen in der Einführung dieses *theologoumenon*. Doch „als er KD IV/1 schrieb, war seine erheblicher Widerstand gegenüber der Vorstellung einer wechselseitigen Durchdringung der Naturen zunehmend oberflächlich, da er die Naturen nun selber nicht mehr substantialistisch interpretierte."[253]

Dass Barth nun das *theologoumenon* der hypostatischen Union nicht mehr in substantialistischen Kategorien nachvollzieht, führt ihn, wie McCormack zeigt, zu einer Annäherung an die Vorstellung eines *genus tapeinoticums*:

> In Übereinstimmung mit der Historisierung der hypostatischen Union, einer Vereinigung, die letzten Endes im göttlichen Akt der Erwählung Gottes zu Ablehnung und Leiden gründet, spricht Barth von einem singulären Akt, in dem sich der Sohn Gottes durchgehend dem Menschen Jesus zuwendet (und sich damit mit ihm vereinigt und ihm seine Existenz gibt).[254]

Die strenge Fokussierung aller christologischen Erwägungen auf die Lehre von der Erwählung führt Barth in McCormacks Augen zu einer neuartigen Lesart der *hypostatischen Union* und zur Einführung des *genus tapeinoticums*.[255] Was in der Geschichte Jesu Christi passiert, ist in seinen Augen bei Barth nun eine Aktualisierung und Verwirklichung dessen, zu dem Gott sich bereits ursprünglich bestimmt hat.[256] Das Subjekt der steten Vereinigung der *hypostatischen Union* ist der Gott-Mensch. Nicht der *Logos simpliciter*, nicht Jesus *simpliciter*, sondern der Gott-Mensch in seiner göttlich-menschlichen Einheit. Schlussendlich kann damit laut McCormack ohne theologische Abstriche gegenüber der altkirchlichen Orthodoxie davon gesprochen werden, dass das, was Jesus laut Barth tut, auch Gott tut und

252 (eigene Übersetzung, Kursivierung McCormack) McCormack, „After Barth", S. 106.
253 (eigene Übersetzung) ebd., S. 107.
254 (eigene Übersetzung) McCormack, „Impassibility", S. 175.
255 Vgl. ebd., S. 178.
256 Vgl. ebd.

dass alles, was Jesus erlebt auch Gott erlebt und auch erleidet.[257] Diese Christologie nennt er Christologie des einen Subjekts.[258]

5.2.1.5 McCormacks Arbeit zu Barths Gotteslehre im Licht der rekapitulierten Christologie

McCormack ist sich bewusst, dass seine Interpretation der reifen Christologie Barths für den systematischen Nachvollzug von deren Implikationen für die Gotteslehre nicht folgenlos bleiben kann. In dem bereits erwähnten Essay „Divine Impassibility or Simply Divine Constancy?" erläutert McCormack, dass Barths Neuanlage der Christologie auch die zugrundeliegende göttliche Ontologie von einer metaphysischen hin zu einer antimetaphysischen revidiert. Das führt aus seiner Sicht zur Problematisierung der klassischen Gotteslehre, insbesondere eines ihrer zentralen Attribute: Indem Barth nämlich die substantialistisch-metaphysischen Kategorien der Christologie durch historische ersetzt, impliziert er laut McCormack, dass letztlich die konventionelle Vorstellung der göttlichen Leidenslosigkeit zu verabschieden sei.[259]

McCormack legte wie oben gesehen im Nachvollzug der reifen Barthschen Christologie das entscheidende Gewicht auf den von Barth beschriebenen „Weg des Sohnes Gottes in die Fremde".[260] Für ihn ist dies der Kern des Barthschen Konzepts der göttlichen Inkarnation und damit auch der Selbsterniedrigung Gottes in Jesus Christus. Möglich wird diese laut McCormack bei Barth durch die Vorstellung von der göttlichen Entscheidung zu Selbst-Beschränkung und Selbst-Erniedrigung und dem daraus folgenden Bekenntnis zu Jesus als Gott.[261]

Dazu meint McCormack: „Wenn aber der Mensch Jesus Gott ist, eröffnet sich ein Problem, das Barth wie folgt beschreibt: ‚Der wahre Gott – wenn denn der Mensch Jesus wahrer Gott ist – ein Gehorsamer!'"[262] Im Licht der reifen Barthschen Christologie muss also laut McCormack der Gehorsam Jesu Christi auch Gott zugeschrieben werden. Barths Konzept eines äußeren wie inneren Aspekts des Gehorsams des Sohnes macht dies laut McCormack nachvollziehbar.

McCormack zeigt zunächst, wie Barth den äußeren Aspekt in seiner Auseinandersetzung mit dem Philliperhymnus expliziert:[263]

---

257 Vgl. McCormack, „Impassibility", S. 179.
258 Vgl. ebd., S. 173.
259 Vgl. ebd., S. 151.
260 Vgl. ebd., S. 160.
261 Vgl. ebd., S. 161.
262 (eigene Übersetzung) ebd., S. 160.
263 Vgl. ebd., S. 163.

> Das ‚Geheimnis' der Fleischwerdung ist im Letzten das Geheimnis von Gottes ureigner Göttlichkeit. Und die Gottheit Gottes ist nicht die irgend eines mit irgendwelchen höchsten Eigenschaften ausgestatteten Gottwesens. [...] *Wer* der eine wahre Gott und *was* er, d.h. was sein Wesen als Gott und also seine Gottheit, die ‚göttliche Natur' ist, die, wenn Jesus Christus wahrer Gott ist, auch seine Natur ist, das haben wir [laut Barth] abzulesen aus der Tatsache, daß er als solcher auch wahrer *Mensch* und also *menschlicher* Natur teilhaftig ist, aus seiner Menschwerdung, seiner Fleischwerdung und aus dem, was er als Mensch im Fleisch getan und gelitten hat. Denn [...] der Spiegel, in dem es erkennbar und erkannt wird, daß er *Gott* und *göttlicher* Art ist, ist gerade seine *Fleischwerdung* und seine Existenz im *Fleische*.[264]

Nach McCormacks Dafürhalten expliziert Barth im Band IV/1 der *Kirchlichen Dogmatik* dieses paulinische Lob des sich seiner selbst entäußernden Gottes im Sinne einer umfassenden Identifizierung von Gottes Sein für sich und für uns.[265] Damit hebt er, so McCormack, folglich die logische wie auch ontologische Trennung von Gott, wie er in sich, und Gott, wie er für uns ist, auf und identifiziert Gott im Sinne der Barthschen Formulierung „Jesus das Subjekt der Erwählung" mit Jesus von Nazareth.[266]

Dabei weiß McCormack um die Spannung, welche sich durch diesen Schritt ergibt. Er macht nämlich an dieser Stelle deutlich, dass Gott nicht nur Geschöpf wird, sondern sich auch dem Widerspruch des Geschöpfs gegenüber ihm und auch dem Urteil darüber aussetzt:[267]

> Das Problem, das sich durch die Identifikation des menschlichen Subjekts mit Gott nach Barths Verständnis ergibt, hat mit der Vorstellung der göttlichen Leidenslosigkeit zu tun. Wenn der Mensch Jesus Gott ist, wenn das menschliche Subjekt als solches ein göttliches ist [...], dann leidet und stirbt Gott selbst.[268]

Wo jedoch die Frage nach der göttlichen Leidenslosigkeit berührt wird, eröffnen sich für McCormack lediglich zwei Antwortoptionen. Die erste besteht darin, Gott an und für sich von der Heilsökonomie zu trennen. Diese Option empfindet Barth in McCormacks Augen als schlichtweg nicht tolerierbar.[269] Dazu zitiert er aus Barths Versöhnungslehre Folgendes: „Aber hier droht nun eben das vermeintlich höchste Gotteslob tatsächlich in die höchste Gotteslästerung umzuschlagen. Gott gibt sich hin, aber nicht weg und nicht auf, indem er Geschöpf, indem er Mensch wird. Er hört darin nicht auf, Gott zu sein. Er kommt darin mit sich selbst nicht in Konflikt."[270]

---

264 (eigene Übersetzung, Kursivierung McCormack) ebd., S. 163.
265 Vgl. Barth, *KD IV/1*, S. 196.
266 Vgl. McCormack, „Impassibility", S. 165.
267 Vgl. ebd.
268 (eigene Übersetzung) ebd.
269 Vgl. ebd.
270 Barth, *KD IV/1*, S. 202.

Aus dieser Barthschen Äußerung folgert nun McCormack:

> Die laut Barth damit einzig verbleibende zweite Option ist, zu bejahen, dass [i]n ihm kein Paradox, keine Antinomie, kein Zwiespalt, keine Untreue sich selbst gegenüber, keine Möglichkeit dazu [ist]. [...] Was er ist und was er tut, das ist und tut er in voller Einigkeit mit sich selber. In voller Einigkeit mit sich selber ist er auch – und ist er gerade und vor allem – in Christus, wird er Geschöpf, Mensch, Fleisch, geht er in unser Sein und Widerspruch ein, nimmt er dessen Folgen auf sich.[271]

Damit ist die Versöhnung für McCormack kein Akt des Selbstwiderspruchs, sondern die konkrete Selbst-Entsprechung Gottes.[272] Wäre sie es nicht, wäre Gott der Gefangene seiner selbst.[273]

An diesem Punkt erläutert McCormack den äußeren Aspekt des Gehorsams des Sohnes. Dieser besteht in seinen Augen laut Barth darin, dass die menschliche Natur bereits vor der Geburt Jesu Christi im *Logos* subsistiert und demnach als denkend, wollend und vollständig bewusst handelnd verstanden werden kann.[274] Somit kann im Horizont der Vorstellung seiner Anhypostasie und Enhypostasie seine Demut und sein Gehorsam auch dem Sohn wesenhaft zugeordnet werden.[275] Beides ist damit aber auch Gott wesenhaft und kann auch nicht mehr logisch als ihm fremd gedacht werden.[276]

Die Folge der Interpretation dieser beiden Aspekte des Gehorsams Jesu Christi ist für McCormack, dass die *oikonomia Gottes* seine *koinonia* konstituiert: „Den Akt des willentlichen Gehorsams Gott *wesenhaft* zuzuschreiben, legt nahe, die göttliche Entscheidung, welche die Heilsökonomie in Bewegung setzt, als jenen Akt zu verstehen, der Gott als Gott *konstituiert*."[277]

Diese bereits im Jahr 2000 in „Grace and Being" geäußerte These stellt laut McCormack

> zugegebenermaßen eine gewisse Klarstellung der Barthschen Gedankengänge dar. Sicherlich habe ich [McCormack] dort eine größere Klarheit und Konsistenz herausgearbeitet als sie in seinen Ausführungen, zumindest oberflächlich, wahrnehmbar war. Barth kann zuweilen so formulieren, als gehe er von einem göttlichen Sein an sich aus, das von dem ewigen Akt, in dem sich Gott zu Fleischwerdung, Leiden und Sterben erwählt, vorausgesetzt wird. [...] Darin steckt aber Unangebrachtes – ja sogar Abstraktes. Wenn Gott sich nämlich im Akt der Erwählung und der Geschichte, die davon angestoßen wird, als Vater, Sohn und Geist bestimmt, dann muss die Rede von

271 (eigene Übersetzung) McCormack, „Impassibility", S. 167.
272 Vgl. ebd., S. 166.
273 Vgl. ebd., S. 167.
274 Vgl. ebd., S. 168.
275 Vgl. ebd., S. 170.
276 Vgl. ebd., S. 171.
277 (eigene Übersetzung, Kursivierung McCormack) ebd.

> dem dort vorausgesetzten Wesen eine Art Sprachspiel sein, in dem etwas in einem bestimmten Kontext zwar gesagt werden muss, obgleich es dabei immer auch etwas Unangebrachtes an sich hat. Die Klärung, die ich nun herbei geführt habe, führt nun dazu, die Aufmerksamkeit von dem *vorausgesetzten* göttlichen Wesen hin auf den Akt des göttlichen Sich-selbst-wesenhaft-Bestimmens zu lenken.[278]

„Leidet Gott [also]?“[279] Diese nun ganz konkrete Frage nach der göttlichen Apathie überschreibt einen weiteren Text McCormacks aus dem Jahr 2014: „Does God Suffer? Karl Barth's Contribution to a Growing Theological Controversy“. Bereits seine hier vorangegangenen Ausführungen legten nahe: Ja! 2014 führt McCormack aus, was dies in vollem Umfang bedeutet, denn am Ende des genannten Artikels steht die Frage, ob die Vorstellung der Leidensfähigkeit Gottes nun auch die Annahme einer Veränderbarkeit des göttlichen Seins nach sich zieht? McCormack bestreitet, dass Barth einen solchen Schritt geht. Zugleich zeigt er aber auch an, dass Barths Theologie ein besonderes Verständnis der Unveränderlichkeit Gottes hat, das eine Affizierung durch etwas, was nicht Gott ist, zulässt.[280] Gott ist Jesus und im *genus tapeinoticum* lässt sich eine ewige Rezeptivität Gottes gedanklich ermöglichen, die ihm Affizierbarkeit zuschreiben lässt, ohne eine wesenhafte Veränderung im Sein Gottes anzunehmen.[281]

McCormack versucht offensichtlich über eine christologisch angelegte Argumentation im Anschluss an Barth, die Vorstellung göttlicher Leidenslosigkeit zu verabschieden. Er versteht Gottes Sein als das, zu dem Gott sich selbst bestimmt hat.[282] Das, zu dem Gott sich offenbar bestimmt hat, ist für ihn sowohl Erhabenheit als auch Demut, Allmacht wie auch Machtlosigkeit. Alle diese Attribute gehören wesentlich zu Gott und sind so gleich ursprünglich. Demnach gibt es laut McCormack in Barths später Theologie keinen Raum mehr für eine von dieser konkreten Geschichte abstrahierte Lehre von der göttlichen Unveränderlichkeit.[283]

McCormack spezifiziert diese Idee der Gleichursprünglichkeit der oben genannten Gottesattribute weiter: „Aber wie denkt Barth eine göttliche Unveränderlichkeit mit einer göttlichen Affektivität konzeptuell zusammen? [...] Kurz gesagt: dadurch, dass er versucht in Gottes Sein eine ontologische Bedingung dafür zu finden, dass Gott leidet und nach Menschen Art stirbt. Diese finden wir [...] in Barths Formulierung [...] von der ‚Bestimmung

---

278 (eigene Übersetzung, Kursivierung McCormack) ebd., S. 173.
279 McCormack, „Suffer“, S. 55.
280 Vgl. McCormack, „Impassibility“, S. 176.
281 Vgl. ebd., S. 177.
282 Vgl. ebd., S. 183.
283 Vgl. ebd.

des göttlichen Seins in Jesus Christus.'"[284] Indem Barth laut McCormack die göttliche *oikonomia* in Jesus Christus in dessen *koinonia* hinein liest, erklärt er die Demut Gottes, welche für uns ein *novum mysterium* darstellt, zu Gottes eigenem Sein und somit zu etwas, was für Gott selbst kein *novum mysterium* mehr darstellt.[285]

5.2.1.6 McCormack über Barths christozentrisch entfaltete Lehre von der Trinität

Gott ist für Barth in Jesus Christus ontologisch bestimmt. Mit dieser Überlegung macht McCormack deutlich, dass die christologischen Erwägungen, die hier zunächst in ihrer Relevanz für die Gotteslehre nachvollzogen wurden, nun auch eine trinitätstheologische Wirkung entfalten. Bereits im Rahmen seiner analytisch angelegten Dissertation *Theologische Dialektik und kritischer Realismus* spielt die Auseinandersetzung mit der Trinitätslehre, wie im Folgenden zu sehen sein wird, eine nicht geringe Rolle. Seine These war hier, dass Barth durch die Entdeckung der Lehre von der Anhypostasie und Enhypostasie der Person Jesu Christi einen Weg einschlägt, der mit der Christozentrik der späten Theologie nicht nur die Trennung von immanenter und ökonomischer Trinität überwindet, sondern damit auch die Lehre vom trinitarisch verfassten Gott ausschließlich von Gottes Erwählungshandeln aus expliziert.

Auslöser dieser bemerkenswerten Entwicklung war in McCormacks Augen Barths nachhaltiges Bemühen, jede Form metaphysischen Denkens aus der Theologie zu entfernen. Zu Beginn versuchte er dies mit der Auslassung all jener *theologoumena*, die ihm metaphysisch geprägt schienen, wie die Lehre vom Wesen und den Eigenschaften Gottes oder eben jene der immanenten Trinität.[286] Später als er sich dann mit der Frage der Offenbarung systematischer auseinandergesetzt hatte, behandelte er auch diese Themen und begann mit deren Explikation im Sinne des „deus dixit" seiner Wort-Gottes-Theologie.[287] Diese fand spätestens seit seiner Zeit in Göttingen ihre christologische Grundlegung und die Lehre von der Trinität geriet damit auch ab dann in den Fokus seines Nachdenkens.[288]

Der inhaltliche Ausgangspunkt der Trinitätslehre der *Kirchlichen Dogmatik* war dann das urchristliche Bekenntnis „Jesus ist Herr"[289]. In McCormacks Augen behandelt die so angelegte Trinitätslehre letztlich das

284 (eigene Übersetzung) McCormack, „Suffer", S. 60.
285 Vgl. ebd., S. 61.
286 Vgl. McCormack, *Theologische Dialektik*, S. 218.
287 Vgl. ebd., S. 230.
288 Vgl. ebd., S. 281.
289 Ebd., S. 300.

Problem der „unaufhebbaren Subjektivität Gottes“[290]. Die Trinitätslehre gibt der Explikation dieses Subjekt-Seins Gottes laut McCormack dann Struktur: Jesus offenbart in seinem Leben und Tun den Vater. Da aber niemand Gott offenbaren kann außer Gott selbst, muss Jesus selbst nach Barth auch Gott sein.[291] So hat Gott, wie McCormack es zusammenfasst, bei Barth auch in den Widersprüchen unserer Existenz sein Sein ohne, dass der Grundsatz des *finitum non capax infiniti*, dass also das Endliche der Welt das Unendliche nicht zu fassen vermag, außer Kraft gesetzt würde. Mit dem Ausgangspunkt bei dem Bekenntnis „Jesus ist Herr“ durchbricht Barth laut McCormack die Problematik der Dialektik von Zeit und Ewigkeit. Dieses Bekenntnis, das ja bereits Ausdruck des Glaubens ist, ist jedoch nur möglich im Heiligen Geist, der ganz im Sinne des *filioque* von Vater und Sohn ausgeht.[292] So entwickelt Barth nach McCormack also in diesem Stadium seines Denkens die Trinitätslehre als theoretische Strukturierung der Vorstellung von der unaufhebbaren Subjektivität Gottes.

Mit Jüngel liest McCormack Barth jedoch von seiner Versöhnungslehre her. Sein Artikel „Barths grundsätzlicher Chalkedonismus“ zeigt dann, wie er sich die Trinitätslehre Barths als Implikation aus dessen Versöhnungslehre heraus erarbeitet. Dabei wird diese Lehre gegenüber den frühen Barthschen Ausführungen zu diesem Thema schnell um ein erstes Details bereichert: Bei der Frage, wie Gott als das Subjekt der Erwählung im Rahmen des relationalen Paradigmas der göttlichen Ontologie bereits der fleischgewordene Herr sein kann, obgleich dieser Fleischgewordene ja logischerweise erst das Resultat dieser Entscheidung sein dürfte, bemerkt McCormack, dass diese Idee nur verständlich wird, wenn man sich mit dem späten Barth von den klassischen metaphysischen Kategorien der Trinitätslehre verabschiedet.

McCormack dazu weiter:

> Indem Barth aber sagt, dass Jesus Christus (der Gott-Mensch in seiner göttlich-menschlichen Einheit) das Subjekt der Erwählung ist, fegt Barth die klassische Logik beiseite, die die Aussagen über das göttliche Subjekt des Versöhnungswerkes beherrscht hat. Jesus Christus zum Subjekt der Erwählung zu machen, bedeutet, solange konsequent argumentiert wird, den Abschied von der Unterscheidung zwischen dem ewigen Wort und dem fleischgewordenen Wort. Ein ewiges Wort oder ein ewiger Sohn, für den die auf der tiefsten Ebene persönlicher Identität angenommene Menschheit keine Bedeutung hätte, müsste als metaphysische Abstraktion ohne Realitätsbezug betrachtet werden. Hier haben die antimetaphysischen Tendenzen, die Barths Theologie schon sehr früh beherrschten, ihren Zenit erreicht.[293]

290 Ebd.
291 Vgl. ebd., S. 302.
292 Vgl. ebd., S. 304.
293 McCormack, „Chalkedonismus“, S. 156.

McCormack beharrt auch im Rahmen seiner Erarbeitung der Implikationen aus Barths später Theologie darauf, dass auch deren Gott „ein Subjekt“[294] in drei Seinsweisen ist. Jesus dann als erwählenden Gott zu bezeichnen, bedeutet für McCormack, dass Gott sich selbst in einer zweiten Seinsweise dazu bestimmt hat.[295] Daraus schließt McCormack: „Die Erkenntnis liegt nahe, dass es genau die Urentscheidung Gottes in der Erwählung ist, die den Akt begründet, in dem Gott sich selbst in drei Seinsweisen unterscheidet. Erwählung hat daher eine gewisse logische Priorität selbst über die Dreieinigkeit Gottes“[296].

McCormack lässt der Sprache der temporalen oder logischen Prioritäten in seiner konstruktiven Arbeit zur Trinitätslehre nach Barth kaum Raum. Für ihn fallen das Ereignis der Selbstbestimmung Gottes zur Dreieinigkeit und das Ereignis der Selbstbestimmung Gottes dazu, der Gott für die Menschen zu sein, letztlich in eins.[297] So ist der Hiat zwischen ewigem Sohn und dem Leben Jesu Christi als geschichtlichem Ereignis seiner Meinung nach überwunden und damit auch ihre Unterscheidung hinfällig, denn die Entscheidung in einer zweiten Seinsweise zu sein, hat laut McCormack folgerichtig „niemals *nicht* stattgefunden“[298]. Gott war also niemals etwas anderes als der Versöhner in Jesus Christus.[299]

McCormacks Arbeit zur Barthschen Gotteslehre hatte jedoch gezeigt, dass die Ernstnahme dieser Aussage dazu führt, Gehorsam, Erniedrigung, Leiden und Tod Gott selbst zuschreiben zu müssen. Wenn diese für Gott jedoch kein *novum mysterium* mehr darstellen sollen, dann gilt es, eine Lehre von der immanenten Trinität zu entwickeln, die davon nicht kompromittiert wird. McCormack findet Barths Lösung für dieses Problem in der Spezifizierung der Vorstellung eines göttlichen Subjekts in drei Seinsweisen, die der Seinsweise, in der sich Gott zum zweiten Mal selbst wiederholt, Selbsterniedrigung und Gehorsam zuschreibt.[300]

In der zweiten Seinsweise ist Gott niedrig und gehorsam und erfährt darin Leiden und Tod. So unterscheidet sich die zweite Seinsweise jeweils von der ersten und dritten, wobei zugleich darin die Einheit des einen

294 McCormack, „Chalkedonismus“, S. 157.
295 Vgl. ebd.
296 Ebd.
297 Vgl. ebd.
298 Ebd.
299 In den Ausführungen zu diesem Artikel ist bereits deutlich geworden, was das in Bezug auf die zweite Person der Trinität im Einzelnen heißt. Die „Zweite Person“ der Trinität bleibt zwar ein wichtiger Begriff dieses Dogmas, gleichzeitig aber nur da, wo es im das Verstehen der Offenbarung und Aktivität Gottes geht. (S. 158) Einen *Logos asarkos* etc. gibt es nicht.
300 Vgl. McCormack, „Suffer“, S. 62.

göttlichen Subjekts bewahrt bleibt. Damit ist jedoch auch die „immanente" Trinität Gottes im Sinne der göttlichen Ökonomie expliziert. Laut McCormack gibt es bei Barth damit „keine Dreieinigkeit Gottes über oder vor dem Akt der Selbst-Differenzierung, die die Ökonomie mit einschließt."[301]

McCormack hat im Lauf seiner konstruktiven Arbeit zu Barth stets betont, dass es ihm darum geht, jedwede Form metaphysischen Denkens aus der Theologie heraus zu halten.[302] Aus seiner Sicht ist das Barths treibende Intention, die letztlich auch dazu führt, dass kein Raum für Spekulationen mehr bleibt zwischen Gottes Wesen und seinem Tun. Ist diese konstruktive Lesart der Barthschen Gottes- und Trinitätslehre nun „nicht-metaphysisch"[303]? McCormacks Abgrenzung (mit Barth über Barth hinaus) gilt der „klassischen Metaphysik"[304], wobei die „antike"[305], „griechische Metaphysik"[306] aristotelischer Prägung gemeint ist. Problematisch ist für ihn hier die substanzontologische Darstellung des göttlichen Seins, allem voran die aristotelische Vorstellung Gottes als unbewegtem Beweger. Diesem Gottesbild wirft er vor, dass es anhand der Analyse innerweltlicher Dinge unter Zuhilfenahme der Denkform der Analogie Aussagen über Gott macht, die diesem abstrakt Unberührtheit und Weiteres zuschreiben. Dem hält er, um hier Gundlachs Formulierung erneut zu bemühen, entgegen, dass es nach Barth nicht darum geht, „das in der Welt vorfindliche und also gegebene Sein oder die vermeintlich allgemeinen Wirklichkeitsstrukturen [zu] analysier[en], sondern umgekehrt die in der Schrift bezeugte Geschichte des Jesus von Nazareth ontologisch aus[zulegen]."[307].

Die Antwort auf die Frage, ob es McCormack in diesem Gundlachschen Sinn gelingt, antimetaphysisch zu arbeiten, muss meines Erachtens zweigeteilt ausfallen. Zum einen führt die erkenntnistheoretische Priorisierung der Erwählungslehre nach Barth bei McCormack selbstverständlich dazu, dass nicht „von unten nach oben", das heißt also in einem essentialistischen Sinn von allgemeinen innerweltlich wahrnehmbaren Wirklichkeitsstrukturen aus zum göttlichen Sein hin gedacht und konzipiert wird. Zum anderen führt jedoch genau jene Vorordnung der Erwählungslehre vor die Materialdogmatik, wie gezeigt, bei ihm dazu, dass jene Wirklichkeitsstrukturen einen neuen Stellenwert im theologischen Denken nach Barth erhalten.

301 (eigene Übersetzung) ebd., S. 62.
302 Vgl. McCormack, „Theses in response", S. 210.
303 McCormack, „Beyond", S. 163.
304 McCormack, „van Driel", S. 264.
305 McCormack, „Chalcedonian", S. 211.
306 Ebd., S. 232.
307 Gundlach, *Selbstbegrenzung*, S. 176.

Indem Gott sie durch die Erwählung selbst erfährt, erhalten sie eine neue Rolle im Rahmen der Theologie und ihrer Grundlegung. Damit ist eine Rückfrage an McCormack zu stellen, ob er tatsächlich anti- oder doch eher, wie bereits im Hinblick auf Jüngel schon festgestellt, im Sinne von von Sass „postmetaphysisch" arbeitet?[308] Zumindest in seinem Artikel „The Actuality of God – Karl Barth in Conversation with Open Theism" aus dem Jahr 2008 erklärt McCormack die Theologie, die sich aus der Versöhnungslehre Barths ergibt, selbst zu einem „postmetaphysischen"[309] Projekt. Meines Erachtens lässt sich dies als Selbstbezeichnung lesen. Seine Theologie hinterfragt die Analyse der allgemeinen Wirklichkeitsstrukturen und der mit ihr verbundenen Erkenntnistheorie nicht allgemein, sondern durch die konkrete Ernstnahme eben dieser durch Gott in Christus selbst. Diese Doppelstruktur prägt seine Epistemologie, die das Metaphysische damit nicht *per se* verabschiedet, sondern einer von Gott selbst stammenden Kritik unterzieht. Insofern ist also McCormacks Arbeit nicht anti-, sondern postmetaphysisch.

5.3 Zusammenfassung und Überleitung

Nach zwei Phasen analytischen Arbeitens zur Theologie Barths hat McCormack mit dem Beitrag zum Cambridger Barth-Kompendium die erste Phase seiner konstruktiven Arbeit im Anschluss an den Basler Theologen eingeleitet. Ausschlaggebend hierfür ist zum einen seine Begegnung mit dem Gundlachschen Gedanken zur Erwählungslehre als kritischer Korrektur der dogmatischen Arbeit Barths. Zum anderen übernimmt er Goebels Ansicht von einer Notwendigkeit der theologischen Priorisierung dieses *locus* gegenüber der Trinitäts- und Gotteslehre. McCormack folgert daraus die Notwendigkeit einer allgemeinen Priorisierung der Erwählungslehre in der Theologie auf sowohl erkenntnistheoretischer wie materialdogmatischer Ebene.

Im Nachgang zu dieser Überlegung entwickelt McCormack „mit Barth über Barth hinaus" ein theologisches Denken, das im Zeichen der von Jüngel vorangebrachten postmetaphysischen Methode steht. Jüngel hatte mit seinem Buch *Gottes Sein ist im Werden* eine Barth-Interpretation vorgestellt, die dessen theologische Ontologie dergestalt nachvollzieht, dass die Geschichtlichkeit und damit auch der Tod Jesu Christi einen originären Platz in Gottes Wesen haben. In seiner konstruktiven Arbeit im Anschluss

---

308 Vgl. Sass, *Onto-Theologie*, S. 11.

309 (eigene Übersetzung) McCormack, „Actuality", S. 240.

an diese These versteht er Gottes Sein als Liebe und stellt somit eine Gotteslehre vor, die zwar von Barth inspiriert ist, zugleich jedoch auch eigene Schritte über ihn hinausgeht.

Jüngels analytische und konstruktive Arbeit zu und im Anschluss an Barth wird wie gezeigt neben dem Werk von Balthasars zu einer entscheidenden Prägekraft für McCormack. Der Artikel „Grace and Being“ zeigt dies mit der These, Gottes Erwählungshandeln konstituiere Gottes Sein als trinitarisch verfasstes, deutlich.

Im Nachgang zu „Grace and Being“ historisiert McCormack in seinem Artikel „Barths grundsätzlicher Chalkedonismus“ von 2002 das chalkedonische Verständnis der zwei Naturen Christi. In „Participation in God: Yes; Deification: No“ aus dem Jahr 2004 bespricht McCormack dann das sich durch diese Überlegung ergebende Problem der Teilhabe Jesu Christi am göttlichen Sein. Diese ist laut McCormack als Aufnahme seines menschlichen Seins durch Gott zu verstehen, sodass auch seine Demut und sein Gehorsam Bestandteil des Nachdenkens über Gottes Sein werden. Infolge der Integration dieser Attribute in die Gotteslehre verabschiedet McCormack in seinem Artikel „Divine Impassibility or simply Divine Constancy?“ aus dem Jahr 2009 die Vorstellung der göttlichen Leidenslosigkeit und deutet im Verweis auf die Vorstellung der göttlichen Selbstbestimmung zur Erwählung an, wie dies mit dem Konzept der göttlichen Unveränderlichkeit zusammen gedacht werden kann. In „Does God Suffer?“ von 2016 erläutert McCormack dann, dass Demut, Leiden und Tod von der zweiten Person der Trinität willentlich angenommen werden. So deutet er eine Neuanlage der Trinitätslehre im konstruktiv gestalteten Anschluss an Barth an und erntet dafür, wie im folgenden Kapitel zu sehen sein wird, schnell offenen Widerspruch. So stellt „Grace and Being“ nicht nur den Ausgangspunkt der ersten konstruktiv strukturierten Arbeitsphase McCormacks, sondern auch von seinem Streit mit Hunsinger und Molnar dar.

6 2000–2017 II: Gnadenwahl und Trinität. Die Debatte um McCormacks konstruktive Barthrezeption

McCormacks zwischen den Jahren 2000–2017 konstruktiv angelegte Arbeit zu Barth provoziert ab dem Jahr 2006 einen intensiven Streit mit seinem Princetoner Kollegen Hunsinger und dem New Yorker Systematiker Molnar. Im Jahr 2010, der Streit um seine Arbeit zu Barth ist auf dem Höhepunkt, fühlt sich McCormack zu einer ersten Rückschau auf den Auslöser dieses Konflikts berufen. In seinem Artikel „Let's speak plainly. A Response to Paul Molnar" schreibt er:

> Die Debatte wurde ursprünglich von meinem Beitrag zum *Cambridge Companion to Karl Barth* [„Grace and Being"] entfacht. Besagter Essay hatte die Form, die im Deutschen ‚Problemanzeige', also Hinweis auf ein Problem, genannt wird, und stellte eine Lösung für eben jenes vor. Das Problem, auf das ich hingewiesen habe, war [die Schwierigkeit] zu erklären, wie Barth von ‚Jesus Christus' nicht nur als Objekt, sondern als Subjekt der Erwählung sprechen konnte. Eine solche Sprachfigur impliziert nämlich in ihrer schwächsten Lesart nicht nur die ewige Existenz Jesu Christi, sondern auch eine ewige Bestimmung der zweiten Person der Trinität zur Fleischwerdung. Sehr weitgehend kann man aber auch diese Bestimmung als etwas lesen, das nicht nur zeitlich ausgeführt wurde, sondern als etwas, das eben [schlicht] jenes ist, was getan wurde. In dem Licht betrachtet, in das dieser Gedankengang letztlich führte, nämlich Barths reife Christologie im Band IV/1ff der *Kirchlichen Dogmatik*, schien mir die weitergehende Lösung die angemessene zu sein. Denn letztlich sagt Barth selbst in IV/1, dass Demut *und sogar Gehorsam* Gott eigen sind, dass sie zu seiner Natur gehören und ihm tatsächlich wesenhaft zugehörig sind.[1]

Offensichtlich ist diese Klarstellung, „Grace and Being" sei lediglich eine Problemanzeige und Barth selbst lade zu der von McCormack vorgeschlagenen Lösung ein, notwendig. Seit 2006 hat sich nämlich eine Debatte mit Hunsinger und Molnar entsponnen, die mit beachtlicher Härte geführt wird. In Bezug auf diese Auseinandersetzung gibt es zwar eine Reihe an veröffentlichten Texten anderer, die jedoch größtenteils als Stellungnahmen zu Detailproblemen der jeweiligen Beiträge und nicht als überblicksartige Darstellungen gelesen werden sollten. Die Darstellung der jeweiligen theologischen Standpunkte dient dabei oftmals als strategische Hinführung zur jeweils eigenen Position, sodass für die Forschung zu dieser Debatte aus meiner Sicht folgt, dass viele der bisher veröffentlichten Essays wie auch Bücher mit Vorsicht zu lesen sind.[2] Sie werden zwar im Folgenden teilweise

---

1 (eigene Übersetzung, Kursivierung McCormack) McCormack, „plainly", S. 58.

2 Es gibt jedoch wenige Ausnahmen, die einen Überblick über den jeweiligen Stand der Debatte beziehungsweise der jeweiligen Standpunkte liefern. In kurzer Form sind das zum

Erwähnung finden, jedoch nur eingebettet in die Darstellung der jeweiligen Problemkonstellation.[3]

Zunächst jedoch zurück zu McCormack. Im Blick auf die Debatte schreibt er weiter:

> Meine vorgeschlagene Lösung war den Gedanken, es gäbe eine göttliche Existenz vor und über dem ewigen Akt seiner Hinwendung zu uns im Gnadenbund, zu verwerfen und, dass wir eben diesen Gnadenbund als jenen Akt verstehen, in welchem sich Gott sein Sein gibt und sich somit, um der erlösenden Beziehung mit der Menschheit willen, selbst als trinitarisch strukturiert.[4]

---

einen Nir Shakis Buch *Karl Barth: The doctrine of Election and the Ontology of the Trinity*, das jedoch bereits 2010 erschienen ist und somit viele wichtige Beiträge zu der Debatte noch nicht behandelt, und zum anderen Michael Weinrichs Artikel „Trinität" in Michael Beintkers *Barth Handbuch* von 2016, das jedoch über eine einen Absatz lange Erwähnung des Konflikts nicht hinausgeht.

Hilfreicher ist da aufgrund seines erweiterten Umfangs zuvörderst Michael Dempseys Buch *Trinity and Election* von 2011. Diese Arbeit ist ein Sammelband vieler wichtiger Debattenbeiträge von McCormack, Hunsinger, Molnar, Kevin W. Hector und Aaron T. Smith aber auch beispielsweise von Paul Dafydd Jones oder Christopher Holmes. Darin findet sich die bisher ausgewogenste Einführung in die Debatte. Zum anderen lässt sich noch auf Scott R. Swains Buch *The God of the Gospel* von 2013 verweisen, das in einem eigenen Kapitel auf McCormacks Standpunkt und manche Kritik daran verweist.

3 Hier sind zu nennen: Kevin W. Hector, Art.: „God's Triunity and Self-Determination: A Conversation with Karl Barth, Bruce McCormack and Paul Molnar" in: *International Journal of Systematic Theology, 7,3*, Princeton: Juli, 2005, S. 246–261, James J. Cassidy, Art.: „Election and Trinity" in: *Westminster Theological Journal, 71*, Westminster: 2009, S. 53–81, Aaron T. Smith, Art.: „God's self-specification: his being is his electing" in: *Scottish Journal of Theology, Volume 62, Issue 01*, Cambridge, Februar, 2009, Paul Dafydd Jones, Art.: „Obedience, Trinity, and Election: Thinking With and Beyond the *Church Dogmatics*" in: Michael Dempsey, *Trinity and Election in Contemporary Theology*, 2011, S. 138–161, Paul T. Nimmo, Art.: „Barth and the Election-Trinity Debate: A Pneumatological View" in: Michael Dempsey, *Trinity and Election in Contemporary Theology*, 2011, S. 162–181, Christopher Holmes, Art.: „‚A Specific Form of Relationship': On the Dogmatic Implications of Barth's Account of Election and Commandment for His Theological Ethics" in Michael Dempsey, *Trinity and Election in Contemporary Theology*, 2011, S. 182–200, Nicholas M. Healy, Art.: „Karl Barth, German-Language Theology, and the Catholic Tradition" in: Michael Dempsey, *Trinity and Election in Contemporary Theology*, 2011, S. 229–243, Matthew Levering, Art.: „Christ, the Trinity, and Predestination: McCormack and Aquinas" in: Michael Dempsey, *Trinity and Election in Contemporary Theology*, 2011, S. 244–276, Paul Luis Metzger, „The Gospel of True Prosperity: Our Best Life in the Triune God Now and Not Yet" in: Michael Dempsey, *Trinity and Election in Contemporary Theology*, 2011, S. 277–295, Han Luen Kantzer-Komline, Art.: „Friendship and Being: Election and Trinitarian Freedom in Moltmann and Barth" in: *Modern Theology, 29:1*, Hoboken: Januar, 2013, S. 2–17 und Stephen Long, *Saving Karl Barth. Hans Urs von Balthasar's Preoccupation*, Fortress Press, Minneapolis, 2014, S. 1–25.

4 (eigene Übersetzung) McCormack, „plainly", S. 60.

Hunsinger und Molnar interpretieren McCormacks Vorstoß zum Verhältnis von Erwählungs- und Gotteslehre als Einschränkung der Konzeption der Freiheit Gottes bei Barth.[5] Genau um diese zu gewährleisten, legen sie (in ihren Augen gemeinsam mit Barth) ein besonderes Gewicht auf die Konzepte der immanenten Trinität und des *Logos asarkos*. Der Akt der Erwählung ist aus ihrer Sicht in Barths *Kirchlicher Dogmatik* nämlich nur dann denkbar, wenn es in Gottes Sein eine Basis für dessen Tun gibt. So verstehen sie Gottes Tun als kontingent, während im Gegensatz dazu sein Sein nach ihrem Dafürhalten als notwendig zu explizieren ist. Logischerweise kann damit weder für Hunsinger, noch für Molnar Gottes Tun seinem Sein vorgeordnet sein.[6] Wäre dies der Fall, wäre Gottes Sein aus ihrer Sicht abhängig von seiner Schöpfung beziehungsweise sein Tun, also Schöpfung, Versöhnung und Erlösung, wären dann notwendige Akte und verlören folglich ihren Gnadencharakter.[7]

Diese Debatte, in die sich, wie bereits erwähnt, auch andere einbringen, dauert von 2006 bis in das Jahr 2017. In diesem Jahr weicht McCormack von seinem Standpunkt zwar nicht grundsätzlich ab, er modifiziert ihn aber letztlich dergestalt, dass er Hunsinger an zentralen Punkten Zugeständnisse bei der Barth-Interpretation macht. Insofern lässt sich der Stoff dieser Debatte meines Erachtens nun abgrenzen und damit auch strukturiert überblicken. Im Folgenden soll er im Hinblick auf die wichtigsten Wortmeldungen dargelegt und diese auf ihrem Hintergrund analysiert werden.

6.1 Die Debatte um McCormacks konstruktive Barthrezeption als Teil zeitgenössischer angloamerikanischer Debatten

Die Intensität der im Folgenden nachvollzogenen Auseinandersetzung McCormacks mit Hunsinger und Molnar mag deutsche Leserinnen und Leser überraschen. Aus diesem Grund ist zuvor festzuhalten, dass die offen kontroverse theologische Auseinandersetzung im angloamerikanischen Sprachraum etwas weitaus gängigeres als in Europa ist. Grundlegend ist zu sagen, dass gerade in den USA eine gegenüber beispielsweise Deutschland bemerkenswert diskursoffene Atmosphäre im Hinblick auf materialdogmatische Grundsatzfragen herrscht, die McCormack in der Entwicklung seines christologischen, wie auch trinitätstheologischen Standpunktes prägt. Um also die Kontroverse um McCormacks Barth-Interpretation zu verstehen,

5 Vgl. Dempsey, „Introduction“, S. 6.
6 Vgl. ebd., S. 7.
7 Vgl. ebd., S. 8.

ist es wichtig, einen Seitenblick auf die zentralen Debatten der vergangenen Jahre zu werfen.

Gerade auf dem Feld der Christologie und Trinitätslehre gab es um die Jahrtausendwende herum zwei in Amerika durchaus breit rezipierte Auseinandersetzungen: Einmal die Debatte über die Frage nach einem möglichen Subordinatianismus innerhalb der Lehre von der Trinität, an welcher Millard Erickson, Bruce Ware und Wayne Grudem beteiligt waren, und zum anderen der Streit zwischen Thomas McCall und John Piper um Gottes Aseität.

Diese beiden Debatten deuten das sich in dieser Zeit augenscheinlich neu offenbarende Kernproblem der systematischen Zuordnung von Gottes Sein und seinem Tun an, dem auch McCormacks Aufmerksamkeit durch die Beschäftigung mit Barths Erwählungslehre gilt. Dabei zeigt sich bei ihnen eine zunehmende theologische Ernstnahme der göttlichen Ökonomie gegenüber seiner Immanenz, welche eine Gotteslehre mit klassisch zu nennenden Attributen der göttlichen Ontologie, wie Leidenslosigkeit oder Unveränderlichkeit, mehr und mehr problematisiert.

Die erste Debatte hat Erickson in seinem Buch *Who's Tampering with the Trinity* die „Subordinationsdebatte"[8] genannt. Während Ware dabei der Meinung ist, dass der Vater dem Sohn wie allem anderen überlegen war und die Geschichte Jesu Christi dies historisch aufzeige,[9] meint Erickson, es gebe keinerlei Unterordnung innerhalb der Trinität und die Geschichte Jesu Christi hätte lediglich Aussagekraft in Bezug auf die göttliche Ökonomie und nicht auch über die göttliche *koinonia*.[10] Beide Seiten betonen dabei, sich auf Aussagen der Heiligen Schrift zu stützen und werfen zugleich der jeweils anderen vor, sich von den Überzeugungen des *Nicänums* zu entfernen.[11]

Die zweite Debatte wurde von McCall in seinen Artikeln „I Believe in Divine Sovereignty" angestoßen und mit „We Believe in God's Sovereign Goodness: A Rejoinder to John Piper" fortgesetzt. Pipers Beitrag findet sich unter dem Titel „I believe in God's Self-Sufficiency: A response to Thomas McCall". Im Kern dreht sich diese Auseinandersetzung um das Verständnis der göttlichen Absolutheit. Während McCall sie als Allmacht, Aseität und umfängliche Vorsehung[12] begreift, versteht sie Piper tendenziell unter dem Vorzeichen der göttlichen Ökonomie, die er, wie bereits in seinem Buch

---

8 (eigene Übersetzung) Erickson, *Trinity*, S. 3.

9 Vgl. Ware, *Relationships*, S. 47.

10 Vgl. Erickson, *Trinity*, S. 19.

11 Vgl. ebd., S. 19.

12 Vgl. McCall, „Sovereignty", S. 205.

Desiring God, nicht als *per se* kontingentes Ereignis versteht.[13] Interessant an dieser Debatte ist vor allem, dass sie gerade von Piper nicht zuvörderst systematisch-analytisch angegangen wird, sondern aus grundsätzlich praktisch-pastoralen Fragen heraus entstanden ist.[14]

Neben diesen beiden Debatten gab es an materialdogmatisch orientierten Auseinandersetzungen beispielsweise auch noch die Tracy-Lindbeck-Debatte[15] und einige ethisch und politisch-theologisch motivierte mehr. Diese Vielzahl an Diskussionen zeigt der deutschen Leserschaft, dass McCormacks Texte nicht im luftleeren Raum, sondern vielmehr in einer Atmosphäre theologischen Arbeitens entstehen, in der materialdogmatische Festlegungen und vor allem auch konfessionelle Standpunkte mit hoher Diskursbereitschaft behandelt werden.

6.2 Hunsingers Arbeit zu Barth und seine Kritik an McCormack als Reflexion des Postliberalismus

McCormacks Kollege Hunsinger hat sich im Laufe seiner bisherigen Arbeit ebenfalls als Barth-Forscher hervor getan. Wie McCormack wurde er mit einer Barth-Studie, die 1991 unter dem Titel *How to read Karl Barth* erschienen ist, promoviert und im Jahr 2010 wie jener mit dem Karl-Barth-Preis ausgezeichnet. Während McCormack im Jahr 2000 „Grace and Being" veröffentlichte, gab Hunsinger einen Sammelband heraus, der den Titel *Disruptive Grace* trug.

Sowohl Hunsingers Dissertation als auch besagter Sammelband analysieren Barths Theologie im Hinblick auf ihre Sprache und deren Motivik. Diese Methode offenbart Hunsingers Prägung durch den sogenannten Postliberalismus, der die Betrachtung der religiösen Sprache mit der ihr immanenten Wirklichkeit laut Webster zum zentralen Kennzeichen hat.[16] Hunsinger hat während seiner Zeit in Yale bei einem der prominentesten Vertreter dieser theologischen Denkrichtung, nämlich Hans Frei, studiert. Ihm ist seine Dissertation gewidmet, was sicher die Rolle, die Frei als ein Gutachter seiner Arbeit für Hunsingers Barth-Verständnis gespielt hat, betont.[17]

---

13 Vgl. Piper, „Self-sufficiency", S. 228.

14 Vgl. McCall, „Goodness", S. 205.

15 Als erste Einführung kann Interessierten folgender Artikel dienen: Kristin E. Heyer, Art.: „How Does Theology Go Public? Rethinking The Debate between David Tracy and George Lindbeck" in: *Political Theology* 5, (Juli 2004), S. 307–327.

16 Vgl. Webster, „Theology", S. 55.

17 Vgl. Hunsinger, *Karl Barth*, S. xi.

Welche Rolle der Standpunkt seines Lehrers Frei und dessen postliberalen Kollegen George Lindbeck für Hunsingers Arbeit spielen, macht er im Jahr 2000 im Vorwort für *Disruptive Grace* explizit. Hier bezeichnet er den Ansatz seines anlässlich Freis 65. Geburtstag verfassten Artikels „Beyond Literalism and Expressivism: Karl Barth's Hermeneutical Realism" als „im Endeffekt wertschätzende Revision von George Lindbecks einflussreichem Vorschlag aus *The Nature of Doctrine*".[18] In diesem und meines Erachtens auch in weiteren Texten offenbart sich bei Hunsinger ein ambivalenter Umgang mit der postliberalen Methode. Seine Form der Konzentration auf die religiöse Sprache führt ihn nämlich dazu, die der religiösen Sprache immanente Wirklichkeit als einen von variablen Kontexten letztlich unberührten Gegenstand zu verstehen, welcher der dogmatischen Arbeit objektiv gegeben ist.

Im Hinblick auf die Frage nach Gottes trinitarisch verfasstem Sein führt Hunsingers postliberal geprägte dogmatische Arbeit, allen voran seine Barth-Rezeption zu einem offenen Konflikt mit McCormack. Vor allem dessen Vorstoß zur Rolle der Barthschen Erwählungslehre empfindet Hunsinger als Infragestellung der göttlichen Freiheit. Um diesen Konflikt verständlich zu machen, wird Hunsingers Entwurf analytischer Barth-Rezeption, den er mit einer Kritik an McCormack verbindet, im Folgenden auf dem Hintergrund seiner postliberalen Prägung dargestellt. Im Anschluss an die Betrachtung von Hunsingers Barth-Analyse in *How to read Karl Barth* werden die Thesen seines Artikels „Election and the Trinity: Twenty-Five Theses on the Theology of Karl Barth" von 2008 nachvollzogen, die Hunsinger nun auch noch zusätzlich mit dem Buch *Reading Barth with Charitiy* von 2015 untermauert und systematisch erläutert hat.

6.2.1 Der Postliberalismus

Hunsingers theologische Arbeit kann nach seinem eigenen Bekunden als wertschätzende Revision des Postliberalismus (Lindbecks) verstanden werden. Dieses Denken, das Lindbeck in den 1970er–1980er Jahren an der *Yale Divinity School* zusammen mit Frei entwickelt hat, zeichnete sich grundsätzlich durch die positive Rezeption der analytischen Philosophie, allen voran des Spätwerkes Ludwig Wittgensteins, aus. Diese Rezeption lässt sich sich in Lindbecks Buch *The Nature of Doctrine: Religion and Theology in a Postliberal Age* von 1984, das als ein Grundlagenwerk dieser Theologie gilt, implizit nachvollziehen.[19] Seit 1994 liegt dieses Buch unter dem Titel

---

18 (eigene Übersetzung) Hunsinger, *Studies*, S. 11.

19 Andere sehen unter anderem auch in Stanley Hauerwas und William H. Willimons Artikel „Embarrassed by God's Presence" einen solchen Grundlagentext, wobei hier vermerkt

Christliche Lehre als Grammatik des Glaubens – Religion im postliberalen Zeitalter auch auf Deutsch vor.

Der Titel *Christliche Lehre als Grammatik des Glaubens* zeigt Wittgensteins Einfluss auf Lindbeck wie auch auf Frei deutlich an. Michael Harvey hat in seinem Artikel „Wittgenstein's notion of ‚Theology as Grammar'" gezeigt, dass es der Österreichische Philosoph war, der „Theologie als Grammatik"[20] verstand. Das bedeutet, dass laut Harvey Fragen wie ‚Gibt es im philosophischen Sinn einen Gott, dem man bestimmte Eigenschaften zuschreiben kann?' oder ‚Gibt es einen außersprachlichen Referenzpunkt, der einen religiösen Diskurs begründen könnte?' von Wittgenstein nicht dahingehend besprochen werden, ob sie eine Entität unmittelbar widerspiegeln oder nicht. Vielmehr geht es den späteren Überlegungen Wittgensteins um die Frage, inwiefern die besprochenen Inhalte in ihrer Gestalt als Sprachereignis eine Bedeutung für das religiöse Leben entfalten oder nicht.[21] Von dieser Wirkung aus wird laut Harvey dann ihr jeweiliger Sachgehalt bestimmt und diskutiert.[22]

Diesen Gedanken Wittgensteins nimmt Lindbeck auf, um der aus seiner Sicht „wachsende[n] Unzufriedenheit mit den herkömmlichen Denkgewohnheiten über [die] […] Normen gemeinschaftlichen Glaubens und Handelns"[23] zu begegnen. In Bezug auf diese stellt er fest, dass uns angemessene Kategorien für ein heute dringend benötigtes treffendes Verständnis dessen, was Dogmen sind, fehlen. Die Folge dieses Missstandes ist nach seinem Dafürhalten auf der einen Seite oftmals entgrenzter Liberalismus oder auf der anderen Seite vorliberale Orthodoxie. So wird „[d]er Ruf nach einem dritten, postliberalen Weg […] laut, wie Religionen und religiöse Lehrsätze aufzufassen seien."[24]

Diesen postiberalen Weg zeichnet Lindbeck in Abgrenzung gegenüber drei Verständnissen von theologischen Lehrsätzen vor. Einmal gibt es aus seiner Sicht theologische Theorien, die ihre Lehrsätze kognitivistisch verstehen, die

> als Mitteilungssätze (Propositionen) oder Wahrheitsansprüche über objektive Realitäten funktionieren. […] Ein zweiter Ansatz konzentriert sich auf das, was ich in

---

werden muss, dass es sich dabei eher um eine Art Manifest handelt, das einen systematischen Umfang, wie er meines Erachtens in *The Nature of Doctrine* zu finden ist, entbehrt. Siehe: Anderson, „The narrative Turn in Christian Ethics: A critical Appraisal", S. 293.

20 (eigene Übersetzung) Harvey, „Wittgenstein", S. 92.

21 Vgl. ebd., S. 93.

22 Für Wittgensteins persönliches und philosophisches Verhältnis zur Religion Siehe: Bell, „Wittgenstein and Descriptive Theology", S. 1f.

23 Lindbeck, *Lehre*, S. 23.

24 Ebd.

> diesem Buche die ‚erfahrungs- und ausdrucksorientierte' Dimension von Religion nennen möchte. Sie versteht Lehrsätze als nichtmitteilungsbezogene und nichtdiskursive Symbole innerer Gefühle, Haltungen oder existentieller Orientierungen. [...] Ein dritter Ansatz [...] versucht diese beiden Akzente zu verbinden.[25]

Das Problem dieser drei Ansätze ist aus Lindbecks Sicht, dass es schwer ist, „sich die Möglichkeit einer Versöhnung in der Lehre ohne Kapitulation vorzustellen."[26]

Lindbeck plädiert mit seinem postliberalen Ansatz dafür, die Funktion von kirchlichen Lehraussagen im Sinne Wittgensteins in ihrem Gebrauch zu sehen und eben nicht als expressive Symbole oder Wahrheitsbehauptungen. Ihre Funktion ist für ihn

> ihr Gebrauch als für eine Gemeinschaft gültige autoritative Regeln des Diskurses, ihrer Haltung und Handlungsweisen. Daher soll dieses allgemeine Religionskonzept im Folgenden als ‚kulturell-linguistischer' Ansatz bezeichnet werden, und auf das damit implizierte Verständnis von kirchlicher Lehre wird im Sinne einer ‚regulativen' Theorie oder ‚Regeltheorie' verwiesen.[27]

Im Anschluss an Wittgenstein meint Lindbeck also, dass sich Theologie vorrangig als Reflexion des Sinngehaltes eines jeweiligen dogmatischen Konzepts im Rahmen einer religiösen Sprache zu betätigen hat.[28] In seinem Fall ist dies natürlich zunächst die christliche Religion und so verweist er im abschließenden Kapitel von *The Nature of Doctrine*, welches die Überschrift „Toward a Postliberal Theology" trägt, auf die besondere Aufgabe der Dogmatik: die sogenannte „Intratextualität".[29]

Lindbeck arbeitet mit seiner kulturell-sprachlichen Methode nicht wie propositionale oder erfahrungs- und ausdrucksorientierte Methoden extra-

---

25 Lindbeck, *Lehre*, S. 34.

26 Dazu schreibt Lindbeck weiter: „Und tatsächlich wird dies von Vertretern der ersten beiden Typen schlichtweg verneint: entweder muss die Möglichkeit lehrmäßiger Versöhnung oder die lehrmäßiger Konstanz verworfen werden."(34) Zu den Theorien des dritten Typus meint der Yaler Theologe, dass sie Schwierigkeiten haben, die beiden vorherigen Ansätze auf einer logischen Ebene miteinander in Verbindung zu bringen.(35)

27 Lindbeck, *Lehre*, S. 37.

28 Religion kann also für Lindbeck „als eine Art kulturelles und / oder sprachliches Grundgerüst und Medium betrachtet werden, das die Gesamtheit von Leben und Denken formt."(56) Mit Thomas Kuhn sagt Lindbeck nun, dass sich bei Religionen und ihren Lehrsätzen aufgrund sich ändernder Kontexte auch Paradigmenwechsel von statten gehen können. Dies bedeutet aber keinen umfassenden Abschied von dem vorgängigen Paradigma. „Religiöse Traditionen werden nicht transformiert, aufgegeben oder ersetzt, weil neue oder andere Wege des Gefühls über das selbst, die Welt oder Gott aufkommen, sondern weil ein religiöses Interpretationsschema Anomalien bei der Anwendung auf neue Kontexte entwickelt."(67)

29 Vgl. Lindbeck, *Lehre*, S. 164.

textuell, sondern intratextuell.[30] So kann dann aus seiner Sicht auch angemessen bestimmt werden, wie sich „Gott" beispielsweise als Wort in einer Religion verhält und dadurch Religion und Erfahrung prägt. Der Ansatz Lindbecks bezieht sich damit deskriptiv auf die Bedeutung von sprachlichen Phänomenen, wobei Lindbeck und auch Frei der Bibel zutrauen, für deren Verständnis die notwendigen Interpretationsfiguren und Typologien zu liefern. Von der Bibel aus, nicht andersherum, wird in ihren Augen die Wirklichkeit des Menschen heute betrachtet. Lindbeck formuliert dies so: „So beschreibt die intratextuelle Theologie die gesamte Realität innerhalb eines biblischen Grundgerüsts neu, anstatt die Schrift in außerbiblische Kategorien zu übersetzen. Der Text absorbiert sozusagen die Welt und nicht die Welt den Text."[31]

Diese und andere Aussagen aus Lindbecks Grundlagenwerk provozieren die Kritik, die David Trenery in seinem Buch *Alasdair McIntyre, George Lindbeck and the Nature of Tradition* wie folgt zusammenfasst: „[...] Kritiker überbetonen das Ausmaß von Lindbecks Verständnis der Absorption der Welt durch eine Religion, indem sie diesen Vorgang als direkten und einseitigen Prozess verstehen."[32] Das postliberale Denken birgt offenbar die Möglichkeit, theologische Lehrsätze auf eine Binnengrammatik innerhalb eines religiösen Sprachspiels zu reduzieren. Diese Lesart provoziert letztlich eine fideistische, Webster nennt sie sektiererische,[33] Anwendung des postliberalen Denkens[34].

Diese Kritik zeigt: Lindbecks Arbeit ist ambivalent. Zum einen deutet er Lehrsätze als Grammatik des Sprachkosmos einer Religion und zum anderen expliziert er ihren Sinn als diesem Kosmos immanent. Fraglos scheint dies, zumindest auf den ersten Blick, die Möglichkeit offen zu lassen, den postliberalen Ansatz als eine Art Selbst-Immunisierung der Theologie zu verstehen. Weil der Sinn dem jeweiligen System an Lehrsätzen immanent ist, könnte er sozusagen nur von innen her verständlich sein. Nach Trenerys Dafürhalten ermöglicht Lindbeck diese Interpretation letztlich nicht. Lindbeck betont nämlich den prozessualen und kontextuellen Charakter der theologischen Lehrsätze in dem Sinn, dass sie als Grammatik immer bereits Teil eines sprachlichen Kontextes sind, der konstant im Werden begriffen ist. Somit ist die Beeinflussung von Lehrsatz und Kontext eine gegenseitige und der Begriff der Absorption erscheint damit durchaus vielschichtiger.

30 Vgl. ebd., S. 164.

31 Ebd., S. 172.

32 (eigene Übersetzung) Trenery, *Tradition*, S. 214.

33 Vgl. Webster, „Theology", S. 59.

34 Vgl. Trenery, *Tradition*, S. 215.

Frei hat sich innerhalb des postliberalen Denkens vor allem um die Barth-Rezeption verdient gemacht. McCormack hat in seinem Artikel „Beyond Nonfoundational and Postmodern Readings of Barth. Critically Realistic Theology" deutlich hervorgehoben, dass sich Frei gerade in der Zeit nach Barths Tod, in der sein Erbe auf dem nordamerikanischen Kontinent verloren zu gehen drohte, immens um dessen Vermächtnis bemüht hat.[35] Dabei ist sein postliberales Barth-Verständnis laut McCormack zunächst von der Frage geleitet, in welchem Verhältnis Barths Theologie zur Philosophie steht.[36] Diesbezüglich hatte Frei ein Spektrum von insgesamt fünf Typen theologischen Arbeitens entworfen. Auf der einen Seite des Spektrums befinden sich Theologien, die sich als „philosophische Disziplin[en] verstehen, die [in ihrer Anlage] umfassende Priorität gegenüber der Selbstbeschreibung der christlichen Gemeinschaft haben"[37] und auf der anderen Seite solche, die sich als „Aspekt des Christentums [verstehen] [...] und damit teilweise oder umfänglich durch ihre Beziehung zu dessen kulturellem und semiotischen System bestimmt"[38] sind. Erstere nennt Frei Nonfundamentalismus, letztere Fundamentalismus.[39]

Barth wird von Frei gleich neben das letztere Interpretationsmuster, nah zum Fundamentalismus eingeordnet.[40] Er repräsentiert in Freis Spektrum Typ Vier. Seine eigene postliberale Theologie entwickelt Frei dann sowohl im Anschluss an Barth als auch an Wittgenstein, indem er im Sinne seiner Einteilung Barths versucht, deskriptive Aussagen zur Gotteslehre und anderen materialdogmatischen Problemfeldern zu treffen und sie auf ihren jeweiligen Sachgehalt und dessen theoretische Stringenz innerhalb des Sprachkontextes des Christentums zu befragen.

Frei und Lindbeck beschreiten also den Weg postliberaler Theologie sprachanalytisch. Die Dogmatik ist bei ihnen damit stets bindend rückgebunden an das kulturelle und semiotische System „Christentum". So erhalten theologische Festlegungen der Dogmatik als faktischer Teil des Systems Christentum *per se* einen hohen Stellenwert. Wenn dazu noch die Barth-Rezeption Freis, die den Basler Theologen nah am theologischen Fundamentalismus verortet, in den Blick kommt, verwundert es nicht, dass vor allem Frei gelegentlich als wichtiger Vertreter der späteren Neo-Orthodoxie behandelt wird.[41]

---

35 Vgl. McCormack, „Beyond", S. 124.
36 Vgl. ebd., S. 117.
37 (eigene Übersetzung) ebd.
38 (eigene Übersetzung) ebd.
39 Vgl. ebd.
40 Vgl. ebd.
41 Vgl. ebd., S. 115.

6.2.2 Hunsingers analytische Barthrezeption

Nach meinem Dafürhalten reflektiert Hunsingers Arbeit das Denken des Postliberalismus Yalescher Prägung. Er legt stets großes Gewicht auf die Analyse der sprachlichen Gestalt der Theologie, wobei sich zugleich, spätestens in der Kritik an McCormack, zeigt, dass die (altkirchlichen) theologischen Lehrsätze an und für sich erhebliches Gewicht bekommen. Dieser Doppelcharakter der Hunsingerschen Arbeit zeigt sich bereits in einem frühen Text anlässlich des 65. Geburtstages Freis, dessen Vorstellung hier zur Einleitung seiner Arbeit dient.

In diesem Text mit dem Titel „Beyond Literalism and Expressivism: Karl Barth's Hermeneutical Realism" aus dem Jahr 1987 will Hunsinger gegenüber dem Postliberalismus im Verweis auf Barth aufzeigen, dass es eine weitere Alternative zu rein propositionalen wie rein erfahrungsbezogenen Verständnissen theologischer Lehrsätze gibt. Er verweist diesbezüglich auf das Wort Gottes, das nach seinem Dafürhalten bei Barth zum objektiven Kriterium der Dogmatik wird.[42]

Hunsinger schreibt: „Barth war überzeugt, dass Annahmen im Kontext der christlichen Theologie [...] durch ihre Übereinstimmung mit dem Wort Gottes, wie es in der Heiligen Schrift bezeugt ist, gerechtfertigt werden können."[43] Dieser „hermeneutische Realismus" basiert nicht auf neutralen, scheinbar von sich aus evidenten und universell zugänglichen extratextuellen Annahmen, seien sie objektiver oder subjektiver Natur.[44] Vielmehr hat er seinen Referenzpunkt im lebendigen Wort Jesus Christus.

Den Zugang zu diesem Referenzpunkt, der die Übereinstimmung von göttlichem Tun und dessen menschlicher Wahrnehmung erkennbar werden lässt, ermöglicht für Hunsinger die persönliche Begegnung mit der Schrift: „Als die indirekte aber konkrete Form des göttlichen Wortes hat die Schrift einen objektiven Standard etabliert, durch den das menschliche Tun der dogmatischen Arbeit menschlich (und nur menschlich) beurteilt werden kann."[45] Die Schrift schafft für Hunsinger also durch ihren Verweis auf Gottes Wort einen Raum, in dem über theologische Lehrsätze geurteilt werden kann.[46] Das objektive Kriterium für dieses Urteil ist Jesus Christus, in dem Gott als der ganz Andere sich geheimnisvoll, das heißt für Hunsinger in unverständlicher Weise verständlich, erkennbar gemacht hat.

---

42 Vgl. Hunsinger, „Realism", S. 210.
43 (eigene Übersetzung) ebd., S. 223.
44 Vgl. ebd., S. 210.
45 (eigene Übersetzung) ebd., S. 223.
46 Vgl. ebd., S. 210.

„Beyond Literalism and Expressivism" ist damit, wie es auch McCormack zeigt, eine Kritik an Lindbeck aus einer von Barth inspirierten Perspektive.[47] Hunsingers wenig später erscheinende Dissertation wird diese Kritik implizit fortführen, indem er mit ihr den unverständlich-verständlichen Charakter von Gottes Offenbarung in seinem Wort systematisch expliziert. Im Sinne der intratextuellen Theologie verweist er dabei unter anderem auf deren aktualistische und partikularistische Form und darauf, wo diese Formen im Rahmen der religiösen und theologischen Sprache auftreten. Während Lindbeck jedoch zuvörderst betont, dass intratextuelle Theologie in der Lage ist, den text-immanenten Sinn einer Annahme oder eines einzelnen Wortes für die Regeln einer Religion darzulegen, zeigt sich bei Hunsinger, dass diese sprachlichen Formen nicht nur die Realität der religiösen Erfahrung prägen, sondern im Modus der verständlichen Unverständlichkeit als Offenbarung wahrgenommen werden können.

So transformiert Hunsinger die postliberalen Überzeugungen im Anschluss an Barth und legt dar, dass der Sinn theologischer Aussagen in der Realität der Begegnung mit dem Wort Gottes in der Heiligen Schrift objektiv ist. Diese Transformation des Postliberalismus ist sicherlich keine Selbst-Immunisierung der Theologie, nichtsdestoweniger zeigt sich spätestens in der Zeit seiner Auseinandersetzung mit McCormack, dass Hunsinger erhebliches Gewicht auf die sprachliche Form theologischer Annahmen legt und damit aus dem integrativen Element des postliberalen Denkens eine tendenziell abgrenzende Methode entwickelt.

6.2.3 *How to read Karl Barth*: Der systematisch-theologische Ansatz der Barth-Studie Hunsingers

Als Schüler Freis hat sich Hunsinger früh und umfassend mit dem Werk Barths befasst. Dabei ist Hunsingers Barth-Analyse zumindest in den Jahren zwischen 1985 und 1999 von einem ähnlichen Impetus geprägt wie die McCormacks. Wenngleich sich seine Prägung durch die Zeit in Yale bei ihm methodisch niederschlägt, bemüht er sich, die paradoxen, dialektischen oder auch aktualistischen Elemente der Arbeit des Schweizer Theologen explizit hervorzuheben. Das Ergebnis seiner Studien lässt sich zuerst in systematischer Gestalt in dem 1991 erschienen Buch *How to read Karl Barth* einsehen. Mit ihm legt Hunsinger einen postliberal geprägten, aber durchaus eigenständigen Wegweiser durch das Barthsche Oeuvre vor.[48] Wenn-

47 Vgl. McCormack, „Beyond", S. 136.

48 Vgl. Hunsinger, *Karl Barth*, S. 4.

gleich auch hier die sprachanalytische Methode im Vordergrund steht, lässt sich doch meines Erachtens gerade an diesem Werk Hunsingers auch die analytisch-theologische Eigenständigkeit seines Denkens nachvollziehen.

Im Sinne des Postliberalismus nimmt Hunsinger Barths dogmatische Sprache in den Blick. Dabei will er seine Leserschaft zunächst einmal dazu befähigen, in den oftmals kontraintuitiv und paradox erscheinenden Aussagen Barths Muster zu erkennen.[49] Die Wahrnehmung dieser Muster ebnet ihm dann in einem zweiten Schritt den Weg, Barths multidimensional angelegtes Konzept von „Wahrheit in der Unverständlichkeit, in der sie sich darstellt,“[50] zu verstehen.

Der Blick auf die theologische Sprache in ihrer vorliegenden Gestalt und auf deren Eingebettetsein in den Kultur- und Sprachzusammenhang des Christentums zielt bei Hunsinger auf die Darstellung der Paradoxien und der Dialektik der Barthschen Dogmatik. Dabei stellt er dar, dass Barth gerade dann droht, missverstanden zu werden, wenn diese Phänomene zugunsten einer augenscheinlich konziser anmutenden Denkform aufgelöst werden sollen. Insofern stellt meines Erachtens auch die Arbeit Hunsingers, welche die theologische Wahrheit gerade in der scheinbaren Unverständlichkeit der Barthschen Formulierungen zu finden sucht, eine produktive Auseinandersetzung mit dem Phänomen der Neo-Orthodoxie dar, die laut Dorrien ja stets bemüht war, in Barths Theologie ein Grundthema oder doch zumindest ein reformatorisch oder altkirchlich geprägtes Grundanliegen auszumachen.[51]

Aber nicht nur die Neo-Orthodoxie wird von Hunsinger in Frage gestellt. Explizit will er sich von einer ganzen Reihe von vorhergehenden Interpretationsversuchen unabhängig machen, wobei für ihn, wie für McCormack, zunächst von Balthasar eine wichtige Rolle spielt. Jener hatte in seinen Augen letzten Endes nach einer Denkform im Barthschen Werk gesucht und diese zuerst mit der Dialektik, später mit der rückkehrenden Analogie identifiziert. Aber Hunsinger befasst sich auch mit anderen Barth-Rezipienten: Thomas Forsyth Torrance hatte in seinen Augen gemeint, den Mittelpunkt des Barthschen *opus magnum* im Wort Gottes gefunden zu haben.[52] Neben diesen beiden erwähnt Hunsinger auch Gerrit Cornelius Berkouwers und Jensons Arbeit als Lesarten Barths. Allen genannten will Hunsinger nun eine alternative Barth-Interpretation gegenüberstellen.[53]

49 Vgl. ebd., S. vii.
50 (eigene Übersetzung) ebd., S. ix.
51 Vgl. Dorrien, *Revolt*, S. 6.
52 Vgl. Hunsinger, *Karl Barth*, S. 9.
53 Vgl. ebd., S. 17.

Hunsingers Gegenentwurf zu den genannten Barth-Lesarten lebt von seiner These, im Barthschen Werk fände sich trotz aller Paradoxie ein systematisch darstellbares „‚Arrangement' von Motiven"[54]. Dieses stellt er der bisherigen Barth-Rezeption gegenüber. Die Motive der Barthschen Theologie sind seines Erachtens „Aktualismus", „Partikularismus", „Objektivismus", „Personalismus", „Realismus" und „Rationalismus". Sie stellen aus Hunsingers Sicht das Licht dar, in welchem die Theologie Barths trotz ihres Umfangs, ihrer Redundanz und Eigenart verständlich wird.

Paul E. Stroble hat in seiner Rezension von *How to read Karl Barth* eine kurze Zusammenfassung der einzelnen von Hunsinger bei Barth herausgearbeiteten Motive dargelegt.[55] „Aktualismus" bedeutet für Hunsinger, dass Sein bei Barth den Charakter eines Ereignisses hat. „Partikularismus" beschreibt, dass Barth alle dogmatischen Konzepte von dem einen Ereignis Jesus Christus bestimmt sein lässt, sodass diese vom Partikularen zum Allgemeinen hin erarbeitet werden. Barths „Objektivismus" meint, dass die göttliche Offenbarung und Versöhnung in göttlicher Vollmacht durch nicht-göttliche Ereignisse, für innerweltliche Wahrnehmung also „objektiv" wahrnehmbar, stattfindet. „Personalismus" meint dann, dass sich Gottes Selbst-Offenbarung durch persönliche Anrede oder Begegnung vollzieht. „Realismus" verweist darauf, dass die theologische Sprache durch die göttliche Gnade wirklich auf ihr Objekt referiert und „Rationalismus" weist darauf hin, dass die Vernunft nach Barth stets innerhalb der Grenzen der Offenbarung funktioniert und der Glaube damit die Basis des theologischen Nachdenkens ist.

Im Folgenden konzentriere ich mich auf die Verständigung über zwei Motive der Barthschen Sprache, die Hunsingers Ansatz meines Erachtens ausreichend nachvollziehbar machen. Gleich das erste Motiv der Barthschen Theologie, das Hunsinger in seiner Arbeit nennt und analysiert, ist der Aktualismus, in dem er Barths Verständnis von Gottes Sein als Akt nachvollzieht.[56] „Generell gesprochen meint das, dass er [Barth] eher im Sinne von Ereignissen oder Beziehungen spricht als von monadischen, in sich geschlossenen Substanzen."[57] Gott kann für Barth also laut Hunsinger nicht abseits davon beschrieben werden, dass wir ihn als lebendig verstehen. Für Hunsinger bedeutet das, dass wir Gott nicht abseits von dem grundlegendem Akt verstehen, in dem er lebt. Dieser Akt ist Gottes Sein in Freiheit und Liebe.[58]

54 (eigene Übersetzung) Hunsinger, *Karl Barth*, S. 23.

55 Vgl. Stroble, „Review", S. 447.

56 Vgl. Hunsinger, *Karl Barth*, S. 30.

57 (eigene Übersetzung) ebd., S. 30.

58 Vgl. ebd.

Dass Gottes Sein als Akt nicht anders als Ereignis und Beziehung verstanden werden kann, meint in Hunsingers Augen, dass Gottes trinitarisch verfasstes Sein zunächst an und für sich ist: „Das Sein Gottes ist ein Sein in Liebe und Freiheit. Gott, der uns nicht benötigt, um der lebendige Gott zu sein, ist ohne uns vollkommen. Denn Gott ist lebendig in tatkräftigen Beziehungen der Liebe und Freiheit, die Gottes Sein in und für sich selbst konstituieren.“[59] Gott ist dieser Akt also bereits für sich ganz und gar unabhängig von der Welt. Dieser Akt allein ist von aller Ewigkeit her das Sein des Vaters, des Sohnes und des Heiligen Geistes.[60]

Hunsinger sieht den „Aktualismus“ bei Barth als einen Aspekt der göttlichen Vollkommenheit. Für Barth ist es die Möglichkeit zu betonen, dass Gott in seiner Vollkommenheit der lebendige Gott ist. Gott benötigt damit niemandem, noch wird er erst der lebendige Gott, indem er sich der Welt zuwendet. Deswegen ist er bereits trinitarisch verfasster Gott, Vater, Sohn und Heiliger Geist, an sich. Er ist darin der lebendige Gott in Ewigkeit. In dieser lebendigen trinitarischen Verfasstheit ist er sich selbst genug ohne monadisch zu sein.

Ein zweites Motiv, das Hunsinger im Rahmen seiner Analyse der Theologie Barths vorstellt, ist das des Partikularismus: „[...] Barth fragt nicht zuerst, was generell wahr oder bedeutsam ist, um dem theologische Aussagen im Anschluss anzupassen.“[61] Hunsinger versteht Barths „Partikularismus“ als Ablehnung allgemeiner Konzepte im Rahmen des theologischen Denkens.[62] Aus seiner Sicht erarbeitet Barth stets seine systematischen Annahmen von der Betrachtung partikularer Ereignisse aus. Als Beispiel dient Hunsinger Barths Konzeption des Begriffs „Liebe“ im Rahmen der Gotteslehre.[63] Dabei zeigt er, dass „Liebe“ als allgemeines Konzept für Barth theologisch nicht verwendbar ist. In der Betrachtung der konkreten Liebe Gottes kann das Konzept Liebe jedoch verstanden, expliziert und theologisch verwandt werden.[64]

Hunsinger verweist im Rahmen seiner Betrachtung des Barthschen Partikularismus darauf, dass Barth den allgemein explizierten altkirchlichen Dogmen ganz treu bleibt, obgleich er die Partikularitäten des biblischen Narratives im Besonderen betont. Hunsinger erkennt Barths Stärke dann gerade darin, dass er die Diskrepanzen, die sich zwischen den allgemeinen

59 (eigene Übersetzung) ebd., S. 30.
60 Vgl. ebd.
61 (eigene Übersetzung) ebd., S. 32.
62 Vgl. ebd.
63 Vgl. ebd.
64 Vgl. ebd.

dogmatischen Konzepten und den biblisch belegten partikularen Ereignissen ergibt, nicht einebnet:

> Barths Sinn war es, den Anomalien nicht mittels einfacher Erklärung zu begegnen, sondern, indem er sie stehen ließ. [...] So ermöglicht das Motiv des Partikularismus einen tiefgreifenden Respekt für das Geheimnis. Es war Ausdruck der Barthschen Überzeugung, dass wir aus dem Glauben und nicht aus dem Sehen leben.[65]

Hunsinger sieht also das Verdienst der theologischen Arbeit Barths darin, dass sie in der Lage ist, das göttliche Geheimnis auszudrücken. Dies offenbart sich aus Hunsingers Sicht besonders im Nebeneinanderstehen theologischer Systematik und biblisch fundiertem Partikularismus. Diese Analyse Hunsingers zeigt in meinen Augen jedoch neben der Hervorhebung des paradoxen Charakters der Barthschen Theologie auch, dass Hunsinger dessen dogmatische Arbeit im Letzten nicht umfassend durch den Partikularismus geprägt versteht, sondern diesen lediglich als ein Formelement unter Vielen wahrnimmt und die altkirchlichen Konzepte als an sich autoritativ neben die Überlieferung der Heiligen Schrift platziert.

Hunsingers Auseinandersetzung mit den Motiven des Aktualismus und Partikularismus zeigt aus meiner Sicht eine grundlegende Spannung, welche seine Absatzbewegung vom Postliberalismus erzeugt. Diese gibt nämlich im Letzten zwei Richtungen an, in die Hunsingers Interpretation des Zusammenhangs von Gottes Sein und dessen Tun in seiner Offenbarung bei Barth zielt: Er hebt sowohl die kritischen Eigenheiten der Barthschen Sprache hervor und präsentiert zugleich eine Interpretation seines Denkens, in welcher Gott und die Schöpfung im Sinne der altkirchlichen Bekenntnisse wesenhaft unterschieden und getrennt sind.

Hunsinger achtet also bereits in dieser Zeit sehr bestimmt auf die Unterscheidung der göttlichen und geschöpflichen Sphäre. Nach meinem Dafürhalten gelingt ihm dies, indem er die Motive den Sphären jeweils einzeln zuschreibt. Der Aktualismus betrifft die göttliche Sphäre und Gottes Sein-als-Akt ist damit *per se* sein Sein für sich. Der Partikularismus der biblischen Geschichten ist dagegen etwas, das von Barth laut Hunsinger den allgemeinen Konzepten der (altkirchlichen) Gotteslehre bewusst gegenüber gestellt wird. Er betrifft dabei aber in meinen Augen vor allem die Sprache der biblischen Geschichten und ihrer theologischen Reflexion.

An dieser Unterscheidung von göttlicher und geschöpflicher Sphäre zeigt sich: Die Darlegung des Barthschen Arrangements von Motiven ist für Hunsinger bewusst kein holistisches Konzept, im Sinne von beispielsweise McCormacks Verweis auf die immer durchdringendere Christozentrik, in

---

65 (eigene Übersetzung) Hunsinger, *Karl Barth*, S. 34.

der Barths expressionistische Sprache zunehmend als Ganze theologisch verarbeitet wird. Was Hunsinger mit der Analyse der Barthschen Motivik jedoch im Besonderen gelingt, ist eine gegenüber der Neo-Orthodoxie kritische Hervorhebung der paradoxen und dialektischen Elemente der theologischen Sprache Barths, die zugleich (wie die Neo-Orthodoxie) herausstellt, dass Gottes Sein in seinem Tun ganz im Sinne der altkirchlichen Symbole nachvollzogen wird.

Die Darlegung der Motivik im Barthschen Denken ist für Hunsinger kein Zweck an sich, sondern dient dem Nachvollzug des Barthschen Wahrheitskonzept. Dazu schreibt Hunsinger, laut Barth sei es die Aufgabe „der Theologie, die multidimensionale Wahrheit in der Unverständlichkeit, in der sie sich präsentiert, nicht weniger unverständlich zu machen als sie in Wirklichkeit ist, um sie damit nicht in etwas gewöhnlicheres und weniger Ehrfurcht gebietendes zu verwandeln."[66] Hunsinger will aufzeigen, dass Barths Arbeit nur als Reaktion auf die Infragestellung unserer sprachlichen Struktur im Angesicht des Einbruchs göttlicher Wahrheit verstanden werden kann. Nach diesem Einbruch kann die Theologie ausdrücklich nur in Paradoxa und der Verbindung von Gegensätzen arbeiten. Die Motive dieser Arbeit sind dann die spezifischen Termini und Strukturen, die das Argument und die Form dieser Theologie als Ganzer und damit zugleich auch Gottes Wirklichkeit erkennbar machen.[67]

Unter Zuhilfenahme der sechs herausgearbeiteten Motive bespricht Hunsinger im zweiten Teil seiner Barth-Analyse, was jener unter Wahrheit versteht. Hunsinger illustriert Barths vielschichtige und genuin theologische Wahrheitskonzeption, wobei er letzten Endes zu dem Schluss kommt, dass „Jesus Christus das Zentrum dieser Motive ist"[68]. Dazu sagt er: „Realismus und Rationalismus verweisen auf keine Wahrheit im Sinne einer Übereinstimmung oder Kohärenz, die nicht originär und zugleich endgültig in ihm zentriert ist."[69] Auch „Aktualismus und Partikularismus zeigen an, dass es keine ereignishafte oder einzigartige Wahrheit gibt, die nicht originär und zugleich endgültig in ihm zentriert ist."[70] Nicht zuletzt deuten für ihn „Objektivismus und Personalismus [...] an, dass es keine vermittelte oder in Begegnung stattfindende Wahrheit gibt, die nicht ursprünglich und zugleich endgültig in ihm zentriert ist."[71]

66 (eigene Übersetzung) ebd., S. ix.
67 Vgl. ebd., S. ix.
68 (eigene Übersetzung) ebd., S. 229.
69 (eigene Übersetzung) ebd.
70 (eigene Übersetzung) ebd., S. 230.
71 (eigene Übersetzung) ebd., S. 231.

An diesem Punkt lässt sich Hunsingers Standpunkt für die vorliegende Untersuchung vorläufig analysieren: Das zentrale Thema seiner Barth-Analyse ist Wahrheit, die er durch sechs sprachliche Motive vermittelt expliziert. Darin steht er meines Erachtens in direkter Nachfolge zu den prägenden Figuren der postliberalen Theologie, die in ihrem sensiblen Blick auf den Sprachraum Christentum und die Pluralität seiner Konfessionen versucht haben, durch die Entwicklung eines vielschichtigen Wahrheitsbegriffes diese vermittelte Wahrheit in den jeweiligen religiösen und theologischen Sprachen aufzuzeigen.[72] Gleichzeitig erhält das Wahrheitskonzept bei Hunsinger eine eigene, mehr christologisch orientierte Prägung. Während er Lindbecks Wahrheitskonzept prädikativ versteht, platziert er selbst, wie er in seinem Artikel „Truth als Self-Evolving" schreibt, in Anschluss an Barth Jesus Christus als Wahrheit des Evangeliums, in dem sich Gottes unendliche Freiheit und Unabhängigkeit zeigt, in den Mittelpunkt seiner Barth-Rezeption und seiner eigenen Theologie.[73]

Hunsingers Wahrhheitskonzept geht also über ein rein semantisches Verständnis hinaus. Er sieht in Jesus Christus als dem Wort Gottes die Wahrheit, die das Kriterium der religiösen Sprache des Christentums ist. Betrachtet man dies auf dem Hintergrund seiner Prägung durch die postliberale Yale-Schule, die ihren Fokus auf der sprachanalytischen Beschreibung und Analyse der Barthschen *theologoumena* hat, sieht man, dass Hunsinger seine Barth-Analyse anders als diese aber auch anders als McCormack beginnt, obgleich er wie jener die Idee einer Denkform, eines formalen Schemas also, das noch vor der Begegnung mit der Offenbarung Gottes die Theologie prägt, entschieden ablehnt.

6.2.4 Hunsingers Interpretation der Barthschen Christologie

Hunsingers Barth-Rezeption beschränkt sich nicht auf die allgemeinen Voraussetzungen und die Struktur seiner Theologie. Wie McCormack befasst auch er sich früh und ebenso ausführlich mit Barths Christologie und auf den ersten Blick könnten ihre Interpretationen unterschiedlicher kaum sein: Während McCormack wie oben dargelegt zunächst die generelle Frage gestellt hatte, wie Barths Christologie überhaupt mithilfe des Schemas des *Chalcedonense* expliziert werden könne, bezeichnet Hunsinger dessen Christologie in seinem Artikel „Karl Barth's Christology – Its basic

72 Das Konzept „Wahrheit" spielt in der postliberalen Theologie eine zentrale Rolle. Lindbeck behandelt es unter anderem in seinem Buch *The Nature of Doctrine*. Für eine luzide Auseinandersetzung mit dessen Konzept Siehe: Richards, „Truth and Meaning in George Lindbeck's *The Nature of Doctrine*", S. 35.

73 Vgl. Hunsinger, „Truth", S. 313.

chalcedonian Character“ von 1999 als die elaborierteste chalcedonische Christologie, die jemals in der christlichen Dogmengeschichte aufgetaucht ist.[74] Interessanterweise ist Hunsingers Standpunkt aber letzten Endes nicht fern von dem McCormacks. „Karl Barth's Christology“, der sich auch in Hunsingers Sammelband *Disruptive Grace* findet, zeigt meines Erachtens eher, dass die Christologie in dieser Zeit noch kein materialdogmatisches Problemfeld ist und die Standpunkte der beiden Princetoner Theologen sich hier letztlich nicht fundamental unterscheiden.

Zunächst bietet Hunsinger in besagtem Artikel eine instruktive Darstellung der altkirchlichen Denkmustern, die dem *Chalcedonense* dogmengeschichtlich voraus gingen: der Antiochenischen und der Alexandrinischen Christologie. Während erstere laut Hunsinger die Gottheit Jesu weniger intrinsisch als partizipativ verstand, betonte letztere, dass Jesu Menschheit mehr den Charakter einer Erscheinung als den einer seinsmäßigen Wirklichkeit besitzt.[75]

Im Anschluss an diese Einführung in die altkirchlichen *theologoumena* zeigt Hunsinger, dass Barths grundsätzliches Problem mit diesen beiden Denkmustern darin lag, dass sie mit bereits bestehenden Konzepten versuchen, das Schicksal Jesu Christi zu explizieren. Das *Symbolum* von 451 tut dies laut Barth nicht. Es bekennt gegenüber beiden vor-chalkedonischen Denkmustern Jesus Christus als eine Person in zwei Naturen, die vollständig, ungetrennt und zugleich auch nicht vermischt oder veränderlich sind.[76] Die so explizierte Gott-Mensch-Einheit in Jesus Christus ist nicht mit bestehenden Denkmuster vergleichbar, sondern ist, so zeigt es Hunsinger, für Barth als ein *Novum* zu verstehen.[77] Sie entspricht nach Barths Dafürhalten weder einem Phänomen der Geschichte davor noch danach, sondern kann nur durch die Einzigartigkeit des freien göttlichen Handelns erklärt werden.[78]

Hunsinger erläutert dann angesichts der Barthschen Analyse der (vor-) chalkedonischen Denkmuster dessen eigene Christologie:

> Was Barths Christologie von der Alexandrinischen und Antiochenischen Christologie unterscheidet, ist im Grunde, dass diese beiden Alternativen, jeweils in ihrer eigenen Form, das Geheimnis der Fleischwerdung in einer Art auflösen, dass es auf der Basis von alltäglicher Erfahrung und Geschichte verstanden werden soll. Sie

74 Vgl. Hunsinger, „Christology“, S. 129.
75 Vgl. ebd., S. 130.
76 Vgl. ebd., S. 129.
77 Vgl. ebd., S. 131.
78 Vgl. ebd.

optieren hier für einen einheitlichen Gedanken auf Kosten einer unaussprechlichen Wirklichkeit.[79]

Bis zu diesem Punkt sind sich Hunsinger und McCormack meiner Meinung nach einig. Wie McCormack weist auch Hunsinger zunächst auf Barths (späteres) Verständnis der Inkarnation als Geschichte hin[80] und betont zusätzlich, dass „Barth womöglich der erste Theologe in Verlauf der Dogmengeschichte ist, der überlegt zwischen der Alexandrinischen und Antiochenischen Ausdrucksweise alterniert"[81] und somit nur verstanden werden kann, wenn er „dialektisch gelesen"[82] wird.

Betrachtet man Hunsingers Interpretation der Barthschen Christologie bis zu diesem Punkt, verwundert seine strenge Haltung gegenüber der Problemanzeige, die McCormack mit „Grace and Being" ein Jahr später vorstellen wird. Natürlich zeigt sich bereits hier, dass für Hunsinger eine eventuelle Entwicklung Barths in den Artikeln, die in *Disruptive Grace* veröffentlicht sind, kaum eine Rolle spielt. Aber es gibt noch eine weitere Differenz, die sich nach meinem Dafürhalten, in „Karl Barth's Christology" ausmachen lässt. Hier deutet sich meines Erachtens an, dass Hunsinger die Implikationen, die sich laut McCormack aus der Barthschen Interpretation der altkirchlichen Kategorien der Christologie ergeben, nicht mitträgt. Dies zeigt sich, wie ich meine, bei seinem Begriff von der göttlichen Freiheit.

Hunsinger sagt, die unaussprechliche Wirklichkeit des wahren Menschen und wahren Gott Jesus Christus „[...] muss [...] als etwas verstanden werden, dass in seiner ganzen Unverständlichkeit in und durch Gottes Freiheit tatsächlich statt gefunden hat."[83] Auf der einen Seite streicht Hunsinger also die christologischen Paradoxien heraus: Wahrer Gott und wahrer Mensch sind in unergründlicher Art und Weise in Jesus Christus eins geworden. Auf der anderen Seite stellt er fest: Der Ermöglichungsgrund für dieses Zusammenkommen ist Gottes Freiheit. Mit ihr kann Hunsinger die Paradoxien der Barthschen Christologie erklären.[84] Damit verbindet er sie jedoch mit einem durchaus konventionellen Gottesbegriff. Jesu Wirklichkeit als Mensch und Gott darf also einerseits nur angesichts der paradoxen

79 (eigene Übersetzung) Hunsinger, „Christology", S. 136.

80 Vgl. ebd., S. 141.

81 (eigene Übersetzung) ebd., S. 135.

82 (eigene Übersetzung) ebd., S. 140.

83 (eigene Übersetzung) ebd., S. 136.

84 Aus meiner Sicht ist hier eine Rückfrage angebracht: Werden mit „Gottes Freiheit" und „christologische Paradoxien" nicht unterschiedliche Kategorien miteinander verhandelt? Gottes Freiheit ist ja eine Wesenseigenschaft, während „christologische Paradoxien" eher eine theologische Metaaussage zur Christologie ist, die lediglich den Argumentationsstand festhält.

Wirklichkeit der Inkarnation selbst definiert werden und andererseits ist diese nach Hunsingers Dafürhalten bei Barth nur als Realisierung der göttlichen Freiheit in ihrem klassischen Verständnis als absolute Unabhängigkeit von der Schöpfung zu verstehen.[85]

Für Hunsinger ist also in theologischer Hinsicht klar, dass die Inkarnation bei Barth nicht ohne den entscheidenden Blick auf die göttliche Freiheit fassbar ist. Nur sie ermöglicht die in Barths Theologie oftmals paradox sich darstellende Wirklichkeit Jesu Christi. Damit betont Hunsinger auf der einen Seite Barths Verwendung dialektischer und paradoxer sprachlicher Nebeneinanderstellungen und expliziert sie zugleich auf der anderen Seite als Aspekte der Realisierung der göttlichen Freiheit im Schicksal Jesu Christi. So drücken diese Nebeneinanderstellungen also die in der Fleischwerdung verwirklichte Freiheit Gottes aus.

An diesem Punkt ergibt sich in meinen Augen eine Parallele zur allgemeinen Barth-Analyse Hunsingers. Die Nebeneinanderstellungen, von denen er spricht, haben ihre Wirklichkeit auf der Ebene der religiös-theologischen Sprache. Damit stellt sich jedoch die Frage, ob sie Gott in seinem Wesen betreffen; ob sie also eine theologisch-ontologische Relevanz besitzen. Bisher ist genau diese Frage nach der Relevanz der sprachlichen Motive für Hunsingers Erarbeitung einer göttlichen Ontologie im Anschluss an Barth offen. Ein anderer materialdogmatischer Artikel des Buches *Disruptive Grace*, die ebenfalls im Jahr 1999 erschienene Analyse der Barthschen Trinitätslehre „Mysterium Trinitatis", beantwortet dahingegen die Frage nach der Relevanz der von Hunsinger herausgearbeiteten Muster von Barths theologischer Sprache für die göttliche Ontologie recht klar.

6.2.5 Hunsingers Interpretation der Barthschen Trinitätslehre

Mit „Mysterium Trinitatis: Karl Barth's Conception of Eternity" expliziert Hunsinger Barths Trinitätslehre auf dem Hintergrund von dessen Vorstellung der Ewigkeit.[86] Dabei zeigt er, dass Barth das Phänomen der Ewigkeit mit Hilfe der Trinitätslehre reformuliert.[87] Dies dient Barth aus Hunsingers Sicht der erneuten Betonung der göttlichen Freiheit. Dazu bemerkt er, in Barths Vorstellung von Ewigkeit sei „Gottes volle und souveräne Freiheit [exemplifiziert und garantiert]. [...] Nirgendwo ist Barths Fokus auf Gottes

85 Vgl. Hunsinger, „Christology", S. 138.
86 Vgl. Hunsinger, „Mysterium", S. 186.
87 Vgl. ebd., S. 189.

Freiheit als der Herr deutlicher als in seiner trinitarischen Konzeption der Ewigkeit.“[88]

Hunsinger greift auf Barths Lehre von der Trinität aus dem Band I/1 der *Kirchlichen Dogmatik* zurück. Darin identifiziert er drei Aspekte der Barthschen Reformulierung der Idee der Ewigkeit: Zunächst Gottes Sein in seiner Selbst-Identität, dessen *ousia* also, Gottes Selbst-Differenzierung, also seine *Hypostasen*, und Gottes ewiges Leben, sprich: die *perichoresis* Gottes.[89]

Hunsinger erläutert Barths Verständnis der *ousia*, der *Hypostasen* und der *perichoresis* also unter der Maßgabe, dass Gottes Freiheit nirgendwo deutlicher zu Tage tritt als in der trinitarischen Konzeption der Ewigkeit. Die *ousia* Gottes versteht Hunsinger als Subjekt, das sich als Herr frei und souverän dazu entscheidet, trinitarisch zu sein.[90] Er schreibt dazu: „Die Tiefe der göttlichen *ousia* ist für Barth ein einziges, selbst-identisches Subjekt, ein handelndes Ich, der Herr, frei und souverän in trinitarischer Selbst-Differenzierung.“[91]

Aber, so Hunsinger weiter, der „Herr existiert nicht abstrakt, denn die eine *ousia* existiert in und nur in den drei *Hypostasen*. Die drei *Hypostasen* sind damit Gottes freie Subjektivität als der eine Herr. Das handelnde göttliche Subjekt differenziert sich in eine Dreiheit, um zugleich unzertrennlich Einer zu bleiben.“[92] Die drei *Hypostasen* sind also laut Hunsinger das Subjektsein der *ousia* in seiner Konkretheit und auch Herrschaft.

Nicht zuletzt weist Hunsinger darauf hin, dass Gott sich auch

> als Drei in der Gemeinschaft seines ewigen Lebens vereinigt. Diese Gemeinschaft hat die Form eines gegenseitigen Durchdringens. *Perichoresis* meint dann, dass der Vater im Sohn und der Sohn im Vater, in der Gemeinschaft des Heiligen Geistes bis in Ewigkeit ist. Es meint, dass jede *Hypostase* an den anderen *Hypostasen* vollständig Anteil hat. Sie weilen damit inniger ineinander als, sollte dies möglich sein, ein mathematischer Punkt, während sie in ihren sie wesenhaft eigenständig definierenden Unterschieden verbleiben. [...] Inmitten ihres gegenseitigen Innewohnens bleibt der Vater damit der Vater, der Sohn bleibt der Sohn und der Heilige Geist bleibt der Heilige Geist.[93]

Hunsinger konzentriert sich in seiner Analyse der Barthschen Trinitätslehre auf dessen explizite Aussagen zu diesem *theologoumenon*. Festlegungen im oder nach dem Band II/2 der *Kirchlichen Dogmatik* werden in

---

88 (eigene Übersetzung) Hunsinger, „Mysterium“, S. 189.
89 Vgl. ebd., S. 190.
90 Vgl. ebd.
91 (eigene Übersetzung) ebd.
92 (eigene Übersetzung) ebd.
93 (eigene Übersetzung) ebd.

seinem Artikel nicht berücksichtigt. So ist es ganz naheliegend, dass er zum einen zeigt, wie Einheit und Dreiheit nicht nur gemeinsam als trinitarisches Geheimnis existieren, sondern zum anderen (und das betont Hunsinger ausführlich) vor allem auch gleich ursprünglich. Einheit und Dreiheit kommen Gott in ursprünglicher und wesenhafter Weise zu, sodass Gottes Immanenz an und für sich trinitarisch verfasst ist. Im Umkehrschluss bedeutet das, dass die Dreiheit Gottes keinen Ursprung in der göttlichen *oikonomia* hat, sondern nur in der göttlichen *koinonia*.[94]

Hunsinger expliziert die Trinität also als Funktion der freien göttlichen Herrschaft. Gott will in seiner Unabhängigkeit und Allmacht, in den drei *Hypostasen*, für sich existieren. In ihnen lebt er laut Hunsinger in ewiger Identität und Gemeinschaft mit sich selbst.[95] Der Ursprung der Trinität ist damit grundlegend und nach meinem Dafürhalten auch ausschließlich der göttliche Wille dreifaltig zu sein.

Diese Analyse der Barthschen Trinitätslehre zeigt, welche theologisch-ontologische Relevanz die sprachlichen Motive seiner Theologie aus Hunsingers Sicht haben. Letztlich haben sie keinen Einfluss auf die Entfaltung der Gotteslehre, sondern werden den altkirchlich geprägten Vorstellungen von Gottes trinitarisch verfassten Wesen lediglich gegenüber gestellt. Gerade in der Herausstellung der Paradoxie des Nebeneinanders dieser Motive und den altkirchlichen Vorstellungen zur göttlichen Ontologie, dienen sie Hunsinger dazu, Gottes trinitarisch verfasste Freiheit, Allmacht und Unabhängigkeit im Besonderen zu betonen.

6.2.6 Fazit: Hunsingers Arbeit zur Grundlegung der Theologie, sowie Christologie und Trinitätslehre

Hunsingers Arbeit unter den Vorzeichen der postliberalen Theologie beschäftigt sich viel mit dem Sinngehalt der religiösen, speziell der theologischen Sprache. In diesem Sinn nimmt er auch Barths Werk in den Blick und untersucht dessen Motivik. Dabei ist sein Verhältnis zum Postliberalismus zunächst jedoch ein durchaus kritisches. Er zeigt, dass Barths Theologie mit dem Wort Gottes in ihrer Mitte die von Frei und Lindbeck erörterte Problemlage heutiger theologischer Auseinandersetzungen überwindet.

Bei seiner Barth-Analyse selbst spielen dann Motive wie der Aktualismus und Partikularismus eine wichtige Rolle. Indem er sie gerade auch in ihrer Paradoxie und Dialektik gegenüber den altkirchlich geprägten Vorstellungen von Gott beschreibt, kommt er zu einem Verständnis der Barth-

94 Vgl. ebd., S. 195.
95 Vgl. ebd., S. 192.

schen Theologie, die die Selbstimmunisierungstendenzen, sowohl der Neo-Orthodoxie, wie des radikalen Liberalismus, hinter sich zu lassen sucht. Nichtsdestoweniger steht bereits im Zentrum dieser Barth-Analyse Gott, der sich in Jesus Christus als an sich trinitarisch verfasster und *per se* von der Welt unterschieden und unabhängiger Gott offenbart. Die göttliche Gnade besteht auch hier in aller erster Linie darin, dass sie unverschuldet in absoluter Freiheit gewährt wird.

Die Christologie, die Hunsinger bei Barth nachvollzieht, nimmt ihren Ausgangspunkt bei den klassischen Bekenntnissen der alten Kirche. Hunsinger ordnet Barth in die chalkedonische Theologie ein und sieht im Gegensatz zu McCormack innerhalb der *Kirchlichen Dogmatik* keine Revision auf inhaltlicher oder kategorialer Ebene. Barths Christologie ist in seinen Augen vielmehr durchgehend im klassischen Sinn chalkedonisch.

Die Trinitätslehre Barths versteht Hunsinger auf dem Hintergrund der beiden letztgenannten Punkte. Er sieht bei Barth einen durch ewigen Willen trinitarischen Gott, dessen trinitarisches Sein an sich den Ermöglichungsgrund für sein Tun darstellt. Dieses Tun ist gänzlich kontingent, während dem Sein absolute Notwendigkeit zukommt. Gott wählt also in trinitarisch verfasster Unabhängigkeit und Allmacht, als trinitarischer Gott in der Welt zu handeln.

6.3 Hunsingers Barthrezeption in Auseinandersetzung mit McCormacks Arbeit

Der Einblick in Hunsingers Barth-Studie und seine Artikel zu Barths Christologie und Trinitätslehre zeigen, dass er in seiner Arbeit zu den Mustern und Typologien der Barthschen Sprache zuvörderst versucht, die innovativen Aspekte der *Kirchlichen Dogmatik* zu betonen. Zugleich legt er durchaus Gewicht auf die altkirchlichen Dogmen, die das Denken Barths aus seiner Sicht ebenso stark prägen. Auf diesem Hintergrund ist meines Erachtens auch seine Auseinandersetzung mit McCormack zu verstehen, die im Folgenden dargestellt wird.

6.3.1 „Election and the Trinity: Twenty-Five Theses on the Theology of Karl Barth“

Einige Zeit nach Erscheinen von McCormacks Artikel „Grace and being“ unternimmt Hunsinger mit dem Essay „Election and the Trinity: Twenty-Five Theses on the Theology of Karl Barth“ von 2008 den Versuch einer systematisch angelegten Auseinandersetzung mit McCormacks konstruktiver Barth-Rezeption. Hunsingers Ton ist dabei von Beginn an sehr polemisch. Die Thesen McCormacks aber auch Hectors oder Gockels, die er zum Schülerkreis McCormacks zählt, nennt er „revisionistisch“[96], während er seinen Standpunkt zum „traditionellen“[97] erklärt.[98] Sein Argument für diesen Standpunkt entfaltet er in zwei Schritten. Zum einen damit, dass die Zitate, die McCormack bei Barth entnimmt, McCormacks Standpunkt nicht unterstützen und zum anderen damit, dass dessen „revisionistischer“ Standpunkt Implikationen enthält, die Barths Grundüberzeugungen fundamental widersprechen.

Der erste Teil beginnt mit der Problematisierung der These, Barth meine, Gottes Sein sei durch sein Tun konstituiert. Dazu Hunsinger:

> Barth sagt nirgendwo, dass Gottes Sein durch sein Tun *konstituiert* sei. Er sagt lediglich, dass Gottes Sein und Tun untrennbar sind. Dabei verstehe ich ihn so, dass Tun und Sein für Gott [...] ontologisch gleich grundlegend sind. Tun ist für Barth [demnach] nicht prioritär gegenüber oder konstitutiv für das göttliche Sein und umgekehrt. Barth lehrt und behauptet nirgends, dass Tun eine Konsequenz des Seins (*operari sequitur esse*), oder, dass Sein eine Konsequenz des Tuns (*esse sequitur operari*) ist. Beide sind gleich und ursprünglich grundlegend.[99]

Beides, Sein und Tun Gottes, ist aus Hunsingers Sicht im theologischen Entwurf Barths gleich ursprünglich.[100] Gott ist von Ewigkeit her, das bedeutet bei Hunsinger schon vor dem Akt der Erwählung, trinitarisch verfasst und gerade Barths Formulierung aus dem Band II/2 der *Kirchlichen Dogmatik*, Gott habe in der Erwählung über sein Wesen „bestimmt“, bestätigt dies aus Hunsingers Sicht im Besonderen. Er versteht Barth nämlich so, dass dieser die Akte Gottes von dessen Werken unterscheide:

> Barth unterscheidet einen Akt von einem Werk. Schöpfung zum Beispiel ist ein Werk. ‚Akt‘ ist demgegenüber ein Terminus, der sich nicht ausschließlich auf Gottes Beziehung zur Welt, sondern [eben] auch zu Gottes eigenem Sein in Ewigkeit in und für sich selbst bezieht. Gottes Sein ist im Akt – Gott ist der lebendige Gott – als Vater, Sohn und Heiliger Geist in Ewigkeit.[101]

Hunsinger versteht Barth also so, dass Gottes Sein als Akt von dessen Bestimmung durch die Erwählung, die lediglich ein Werk ist, unberührt

---

96 (eigene Übersetzung) Hunsinger, „theses“, S. 179.

97 Ebd., (eigene Übersetzung).

98 Diese Wortwahl behält Hunsinger auch bis in das Jahr 2015 bei, in welchem sein Buch *Reading Barth with Charity* erscheint. Auch hier spricht er von „Barth revisionists“ und nennt McCormack zusätzlich „hyper-Protestant“. Siehe: Phillip Cary, „Barth Wars: A Review of Reading Barth with Charity“, First Things, April 2015, aufgerufen am 30.08.2016, https://www.firstthings.com/article/2015/04/barth-wars.

99 (eigene Übersetzung, Kursivierung Hunsinger) Hunsinger, „theses“, S. 180.

100 Vgl. ebd.

101 Ebd., (eigene Übersetzung).

bleibt. Das trinitarisch verfasste Sein Gottes als Akt ist damit für Barth die logische und auch ontologische Voraussetzung der Erwählung.[102] Diese ist in Hunsingers Lesart Barths ein Werk *ad extra*, das kontingent dem an sich notwendigen Sein Gottes, das von Ewigkeit her trinitarisch ist, zukommt.[103] Dementsprechend zitiert Hunsinger Barth aus einer Vielzahl seiner Texte bis hin zu seiner Versöhnungslehre, wo Barth sagt, Gott sei auch ohne die Schöpfung trinitarisch verfasst.[104]

Hunsinger geht auch über die grundlegende Frage zum Verhältnis von Gottes Sein und Tun hinaus auf McCormacks Barth-Lesart ein. Zunächst bespricht er die problematischen Aspekte der Christologie, allen voran das Problemfeld des Verhältnisses von *Logos asarkos* und *Logos ensarkos*. Diesbezüglich nahm McCormack ja als eine Implikation der Barthschen Aussage, Jesus Christus sei das Subjekt der Erwählung, an, dass dies in Bezug auf die Geschichte in Jesus Christus gelte. Hunsinger meint dagegen, Jesus Christus wähle für sich nur insofern der *incarnandus* zu sein, als er mit dem ewigen Sohn in numerischer Hinsicht identisch sei:

> Der ewige Sohn und der fleischgewordene Sohn sind numerisch dieselben aber in ihrer Existenzweise verschieden. Streng genommen ist jedoch nur der *incarnatus* mit Jesus Christus identisch. Der ewige Sohn als ewiger ist nicht *incarnatus*, sondern *incarnandus*. Der ewige Sohn als Sohn aber ist nicht einmal *incarnandus*, da der Sohn als Sohn [nur] ohne Referenz zu seinem Sein als *incarnandus* ordnungsgemäß definiert ist.[105]

Der *Logos incarnandus* ist laut Hunsinger also lediglich numerisch mit dem *Logos incarnatus* identisch. Das bedeutet letztendlich, dass Barth nicht so verstanden werden soll, dass tatsächlich der *Logos ensarkos* der erwählende Gott ist. Für Hunsinger kann insofern nur in einer bestimmten Hinsicht, Hunsinger nennt diese *secundum quid*, davon geredet werden, dass Jesus Christus Subjekt der Erwählung ist. Absolut gesprochen, Hunsinger nennt dies *simpliciter*, ist dies aus seiner Sicht unmöglich.[106]

Hunsinger versteht Barth dann in Bezug auf den *Logos* so, dass dieser die Idee des *Logos asarkos* nicht ablehnt. Hunsinger meint vielmehr, dass für Barth der Akt der Erwählung den *Logos asarkos* als dessen Subjekt voraussetzt.[107] Dementsprechend kann man also laut Hunsinger in gewisser Hinsicht (*secundum quid*) auch innerhalb des Barthschen Entwurfs von ei-

102 Vgl. Hunsinger, „theses", S. 181.
103 Vgl. ebd.
104 Vgl. ebd.
105 (eigene Übersetzung, Kursivierung Hunsinger) ebd., S. 182.
106 Vgl. ebd.
107 Vgl. ebd., S. 188.

nem *Logos asarkos* sprechen. Vielmehr noch: Er meint, man muss es sogar, denn Barths Christologie setzt laut Hunsinger eine göttliche *koinonia* als Ermöglichungsgrund von dessen *oikonomia* voraus.[108]

In diesem Sinn entfaltet Hunsinger auch die Lehre von Gottes Dreifaltigkeit. Die Trinität ist nach Hunsingers Einschätzung für Barth logisch wie ontologisch prioritär gegenüber dem Akt der Erwählung:

> Für Barth ist Gott notwendig die Heilige Trinität, aber nur kontingenterweise der erwählende Gott. Als Vater, Sohn und Heiliger Geist ist Gott in Ewigkeit in und für sich selbst selbst-existierend und sich selbst genügend der lebendige Gott. Er wird nicht erst durch die Beziehung zur Welt die Heilige Trinität. Der vorzeitliche Akt der Erwählung ist nicht der Akt der trinitarischen Selbst-Hervorbringung. Es ist vielmehr ein Akt der trinitarischen Selbstbestimmung. Der Gott, der die Heilige Trinität gewesen wäre, gleich ob die Welt geschaffen worden wäre oder nicht, ist der selbe Gott, der sein dreieiniges Sein in der ursprünglichen Entscheidung der Erwählung für die Welt zu sein bestimmt. Für Barth ist [dabei] bei dem Akt der Erwählung die logische und ontologische Priorität des ewigen Sohnes vorausgesetzt, statt durch die (kontingente) Einheit mit dem Menschen Jesus in Frage gestellt zu sein. Da es jedoch eine Einheit ist, kann (*secundum quid* nicht *simpliciter*) gesagt werden, dass Jesus Christus der erwählende Gott ist.[109]

Diese Einschätzung gilt aus Hunsingers Sicht auch für die späten Teile der *Kirchlichen Dogmatik*. Hunsinger zitiert mehrfach aus deren Band II/2, um diesen Nachweis zu führen, aber auch der Band IV/1 wird besonders im Hinblick auf die Frage nach dem Konzept des *Logos asarkos* von ihm oftmals bemüht. Gerade die inhaltliche Kontinuität von Band I/1 bis IV/1 im Hauptwerk Barths aufzuzeigen, ist ihm besonders wichtig:

> [Auch] [d]er reife Barth hat nie das göttliche Sein im göttlichen Tun aufgehen lassen, noch hat er das göttliche Wesen in ein Verb verwandelt. Er hat stets deutlich von ‚Gottes Sein im Akt' gesprochen. Die Präposition ist hier wichtig und sollte nicht ausgeblendet werden, da es eine komplexe Beziehung zwischen Gottes ‚Sein' und Gottes ‚Akt' andeutet – eine Beziehung, die nicht eingeebnet werden kann in eine absolute oder simple Identifikation. Vielmehr hat Barth stets die elementare Unterscheidung zwischen der Idee der göttlichen Selbst-Konstitution und jener der göttlichen Selbst-Bestimmung aufrecht erhalten. Gott war konstituiert als die Heilige Trinität, bestimmt jedoch durch eine freie inner-trinitarische Entscheidung, der selbe Gott auch in der Beziehung zu uns zu sein. Es wäre also falsch (und nicht nachvollziehbar), anzunehmen, dass eine solche sekundäre Selbst-Bestimmung notwendigerweise einen radikalen Wandel im göttlichen Sein zur Folge hätte. Es hat sie mit Sicherheit nicht. Gott ist frei.[110]

---

108 Vgl. ebd.

109 (eigene Übersetzung, Kursivierung Hunsinger) ebd., S. 191.

110 (eigene Übersetzung) ebd., S. 195.

Im zweiten Teil seines Artikels geht es Hunsinger als Kritiker von McCormacks „revisionistischem" Standpunkt insbesondere um Gottes Freiheit. Die Konsequenz von McCormacks theologischer Unterordnung der Lehre von der Trinität unter die von der Erwählung wäre seines Erachtens, dass die Trinität von der Welt abhängig würde.[111] Um genau dies zu verhindern, versucht Hunsinger zwei Ebenen in sein Denkmuster einzuführen. Für ihn gründet das „Schon-im-voraus-der-Unsrige-Sein"[112] Gottes in dessen „Für-sich-Sein"[113].

> In anderen Worten: Gottes Sein für sich ist der *Grund* für Gottes Sein für uns. Aber Gottes Sein für uns kommt nicht hervor als eine *notwendige Folge* von Gottes Sein für sich, [...] sondern als eine freie inner-trinitarische Entscheidung, in der die davor und unabhängig existierende Heilige Trinität offensichtlich und notwendig vorausgesetzt ist.[114]

Diese beiden Ebenen sind für Hunsinger für die Explikation der Barthschen Lehre von Gottes trinitarisch verfasstem Sein zentral. Sie drücken für ihn das Grundanliegen des *Chalcedonense* aus, nämlich, dass Gottes Wirken und Sein nach außen und sein Wirken und Sein nach innen miteinander gedacht werden können, ohne das göttliche Sein für sich abhängig von seiner Ökonomie zu machen.[115]

Sowohl beim Blick auf die Gotteslehre im Allgemeinen, wie auch auf christologische und trinitätstheologische Fragestellungen geht es Hunsinger also um die Freiheit Gottes. Diese versucht er über die klare Unterscheidung von Gottes Sein für sich und Gottes Sein für uns theologisch abzusichern. Hunsinger betont dabei, dass Barth niemals vorgehabt habe, das altkirchlich geprägte Verhältnis zwischen Sein und Tun Gottes, zwischen Trinität und Erwählung also, umzukehren.[116] Der Vorwurf Hunsingers an McCormack ist dementsprechend klar: Der „Revisionismus" gefährdet Gottes Freiheit und damit seine Allmacht. Die klassische Vorstellung von Gott werde hier verabschiedet und eine Auflösung des Gottesbildes des christlichen Glaubens betrieben.

111 Vgl. Hunsinger, „theses", S. 192.
112 (eigene Übersetzung) ebd., S. 195.
113 Ebd., (eigene Übersetzung).
114 Ebd., (eigene Übersetzung).
115 Vgl. ebd., S. 194.
116 Vgl. ebd., S. 190.

6.3.2 *Reading Barth with Charity*: Wohlwollende Interpretation gegenüber historisch arbeitender Theologie

Im dem 2015 erschienenen Buch *Reading Barth with Charity* entfaltet Hunsinger seinen Standpunkt in Bezug auf die Streitpunkte mit McCormack in sehr ausführlicher Form.[117] Dabei führt er das sogenannte *Principle of Charity* ein und bietet damit, nachdem er in seinen Artikeln inhaltlich schon eindeutig Position bezogen hatte, auch auf methodologischer Ebene eine sehr hilfreiche Klarstellung bezüglich seiner Lesart der *Kirchlichen Dogmatik*.

Das Vorgehen des *Principle of Charity*, das übertragen als „Prinzip der wohlwollenden Interpretation" verstanden werden kann, ist meines Erachtens ein weiteres Zeugnis von Hunsingers Prägung durch die postliberale Theologie seines Lehrers Frei, denn es ist ein Produkt der analytischen Philosophie, zu der ja gerade die Yale-Schule ein besonderes Verhältnis hat.[118] Laut Hunsinger geht es bei diesem Prinzip darum, den Standpunkt eines anderen im bestmöglichen Licht darzustellen:

> Das Prinzip der wohlwollenden Interpretation ist der Versuch, einen Standpunkt in seiner überzeugendsten Form zu verstehen, bevor dieser Gegenstand der Kritik wird. Die eigenen Überzeugungen müssen, um eines empathischen Verstehens willen, außen vor gelassen werden. Man nimmt für einen Moment an, dass die in Betracht zu ziehenden Ideen, unabhängig davon, wie schwer verständlich sie sind, sowohl wahr als auch in sich kohärent sind. Der Schwerpunkt liegt dabei darauf, Texte so zu verstehen, wie sie vorliegen, statt nach Schwierigkeiten und Widersprüchen zu suchen.[119]

Mit dem Prinzip der wohlwollenden Interpretation macht Hunsinger plastisch nachvollziehbar, wie sich seine Arbeit von derjenigen McCormacks unterscheidet: Er liest das Barthsche *opus magnum* zunächst in Gänze und interpretiert es als kohärentes Gesamtwerk. Dabei unterstellt er Barth erst einmal grundsätzlich keine Schwankungen, geschweige denn Widersprü-

---

117 Molnars *Divine Freedom and the Doctrine of the Immanent Trinity: In Dialogue with Karl Barth and Contemporary Theology* behandelt McCormack unter anderen, sodass es sowohl als Debattenbeitrag, meines Erachtens genauso aber auch als eigenständiges Werk betrachtet werden kann.

118 Das Prinzip übernimmt Hunsinger von Donald Davidson. Dieser war Schüler von Willard Van Orman Quine, einem der bekanntesten Vertreter der von Wittgenstein und dem Wiener Kreis geprägten Philosophie. Der Wahrheitsbegriff spielt bei Davidson ähnlich wie für Hunsinger eine zentrale Rolle. Die Definition der Bedeutung eines Satzes funktioniert für Davidson „durch die Angabe notwendiger und hinreichender Bedingungen für die Wahrheit jedes Satzes". Siehe: Peter Ehlen, Gerd Haeffner und Frido Ricken, *Philosophie des 20. Jahrhunderts*, Kohlhammer, Stuttgart, 2010[3], S. 374.

119 (eigene Übersetzung) Hunsinger, *Charity*, S. xii.

che, sondern versucht nachzuvollziehen, wie sich die einzelnen Abschnitte gegenseitig interpretieren und theologisch zu einem Ganzen verbinden. Damit setzt er nun einen meines Erachtens durchaus konzise zu nennenden methodologischen Kontrapunkt zu McCormacks historisierender Barth-Rezeption, deren Ziel es ist, jeden Abschnitt der Arbeit Barths unmittelbar zu kontextualisieren.

Mit *Reading Barth with Charity* wird also deutlich: McCormack und Hunsinger interpretieren Barth in verschiedener Art und Weise. Bereits mit diesem Schritt Hunsingers nimmt das Konfliktpotential mit McCormack ab. Indem nun klar ist, dass das methodische Anliegen bereits ein anderes ist, ist es nicht verwunderlich, dass unterschiedliche inhaltliche Ergebnisse erzielt werden. Meines Erachtens trägt McCormacks Artikel „Immutability, (Im)passibility and Suffering: Steps towards a ‚Psychological' Ontology of God" von 2017 diesem Schritt Hunsingers Rechnung. Darin gibt er Hunsinger, wie zu sehen sein wird, in einigen Punkten seiner Barth-Rezeption Recht, ohne jedoch seinen eigenen sachlichen Standpunk, die Erwählung spiele eine konstitutive Rolle gegenüber dem trinitarisch verfassten Sein Gottes, aufzugeben. So beendet McCormack, ob bewusst oder unbewusst muss dahingestellt bleiben, zumindest die Debatte um die korrekte Interpretation der *Kirchlichen Dogmatik*.

Der inhaltliche Ausgangspunkt des Buches *Reading Barth with Charity* ist erneut McCormacks von Hunsinger als „Manifest der revisionistischen Bewegung"[120] bezeichneter Essay „Grace and Being". Dabei systematisiert Hunsinger seine Kritik an McCormack, indem er sich hier ausgiebig mit der Frage nach dem göttlichen Sein beschäftigt. Diesbezüglich unterscheidet Hunsinger aufgrund der Ambivalenz des Begriffs nun zwischen zwei Formen der Ontologie: Ontologie$_1$ und Ontologie$_2$. Ontologie$_1$ ist laut Hunsinger Ontologie im eigentlichen Sinn, die als solche einen Teil der Metaphysik darstellt und sich analytisch mit der Natur des Seins und dem Seienden auseinandersetzt.[121] Dagegen behandelt Ontologie$_2$ in deskriptiver Form die inneren Relationen des jeweils zu behandelnden Forschungsfeldes.[122]

Hunsinger stellt nun fest, dass McCormack und andere, obgleich sie sich vornehmen, Ontologie$_2$ zu betreiben, stellenweise wie in Ontologie$_1$ vorgehen. Obgleich sie also nur deskriptiv die inneren Beziehungen der theologischen Sache behandeln wollen, ziehen sie aus manchen Beobachtungen Schlüsse, die methodisch dem Vorgehen von Ontologie$_1$ zuzurechnen sind. Hunsinger:

---

120 (eigene Übersetzung) Hunsinger, *Charity*, S. 1.
121 Vgl. ebd., S. 2.
122 Ebd.

> Es scheint, als hätten die Revisionisten sich nicht ausreichend Mühe gemacht, Ontologie$_1$ von Ontologie$_2$ zu unterscheiden. Viel zu oft erscheinen sie dadurch, dass sie in Ontologie$_1$ abrutschen in ihrer Behandlung von Ontologie$_2$ mehrdeutig. Dieses Abrutschen kann ungünstige Konsequenzen nach sich ziehen.[123]

Hunsinger weiter: „Für Barth stellte Ontologie$_1$ [nämlich] eine Gefahr dar. [...] [Denn] [w]enn ein ontologisches System entworfen wird, das Gott und sein Geschöpf in sich aufnimmt, entstünde eine unmögliche Situation, in der das Geschöpf für Gott Bedingungen stellen würde."[124]

Hunsinger wirft McCormack und den anderen „Revisionisten" also vor, keine klare Trennlinie zwischen Ontologie$_1$ und Ontologie$_2$ zu ziehen. In Hunsingers Augen behandeln sie die meisten Fragen in Bezug auf die Konsequenzen der Erwählungslehre der *Kirchlichen Dogmatik* für die Trinitätslehre im Sinne der Ontologie$_1$, die Barth im Gegensatz zur Ontologie$_2$ abgelehnt habe.

Hunsinger kommt zu diesem Schluss angesichts der unterschiedlichen Interpretationen der Barthschen Aussage, Gottes Sein sei untrennbar verbunden mit einer göttlichen Entscheidung.[125] Während die Traditionalisten der Meinung sind, dass diese Entscheidung Gottes Zeugung des Sohnes in der Einheit des Heiligen Geistes ist, halten die Revisionisten nach Hunsingers Ansicht dagegen, die Erwählung wäre diese Entscheidung.[126] Beide Positionen könnten laut Hunsinger darin verbunden werden, dass sie im Sinne einer Ontologie$_2$ von Gottes Sein ausschließlich relational reden. Die Revisionisten treiben ihren Standpunkt in Hunsingers Augen jedoch soweit, dass sie letzten Endes *a priori*-Urteile im Sinne der Ontologie$_1$ in Bezug auf Gottes Sein fällen, während Barth nicht müde wurde, deren *a posteriori*-Charakter im Sinne von Ontologie$_2$ zu betonen. Gemeint ist damit, dass die „Revisionisten" in seinen Augen die Erwählung letztlich zu einem theologischen Grundmuster erklären und davon ausgehen, dass Gottes Sein nicht konkret und bestimmt wäre, ohne in Relation zur Welt zu leben. Damit legen sie für Hunsinger, der gerade betonen will, dass Gott auch ohne die Relation zu Welt in seinem Sein konkret bestimmt werden kann, aber am Ende eine Ontologie$_1$ zugrunde und lassen sich von dieser zu rein rationalistischen Urteilen in Bezug auf Gottes Sein in seiner Offenbarung verleiten.[127]

Dazu kommt in Hunsingers Augen, dass die sogenannten „Revisionisten" ignorieren, dass Barths Verhältnis zur Ontologie$_1$ nicht einseitig, son-

---

123 (eigene Übersetzung) ebd., S. 2.

124 (eigene Übersetzung) ebd., S. 3.

125 Vgl. ebd., S. 9.

126 Vgl. ebd., S. 10.

127 Vgl. ebd.

dern positiv wie auch negativ war.[128] Im negativen Sinne betont er, dass bei Barth theologische Urteile mit ihrem *a posteriori*-Charakter von keiner Ontologie$_1$ im Vorhinein geprägt sein dürfen. Nichtsdestoweniger hat die Ontologie$_1$ ihren Platz in *ad hoc* – Überlegungen.[129] Für Hunsinger finden sich bei Barth damit sowohl aktualistische *a posteriori* Konzeptionen wie auch solche, die den Charakter der „klassischen Metaphysik"[130] besitzen. Barth changiert hier seines Erachtens und eine Interpretation seiner Arbeit sollte sich laut Hunsinger nicht auf eine vermeintlich implizierte Seinslehre festlegen.

Für Hunsinger sieht McCormack in der Barthschen Erwählungslehre eine Ontologie impliziert, der wesenhaft gewisse Geltungsbedingungen zukommen. Da er in „Grace and Being" Gottes Erwählungsakt zum konstitutiven Moment des göttlichen Seins erklärt, nennt Hunsinger diese Ontologie ebenfalls „Aktualismus", wobei er dessen revisionistische Spielart stets in Anführungszeichen schreibt. Dieser „Aktualismus" diktiert laut Hunsinger im Sinne einer Ontologie$_1$ die Rahmenbedingungen des revisionistischen Standpunktes. So kommt es, dass in Hunsingers Augen die ganz offensichtlich paradoxe Situation entsteht, dass durch die besondere Rücksicht auf das konkrete Handeln Gottes in Jesus Christus *a priori*-Kategorien in das theologische Denken McCormacks Einzug halten. So wird für Hunsinger aus der lediglich vordergründigen Ontologie$_2$ eine Ontologie$_1$ und Barths ursprünglicher Intention, zwischen beiden zu changieren, ist nicht mehr Rechnung getragen.

Diese Verwechslung der Ontologien zeigt sich laut Hunsinger am deutlichsten in der Idee McCormacks, dass Gott in der ursprünglichen Entscheidung zur Erwählung „sich selbst Sein gibt"[131]. McCormack hatte dies in „Grace and Being" so formuliert und Hunsinger schreibt nun dazu:

> Die Idee empfinde ich nicht als besonders klar, aber so oder so ist sie erstaunlich. Selbst in der traditionellen Sicht, in der der Vater den Sohn zeugt, sodass das ewige Sein (*ousia*) Gottes nur der Vater ist, der den Sohn zeugt (wie wir es beispielsweise bei Athanasius finden), würde niemand jemals auf die Idee kommen, zu denken, Gott gebe damit *sich selbst Sein*. Würde er das denn *ex nihilo* tun? Wie gibt man sich etwas, was man nicht hat, selbst wenn man Gott ist?[132]

Für Hunsinger diktiert hier eine „aktualistische" Ontologie die Rahmenbedingungen des revisionistischen Standpunktes ohne, dass dem einzigar-

128 Vgl. Hunsinger, *Charity*, S. 4.

129 Vgl. ebd.

130 (eigene Übersetzung) ebd., S. 5.

131 (eigene Übersetzung) ebd., S. 6.

132 (eigene Übersetzung, Kursivierung Hunsinger) ebd., S. 7.

tigen Charakter des göttlichen Seins Rechnung getragen wird. Dass Gott nämlich Mensch werden, sowie leiden und Sterben konnte, ist für Hunsinger bei Barth zweifach begründet. Einmal in Gottes absoluter Freiheit. Weil Gott dazu frei war, hat er es offensichtlich getan. Zum anderen, weil Barth ein Konzept der Vorgängigkeit in Gott entwickelt: „Alles, was Gott in der Zeit tut, findet seinen Grund in der Ewigkeit. [...] Wenn sich also Gott in der Zeit als Vater, Sohn und Heiliger Geist offenbart, dann kann dies geschehen, weil er bereits in sich selbst trinitarisch ist. Und so weiter."[133] Die „Revisionisten" gehen hier laut Hunsinger jedoch nicht mit und schalten mit ihrer „aktualistischen" Ontologie ein Denkmuster vor die Interpretation der göttlichen Offenbarung, die sie zu rein rationalistischen Erklärungsmustern verleitet.[134]

Hunsinger erklärt diese ungewöhnliche Situation mit dem deduktiven Vorgehen der „Revisionisten". Er meint, dass die „revisionistische" Position zu einem großen Teil durch die Herauslösung einzelner Aussagen Barths und dem darauf folgenden Ziehen rein logischer Rückschlüsse entstanden ist.[135] Konkret bezieht er sich dabei auf Barths Aussage, Jesus sei das Subjekt der Erwählung: McCormack und seine Mitstreiter isolieren laut Hunsinger diese Aussage im Rahmen des oben genannten „smoothing outs" und ziehen dabei den rein logischen Schluss, dieses Subjekt sei der *Logos incarnatus*, womit der *Logos asarkos* als theologisches Konzept obsolet würde.[136]

Hunsinger hält dies aber noch nicht für den gravierendsten Fehler dieser theologischen Bewegung, sondern nennt als solchen die Ansicht McCormacks, Barths *Kirchliche Dogmatik* benötige in ihren späteren Bänden eine explizite Korrektur im Hinblick auf die Lehre von Gott und der Trinität.[137] Für Hunsinger, der Barth wohlwollend interpretiert, ist diese Ansicht eine bemerkenswerte Provokation:

> Im Endeffekt meint eine solche Annahme, dass der verdienteste Theologe unserer Zeit nicht die Fähigkeit besaß (weder geistig noch willentlich), seine [theologischen] Einsichten zur Vollendung zu bringen. Die Tradionalisten glauben im Gegensatz dazu, dass Barth voll umfänglich in der Lage war, seine Ideen zu korrigieren, wenn er der Meinung war, dies sei angebracht.[138]

Der Gegenentwurf Hunsingers ist der bereits bekannte: Das Konzept des *Logos asarkos* hat im Rahmen des Barthschen Entwurfes seiner Meinung

133 (eigene Übersetzung) ebd., S. 8.
134 Vgl. ebd., S. 10.
135 Vgl. ebd.
136 Vgl. ebd., S. 12.
137 Vgl. ebd., S. 14.
138 (eigene Übersetzung) ebd., S. 14.

nach auch unter dem Vorzeichen der Erwählungslehre aus Band II/2 eine wichtige Funktion, nämlich die Vermeidung der totalen theologischen Identifizierung von Gottes Leben mit seiner Beziehung zur Welt.[139] In Gottes ewigem trinitarischen Sein subsistiert der *Logos* von Anfang an als *Logos asarkos*, was die Vorstellung des von McCormack so heftig kritisierten *Extra Calvinisticums* wieder rehabilitiert.[140]

Die Beziehung von *Logos asarkos* und *Logos ensarkos* gestaltet sich für Hunsinger dann unter dem Vorzeichen der göttlichen Gnade.[141] Die Trinität ist der Erwählung gegenüber logisch wie ontologisch prioritär zu denken und so geht der *Logos asarkos* notwendigerweise nicht gänzlich im *Logos ensarkos* auf.[142] Hunsinger:

> Die Beziehung von Logos *asarkos* zu Logos *ensarkos* kann damit als asymmetrische Einheit-in-Unterscheidung bezeichnet werden. Dabei handelt der ewige göttliche Logos in zwei verschiedenen Weisen. Beide sind untrennbar eins. Durch die göttliche Gnade gibt es keinen Logos *asarkos*, der nicht *auch* der Logos *ensarkos* ist und keinen Logos *ensarkos*, der nicht seinen *Grund* im Logos *asarkos* als seine Voraussetzung hat. Beide Formen des einen göttlichen Logos bestehen nebeneinander und ineinander, ohne dass sie [jedoch] ihre jeweilige Identität aufgäben. Sie bestehen neben- und ineinander dynamisch und in einem einzigen göttlichen Akt, der in sich differenziert und komplex ist.[143]

Für Hunsinger handelt der göttliche Logos also in zwei verschiedenen Formen. Eben als *Logos asarkos* und als *Logos ensarkos*. Insofern handelt er in Hunsingers Augen natürlich auch in Einheit mit dem *Logos ensarkos*, aber eben nur in einer Einheit, die ermöglicht ist durch die göttliche Gnade.[144] In dieser Gnade, welche die hypostatische Union ermöglicht, handelt der *Logos ensarkos*. Nicht *per se* als Mensch, sondern stets als Mensch durch Gottes Gnade. So koexistieren die beiden Formen des *Logos* und verlieren dabei nicht ihre jeweilige spezifische Identität.[145] Der *Logos asarkos* ist im Ereignis dieser Identität irreversibel vorrangig, wie der *Logos ensarkos* irreversibel nachrangig ist.

In der Konsequenz kann nun der Satz „Jesus Christus ist das Subjekt der Erwählung" in Hunsingers Augen weitaus besser als in der „revisionistischen" Form plausibilisiert werden:

---

139 Vgl. Hunsinger, *Charity*, S. 29.
140 Vgl. ebd., S. 30.
141 Vgl. ebd., S. 51.
142 Vgl. ebd., S. 57.
143 (eigene Übersetzung) ebd., S. 58.
144 Vgl. ebd.
145 Vgl. ebd.

> Für Barth ist Jesus [eben] nicht nur das Objekt der Erwählung noch kann er (wie bei Calvin) auf den ‚exekutiven' Part dieser Handlung reduziert werden. Als zweite ‚Person' der Trinität gehört der ewige Sohn (in Einheit mit Jesus von Nazareth, mit dem Vater und dem Heiligen Geist) zum ‚legislativen' Part der vorzeitlichen Entscheidung Gottes zur Erwählung.[146]

Jesus Christus ist dieses Subjekt für Hunsinger damit nicht nur als Mensch, sondern zunächst und vor allem zuerst als Gott.[147] McCormack betont nach Hunsinger hier zu sehr die Einheit von Mensch und Gott, ohne zugleich auch deren Unterschiede deutlich zu machen. Dieses Vorgehen bezeichnet Hunsinger als „christologischen Monismus"[148]. Da aber Jesus *qua* Jesus keine *hypostasis* hat, ist die einzig relevante *hypostasis* für Hunsinger die des göttlichen Sohnes.[149]

Damit lässt sich laut Hunsinger zu diesem offenbar kontroversen Diktum Barths sagen: „Jesus Christus ist der erwählende Gott in der Person des ewigen Sohnes."[150] Das heißt für ihn:

> Der ewige Sohn, der vom Vater erwählt ist, wählt auch sich selbst. In der Einheit mit dem Vater ist er ein aktives Subjekt der ewigen Prädestination Gottes (*aeterna Dei praedestinatio*). Er ist [somit] neben dem Vater erwählender Gott [...] und indem sich der ewige Sohn selbst erwählt, erwählt er auch Jesus von Nazareth.[151] So lässt sich für Hunsinger das Barthsche Diktum plausibilisieren: „Eben genau als ewiger Sohn [...] ist er nicht nur der, der erwählt, sondern auch der, der erwählt ist. In und mit der Erwählung des Menschen Jesus erwählt der ewige Sohn sich selbst. Von Ewigkeit an erwählt er sich als der, der vom Vater erwählt ist. Damit ist er nicht nur Vollstrecker, sondern auch Bestimmer dieses ewigen göttlichen Beschlusses."[152]

McCormacks Fehler war und ist es also laut Hunsinger,

> den irdischen Menschensohn in seiner unaufhebbaren Einheit mit dem ewigen Sohn [dergestalt] zu besprechen, dass seine ebenso dazugehörige Unterschiedenheit von letzterem [theologisch] verloren geht. [...] Indem er die Idee von Jesus Christus als Subjekt der Erwählung also von ihrem überaus reichen Kontext ihrer immanenten trinitarischen Vorgängigkeit in Gott gelöst hat, behandelt Professor McCormack diese Idee nicht nur als abstrakte Proposition, aus der er irrige Schlüsse zieht, sondern er unterschätzt zugleich auch die chalkedonische Komplexität, die [dem Konzept des] [...] Gott-Menschen als handelndem Subjekt eigen ist.[153]

---

146 (eigene Übersetzung) ebd., S. 60.
147 Vgl. ebd., S. 61.
148 (eigene Übersetzung) ebd., S. 70.
149 Vgl. ebd., S. 71.
150 (eigene Übersetzung) ebd., S. 61.
151 (eigene Übersetzung) ebd., S. 62.
152 (eigene Übersetzung) ebd., S. 61.
153 (eigene Übersetzung) ebd., S. 70.

6.3.3 Fazit: Hunsingers Kritik an McCormack

Hunsinger kommt das große Verdienst zu, den traditionellen, sicherlich auch reformiert geprägten Vorbehalt gegenüber einer zu weitgehenden Annäherung von göttlicher Immanenz und göttlicher Ökonomie formuliert zu haben. In der Auseinandersetzung mit den Thesen McCormacks betont er konsequent die Freiheit Gottes und vertritt als Presbyterianer damit ein durchaus berechtigtes Anliegen.

Meines Erachtens lässt sich abgesehen von Hunsingers nachweisbar selektiver Textauswahl im Hinblick auf die *Kirchliche Dogmatik*[154] die Frage stellen, ob Hunsinger Barth nicht zu sehr im Licht altkirchlicher Über-

---

154 In „Election and the Trinity: Twenty-five Theses on the Theology of Karl Barth" lässt sich Hunsingers selektive Textauswahl exemplarisch im Hinblick auf den für McCormacks Barth-Rezeption zentralen Band II/2 der *Kirchlichen Dogmatik* nachvollziehen. In Bezug auf diesen Band macht Hunsinger mit These 10 deutlich: „Im gesamten Band II/2 schreibt Barth, dass die Heilige Trinität durch Gottes freie Entscheidung zur Erwählung *bestimmt* wurde. Ich verstehe diese Formulierung so, dass sie eindeutig anzeigen soll, dass die Trinität dem vorzeitlichen Akt der Erwählung gegenüber ontologisch prioritär zu explizieren ist." (eigene Übersetzung) In seiner Argumentation für diese Sicht begegnet man meines Erachtens sowohl Zitaten, die aus ihrem Kontext gerissen wurden als auch bewussten Auslassungen.

These 10 des Hunsinger-Artikels, welche Barths Erwählungslehre nachweisen will, dass in ihr die Trinität ontologische Priorität besitzt, isoliert eine Aussage Barths auf besonders vielsagende Art und Weise. Hunsinger zitiert hier Barths Aussage: „Es war im Anfang die Wahl des Sohnes, der Gnade Gehorsam zu sein und also sich selbst hinzugeben und Mensch zu werden, damit darin jener Bund seine Wirklichkeit habe." (KD II/2, S. 109.) Selbstverständlich lässt sich dieser Satz so lesen, als muss es erst eine Trinität geben, welche es dem Sohn ermöglicht, die Entscheidung zum Gehorsam zu treffen. Nichtsdestoweniger weisen die umliegenden Ausführungen Barths eindeutig darauf hin, dass hier nicht der ewige Sohn an sich wählt, gehorsam zu sein. Für Barth ist vielmehr Jesus Christus „Subjekt und Gegenstand dieser Wahl" (KD II/2, S. 109.).

Ein weiteres Zitat, welches Hunsinger zur Unterstützung von These 10 meiner Meinung nach isoliert, lautet: „Wir haben es schon in Gottes ewiger Vorherbestimmung mit dem lebendigen Gott zu tun. Gott ist der von Ewigkeit her in sich selbst Lebendige, d.h. Gott ist, indem er in seinen inneren Beziehungen als der Vater, der Sohn und der Heilige Geist von Ewigkeit her handelt, indem er sich selbst will und um sich selbst weiß, indem er liebt, indem er von seiner souveränen Freiheit Gebrauch macht, indem er sie und in ihr sich selbst bewährt und betätigt." (KD II/2, S. 192.) Mit diesem Zitat bemüht sich Hunsinger zu zeigen, dass Gott nicht erst durch seine Beziehung zur Welt der dreieinige Gott wird, sondern bereits an und für sich trinitarisch verfasst existiert. Fast unmittelbar im Anschluss an Hunsingers Zitation sagt Barth jedoch unmissverständlich, dass der ewige Wille Gottes sein Leben „in Gestalt der in seinem Beschluss von Ewigkeit her gewollten und gewußten [...] Geschichte, Begegnung und Entscheidung zwischen ihm und den Menschen" (KD II/2, S. 192.) ist. McCormack nennt es diesbezüglich meines Erachtens mit Recht den „Minimalkonsens" (eigene Übersetzung) zur Interpretation dieser Aussage Barths, dass der göttliche Wille zur Geschichte in Jesus Christus hier zeugungen liest und Barths Neu-Prägung von Begriffen wie Gottes Allmacht oder Konzepten wie der Trinitätslehre zu wenig Raum gibt. Dazu ist aus meiner Sicht ebenso fraglich, inwiefern seine Kritik an McCormacks Verständnis der Erwählung als Selbstkonstitution Gottes die tatsächliche Intention McCormacks trifft.

Zunächst zu Hunsingers Verständnis der Barthschen Theologie. Natürlich macht es Barth seinen Lesern letzten Endes nicht leicht, seine Erwählungs- aber auch seine Versöhnungslehre zu verstehen. Dennoch scheint mir Hunsingers stete Betonung der Unabhängigkeit der göttlichen *koinonia* nicht der Intention zu entsprechen, die ich hinter Barths Neuformulierung der Prädestinationslehre, welche ja mit Kapiteln wie „Der Weg des Sohnes Gottes in die Fremde" Auswirkungen bis in die Christologie der Versöhnungslehre hat, erkenne. Auch wenn Barth nicht alle Konsequenzen dieser Aussage umfänglich bedenkt, meint er doch, dass Jesus Christus in seinem historischen Schicksal sowohl erwählter Mensch als auch erwählender Gott ist. Damit ist Gottes *koinonia* faktisch mit seiner *oikonomia* identifiziert. Während sich McCormack jedoch der Aufgabe stellt, diese Identifikation redlich zu explizieren, tritt Hunsinger einen Schritt zurück und behandelt diese Identifikation im Grunde nur als Sprachfigur, hinter der selbstverständlich die altkirchliche Vorstellung göttlicher Allmacht und Unabhängigkeit zu finden ist. Wenn es Barth jedoch um diese göttliche Allmacht und Unabhängigkeit als solche ginge, leuchtet nicht ein, warum er *in puncto* Selbstbestimmung Gottes im Akt der Erwählung so weitgehende Aussagen macht.

Auf diesem Hintergrund ist auch Hunsingers Analyse der McCormackschen beziehungsweise „revisionistischen" Auffassung von Ontologie schwer verständlich. Im Grunde ist es nämlich Hunsinger, der mit einem

---

die grundlegende Intention der göttlichen Selbstkonstitution sein muss. (Siehe: McCormack, „Election and the Trinity: Theses in response to George Hunsinger". Scottish Journal of Theology, 2010, S. 214.)

Hunsingers Barth-Rezeption offenbart an vielen weiteren Stellen diese recht manipulative Anordnung isolierter Zitate. Recht typisch für sein Vorgehen ist aber auch die Auslassung zentraler Textpassagen. So ignoriert er in seiner Fundamentalkritik an McCormack, dem hier exemplarisch behandelten Artikel „Election and the Trinity: Twenty-five Theses on the Theology of Karl Barth", den Paragraph 32 der *Kirchlichen Dogmatik* vollständig. Das ist einer der beiden Paragraphen des Bandes zur Erwählungslehre, in welchem sich aus meiner Sicht entscheidende Hinweise zum besseren Verständnis der Intention Barths finden. Gegenüber Hunsinger ist hier sicherlich Barths Hinweis, die Erwählungslehre dürfe niemals mit Hilfe einer angenommenen und damit abstrakten Allmacht und Unabhängigkeit Gottes begründet werden (KD II/2, S. 46.), der wichtigste. Nichts anderes tut aber Hunsinger aus meiner Sicht, wenn er immer wieder die Trinität als Lebendigkeit Gottes an sich vor Gottes Sein als Entscheidung für die Schöpfung platziert.

allgemeinen Begriff von Ontologie Barth rezipiert und damit letzten Endes zu *a priori*-Urteilen bezüglich Gottes Sein gelangt. Für Hunsinger ist nämlich im Rahmen aller seiner Texte zu Barth stets im Vorhinein klar, dass mit Gottes Freiheit seine in der absoluten Unabhängigkeit von aller Bedingtheit begründete Allmacht gemeint ist. Deswegen ist Gottes trinitarisch verfasstes Sein für Hunsinger zwingend als ein Sein an sich und damit gegenüber dem Akt der Erwählung als allein notwendig zu explizieren. Dass er damit dann die Erwählung rein kontigent und deswegen Gottes Gnade als im Besonderen offenbarendes Geschehen darlegt, ist nur folgerichtig und klassisch reformiert. Nichtsdestoweniger lässt es seinen Vorwurf an McCormack, er appliziere allgemein ontologische *a priori*-Urteile auf das ausschließlich *a posteriori* darzustellende göttliche Sein, ambivalent erscheinen. McCormack auf der anderen Seite qualifiziert seine konstruktiv erarbeitete Auffassung von Ontologie bei und im Anschluss an Barth nämlich unmittelbar, das heißt bereits in seinem Artikel „Grace and Being“, als „Bundesontologie“[155].

Dieses programmatische Festhalten an der göttlichen Aseität hindert Hunsinger auch, McCormacks Vorstoß korrekt zu erfassen. Bis heute analysiert er seinen Princetoner Kollegen in dem Paradigma göttlicher Ontologie, das seinen eigenen Standpunkt prägt. Aus diesem Grund muss er ihm dann auch widersprechen. Für ihn gibt es ein notwendiges trinitarisch verfasstes Sein Gottes an sich, das sich in einem kontingenten Akt der Erwählung zur Menschlichkeit in Jesus Christus bestimmt. In diesem, Gottes *koinonia* und *oikonomia* scharf trennenden, Sinn liest er dann auch McCormacks These von der Konstituierung des göttlichen Seins als trinitarisch verfasstem durch Gottes Tun in der Erwählung. Dabei vernachlässigt er jedoch, dass McCormack gar nicht mehr in diesem zweigeteilten Paradigma göttlicher Ontologie argumentiert. McCormack versucht dahingegen deutlich zu machen, dass er Gottes Sein als einen ewigen Akt versteht. Damit ist es nicht Gottes Freiheit, an sich zu sein und danach zwischen unterschiedlichen göttlichen Akten *ad extra* zu wählen, sondern das zu tun, was er, Gott, ist, nämlich der, der die Menschheit erwählt. Mit diesem Paradigma hat McCormack das altkirchliche Denken weitestgehend hinter sich gelassen und Hunsinger muss ihn folglich unmittelbar falsch verstehen, wenn er seine Aussagen nicht in diesem Horizont liest.

155 McCormack, „Grace and Being“, S. 200.

6.4 Molnars Kritik an McCormack

Hunsinger ist nicht allein mit seiner Kritik an McCormack. Mit dem New Yorker Systematiker Molnar hat er einen sehr engagierten Mitstreiter gefunden, der sich nicht nur im Rahmen seines Buchs *Divine Freedom and the Doctrine of the Immanent Trinity* aus dem Jahr 2002 (2017 in der zweiten Auflage erschienen) mit McCormack befasst, sondern auch im Rahmen einer ganzen Reihe von Artikeln.[156] Er ergänzt Hunsingers Kritik bezüglich der Frage nach der korrekten Barth-Interpretation mit der Frage nach der inneren Kohärenz des McCormackschen Entwurfs.

6.4.1 Der Hintergrund der Standpunkte Molnars

Wie Hunsinger greift auch Molnar auf Vorarbeiten anderer zurück. Für seine Rezeption der Theologie Barths spielt der Schottische Theologe Thomas Forsyth Torrance eine besondere Rolle.[157] Molnar bezieht sich regelmäßig auf dessen Buch *The Christian Doctrine of God*, in dem T.F. Torrance die These vertritt, dass wir zwar einerseits nichts über Gott sagen können als das, was er in seiner *oikonomia* von sich offenbart, und doch andererseits dabei nicht den Fehler machen dürfen, das göttliche Sein vollständig darin aufgehen zu lassen.[158] Für Molnar ist diese Differenzierung durchaus wichtig, will er doch Barths weitgehende Aussagen zur Erwählung ernst nehmen und zugleich Gottes Freiheit als Unabhängigkeit von externen Bedingungen nicht außer Acht lassen.[159] In seinen Augen gibt es demnach bestimmte

---

156 Siehe: Molnar, „The Trinity, Election and God's Ontological Freedom: A Response to Kevin W. Hector" in: *International Journal of Systematic Theology*, Nr. 8 (2006), S. 294–306; Molnar, „Can the Electing God Be God without Us? Some Implications of Bruce McCormack's Understanding of Barth's Doctrine of Election for the Doctrine of the Trinity" in: *Neue Zeitschrift für systematische Theologie*, Nr. 49 (2007), S. 199–222; Molnar, „Review: Matthias Gockel, Barth and Schleiermacher on the Doctrine of Election: A Systematic Theological Comparison" in: *International Journal of Systematic Theology*, Nr. 11 (2009), S. 483–486.

157 Siehe: Molnar, *Divine Freedom and the Doctrine of the Immanent Trinity: In Dialogue with Karl Barth and Contemporary Theology*, S. 1; Molnar, „The Trinity, Election and God's Ontological Freedom: A Response to Kevin W. Hector", S. 297.

158 Vgl. Molnar, *Freedom*, S. 4.

159 Ein ähnliches Ziel verfolgt beispielsweise auch Webster in seinem Buch *Barth* von 2000. Obgleich er der Rolle der Erwählungslehre für das Verhältnis von *koinonia* und *oikonomia* Gottes im Anschluss an Barth erhebliches Gewicht zumisst, geht Gottes Sein in der *oikonomia* seines Erachtens jedoch nicht vollständig auf. Damit versteht er den Band II/2 des Werkes *Kirchliche Dogmatik* umfänglich unter dem Vorzeichen der Trinitätslehre des Bandes I/1. Siehe: Webster, *Barth*, S. 93.

Aspekte Gottes, die nicht von der *oikonomia* in die *koinonia* hineingelesen werden können.[160]

Molnar betont, dass sich Gott selbstverständlich nach Barths Auffassung in Ewigkeit dazu bestimmt hat, Gott für uns zu sein. Für ihn (und dabei verweist er ebenfalls auf T.F. Torrance) ist das aber nur unter der Voraussetzung möglich, dass Gottes ewiges Wesen bereits vor dieser Selbstbestimmung als deren Garant existiert.[161] T.F. Torrance ist insofern Wegbereiter dieser Position (auch Hunsinger zitiert ihn hier wörtlich), als er betont, dass die Entscheidung zur Gnadenwahl etwas Neues für das ewige Sein Gottes ist.[162] Diese Entscheidung, wie auch jene zur Schöpfung, müssen als absolut freie Akte Gottes verstanden werden.

An dieser Stelle offenbart die Arbeit Molnars eine Prägung durch das Denken Hunsingers, indem er (wie unten zu sehen sein wird) ebenfalls von ewig Notwendigem und ewig Kontingentem in Bezug auf Sein und Tun Gottes redet.[163] Molnar sagt selbst, er habe diese Wortwahl von seinem Princetoner Kollegen übernommen.

6.4.2 *Divine Freedom and the Doctrine of the Immanent Trinity*

Molnars Buch *Divine Freedom and the Doctrine of the Immanent Trinity* ist laut Eigenaussage ein Dokument des Widerstands gegen die Tendenz der jüngeren trinitarischen Theologie, das Eingebundensein Gottes in die Welt immer stärker zu betonen.[164] Dieser Trend begann laut Molnar mit Rahner und Moltmann, wurde von Jenson und Pannenberg fortgesetzt und wird heute seiner Meinung nach vor allem von Catherine Mowry LaCugna und Ted Peters vertreten.[165]

Der Einschätzung Fred Sanders nach, lehnt Molnar diesen Trend nicht ab, betont ihm gegenüber aber die enorme Wichtigkeit der Lehre von der immanenten Trinität als wichtiger Basis dieser Überlegungen.[166] Gegenüber McCormack erweitert er aber in rauem Ton Hunsingers Vorwurf, McCormack würde Barth inkorrekt interpretieren und wirft dabei wie Hunsinger insbesondere einen Blick auf die Lehre von der immanenten Trinität und des *Logos asarkos*.[167]

---

160 Vgl. Molnar, „Trinity“, S. 297.
161 Vgl. ebd., S. 298.
162 Vgl. ebd.
163 Vgl. ebd.
164 Vgl. Sanders, „Review“, S. 109.
165 Vgl. ebd.
166 Vgl. ebd., S. 110.
167 Vgl. Molnar, *Freedom*, S. 61.

Für Molnar ist der McCormack-Artikel „Grace and Being" ein exzellentes Beispiel für theologisches Arbeiten, das sich aufgrund seiner ablehnenden Haltung gegenüber der Lehre von der immanenten Trinität und des *Logos asarkos* in haltlose Behauptungen verstrickt. Aus seiner Sicht kann McCormack, wenn er die Erwählung als immer schon stattgefunden beschreibt, nicht gewährleisten, dass die Erwählung überhaupt eine Entscheidung ist.[168] Damit geht er in seiner Kritik an McCormack noch über Hunsinger hinaus.

Molnar ist der Überzeugung, Barth bleibe seinen Grundentscheidungen aus dem Band I/1 auch nach dem Band II/2 treu. Die Annahme möglicher *retractationes* im Rahmen der Barthschen Versöhnungslehre bezeichnet er als „strange"[169]. Die Lehre von der immanenten Trinität beschreibt Molnar dann als Grundpfeiler von Barths Nachdenken über Gott und sein Handeln an der Welt.[170] Dass McCormack genau dieses *theologoumenon* gemeinsam mit der Lehre vom *Logos asarkos* erheblich problematisiert, führe bei ihm dann dazu, dass die Akte Gottes zu puren Notwendigkeiten verkommen und ihren Gnadencharakter verlieren.[171] Aus Molnars Sicht verweist der Terminus „Gnadenbund" aber gerade auf eine logisch, wie ontologisch prioritäre immanente Trinität, weil nur durch deren vorgängige Vollständigkeit und Unabhängigkeit das *opus ad extra* zum Gnadenakt wird.

Laut Molnar unterscheidet McCormack nicht zwischen ewig Notwendigem und ewig Kontingentem und macht damit Schöpfung und Erwählung zu etwas, was Gott tun muss.[172] Diese Konsequenz ist für Molnar unausweichlich, wenn man wie McCormack die Erwählung mit der Ewigkeit Gottes gleichsetzt.[173] Diese Gleichsetzung nennt Molnar einen Fehler, der aus einer falschen Abstraktionsleistung McCormacks heraus entstanden ist.[174] McCormacks Theologie der Erwählung ist in seinen Augen nämlich nicht Ergebnis eines Nachdenkens über die konkrete dreifaltige Selbstoffenbarung Gottes.[175] Sie ist vielmehr von einem rein logischen Schluss von ökonomischer auf immanente Trinität diktiert.[176] Molnar dazu: „McCormack macht aus Gottes Selbstbestimmung eine Abstraktion, indem er sagt, dass es nicht der dreieinige Gott ist, der sich selbst bestimmt, sondern diese

---

168 Vgl. ebd., S. 62.
169 Ebd.
170 Vgl. ebd., S. 63.
171 Vgl. ebd.
172 Vgl. Molnar, „Trinity", S. 301.
173 Vgl. ebd.
174 Vgl. ebd., S. 296.
175 Vgl. ebd., S. 295.
176 Vgl. ebd.

Selbstbestimmung ein ‚Ding an sich' ist."[177] Dass der Princetoner Theologe dann nur noch diese Idee im Blick hat und nicht mehr vom trinitarisch verfassten Gott spricht, der eine Entscheidung zur Erwählung fällt, führt laut Molnar dazu, dass letztlich gar nicht mehr von einer Entscheidung Gottes gesprochen werden kann.[178] Diese Kritik erinnert meines Erachtens stark an das Argument Hunsingers.

Auch Molnars Ton gegenüber McCormack ist rau, sein Urteil dadurch aber umso klarer: McCormack ignoriert die wichtige Lehre von der immanenten Trinität, indem er sie mit der *oikonomia* Gottes gleichsetzt. Dadurch gibt es keinen Grund mehr, auf dem die Entscheidung der Erwählung als freier Akt Gottes verstanden werden kann. Dementsprechend wird die Erwählung zur Notwendigkeit und Gottes Gott-Sein an sich gibt es nicht mehr.

6.5 Analysen der Beiträge Hunsingers und Molnars

Wie in vielen Debatten üblich gibt es auch im Hinblick auf die Kritik an McCormack wiederum Rückmeldungen.[179] Einen besonders instruktiven Beitrag stellt Gockels Rezension von Hunsingers Buch *Reading Barth with Charity* dar. Darin wirft er ihm nicht unerhebliche Mängel in Bezug auf dessen Auseinandersetzung mit McCormack vor. Vor allem moniert er jedoch, dass Hunsinger das *principle of charity* selbst nicht im Rahmen der Auseinandersetzung mit seinen Streitpartnern anwendet. Das zeigt sich laut Gockel in seiner Missachtung der wichtigen McCormack-Essays „Election and the Trinity: Theses in Response to George Hunsinger" und „The Doctrine of the Trinity after Barth: An Attempt to reconstruct Barth's Doctrine in the Light of His Later Christology".[180]

Dazu ist Hunsingers Interpretation des von ihm revisionistisch genannten Standpunktes laut Gockel ambivalent. Hunsinger sagt in *Reading Barth with Charity* einmal, dass die „Revisionisten" die These, die Erwählung sei der Grund der Trinität, als Barths eigenen Standpunkt verstehen. Dazu sagt er an einer anderen Stelle seines Buches aber, es sei ihre eigene Meinung und es würde ihnen gut anstehen, diese nicht zugleich als Barths eigenen

177 (eigene Übersetzung) Molnar, „Trinity", S. 295.

178 Vgl. ebd.

179 Den einzigen Sammelband bezüglich der McCormack-Hunsinger-Debatte hat wie oben bereits kurz erwähnt Dempsey herausgegeben. Hier finden sich wichtige aber bei weitem nicht alle Wortmeldungen zum Streit der beiden Princetoner Theologen und Molnars. Siehe: Dempsey, *Trinity and Election in Contemporary Theology*.

180 Vgl. Gockel, „Review", S. 262.

Standpunkt zu präsentieren.[181] Zu dieser durchaus zweideutigen Aussage meint Gockel, dass die von Hunsinger „Revisionisten" genannten nie Barth die These einer ontologischen Priorität der Erwählung vor die Trinität zugeschrieben haben, sondern sie stets im Rahmen ihres eigenständigen „smoothing outs" entwickelten.[182]

Zu diesen methodischen Mängeln kommen für Gockel systematisch-theologische. Für Hunsinger gibt es, wie oben dargestellt, nur einen göttlichen Akt, der jedoch zwei Aspekte hat. Der erste ist Gottes notwendiger Wille für sich selbst und der zweite ist der kontingente Gnadenwille nach außen. Gockel weist dagegen auf Barths Überzeugung hin, dass sich Gottes Sein in seinem Gnadenhandeln nach außen verwirklicht. Damit führt Hunsinger in Gockels Augen eine Gegenüberstellung von notwendigen und kontigenten Attributen in Bezug auf Gott ein, die Barth in seinen Augen bereits überwunden hatte.[183]

Für Barth ist die Erwählung laut Gockel nicht Gottes absolut freier Akt, sondern ein Akt von Gottes freier Liebe.[184] Somit ist also die Ontologie Gottes bei Barth nicht etwa mittels einer Unterscheidung von Gott und Mensch entworfen, sondern im Blick auf die in Jesus Christus verwirklichte Gemeinschaft Gottes mit ihm.[185] Aus dieser Beobachtung zieht McCormack seine Schlüssel im Hinblick auf die Rolle der Erwählungslehre für die Lehre von Gottes trinitarisch verfasstem Sein. *Reading Barth with Charity* übersieht in Gockels Augen, dass es sich bei diesem „revisionistischen" Standpunkt um über Barth hinausgehende, konstruktive theologische Arbeit handelt.

Aber auch McCormack erhält Rückmeldungen zu seinem Entwurf, wobei sich viele, wenngleich sie ihn ebenfalls kritisch beurteilen, im Ton von den Texten Hunsingers und Molnars unterscheiden. Der Chicagoer Professor Kevin Hector nimmt McCormack beispielsweise in seinem 2005 erschienen Text „God's Triunity and Self-Determination: A Conversation with Karl Barth, Bruce McCormack and Paul Molnar" sehr deutlich gegen die Vorwürfe seitens Hunsinger und Molnar, die meinten der Sohn sei nicht *per se incarnandus*, in Schutz.[186] Während er diesbezüglich die Übereinstimmung der McCormackschen mit der Barthschen Position betont, sieht er diese in Bezug auf McCormacks These von der logischen Priorität der Erwählung gegenüber Gottes trinitarischem Sein letzten Endes nicht ge-

---

181 Vgl. ebd., S. 263.
182 Ebd.
183 Vgl. ebd., S. 264.
184 Vgl. ebd., S. 265.
185 Vgl. ebd., S. 266.
186 Vgl. Hector, „Triunity", S. 258.

geben. Hier meint er, ähnlich wie Molnar, McCormack abstrahiere Gottes Selbstbestimmung von „der konkreten Interaktion zwischen Vater, Sohn und Heiligem Geist [...] und mach[e] sie zu einem ,Ding an sich'."[187]

Hector macht darüber hinaus noch eine interessante Bemerkung zu Molnars Gotteslehre. Er schreibt, dass Molnars Bedenken um die Freiheit Gottes ihn nicht nur dazu führt McCormacks vorgeschlagene Verbindung von der göttlichen Selbstbestimmung und der Trinität abzulehnen, sondern damit auch die Ewigkeit dieser Selbstbestimmung zu bestreiten.[188] Für Molnar ist die immanente Trinität wie oben gezeigt der Garant dafür, dass Gott den Gnadenbund eingehen kann. Damit Gott unabhängig von allem ist, was nicht er ist, insistiert Molnar darauf, dass Gott auch ohne uns Gott hätte sein können. Hector stellt diesbezüglich die Frage, wie dann die Selbstbestimmung ewig sein kann, wie es ja Barth behauptet.[189] Denkt man, so Hector, Molnars Standpunkt bis zu Ende, dann kann die Selbstbestimmung nicht im Barthschen Sinne ewig sein. Molnar ist zu sehr damit beschäftigt, Barths Betonung der göttlichen Unabhängigkeit und Freiheit herauszuarbeiten, so dass er Barths These von der ewigen Selbstbestimmung Gottes in seinem Gnadenbund kaum mehr ernst nehmen kann. McCormacks Interpretation der göttlichen Selbstbestimmung erscheint Hector demgegenüber konsistent.[190]

Ähnlich wie Hector äußert sich Kevin Diller von der Taylor Universität in seinem im Jahr 2013 erschienenen Artikel „Is God Necessarily Who God Is? Alternatives for the Trinity and Election Debate". Auch er macht klar, dass die These von der logischen Priorität der Erwählung gegenüber Gottes trinitarischem Sein letzten Endes problematisch ist. Zugleich führt er jedoch in philosophischer Hinsicht den Nachweis, dass es nicht die göttliche Freiheit, geschweige denn Gottes Gottheit, in Frage stellt, die Erwählung als Teil des göttlichen Seins zu denken.[191]

---

187 (eigene Übersetzung) Hector, „Triunity", S. 258.

188 Vgl. ebd., S. 253.

189 Vgl. ebd., S. 254.

190 Aaron T. Smith, zum damaligen Zeitpunkt Promovend an der Marquette University, argumentiert in seinen Artikel „God's Self-Specification: His Being is His Electing" aus dem Jahr 2009 strukturanalog. Darüber hinaus argumentiert er, dass Molnars Kritik an McCormack nicht wahrnimmt, dass Gottes Sein im Akt der Erwählung zu verorten, die Gleichursprünglichkeit und vor allem Reziprozität von göttlichem Willen und Sein betont. Darin liegt, so Smith, die unmittelbare Intention Barths, wenn man dessen *Kirchliche Dogmatik* in Gänze betrachtet und ernst nimmt, dass Jesus Christus das offenbare Subjekt der Erwählung ist. In ihm sind Willen und Sein Gottes ununterscheidbar und untrennbar, was den Gnadenakt nicht zu einem ontologischen Problemfeld innerhalb der von Barth inspirierten Gotteslehre werden lassen muss. Siehe: Smith, „God's Self-Specification: His Being is His Electing", S. 1; 22.

191 Vgl. Diller, „Alternatives", S. 209.

Diller meint, solange Gottes Eigenschaften sauber voneinander unterschieden würden, könnte auch die Erwählung notwendig zu Gottes Wesen und Sein gehören. Er erinnert hier an die Möglichkeit der Unterscheidung zwischen einer Notwendigkeit, die wesenhaft zu Gott gehört und einer Notwendigkeit, die in Konsequenz zu Gottes Wesen gehört. Ein Beispiel für letztere ist Gottes Pflege seiner Schöpfung, falls er sich dazu entscheidet, etwas zu schaffen.[192] Dass Gott derjenige ist, der seine Schöpfung erhält, ist nicht *per se* etwas seinem Sein notwendig zukommendes. Insofern er jedoch die Entscheidung zur Schöpfung trifft, gehört es, so Diller, notwendig zu seinem Wesen, dass er diese Schöpfung auch erhält.[193] So betrachtet, lässt sich also in Dillers Augen sagen, dass die Erwählung Gott wesenhaft zukommt, ohne dass sie in dem Sinn notwendig ist, dass das göttliche Sein abhängig von ihr wäre.

Wenn McCormack also behauptet, dass die Erwählung Gott notwendig zukommt, impliziert das in Dillers Augen keine Unvollständigkeit Gottes vor diesem Akt der Schöpfung.[194] Wenn sich Gottes Sein durch die Beziehung zum Menschen verwirklicht, verändert es sich seiner Meinung nach nicht. Die Gott-Mensch-Beziehung zu verwirklichen, erfordert natürlich eine Veränderung auf der Seite des menschlichen Seins, laut Diller jedoch nicht bei Gott.[195] Insofern ist es also ontologisch problemlos sagbar, dass die „Erwählung schlicht Teil von dem ist, was Gott ist."[196]

Die Spezifizierung verschiedener Formen von Notwendigkeit im Hinblick auf das göttliche Sein führt Diller jedoch nicht dazu, McCormack in seiner These von der Priorisierung der Erwählung gegenüber der göttlichen Trinität zu folgen. Während er sich also mit Hunsinger, Hector und Molnar gegen eine solche ausspricht, warnt er Hunsinger und Molnar gegenüber zugleich davor, dasselbe mit der göttlichen Trinität gegenüber Gottes Gnadenhandeln zu tun.[197]

Diller zeigt mit seiner Untersuchung, dass McCormacks Sichtweise auf die Rolle der Erwählung im Rahmen der Realisierung des göttlichen Seins weniger problematisch ist als von Hunsinger oder Molnar behauptet. Zugleich sieht er dessen Impetus weitaus näher an dem Anliegen Barths, als seine beiden Streitpartner.[198] Zu ähnlichen Ergebnissen kamen, wie gezeigt, Gockel und Hector. Alle drei Wortmeldungen sollten hier exemplarisch

---

192 Vgl. ebd., S. 216.
193 Ebd., Vgl.
194 Vgl. ebd., S. 217.
195 Ebd.
196 (eigene Übersetzung) ebd., S. 218.
197 Vgl. ebd., S. 215.
198 Vgl. ebd., S. 219.

vorgestellt werden, um einen Eindruck zu vermitteln, welch breite Rezeption die McCormack-Hunsinger-Debatte über mehrere Jahre hinweg erfahren hat.

6.6 McCormacks Reaktion auf seine Kritiker

6.6.1 Die direkte Reaktion auf Hunsinger: „25 Theses"

McCormack bezieht zu den Vorwürfen seiner Kollegen Stellung. Mit dem bereits erwähnten Text „Election and Trinity: Theses in response to George Hunsinger", 2009 verfasst, 2010 erschienen, bietet er eine Auseinandersetzung mit den Argumenten Hunsingers.[199] Deren Einleitung vermerkt dabei in recht defensiver Form, dass die Polemik gegen ihn übersieht, dass der von ihm entwickelte Standpunkt seines Erachtens nicht nur von Denkern wie Jüngel und Härle vorbereitet und von Goebel und Gundlach explizit ausgesprochen wurde, sondern auch unter anderen von Rowan Williams und Paul M. Collins mitgetragen wird.[200]

Mit diesem Rückenwind macht sich McCormack an die systematisch-theologische Analyse von Hunsingers Standpunkt. Dieser ist für ihn in dem Sinn inkohärent, als er, wie Diller ebenfalls meint, menschliche Maßstäbe für das Sein Gottes voraussetzt.[201] Aus McCormacks Sicht gilt für Gott nicht, dass dem Akt das Sein an sich vorgängig sein muss.[202] Genau darauf verweist Hunsinger jedoch regelmäßig und interpretiert damit den Akt, der Gottes Sein ist, als den Akt Gottes, an und für sich trinitarisch zu sein. Dieses Verständnis des Barthschen Diktums von „Gottes Sein als Akt" be-

---

199 Vgl. McCormack, „Theses in response", S. 203.

200 McCormack verweist hier unter anderen auf die im Folgenden aufgezählten Texte. Jüngel, *God's Being is in Becoming. The Trinitarian Being of God in the Theology of Karl Barth*, T and T Clark, Edinburgh, 2001.; Jüngel, „. . . keine Menschenlosigkeit Gottes . . . Zur Theologie Karl Barths zwischen Theismus und Atheismus" in: *Barthstudien*, Benziger Verlag und Gütersloher Verlagshaus Gerd Mohn, Köln und Gütersloh, 1982, S. 332–347.; Härle, *Sein und Gnade: Die Ontologie in Karl Barths kirchlicher Dogmatik*, Walter de Gruyter, Berlin und New York, 1975.; Goebel, „Trinitätslehre und Erwählungslehre bei Karl Barth" in: Dietrich Korsch und Hartmut Ruddies, *Wahrheit und Versöhnung: Theologische und Philosophische Beiträge zur Gotteslehre*, Gütersloher Verlagshaus Gerd Mohn, Gütersloh, 1989.; Gundlach, *Selbstbegrenzung Gottes und die Autonomie des Menschen: Karl Barths Kirchliche Dogmatik als Modernisierungsschritt evangelischer Theologie*, Peter Lang, Frankfurt am Main, 1992.; Williams, „Barth on the Triune God" in: Stephen Sykes, *Karl Barth: Studies of his Theological Methods*, Clarendon Press, Oxford, 1979.; Collins, *Trinitarian Theology West and East: Karl Barth, the Cappadocian Fathers, and John Zizioulas*, Oxford University Press, Oxford, 2001.

201 Vgl. McCormack, „Theses in response", S. 205.

202 Vgl. ebd.

zeichnet McCormack als abstrakten Aktualismus. Für ihn droht Gottes Sein bei Hunsinger zu einem *per se* notwendigen zu werden, in dem sich Gott lediglich bestätigen kann.[203] Hier lässt sich aus McCormacks Sicht eine Nähe zur scholastischen Theologie des Thomas und dessen Lehre vom *actus purus* erkennen, die zumindest mit Barths spätem Entwurf der Gotteslehre ab dem Band II/2 der *Kirchlichen Dogmatik* seines Erachtens nur wenig zu tun hat.[204]

MCormack unterstellt Hunsinger darüber hinaus, dass er – sollte er tatsächlich zuerst nur Gottes trinitarisches Sein an und für sich als Gottes Akt verstehen – letztlich eine ontologische Veränderung im göttlichen Sein annehmen muss, wenn der Akt der Erwählung als etwas dem Sein Gottes sich kontigent Anschließendes verstanden wird.[205] Genau das will Hunsinger zwar vermeiden, aber McCormack macht deutlich, dass Hunsinger so stark auf den Denkmustern der altkirchlichen Lehre beharrt, dass er den Akt der Erwählung nur in dem Sinn als kontingentes Ereignis erklären kann, dass er zum göttlichen Sein in gewisser Weise sekundär hinzu kommt. Will Hunsinger Barths Verständnis der Erwählung als ewiger Selbstbestimmung Gottes aber ernst nehmen, muss er laut McCormack letzten Endes von einer Veränderung in Gottes Sein ausgehen.

Hunsinger geht es laut McCormack um die Priorisierung des göttlichen Seins vor dessen Tun und sicherlich, das gibt er auch zu, spricht beispielsweise auch Jüngel von logischer Priorität des trinitarischen Seins Gottes gegenüber der Erwählung.[206] Jüngel verbleibt laut McCormack jedoch auf dieser Ebene des logischen Arguments. Von einer ontologischen Priorität zu sprechen, wie es sowohl Hunsinger als auch Molnar tun, re-importiert in McCormacks Augen aber die Kategorien jenes metaphysischen Denkens in die Theologie Barths, das sowohl Barth wie auch Jüngel aus seiner Sicht aus der theologischen Arbeit heraus halten wollten.[207]

Hunsingers Argument für eine logische Priorität des trinitarischen Seins Gottes vor der Erwählung hat, wie McCormack sagt, lediglich den Namen mit dem Jüngelschen Konzept gemein.[208] Das zeigt sich auch an den sich laut McCormack ergebenden christologischen Detailproblemen der Hunsingerschen Barth-Lesart: Für Hunsinger gilt in Bezug auf den Sohn die Unterscheidung von *Logos asarkos* und *Logos ensarkos* und er betont hier regelmäßig die Priorität des ersteren. Diese Vorgehensweise ist für Mc-

203 Vgl. ebd.
204 Vgl. ebd.
205 Vgl. ebd., S. 206.
206 Vgl. ebd., S. 207.
207 Vgl. ebd., S. 203.
208 Vgl. ebd., S. 208.

Cormack die klassisch altkirchliche Unterscheidung von Gottes Immanenz und Ökonomie, seiner immanenten und ökonomischen Trinität, also. Aus McCormacks Sicht löst dies den Sohn von der Beziehung zum historischen Schicksal Jesu Christi und jeder Versuch, doch eine Beziehung zwischen beiden herzustellen, muss letztlich scheitern.[209] Die aus McCormacks Sicht fatale Folge der Interpretation Hunsingers ist dann, dass er Barths Diktum von Jesus Christus als erwählendem Gott ganz explizit zur bloßen Sprachfigur reduziert.

McCormack nutzt diese Auseinandersetzung mit Hunsinger aber auch dazu, seine eigene zentrale Aussage aus „Grace and Being" zu präzisieren. In „Election and Trinity: Theses in response to George Hunsinger" macht er nun deutlich, dass die göttliche Entscheidung zur Erwählung schlicht Gottes ewige Intention(alität) ist, in der es kein vor und nach der Entscheidung in Gott selbst gibt.[210] In dieser Intentionalität zeigt sich Gottes Herrschaft über alles, inklusive seines eigenen trinitarischen Seins.[211] Dazu McCormack nun: „Indem Gott sich dazu erwählt in Christus Gott für uns zu sein, gibt er sich das Sein, das er in Ewigkeit hat."[212].

Ab dem Jahr 2009 scheint also die als Problemanzeige formulierte These aus „Grace and Being", die Trinität sei eine Funktion der Erwählung, hinfällig geworden zu sein. Vielmehr ist für McCormack nun Gottes Hinwendung zur Welt und seine Selbstkonstitution als trinitarischer Gott in eins zu setzen. Dabei ist es interessant zu bemerken, dass während in „Election and Trinity: Theses in response to George Hunsinger" die Hinwendung zur Welt noch eine Art logische Priorität zu haben scheint, McCormack seinen systematischen Ausgangspunkt zwei Jahre später zu einer logischen Priorität der Trinität hin ändert. In dem 2011 auf der Princetoner Barthkonferenz vorgetragenen und 2013 veröffentlichten Vortrag „Processions and Missions: A Point of Convergence between Thomas Aquinas and Karl Barth" macht er klar, dass Gottes *processiones* seine *missiones* bereits beinhalten.[213] Damit kippt McCormacks Explikation des Verhältnisses von Erwählung und trinitarischer Selbstkonstitution aber hin zu einer logischen Priorität der Trinität.

McCormack macht in diesen Jahren den Eindruck als schwanke er zwischen zwei systematisch-theologischen Ausgangspunkten. Da diese Präferenzen, einmal die Trinität hat Priorität über die Erwählung und ein andermal die Erwählung hat Priorität über die Trinität, nach der Feststellung,

---

209 Vgl. McCormack, „Theses in response".
210 Vgl. ebd., S. 222.
211 Vgl. ebd.
212 (Eigene Übersetzung) ebd.
213 Vgl. McCormack, „Processions", S. 123.

Erwählung und trinitarische Selbstkonstitution seien ein und der selbe Akt, aber keine systematische Relevanz mehr haben, spielt dieses Schwanken für das Gesamtverständnis von McCormacks Arbeit in dieser Zeit keine erhebliche Rolle. Entscheidend ist: Trinität und Erwählung sind für McCormack nun zwei Aspekte ein und desselben göttlichen Seins.[214]

Nicht zuletzt führt McCormacks Auseinandersetzung mit seinem Princetoner Kollegen ihn dazu, sich und anderen über seine eigene Vorgehensweise Rechenschaft abzulegen. Bereits Autoren wie sein Schüler Hector oder auch Diller haben in ihren Analysen der aktuellen Debatte festgestellt, dass McCormacks theologisches Nachdenken ihn über Barth hinaus führt. Nun macht McCormack das selbst deutlich und bemerkt, dass seine Thesen zur göttlichen Ontologie in vielen Teilen eigene konstruktive Arbeit enthalten. Er stellt dabei aber auch fest, dass dies nur im Sinne der christologischen Bekenntnisse der Barthschen Erwählungslehre geschehen soll.[215] Dabei entwickelt McCormacks Theologie offensichtliche Idiosynkrasien, die jedoch laut Eigenaussage nur im Sinne Barths entwickelt worden sind. Diese Idiosynkrasien verhandelt er unter der Ägide „Mit Barth und über Barth hinaus“[216], nennt sie aber jetzt „meine eigene konstruktive Arbeit“[217].[218]

---

214 Die gleiche These vertritt McCormack auch in seinem Beitrag zur Festschrift für Gerrit Neven aus dem Jahr 2009. In seinem darin zu findenden Beitrag „Trinity and Election: A Progress Report“ setzt er ebenfalls Erwählung und Trinität in eins und geht so über die Arbeit in „Grace and Being“ hinaus. Da dieser Beitrag jedoch nur in einer holländischen Übersetzung veröffentlicht ist, beschränke ich mich auf diesen Hinweis. Siehe: Akke van der Koi, Volker Küster, Rinse Reeling Brouwer (Hrsg.), *Ontmoetingen: tijdgenoten en getuigen; studies aangeboden aan Gerrit Neven*, S. 14–35.

215 Vgl. McCormack, „Theses in response“, S. 203.

216 (eigene Übersetzung) ebd., S. 221.

217 (eigene Übersetzung) ebd., S. 224.

218 Diese eigenständige Arbeit erhält bei ihm durch die Auseinandersetzungen, denen sie ausgesetzt ist, jedoch auch eine leichte Korrektur. In dem Artikel „Seek God where he may be found: a response to Edwin Chr. van Driel“ von 2007, in dem sich McCormack mit Kritik auseinandersetzt, die auch Molnar formuliert, schreibt er, dass die Identifikation Jesu Christi mit dem erwählenden Gott bei Barth nicht vor dem Abfassen des Bandes II/2 der *Kirchlichen Dogmatik* stattgefunden hat. Demnach muss McCormack die Darstellung der zeitlichen Einordnung des Paradigmenwechsels bei Barth leicht anpassen. In *Theologische Dialektik und kritischer Realismus* hatte er diesen bereits in die Zeit der Abfassung von Band II/1 verortet. Diese kleiner Anpassung ändert jedoch nichts an McCormacks Analyse und den theologischen Schlussfolgerungen, die er aus ihr zieht. Siehe: McCormack, „Seek God where he may be found: a response to Edwin Chr. van Driel“ in: Scottish Journal of Theology 60 (1): 62–79 (2007), S. 64.

6.6.2 Die direkte Reaktion auf Molnar: „Let's speak plainly"

Ebenfalls 2010 veröffentlicht McCormack einen Artikel zu Molnars Kritik an ihm. Bereits der Titel „Let's speak plainly" lässt ahnen, dass nun auch McCormacks Ton schärfer wird. McCormack konstatiert hier, er hätte den Eindruck, „dass die ‚Überwindung' [s]einer Fehler für [...] [Molnar] eine Art Obsession geworden ist."[219] Dass McCormack überhaupt auf seine Kritik eingeht, liege weniger an Molnars nennenswerten Einwänden, sondern an der Art und Weise, wie diese von ihm formuliert würden: so nämlich, dass McCormacks Argumente an sich gar nicht in den Blick geraten.[220]

Nichtsdestoweniger will McCormack, nachdem er seinen Standpunkt noch einmal erläutert hat, auf einige ausgesuchte Vorwürfe seitens Molnars eingehen. Der erste betrifft die Frage nach dem *Logos asarkos*. Dazu nun McCormack:

> Es ist keineswegs der Fall, dass mit [meinem] Entwurf jede Rede vom *Logos asarkos* verschwände. In seiner einfachsten Form bezieht sich das Konzept vom *Logos asarkos* einfach auf die Präexistenz von Gottes Sohn, einer Existenz *vor* der Fleischwerdung also. Wenn aber die Wirklichkeit von Gottes Sohn in einer *ewigen* Entscheidung liegt, dann existiert er offensichtlich vor der Fleischwerdung. Demnach steht nicht die Präexistenz zur Frage. Worum es wirklich geht, ist die Natur dieses *Logos asarkos*. Was mein Vorschlag dann vorausgesetzt hat, war dann eben die Idee, dass dieser *Logos asarkos* nie war *ohne* die ‚Bestimmung', Fleisch zu werden.[221]

So spezifiziert McCormack seine Sicht auf den *Logos asarkos* als eine Größe, die immer schon auf ihr Ziel, die Fleischwerdung, bestimmt ist.

Dass McCormack die Erwählung damit als In-Beziehung-Setzen, einmal nach innen, sodass Gott damit dreifaltig wurde und ein andermal nach außen, sodass Gott wesentlich als in Beziehung zur Menschheit verstanden werden muss, expliziert, entzieht dem Konzept der göttlichen Freiheit laut Molnar seine Grundlage.[222] Für McCormack kann Molnar dabei nur ein Verständnis der göttlichen Freiheit haben, in welchem jene eine Offenheit für alle Möglichkeiten ist. Damit hätte Molnar in seinen Augen aber eine strikt voluntaristische Konzeption göttlicher Freiheit, die in der Manier der Aufklärung die Vorstellung einer autonomen Freiheit des menschlichen Individuums auf Gott projiziert.[223] Genau diese Freiheitskonzeption war jedoch das Ziel des Angriffs durch Ludwig Feuerbach. Deswegen plädiert McCormack hier selbst für eine Vorstellung der göttlichen Freiheit, in welcher Gott zu allen Dingen frei ist, die Gott tun will. Da es in Gott

---

219 (eigene Übersetzung) McCormack, „plainly", S. 57.

220 Vgl. ebd., S. 58.

221 (eigene Übersetzung) ebd., S. 60.

222 Vgl. ebd., S. 60.

223 Vgl. ebd.

nichts Unverwirklichtes gibt, ist Gottes Freiheit eben der zu sein, der er ist, nämlich Gott für uns zu sein.[224]

Ist dieses Verständnis der göttlichen Freiheit das gleiche, wie das, was McCormack beispielsweise in „Grace and Being" hatte? Swain macht in seinem Buch *The God of the Gospel* darauf aufmerksam, dass der Artikel „Let's speak plainly" eine Entwicklung in McCormacks Konzeption der göttlichen Freiheit offenbart. Swain erinnert in seinem Buch daran, dass der Princetoner Theologe sich bereits im Jahr 2007 in seinem Artikel „Seek God where He may be found" mit Molnar auseinandergesetzt hatte. Dazu meint Swain:

> In früheren Schriften [...] scheint eine angemessene evangelische Konzeption der göttlichen Freiheit laut McCormack folgende Elemente zu haben. *In Bezug auf Gott selbst*, (1) ist Gott dazu frei, für sich sowohl zu bestimmen *was* er (im Hinblick auf seine göttliche Natur) ist und *wer* er (im Hinblick auf die göttlichen processiones) ist; aber (2) Gott ist nicht frei, darüber zu bestimmen, *ob* er ist (im Hinblick auf die göttliche Existenz).[225]

Darüber hinaus bemerkt Swain: „*In Bezug auf Dinge außerhalb Gottes:* (1) Gott ist frei, *ob* er die Welt erschafft *oder nicht*, und (2) er ist auch frei, zu entscheiden, *was für eine Art von Welt* er erschaffen will."[226]

Der Artikel „Let's speak plainly" argumentiert hier laut Swain anders:

> *In Bezug auf Gott selbst*: (1) Gott ist frei von allen externen wie internen Einschränkungen. [...] (2) Gott ist nicht frei, darüber zu entscheiden, *was* er ist (im Hinblick auf seine Natur) oder *wer* er ist (im Hinblick auf seine processiones), insofern diese Freiheit als ‚Wahlfreiheit zwischen Alternativen' verstanden wird. Gottes Freiheit besteht vielmehr in der *Macht, in der Gnadenökonomie* ohne externe oder interne Einschränkungen sowohl zu bestimmen, *was* er ist (hinsichtlich seiner Natur) als auch *wer* er ist (hinsichtlich seiner processiones). [...] (3) Die einzige Alternative zu Gottes Freiheit, Gott für uns zu sein, ist nicht eine andere Art zu sein oder ein anderer Modus der Existenz. Die einzige Alternative zu Gottes Sein für uns ist nach dieser Konzeption der göttlichen Freiheit Gottes *Nichtexistenz*.[227] In Bezug auf Dinge außerhalb Gottes meint McCormack laut Swain nun: „Falls wir McCormacks Sicht auf Gottes Freiheit *ad intra* richtig verstanden haben, dann scheint Gottes Freiheit *ad extra* in seiner ungehinderten Fähigkeit zu bestehen, seinen Willen in der Schöpfung *dieser Welt und dieser Welt alleine* zu manifestieren."[228]

224 Vgl. ebd., S. 61.

225 (eigene Übersetzung, Kursivierung Swain) Swain, *Gospel*, S. 220.

226 (eigene Übersetzung, Kursivierung Swain) ebd.

227 (eigene Übersetzung, Kursivierung Swain) ebd., S. 221.

228 (eigene Übersetzung, Kursivierung Swain) ebd., S. 222.

6.6.3 Die vorläufige Beendigung des Konflikts: McCormacks Kritik an Barth

Nach meinem Dafürhalten ist die Debatte zwischen McCormack und Hunsinger ab dem Jahr 2017 langsam zum Erliegen gekommen. In diesem Jahr erschien ein Artikel mit dem Titel „Immutability, (Im)passibility and Suffering: Steps towards a ‚Psychological' Ontology of God". Der Ausgangspunkt des von McCormack verfassten Teil dieses Textes ist die Feststellung McCormacks, dass das Barthsche Werk *in toto* seine These von der Konstitution des göttlichen Seins durch dessen Tun nicht stützt und dass diese Aussage für McCormack eine konstruktive Stellungnahme im Anschluss an die Barthsche Erwählungs- und Versöhnungslehre darstellt.

Diese beiden Feststellungen sind wohlgemerkt nicht neu. Schon 2009 hat McCormack beides in „Election and Trinity: Theses in response to George Hunsinger" klargestellt, was Gockel bereits in seiner Rezension des Hunsingerschen Buchs *Reading Barth with Charity* angedeutet hatte. Dass McCormack nun aber diese dezidierte Form wählt, um es erneut klar zu stellen, zeigt meines Erachtens an, dass er das Feld der Auseinandersetzung um die korrekte Barth-Interpretation gern verlassen möchte, um eigenständig über Barth hinaus gehen zu können. In diesem Sinn bringt McCormack nun seine Auseinandersetzung mit Hunsinger zu einem vorläufigen Ende.[229]

In seinem Artikel betont McCormack dementsprechend zuerst die Spannung in Barths Werk, ohne sich wie bisher gewohnt auf die Implikationen, die sich aus der späteren Theologie Barths ergeben, zu konzentrieren. Damit bezieht er sich zunächst wie sein Kollege Hunsinger auf die Aussagen der frühen Bände der *Kirchlichen Dogmatik*, um mit ihnen die späten Aussagen zu problematisieren. Mit seinem ehemaligen Streitpartner Hunsinger zusammen fokussiert er demzufolge auch inhaltlich auf Barths frühere Aussagen zur Unveränderlichkeit Gottes, deren Quintessenz jetzt auch in seinen Augen darin besteht, dass Gott ohne sein Tun in der Erwählung der gleiche Gott wäre.[230] Diese Aussagen waren stets die Grundlage des Hunsingerschen Arguments gegen McCormack.

McCormack nimmt nun Barths Aussagen aus dem Band I/1 der *Kirchlichen Dogmatik* auf und betont damit zunächst, dass die Erwählung in der Theologie Barths ein dem notwendigen Sein Gottes kontingent hinzukommendes Tun ist.[231] Dies gibt er ganz explizit Hunsinger zu und verweist dabei mehrmals auf dessen ihm selbst gegenüber durchaus polemisch gehaltenen Text „Election and the Trinity: Twenty Five Theses on the Theo-

---

229 Besagter Artikel dient im folgenden Kapitel als Ausgangspunkt für die ausführliche Betrachtung der eigenständigen Arbeit McCormacks.

230 Vgl. McCormack, „Immutability", S. 18.

231 Vgl. ebd., S. 23.

logy of Karl Barth".[232] Mit dieser Erwähnung ist ein zentraler Streitpunkt mit seinem Princetoner Kollegen abgetan. Der Streit mit Hunsinger, der natürlich ein breiteres Themenspektrum umfasst, entzündete sich ja stets an der Frage nach der korrekten Barth-Interpretation. McCormack kann nun über Barth hinaus gehen, ohne dass er diese Arbeit als Ausarbeiten möglicher Implikationen der Barthschen Aussagen zur Erwählungslehre oder Ähnliches kennzeichnen muss.

Entscheidend für das Verständnis dieser Neuorientierung McCormacks ist meines Erachtens, dass sie nicht erfolgt, weil er Hunsinger Recht gibt, sondern weil Barths *Kirchliche Dogmatik* aus seiner Sicht Widersprüche enthält. Diese Beobachtung ist, wie bereits gesagt, nicht neu. Offene Kritik an Barth begegnet in systematischer Form beispielsweise im bereits behandelten, 2014 beim 3. Emdener Barth-Symposion von McCormack vorgetragenen Text „Does God Suffer? Karl Barth's Contribution to a Growing Theological Controversy". In jenem als Vortrag konzipierten Text weist McCormack auf Unzulänglichkeiten der Barthschen Behandlung der Appropriationenlehre hin und führt den Leser dabei zum Kern seiner sich anbahnenden Revision der Trinitätslehre.

Über das Konzept der sogenannten Appropriation lässt sich den trinitarischen Seinsweisen ihr jeweiliges Werk zuordnen, wobei zugleich auch davon ausgegangen wird, dass in diesem Werk auch die beiden anderen göttlichen Seinsweisen anwesend und beteiligt sind. McCormack macht nun darauf aufmerksam, dass es Barth im Rahmen seiner Arbeit nicht gelingt, seine Rede von Jesus Christus als „Subjekt der Erwählung" auf die sie betreffenden *loci* anzuwenden. Problematisch wird dies seiner Meinung nach dann, wenn es Barth implizit ablehnt, davon zu reden, dass das Leiden tatsächlich Teil des göttlichen Lebens und nicht nur der menschlichen Natur der zweiten Seinsweise ist.[233] Wenn Jesus Christus jedoch Subjekt der Erwählung sein soll, dann ist es laut McCormack unumgänglich dieses Leiden Gott an sich zuzuschreiben.

Die Lehre von den Appropriationen erlaubt es nun laut McCormack, theologisch davon zu sprechen, dass Gott aktiv das Leid auf sich nimmt. Nicht so also, dass es ihm unwillentlich gegenübertritt, sondern so, dass es von Gott willentlich antizipiert wird.[234] Somit sollte der Gehorsam und mit ihm Leid und Tod der zweiten Seinsweise Gottes appropriiert werden. Barth tut dies in McCormacks Augen nicht und McCormack fordert es somit ein. Damit erklärt er Gottes Teilhabe am menschlichen Sein zu einem

---

232 Vgl. ebd., S. 18.
233 Vgl. McCormack, „Suffer", S. 65.
234 Vgl. ebd.

göttlicherseits angestoßenen, bezüglich des göttlichen Seins wirksamen Ereignis.

An diesem Punkt macht McCormack deutlich, dass im Rahmen der Barthschen Ausführungen das konkrete Verhältnis zwischen der menschlichen Natur und der Person Christi weitestgehend unklar bleibt. Im Gegensatz zum eigentlichen Vorgang der Fleischwerdung, der *assumptio carnis*, bleibt dieses schleierhaft. Einerseits plädiert der Basler Theologe nämlich für die positive Rezeption des Konzepts vom *genus tapeinoticum*, andererseits hält er an der Lehre von der Anhypostasie-Enhypostasie der menschlichen Natur Jesu Christi fest.[235] Was ist aber dann der exakte Status eben dieser Natur im Rahmen der reifen Christologie und Trinitätslere Barths?

McCormack beantwortet dies eigenständig mit Verweis auf die bei Barth kaum zur Geltung kommende Rolle des Heiligen Geistes für den Nachvollzug der *assumptio carnis*: Gottes Handeln findet, sofern man Barths Versöhnungslehre ernst nimmt, laut McCormack in Jesus Christus durch das Werk des Heiligen Geistes statt.

> Gott handelt in Jesus Christus *menschlich*, nicht direkt. Das Werk des Heiligen Geistes in und an Christus bewahrt diesen in seiner Menschheit. [...] Damit kann der Fokus von der Tendenz, den Menschen Jesus zum Instrument [...] de[s] Sohn[es] Gottes [zu machen], zu einem Werk, das durch den Menschen Jesus in der Kraft des Heiligen Geistes vollzogen wird, gelenkt werden.[236]

McCormack weiter:

> Was Barth in meiner Wahrnehmung hätte tun müssen, war den Nachvollzug der Richtung der [Idiomen] – Kommunikationen dergestalt zu ändern, dass er zu einem Akt tatsächlicher Appropriation wird. Er hätte dann den Menschen Jesus in der Kraft des Heiligen Geistes an Stelle des Logos zum performativ Ausführenden all dessen, was von dem Gott-Menschen getan wird, machen können. Der einzige Weg, von dem ich mir vorstellen kann, dass er dies ermöglicht, ist es, den Logos in seiner Beziehung zum Menschen Jesus als rezeptiv, *ontologisch* rezeptiv!, statt als allmächtig in und durch ihn handelnd nachzuvollziehen.[237]

Wenn der *Logos* jedoch rezeptiv ist, leidet Gott selbst. Barth hatte klar gemacht, dass Gott sich selbst dazu hingibt, der menschlich Handelnde wie Leidende zu sein. „Aber da ist mehr“[238], so McCormack. Bereits für Barth war „[...] das Leiden, das Christus erlebt hat, [...] kein rein physisches“[239], also nur die körperliche Existenz der Menschheit Jesu betreffend.

---

235 Vgl. McCormack, „Suffer“, S. 66.

236 (eigene Übersetzung) ebd., S. 67.

237 (eigene Übersetzung, Kursivierung McCormack) ebd., S. 68.

238 (eigene Übersetzung) ebd., S. 69.

239 (eigene Übersetzung) ebd., S. 68.

Für McCormack sind nun das Leiden Jesu Christi und sein Tod seine Gott-Verlassenheit und der Tod Jesu Christi damit der ewige Tod. Für McCormack macht sich Gott so zum Subjekt des Leidens Christi, dass es auch Gottes eigenes Leiden ist.[240]

Die Einsicht in die Totalität der Gottverlassenheit im Moment des Leidens uns Sterbens Jesu Christi ermutigt McCormack im Sinne seiner bisherigen Überlegungen auch hier über Barth hinauszugehen:

> Damit können wir nun einen letzten Schritt gehen. Wie endgültig verstehen wir ‚Gottverlassenheit' als ein Ereignis in Gottes eigenem Leben? Was wir nicht tun dürfen, ist es dergestalt wahrzunehmen, dass ‚Gottverlassenheit' ein Ereignis ist, das sich zwischen Gott dem Vater und dem ewigen Sohn, unabhängig von der menschlichen Natur, die jener angenommen hat, abspielt. In Wahrheit erlaubt Barths Verständnis der Trinität als eines göttlichen Subjekts in drei Seinsweisen das nicht. Vater und Sohn sind keine distinkten Subjekte, sodass ersterer an letzterem handeln könnte. Es ist vielmehr eben dieses göttliche Subjekt, das sich selbst in seiner zweiten Seinsweise, verbunden mit dem menschlichen Fleisch, in die Macht des Todes hergibt, sich selbst darin entlässt. So ist ‚Gottverlassenheit' eine durch und durch menschliche Erfahrung aber eben eine die ‚in' der zweiten Seinsweise des trinitarischen Gottes stattfindet. [...] Eine menschliche Erfahrung. Aber *in Gott*![241]

Die Frage nach der Erfahrung der Gottverlassenheit wird im kommenden Kapitel noch einmal *en détail* besprochen. Grundsätzlich lässt sich nun meines Erachtens jedoch im Blick auf McCormacks Kritik an Barth nachvollziehen, wie er eine konstruktive Überwindung der Spannung in dessen Werk angehen möchte. Ein anderer, ebenfalls älterer Text McCormacks erhellt dies in Bezug auf McCormacks Umgang mit Barths Rede von Jesus Christus als Subjekt der Erwählung. Diese Formulierung ist jetzt für McCormack wie bekanntermaßen auch für Hunsinger nicht mehr unproblematisch. Van Driel[242] und Hunsinger[243] haben in ihren Arbeiten klar gemacht, dass Barth keineswegs so verstanden werden kann, als hätte das historische Ereignis Jesus Christus ontologische Relevanz für die Gestalt des göttlichen Seins. Sie schlagen deshalb (so zeigt es McCormack) vor, Barth so zu interpretieren, dass Jesus Christus einfach als Ergebnis der Erwählung zu verstehen sei oder sein Subjekt-Sein eben als reine Sprachfigur nachvollzogen werden kann.[244]

---

240 Vgl. ebd., S. 68.

241 (eigene Übersetzung) ebd., S. 70.

242 van Driel, *Incarnation Anyway: Arguments for Supralapsarian Christology*, Oxford University Press, New York, 2008, S. 102.

243 Hunsinger, „Election and the Trinity: Twenty Five Theses on the Theology of Karl Barth" in: *Trinity and Election in Contemporary Theology* [Hrsg. Michael Dempsey], William B. Eerdmans, Grand Rapids, 2011, S. 91–114, hier S. 94–96.

244 Vgl. McCormack, „Immutability", S. 19.

McCormack empfindet sowohl van Driels als auch Hunsingers Lesart der Barthschen Ausführungen mehr als unbefriedigend. Bereits in seiner Entgegnung zu Hunsinger hatte er betont, dass die Aussage, Jesus Christus sei das Subjekt der Erwählung, auch in ihrem schwächsten Verständnis bedeuten muss, dass der Moment, in dem der Sohn den Willen des Vaters bejaht Fleisch zu werden, auch der Moment ist, in dem er Jesus Christus „wird“[245]. Demnach ist Jesus in Gott ab dem Beginn aller seiner Werke *ad extra* präsent.[246] Wenn nun aber der Barthschen Intention, jede Metaphysik aus der Theologie zu verbannen, Rechnung getragen werden soll, dann muss aus McCormacks Sicht darüber hinaus mehr gesagt werden. Nämlich, dass mit der Aussage, Jesus Christus sei das Subjekt der Erwählung, auch der Raum zwischen Gottes Immanenz und Gottes Ökonomie geschlossen ist, was aus seiner Sicht in der Barthschen Versöhnungslehre auch konsequent angewandt wird.[247] Auch in seinem Artikel von 2017 macht er nun deutlich, dass der Akt der Erwählung ganz selbstverständlich ontologische Auswirkungen auf Gottes Sein hat. Wo Hunsinger laut McCormack nun jedoch Recht zu geben ist, ist, dass Barths explizites Verständnis der göttlichen Freiheit dieser Theorie im Weg steht. Wenn Gott nämlich *per se* zur Schöpfung und Erlösung frei war, lässt sich Unveränderlichkeit und Leidensfähigkeit in Gott laut McCormack nicht zusammen denken.[248]

Nach 11 Jahren harter Angriffe seitens Hunsinger macht McCormack nun an ausgewählten Stellen deutlich, wo ihre Barth-Interpretationen dennoch zueinander finden. Grundsätzlich zeigt sich hier aber keine Annäherung der beiden. Wenn er Hunsinger auch zustimmt, dass die trinitarischen Hervorgänge auf der Ebene der expliziten Aussagen bei Barth logische Priorität vor der Erwählung haben, kommt McCormack ihm in konstruktiver Hinsicht sicherlich nicht entgegen. Hunsingers permanentes Insistieren darauf, dass Gott egal in welchem Stadium der Barthschen Dogmatik auch ohne die Schöpfung Gott wäre und seine damit einhergehende rein negative Definition göttlicher Freiheit müssen aus McCormacks Sicht weiterhin als Repristination neo-orthodoxer Überzeugungen oder als Wiederbelebung der reformierten Orthodoxie gelten. Nichtsdestoweniger hat McCormack mit „Immutability, (Im)passibility and Suffering: Steps towards a ‚Psychological‘ Ontology of God“ einen wichtigen Teil der Spannung zwischen ihm und Hunsinger gelöst, sodass er nun, ohne die Frage nach der korrekten Barth-Lesart immer wieder neu klären zu müssen, an seine eigenständige Arbeit gehen kann.

---

245 Vgl. McCormack, „Theses in response“, S. 214.

246 Vgl. ebd.

247 Vgl. ebd.

248 Vgl. McCormack, „Immutability“, S. 20.

6.7 Zusammenfassung und Überleitung

Ab dem Jahr 2000 leistet McCormack „eigene konstruktive Arbeit“[249]. Mal geschieht sie behutsamer durch das erwähnte „smoothing out“, mal offensiver durch explizite Kritik an Barth. Stets ist jedoch meines Erachtens, ob genannt oder nicht, ihr Ausgangspunkt die oben dargelegte Feststellung, dass, soll man die Versöhnungslehre des Barthschen *opus magnum* konsequent auf die Gottes- und Trinitätslehre anwenden, der Akt der Erwählung die Konstitution des göttlichen Seins in seiner trinitarischen Verfassung darstellt. Gott ist also nicht mehr zunächst als Subjekt an sich gedacht, das in drei Seinsweisen ist, und das sich als eben solches zur Erwählung des Menschen zu seinem Bundesgenossen entschließt, so als bräuchte es einen dem göttlichen Tun vorgängigen ontologischen Grund.

McCormacks konstruktive Arbeit fußt auf der Barth-Rezeption von Balthasars, Gundlachs und Jüngels. Alle drei sind, wie nun immer deutlicher wird, in analytischer wie konstruktiver Hinsicht wichtig für sein Denken. Zunächst ist es von Balthasars Interpretation der Barthschen Entwicklung, die McCormack fruchtbar aufnimmt. Er grenzt sich jedoch von dessen Vorstellung von einer Wende im Barthschen Denken ab und deutet Barths Entwicklung nicht mehr als Wandel in der zugrundeliegenden Methodik, sondern anhand materialdogmatischer Themen, wobei die Christozentrik seiner Meinung nach das immer zentraler werdende Phänomen im Denken Barths ist.

Gundlach hatte McCormack dann den Hinweis gegeben, dass sich auch das Barthsche Hauptwerk besonders durch die Korrektur der Erwählungslehre entwickelt, während er von Goebel den Schluss übernimmt, die Trinitätslehre müsste nun im Licht dieses *locus* entfaltet werden. Hierauf appliziert McCormack Jüngels „post-Barthianische“[250] Theologie, indem er versucht, Barth konsequent von seiner Versöhnungslehre aus zu lesen. Während Jüngel diese jedoch mit Barths Trinitätslehre weitestgehend zusammen denken wollte, unterscheidet McCormack die späte Theologie von der früheren und überlegt, welche Implikationen aus ihr folgen. Durch den Anstoß Jensons, dass Notwendigkeit und Freiheit in Gottes Sein zusammengehörig zu denken sind, entwickelt McCormack dann Implikationen aus der Erwählungs- und Versöhnungslehre Barths, von denen er selber sagt, dass die über Barth hinaus weisen.[251]

Die erste Konsequenz aus McCormacks konstruktiver Arbeit zu Barth ist die in seinem Artikel „Grace and Being“ einsehbare Problematisierung

249 (eigene Übersetzung) McCormack, „Theses in response“, S. 224.
250 (eigene Übersetzung) McCormack, „Suffer“, S. 55.
251 Vgl. ebd., S. 64.

des sogenannten *Extra Calvinisticum*. Gottes Sein ist für McCormack zu keinem Teil unabhängig und damit unbeeinflusst von seinem Tun in Jesus Christus. Für McCormack hat das göttliche Tun die Priorität im Nachdenken über Gottes Sein. So wird die Lehre von der Gnadenwahl, wie sie Barth im Band II/2 der *Kirchlichen Dogmatik* entwickelt, für ihn zu einer Art Materialprinzip der Theologie. Naheliegenderweise beschäftigt er sich im Lichte dessen dann mit christologischen Fragestellungen. Er verabschiedet die Vorstellung eines *Logos asarkos*, der an sich und absolut unabhängig von der Fleischwerdung gedacht werden kann, und versteht somit die zweite Person der Trinität als ewig und damit wesenhaft zur Inkarnation bestimmt.

Die *unio hypostatica* entwickelt er dann christozentrisch, was bei ihm bedeutet, sie ausschließlich im Rückgriff auf die biblisch bezeugte Geschichte Jesu Christi zu explizieren. Die Teilhabe Jesu am göttlichen Sein und dessen an seinem hängt dann für McCormack am geschichtlich sich ereigneten Gehorsam Jesu Christi. So expliziert prägt die neue Christologie auch die Trinitätslehre: Die immanente Trinität muss dann ebenfalls ausschließlich im Hinblick auf die biblisch bezeugte Geschichte Jesu Christi expliziert werden, was für sie zur Folge hat, dass sie mit der ökonomischen Trinität umfassend identifiziert werden muss.

McCormacks Denken im Anschluss an Barth verfolgt meines Erachtens eine post-metaphysische Neubegründung der Theologie. Mit dem konsequenten Blick auf das geschichtliche Ereignis des Schicksals Jesu Christi wird zuerst die Christologie, mit ihr die theologische Ontologie und konsequenterweise auch die Gottes- und Trinitätslehre sukzessive revidiert. Für McCormack stellt diese Revision aber noch keinen genuinen Entwurf dar, sondern die Ausarbeitung der grundlegenden Konsequenzen aus Barths Erwählungs und Versöhnungslehre.

McCormacks konstruktive Arbeit zu Barth bleibt nicht ohne Widerspruch. Vor allem seine These, der Akt der Erwählung stelle die Selbstkonstitution des trinitarischen Gottes dar, provoziert Hunsingers und Molnars Gegenrede. Sie sehen darin nicht nur eine inkorrekte Barth-Lesart, sondern darüber hinaus auch eine eklatante Verunmöglichung der göttlichen Freiheit und gehen dementsprechend harsch gegen seine Vorschläge an.

Hunsinger setzt sich mit McCormack vor allem auf der Ebene der Barth-Analyse auseinander. Während McCormack im Gefolge von Balthasars, Gundlachs, Goebels und Jüngels die Erwählungs- und Versöhnungslehre des Basler Theologen in ihrer Intention zunehmend von den Ausführungen seiner Trinitäts- und Gotteslehre im Band I/1 der *Kirchlichen Dogmatik* unterscheidet, unterstellt Hunsinger Barth weder eine gravierende Entwicklung, geschweige denn eine implizite Selbst-Korrektur. Über die Jahre hinweg legt er dabei auch Rechenschaft über die Methode seiner Barth-

Rezeption ab. Er nennt die Methode *principle of charity* und deutet damit an, dass es ihm in seiner Barth-Lesart um die wohlwollende Interpretation von dessen gesamtem Werk geht.

Inhaltlich stellt Hunsinger fest, dass Barth niemals andeutet, dass das Erwählungshandeln Gott seinsmäßig beziehungsweise ursprünglich zukommt. Vielmehr ist es ein gegenüber der göttlichen *koinonia* stets als kontingent zu explizierendes Geschehen. Dabei ist Gottes Freiheit vorrangig seine Unbedingtheit von allem, einschließlich seines Tuns.

An diese Freiheitskonzeption schließt sich Molnar an. In einer Reihe von Artikeln und seinem Buch *Divine Freedom* weist er immer wieder auf die Zentralität der Lehre von der immanenten Trinität und des *Logos asarkos* hin. Nur in der Betonung dieser beiden *theologoumena* lässt sich seines Erachtens die göttliche Freiheit und Allmacht bewahren. Dies betont er mit besonderer Deutlich- und Beharrlichkeit.

Im Laufe des Streits zeigen sich zunehmend genuin McCormacksche Gedanken. Im Jahr 2017 bietet es sich ihm offenbar an, einen theologischen „Neustart" zu verkünden, der nun nicht mehr die Gemengelage der analytisch-konstruktiven Barth-Rezeption verschiedener Couleur zum Ausgang hat, sondern seine eigenen Überlegungen zu Christologie und Gotteslehre. Damit lässt sich im nächsten Kapitel nun nach den beiden zu Barth historisch-analytisch und der in ihren beiden Dimensionen dargelegten zunehmend konstruktiven Phase auch eine eigenständigen Arbeitens in Augenschein nehmen.

7 2017: McCormacks eigene Theologie. Ein Neustart mit Vorlauf

Wie am Ende des letztes Kapitels angedeutet zieht McCormack 2017 einen vorläufigen Schlussstrich sowohl unter seine analytische wie auch seine konstruktive Barth-Rezeption, indem er in diesem Jahr im Rahmen eines Artikels, den er zusammen mit der rumänischen Forscherin Alexandra Parvan in der deutschen Publikation *Neue Zeitschrift für Systematische Theologie* veröffentlicht hat, einen theologischen „Neustart“[1] ankündigt. Besagter Text mit dem Titel „Immutability, (Im)passibility and Suffering: Steps towards a ‚Psychological‘ Ontology of God“ bezeichnet nun nach meinem Dafürhalten die ersten Schritte hin zu einem genuinen theologischen Entwurf seinerseits.

Die die folgende Darstellung leitende These ist, dass es neben den am Ende des letzten Kapitels erwähnten Text „Does God Suffer“ von 2014, welcher recht umfassend Kritik an Barth offenbarte, weitere Artikel gibt, welche den „Neustart“ von 2017 ankündigen und somit in Teilen bereits darstellbar machen. Diese sind aus meiner Sicht der Artikel „Karl Barth's Christology as a Resource for a Reformed Version of Kenoticism“, der aus dem Jahr 2005 stammt, „Über Barth hinaus – mit Schleiermacher?“ von 2006, „With loud Cries and Tears“ von 2009, der 2012 veröffentlichte Text „The Doctrine of the Trinity after Barth“ und der Vortrag „Atonement and Human Suffering“ von 2015. Damit unterscheidet sich die vorliegende Arbeit entsprechend von den oben erwähnten Debattenbeiträgen aus dem angloamerikanischen Raum aber auch von Einschätzungen deutscher Theologen, welche die sich zunehmend abzeichnende Eigenständigkeit der McCormackschen Theologie weitestgehend ignorieren und sie, wie beispielsweise Michael Weinrich im Rahmen seines Beitrags zum von Beintker herausgegebenen *Barth Handbuch*, lediglich als einen Beitrag zu allgemeinen „Interpretationsdifferenzen“[2] im Rahmen heutiger Barth-Rezeption vorstellt.[3]

Wie andere Phasen seiner Arbeit lässt auch McCormacks eigenständige Arbeit nach Barth eine wichtige Prägekraft erkennen. Diese findet sich nach meinem Dafürhalten in von Balthasars dogmatischer Arbeit, welche laut McCormack unter anderem einen Versuch darstellt, eine das Bewusstsein

1 (eigene Übersetzung) McCormack, „Immutability“, S. 20.
2 Weinrich, „Trinität“, S. 295.
3 Vgl. ebd.

Jesu Christi in den Fokus nehmende „Christologie von unten"[4] zu entwickeln. Eine solche möchte auch McCormack entfalten, indem er versucht,

> das Sein Gottes ausgehend von seiner Selbstoffenbarung im individuellen Leben Jesu Christi zu denken. [Dies ist ihm wichtig, denn] [...] die ontologische Identität Jesu Christi und die Art und Weise der Auffassung der Einheit seiner Person [ist] [...] ausschlaggebend für das Verständnis davon, wer dieser christliche Gott ist.[5]

7.1 McCormacks neue Unabhängigkeit von Barth

2017 stellt McCormack in „Immutability, (Im)passibility and Suffering" fest, dass seine eigene Theologie unabhängig von Barth sein muss. Diese Überzeugung gründet bei McCormack in dem in der vorliegenden Untersuchung konstant virulenten ontologischen Problem, welches sich im Angesicht der Barthschen Erwählungslehre ergibt, dass nämlich die Implikationen seiner daraus resultierenden Versöhnungslehre inkompatibel mit den grundlegenden Prämissen seiner Trinitätslehre aus dem Band I/1 der *Kirchlichen Dogmatik* sind.

Auf die zunehmend unauflösliche Spannung zwischen der Auffassung des göttlichen Seins in den frühen Bänden der *Kirchlichen Dogmatik* und der aus seiner Versöhnungslehre machte unter anderen Hector in einem Beitrag zur McCormack-Hunsinger-Debatte von 2005 aufmerksam. Während der Band I/1 des Werkes *Kirchliche Dogmatik* aus seiner Sicht Gottes immanente Trinität als Garantie für Gottes Subjektsein in der Interaktion mit der Menschheit nachvollzieht, betont der Band II/2 laut Hector, dass die ökonomische Trinität offenbart, wie Gott sich in Ewigkeit zum Gott-mit-uns bestimmt hat.[6] Da McCormack diese Spannung immer stärker hervorhebt, macht Hector 2012 in „Immutability, Necessity and Triunity: Towards a Resolution of the Trinity and Election Controversy" deutlich, dass die in „Grace and Being" begonnene dogmatische Arbeit als zunehmend eigenständiges Denken im Anschluss an Barth verstanden werden muss.[7]

Und tatsächlich kommt McCormack im Jahr 2017 zu der Erkenntnis, dass zwischen der Barthschen Trinitäts- und Erwählungslehre ein unüberbrückbarer Hiat besteht. Dieser zwingt ihn dazu, über Barth und seine in Band I der *Kirchlichen Dogmatik* entwickelte Ontologie „hinaus zu argumentieren, dass die göttlich-menschliche Beziehung, die ontologisch die

4 (eigene Übersetzung) McCormack, „Atonement", S. 202.
5 McCormack, „Immutability", S. 1.
6 Vgl. Hector, „Triunity", S. 255.
7 Vgl. Hector, „Immutability", S. 78.

Einheit Jesu Christi ausmacht, von Ewigkeit dasjenige ist, was der zweiten Person der Trinität Identität gibt."[8] Mit Barths Begriff von der göttlichen Freiheit aus dem ersten Band der *Kirchlichen Dogmatik* lässt sich diese Feststellung in McCormacks Augen nicht mehr verbinden. So geht der Princetoner Theologe im Jahr 2017 mit Barths Impulsen zur Erwählungslehre explizit über Barth hinaus.

Während Barths Begriff von der göttlichen Freiheit laut McCormack die Erwählung des Menschen nicht umfassend mitzutragen in der Lage war, sucht er nun nach einer Konzeption des göttlichen Seins, die Besagtes zum einen als unveränderliches und zum anderen seine Beziehung zur Welt und damit auch sein Leiden in der Geschichte Jesu Christi als dazugehörig nachvollzieht.[9] Dieses Ziel verlangt laut McCormack zunächst jedoch, Barths Vorstellung von einer göttlichen „Urentscheidung" sowie die Rede von Jesus Christus als Subjekt der Erwählung unter gewissen Vorzeichen zu transformieren.

Barths Erwählungslehre, die Gottes Selbstbestimmung zur Selbsterniedrigung in Jesus Christus über die Konzepte einer sogenannten göttlichen Urentscheidung und der Erwählung Jesu Christi expliziert hatte, wird von McCormack ab dem Jahr 2017 nicht grundsätzlich aber methodisch hinterfragt. Barth fehlt es in den Augen des Princetoner Dogmatikers an einem Instrumentarium, Gott im Rahmen seiner Theologie Leidensfähigkeit zuzuschreiben und dessen Sein zugleich auch als unveränderlich nachzuvollziehen.[10] Zentral für dieses Problem ist Barths Konzeption der göttlichen Freiheit und damit auch des göttlichen Seins selbst. Dies hatte Hunsinger im Rahmen seiner Arbeit stets betont. Doch anstatt sich mit diesem Argument wie bisher weitestgehend isoliert auseinander zu setzen, nutzt es McCormack nun für seine eigenen Zwecke.

Angesichts der sich im Streit zwischen ihm und seinen Kollegen manifestierenden Verwirrung und der augenscheinlichen Unlösbarkeit des Streits um die korrekte Barth-Analyse fordert McCormack einen umfassenden „Neustart, der Barth hinter uns lässt"[11]. Nun ist der theologischen Öffentlichkeit eindeutig klargemacht, dass es ab jetzt nicht mehr um etwas geht, das Barth hätte sagen sollen oder was er impliziert, sondern nun geht es McCormack offensichtlich darum mit Barths Intention im Rücken theologisch eigenständig zu denken.

8 McCormack, „Immutability", S. 2.
9 Vgl. ebd., S. 4.
10 Vgl. ebd., S. 17.
11 Ebd., (eigene Übersetzung).

McCormacks Theologie verzichtet dabei wie angekündigt zuerst auf das Konzept der göttlichen „Urentscheidung“[12] eines der Erwählung vorausgesetzten göttlichen Subjekts. Die Erwählung ist laut McCormack nämlich nur dann ideal „nachvollzogen, wenn sie als göttliches Sich-Selbst-Wollen erklärt wird, das im Akt der göttlichen Selbstkonstitution als trinitarisches Sein stattfindet“[13]. Das bedeutet, dass die Erwählung als göttliche *processio* vom göttlichen Sich-Selbst-Wissen und Sich-Selbst-Wollen nicht zu unterscheiden ist.[14] Mit dieser In-Eins-Setzung will McCormack grundlegend sicher stellen, dass der göttliche Akt einer ist und in ihm keine Reihenfolge verschiedener göttlicher Taten ausgemacht werden kann.[15]

Auf diesem Hintergrund erklärt sich auch McCormacks Neu-Betrachtung der Rede von Jesus als „Subjekt der Erwählung“. McCormack hatte zuvor deutlich gemacht, dass die Erwählung Teil der göttlichen *processiones* ist. Barth habe jedoch zugleich gemeint, „dass die Erwählung ontologische Implikationen hatte; er nahm es an, da das, was in der Erwählung stattfand, eben eine Bestimmung des göttlichen *Wesens* war.“[16] Diese Vorstellung einer seinsmäßigen Bestimmung Gottes durch seine Ökonomie ist jedoch ebenfalls laut McCormack mit Barths eigentlicher Konzeption der göttlichen Freiheit nicht vereinbar.

Wie lässt sich aber dieses von McCormack nun postulierte Eins-Sein der *processiones* konzise nachvollziehen? McCormack schlägt dafür nach seiner *Relecture* der Konzepte von Gottes „Urentscheidung“[17] und dem von der Rede von Jesus als Subjekt der Erwählung vor, der neutestamentlichen Bezeichnung Gottes als Liebe neue Beachtung zu schenken. McCormack verzichtet hier auf einen Verweis auf Jüngel und zitiert 1. Joh 4,16. „Liebe“ ist für den Princetoner Theologen die einzige materielle Beschreibung des göttlichen Seins im Rahmen des Neuen Testaments und sollte als eben diese auch in den systematischen Diskurs übernommen werden.[18]

„Aber was für eine Art Liebe ist das?“[19] fragt McCormack hier im Anschluss. Die Reflexion dieser Frage führt McCormack nun zu einem weiteren Aspekt des von ihm anvisierten systematisch-theologischen Neustarts: Neben 1. Joh wird für ihn dabei der Philipperbrief als biblisches Zeugnis zentral. Dort wird die göttliche Liebe konkret als liebende Selbsthingabe

---

12 McCormack, „Immutability“, (eigene Übersetzung).
13 Ebd., (eigene Übersetzung).
14 Vgl. ebd.
15 Vgl. ebd.
16 (eigene Übersetzung, Kursivierung McCormack) ebd., S. 17.
17 (eigene Übersetzung) ebd.
18 Vgl. ebd., S. 21.
19 Ebd., (eigene Übersetzung).

oder „sich selbst dahin gebende Liebe“[20] beschrieben. McCormack spezifiziert diese Aussage und geht dabei noch einmal mehr ins theologische Detail: Die göttliche Selbsthingabe, systematisch gesprochen die göttliche *Kenosis*, betrifft laut McCormack das göttliche Sein nicht pauschal.[21] In McCormacks Augen erweist sie sich laut Philipperbrief ausschließlich, das heißt „definitiv und konkret in Jesus Christus“[22]. „Nur“ Jesus Christus, damit auch „nur“ die zweite Person der Trinität, leistet die göttliche *Kenosis*, die zu Versöhnung und Rettung der Schöpfung führt.[23] Genau darin ist sie dann auch das Subjekt und nicht nur das Objekt des göttlichen „Sich-Selbst-Wollens“[24].

Als gewissermaßen letzten Aspekt seines eigenen theologischen Neustarts stellt McCormack fest, dass die Erwählung Teil der göttlichen Selbst-Konstitution ist.[25] Damit „lässt das Ereignis der Inkarnation Gott nicht unberührt“[26]. Gleichzeitig „stellt es [aber] auch die Unveränderlichkeit Gottes nicht in Frage“[27]. Gottes Unveränderlichkeit bleibt also unbeeinflusst von der Inkarnation und ihren Folgen.[28] Das Leiden, das in der Gott-Mensch-Einheit in Jesus Christus statt findet, ist dann laut McCormack eine wirklich göttliche Erfahrung, ohne dass sie Gottes Sein einer Veränderung aussetzt. Sie gehört sozusagen zu Gott als Gott.

Trotz dieser tiefgreifenden Neuinterpretation grundlegender Einsichten Barths lässt McCormack den Basler Theologen nicht vollständig hinter sich. Es gibt durchaus einen Impuls Barths, der sich in McCormacks „Neustart“ fortsetzen beziehungsweise widerspiegeln soll. Barth geht es laut McCormack grundsätzlich darum, die Erwählung als Gott wesenhaft zukommend zu beschreiben.[29] Barths Problem ist dabei laut McCormack, dass ihm dafür dessen Verständnis der göttlichen Freiheit im Weg steht.[30] Gott war laut Barth, das zeigt McCormack mit Hunsinger, in dem Sinn frei zum Akt der Erwählung, dass er diesen Akt auch nicht hätte vollziehen können. In Barths Werk findet sich in McCormacks Augen kein expliziter Hinweis, dass die Erwählung für Barth nicht kontingent gegenüber dem notwendi-

20 Ebd., (eigene Übersetzung).
21 Vgl. ebd.
22 Ebd., (eigene Übersetzung).
23 Vgl. ebd.
24 Ebd., (eigene Übersetzung).
25 Vgl. ebd.
26 Ebd., (eigene Übersetzung).
27 Ebd., (eigene Übersetzung).
28 Vgl. ebd.
29 Vgl. ebd., S. 18.
30 Vgl. ebd., S. 20.

gen Sein Gottes zu verstehen sei.[31] McCormack selbst sieht dies, wie gezeigt, anders. Er sucht nun nach einem geeigneten Weg, die Überzeugung Barths bezüglich der Erwählung konsequenter zu entfalten als Barth selbst.

Im Zentrum dieses McCormackschen Überschritts steht die Christologie. Alle zentralen Aspekte seines Neustarts provozieren nämlich die Frage, wie dogmatisches Denken angelegt sein kann, so dass die Erwählung in eins mit den göttlichen *processiones* gedacht, die *Kenosis* als von der zweiten Person der Trinität vollzogen und Gottes Sein mit diesem Vollzug identifiziert sein kann, ohne dass in Gott eine Veränderung angenommen werden muss? Diesem multidimensionalen Problem begegnet McCormack gemeinsam mit Alexandra Pârvan mit der Erarbeitung einer „psychologisch" angelegten Christologie. Dieses Projekt deutet sich meines Erachtens bereits vor dem Jahr 2017 an und McCormacks Auseinandersetzung mit von Balthasar spielt dabei aus meiner Sicht eine entscheidende Rolle.

7.2 Von Balthasars konstruktive Arbeit als Prägekraft von McCormacks Theologie

McCormacks theologischer Neustart versucht das, was er als Barths Grundanliegen versteht, unter den Vorzeichen seiner analytischen und konstruktiven Rezeption von Barths Arbeit umzusetzen, nämlich, dass die Erwählung Gott wesenhaft zukommt und keine bloß kontingente Entscheidung ist, die Gott auch nicht hätte treffen können. Dazu, so sagt McCormack, muss die Rede von Gottes „Urentscheidung" und von „Jesus also Subjekt der Erwählung" verabschiedet beziehungsweise inhaltlich neu gefüllt werden. Dazu dient seine Festlegung, Gott als Liebe zu verstehen und die Erwählung als Teil der göttlichen Selbstkonstitution nachzuvollziehen.

Diese Transformation (bisher für ihn durchaus zentraler Konzeptionen) betrifft auf den ersten Blick zunächst *theologoumena* aus dem Bereich der allgemeinen Gotteslehre. Die in meinen Augen wichtigste Neuerung seitens des Princetoner Theologen findet sich jedoch in der für McCormack neuen Beschäftigung mit der göttlichen *Kenosis* in der zweiten Person der Trinität. Nach meinem Dafürhalten liegt hier der Schlüssel zum Verständnis von McCormacks eigener „post-Barthianischer"[32] Theologie.

McCormacks eigenständige Arbeit behandelt also zuvörderst die Frage nach der göttlichen Kenose in der zweiten Person. Damit steht letzten Endes die Neu-Anlage der Christologie im Zentrum seiner Arbeit. Diese

31 Vgl. McCormack, „Immutability".

32 (eigene Übersetzung) McCormack, „Suffer", S. 55.

Neu-Anlage lässt sich in meinen Augen sehr gut auf dem Hintergrund der diesbezüglichen Auseinandersetzung McCormacks mit von Balthasar nachvollziehen. McCormack hatte sich ja früh mit von Balthasars analytischer Arbeit auseinandergesetzt. Während diese produktive Auseinandersetzung in seiner Dissertation jedoch durchaus systematisch dokumentiert ist, gibt es im Hinblick auf von Balthasars konstruktive Arbeit zu Barth und ihren Einfluss auf das Denken des Princetoner Theologen weniger zusammenhängende Aussagen.

Dabei spielt von Balthasars betrachtende Theologie der Kar- und Ostertage für McCormacks eigenständiges Denken, gerade im Hinblick auf die Entwicklung seiner Christologie, eine wichtige Rolle. In seinem Artikel „With Loud Cries and Tears. The Humanity of the Son in the Epistle to the Hebrews“ von 2009 beschreibt McCormack von Balthasars Buch *Theologie der drei Tage* als die „aufrüttelndste und tiefgehendste Behandlung [...] [der Kar- und Ostertage] im Rahmen der gesamten modernen Theologie“[33]. Von diesem Eindruck zeugt auch McCormacks Vortrag „Atonement and Human Suffering“, der seit 2015 veröffentlicht vorliegt und sich mit von Balthasars Werk *Theodramatik – Die Handlung* auseinandersetzt.

In den erwähnten Texten nimmt McCormack von Balthasars Idee einer „Bewusstseinschristologie“[34] explizit auf. Er befürwortet damit dessen Projekt, eine Christologie (und so auch eine Theologie mit eben dieser als ihre Mitte) ausgehend von Jesu Bewusstsein, einen göttlichen Zweck zu erfüllen, zu entwerfen. Dies verbindet er zugleich mit einer Kritik an dem katholischen Theologen, indem er darauf hinweist, dass dieser letzten Endes doch eine spekulative Seinschristologie und eben keine reine Bewusstseinschristologie entwirft.

Um den konzisen Entwurf einer Bewusstseinschristologie zu ermöglichen, braucht es aus McCormacks Sicht eine exegetische Grundlage, um welche er sich in besagtem, aber auch einer ganzen Reihe anderer Artikel selbst bemüht. Im Anschluss daran entwickelt er mit den Ideen von Balthasars das Konzept einer von ihm so genannten Christologie des einen Subjekts. Dieses Unternehmen nennt er zusammen mit Alexandra Pârvan ab dem Jahr 2017 „Psychologische Ontologie“[35]. Sie ist, wie zu sehen sein wird, das konzeptuelle Fundament seiner sich nun langsam entfaltenden, eigenen Arbeit.

---

33 (eigene Übersetzung) McCormack, „Hebrews“, S. 54.

34 (eigene Übersetzung) McCormack, „Atonement“, S. 202.

35 McCormack, „Immutability“, S. 1.

7.2.1 *Herrlichkeit*. Von Balthasars theologische Ästhetik und seine Bewusstseinschristologie als Anstoß für McCormacks exegetische Arbeit

Im Anschluss an von Balthasar versucht McCormack in seiner eigenen Christologie vom konkret historischen Schicksal Jesu Christi auszugehen. Der katholische Theologe hatte dies zum einen darüber versucht, das gesamte theologische Denken bereits äußerlich so anzulegen, dass die Offenbarung in Jesus Christus ihr inhaltlich bestimmendes Element ist. Besonderer Ausdruck dieser Formung der Theologie ist der Beginn von von Balthasars Hauptwerk mit einer „Theologischen Ästhetik“. Zum anderen legt von Balthasar dann in seiner Christologie den Fokus auf Jesu Christi Bewusstsein, einen göttlichen Zweck zu erfüllen. Beides übernimmt McCormack in abgewandelter Form.

Zunächst zu von Balthasars theologischer Ästhetik: In seinen Augen muss zuvörderst Barth das Verdienst zuerkannt werden, seine Dogmatik als genuin theologische Ästhetik angelegt zu haben. Er schreibt dazu in seiner Barth-Analyse:

> Das Entweder-Oder zwischen Hegel und Kierkegaard übersteigend hat er (von Hegel her) eine objektiv genormte und auch geformte Dogmatik gefordert und selbst gestaltet, der er doch (von Kierkegaard her) das geschlossene Zueinander der Glaubensbeziehungen zwischen dem offenbarenden Schöpfer- und Erlöser-Gott und dem abgewendet-zugewendeten Menschen, vermittelt im Gottmenschen Jesus Christus, zum Inhalt gab.[36]

In den Augen des früheren Jesuiten war das Barthsche Werk also insofern eine „theologische Ästhetik“, dass sie nach seinem Dafürhalten ganz durch die Betrachtung von Gottes Selbsterniedrigung geformt, also ausschließlich von dort aus entworfen, und in dieser Hinsicht, wie er in *Karl Barth. Darstellung und Deutung seiner Theologie* schreibt, einfach „schön“[37] ist.

Wie Barth möchte auch von Balthasar seine dogmatischen Erörterungen nur im Hinblick auf den sich selbst in Jesus Christus erniedrigenden Gott entfalten, sodass auch seine Theologie in ihrer Gestalt von diesem Ereignis geprägt ist. Dabei entwickelt er jedoch im Gegensatz zu Barth eine Christologie, deren konzeptioneller Ausgangspunkt das Bewusstsein Jesu Christi ist. Laut von Balthasar lebt Jesus in dem Bewusstsein, Gottes Gericht auf sich zu nehmen. So handelt er und so ist dieses Bewusstsein des göttlichen Gerichts das Zentrum von von Balthasars Christologie. McCormack erkennt in dieser Konzentration auf Jesu Bewusstsein von Gottes Gericht

---

36 Balthasar, *Herrlichkeit*, S. 49.
37 Balthasar, *Karl Barth*, S. 35.

den im Ansatz überzeugenden Versuch, die Theologie nur im Hinblick auf Gottes Tun in Jesus Christus, wie es von der Heiligen Schrift bezeugt ist, anzulegen und folgt von Balthasar in dieser dezidierten Formgebung des dogmatischen Arbeitens.[38]

Die Grundlagen von von Balthasars eigener Formgebung der Theologie sind im ersten Band seines Werkes *Theologische Ästhetik*, der den Titel *Herrlichkeit* trägt, dargestellt. Im Gegensatz zu Barths Dogmatik liegt ihr argumentativer Ausgangspunkt nicht unmittelbar beim biblischen Zeugnis, sondern bei den sogenannten Transzendentalien *Verum*, *Bonum* und *Pulchrum*.[39] Während Erstere, das Wahre und das Gute, laut von Balthasar in der zeitgenössischen theologischen Reflexion ihren Platz behauptet haben, wird Letzteres, das Schöne, seiner Meinung nach vernachlässigt, obwohl es doch von gleicher Wichtigkeit ist.[40] Dazu sind die Transzendentalien aus seiner Sicht voneinander untrennbar, sodass theologisches Denken unvollständig bleibt, wenn das *Pulchrum* nicht gleichermaßen berücksichtigt wird. Um hier Abhilfe zu schaffen soll das *Pulchrum* das erste Wort in der Arbeit von Balthasars haben.[41]

Das *Pulchrum* der Theologie ist laut von Balthasar Gottes Herrlichkeit, die in Gottes Selbsterniedrigung einsichtig ist. Den systematischen Zugang zu ihr findet er über den Blick auf Jesus Christus, der sowohl Zeugnis des göttlichen wie auch des menschlichen Seins ist. Laut Wigley ist dieses Vorgehen das Ergebnis von von Balthasars Beschäftigung mit Barth.[42] Er zeigt, dass für von Balthasar Barths gesamtes theologisches System, zumindest die *Kirchliche Dogmatik*, in seiner Christozentrik auf Gottes Herrlichkeit oder wie er auch sagt auf die Schönheit und Freude des Evangeliums ausgerichtet ist.[43] Von Balthasar versteht deshalb laut Wigley nicht erst sein, sondern bereits Barths Werk als eine theologische Ästhetik, die er nun in der Rücksicht auf die eigenen systematisch-theologischen Voraussetzungen ebenfalls zu entwerfen gedenkt.[44]

Wigley macht hier jedoch deutlich, dass sich Barth der Schönheit des Evangeliums nicht mit allgemeinen Kategorien der Philosophie nähert, sondern sie mit dem Blick auf das historische Schicksal Jesu Christi konsequent theologisch definiert.[45] Von Balthasars Arbeit setzt als Werkstück

38 Vgl. McCormack, „Atonement“, S. 199.
39 Vgl. Krenski, *von Balthasar*, S. 52.
40 Vgl. Balthasar, *Herrlichkeit*, S. 9.
41 Vgl. ebd., S. 16.
42 Vgl. Wigley, *Barth von Balthasar*, S. 86.
43 Vgl. ebd., S. 85.
44 Vgl. Müller, „von Balthasar“, S. 19.
45 Vgl. Wigley, *Barth von Balthasar*, S. 87.

katholischer Dogmatik demgegenüber andere Akzente: Die Herrlichkeit ist für ihn zwar zuvörderst Gottes Form, zugleich erwähnt er aber auch, dass der Mensch mit seiner Lebensform auf diese Herrlichkeit hin geordnet ist. Wigley weist diesbezüglich darauf hin, dass Jesus Christus für von Balthasar dann nicht nur Ausdruck der Herrlichkeit Gottes, sondern darüber hinaus auch jener Ordnung des Menschen auf Gott und diese Form hin ist.[46] Damit ist Jesus Christus für von Balthasar „Exegese Gottes, er der als Mensch den ganzen menschlichen Ausdrucksapparat geschichtlicher Existenz zwischen Geburt und Tod mit allen Lebensaltern, Lebensständen, die einsamen und sozialen Situationen benützt, gibt Zeugnis“[47].

Von Balthasar macht also klar, dass in Jesus Christus nicht nur Gottes Herrlichkeit offenbar ist, sondern sich darüber hinaus in ihm zeigt, dass diese Herrlichkeit den Sehnsüchten des Menschen, seien sie leiblicher oder auch geistiger Natur, entspricht. Wigley formuliert es dergestalt, dass die Präsenz der göttlichen Herrlichkeit in Jesus Christus das der Schöpfung inhärente Versprechen der Anwesenheit Gottes in der Welt erfüllt.[48] Diese Doppelschichtigkeit von von Balthasars Christozentrik hat meiner Meinung nach zum Ziel, das endliche Sein analogisch in den Blick nehmen zu können, ohne abseits der göttlichen Offenbarung Aussagen zu Gott und seinem Verhältnis zur Welt zu machen. In dieser Form der durch eine theologische Ästhetik ermöglichten Analogie, versucht er also den Blick von Gott aus durch das Geschehen in Christus hin zum „erscheinungshaft Seienden“[49] der Schöpfung zu wenden.

Um das Verhältnis von Gott und seiner Schöpfung analogisch explizieren zu können, verwendet von Balthasar den traditionsreichen Begriff des *eros*.[50] Dabei beschreibt der *eros* für ihn nicht nur die interessierte Betrachtung von etwas. Ihm eignet darüber hinaus auch das Moment der Entrückung.[51] Der Mensch ist im *eros* vom Gegenstand seiner Betrachtung in Beschlag genommen und damit gewissermaßen von sich selbst entrückt. Dies gilt laut von Balthasar unter gewissen Vorzeichen auch für den Gegenstand des Glaubens. Dieser ist jedoch nicht einfach „Seiendes“ unter Seienden, geschweige denn das „Sein selbst“, sondern laut von Balthasar die konkret sich darbietenden Gestalt des historischen Schicksals Jesu Christi.

Die Betrachtung des historischen Schicksals Jesu hat für von Balthasar selbstredend ebenfalls die Entrückung des Menschen, und zwar die

46 Vgl. Balthasar, *Herrlichkeit*, S. 20.
47 Vgl. ebd., S. 27.
48 Vgl. Wigley, *Barth von Balthasar*, S. 90.
49 Vgl. Balthasar, *Herrlichkeit*, S. 138.
50 Vgl. ebd., S. 114.
51 Vgl. Wigley, *Barth von Balthasar*, S. 92.

Entrückung zu Gott hin, zur Folge. Diese „Ekstase" ist laut von Balthasar in „einer vorgängigen absteigenden göttlichen Ekstasis, in der Gott durch den Eros aus sich herausgeholt wird in die Schöpfung, Offenbarung Menschwerdung hinein"[52] gegründet. So kann das Gott-Welt-Verhältnis analogisch im Blick auf die konkrete göttliche Ekstasis in Jesus Christus expliziert werden. Dieser Blick führt von Balthasar dann zu den Begriffen „Enthusiasmus" und „Hingerissensein" als dem *eros* strukturanalogen, aber dezidiert konkret theologischen Termini.[53]

Von Balthasar entfaltet also das Verhältnis von Gottes Sein und der Schöpfung, ausgehend von Gottes Tun in einer ästhetisierten Form. Systematisch ordnet er diese Ästhetik dann anhand der *topoi* „Subjektive Evidenz"[54] und „Objektive Evidenz"[58]. Erstere ist eine Fundamentaltheologie,

---

52 Vgl. Balthasar, *Herrlichkeit*, S. 114.

53 Vgl. ebd., S. 113.

54 Die subjektive Evidenz der Herrlichkeit Gottes ist für von Balthasar der Glaube sowohl im Sinne des *fides qua* als auch des *fides quae*. Beides ist laut Wigley deshalb wichtig, da „Glaube" im Rahmen der theologischen Ästhetik von Balthasars nicht nur den Akt an sich meint, sondern selbstverständlich auch sein vollständiges Umfasstwerden durch den Inhalt, auf den er gerichtet ist.[55] In der Konsequenz bedeutet das Zweierlei. Zum einen, dass das Streben nach Wissen und Wahrheit dadurch zum inhärent theologischen Vorhaben wird und zum anderen, dass die Glaubenserfahrung selbst zum Verständnis des Glaubens beiträgt. Die Erfahrung des Menschen spielt dabei in ihrer Bedeutung für das Verständnis der Herrlichkeit Gottes eine besondere Rolle. (98)

Wigley zeigt, dass die subjektive Evidenz für von Balthasar nicht in menschlicher Anstrengung, sondern stets in Gottes Selbsterniedrigung gegründet ist. Nur in ihr liegt die Erhöhung des Menschen, die in der Glaubenserfahrung ihren Niederschlag findet. (100) Diese Erfahrung ist aber nicht zuvörderst die des gläubigen Menschen heute, sondern derjenigen, die Jesus zuerst nachgefolgt sind. (101) Diese sind laut von Balthasar Petrus, dann Paulus, später der Lieblingsjünger und nicht zuletzt Maria.[56] Ihre Erfahrungen nennt von Balthasar archetypische Erfahrungen.[57] Sie konvergieren mit den Erfahrungen der Gläubigen heute und ermöglichen so das, was der katholische Theologe subjektive Evidenz nennt. So betrachtet ist diese meines Erachtens nicht der erste Schritt zur Entfaltung einer allgemeinen Epistemologie, sondern die Konsequenz aus dem Blick des theologischen Denkens auf Gottes Sein in seinem Tun. Von beidem ist die subjektive Evidenz umschlossen und mit ihr auch der Rest des theologischen Denkens. Siehe: Wigley, *Karl Barth and Hans Urs von Balthasar. A Critical Engagement*, T and T Clark, London, S. 98f.

58 In der Betrachtung der objektiven Evidenz beschäftigt sich von Balthasar mit der Spannung zwischen der Sichtbarkeit und dem Verborgensein Gottes. Für von Balthasar ist der Fakt, dass wir Gott nicht in Gänze kennen der dezidiert positive Modus, in welchem Gott das Glaubenswissen aktiv bestimmt und begrenzt. Laut Wigley wird dieser Modus so zum Wesen Gottes selbst gerechnet. (104). Christus ist die Mitte dieser besonderen Offenbarungsgestalt und damit ihre einzigartige Form. (106) Was diese Form ist, sieht man laut von Balthasar in dem, was sie bewirkt und das ist sich im Zeugnis der Schrift und der Kirche als einzigartige *corpora Christi* dem Menschen wahrnehmbar zu vermitteln.

die aufbaut auf der Perspektive der menschlichen Wahrnehmung, während Letztere, wie Wigley es formuliert, die Basis für das Verständnis der Offenbarung Gottes in Jesus Christus bilden soll.[59]

Von Balthasar unternimmt also den Versuch, von der Herrlichkeit Gottes ausgehend, eine Theologie zu entwerfen, die zuvörderst in ästhetischen Kategorien entfaltet werden kann. Diese Herrlichkeit ist für ihn, wie bisher erläutert, Gott in seiner Selbsterniedrigung in Jesus Christus. Ihr Verhältnis zum menschlichen Sein expliziert von Balthasar in analogischer Form unter Zuhilfenahme des Begriffs *eros*. Dieses Vorgehen ist der Versuch, die Theologie in ihrer äußeren Gestalt ihrem Inhalt, Gottes Herrlichkeit, anzupassen. Diesen unternimmt von Balthasar jedoch nicht nur im Hinblick auf die Theologie im Allgemeinen, sondern auch in Bezug auf jedes einzelne *theologoumenon*, allen Voran bei seiner Christologie. Deren Ausgangspunkt ist das Bewusstsein Jesu Christi, irdisch einen göttlichen Zweck zu erfüllen.

Mit diesem Konzept einer Christologie des Bewusstseins Jesu hat McCormack eine weitere, von von Balthasar stammende Inspiration für seine eigenständige Arbeit gefunden. Er übernimmt diese Idee in von Balthasars konkreter Umsetzung jedoch nicht unkritisch. Er entwickelt sie vielmehr eigenständig weiter, denn von Balthasars analogisches Vorgehen stößt bei McCormack auf Widerstand. Dazu McCormack in seinem 2015 erschienenen Vortrag „Atonement and Human Suffering“: „Im Gegensatz zu Barth ist es hier seine Lösung, (in einem Akt bloßer Spekulation) ein göttliches Sein, das hinter der Identität des Seins und Werdens Jesu Christi liegt, zu setzen, oder um es anders auszudrücken, eine immanente Trinität anzunehmen, die irgendwie mehr ist als Gottes Ökonomie.“[60] Damit wirft McCormack von Balthasar also vor, im Gegensatz zu Barth über die Offenbarung in Jesus Christus hinaus Aussagen über Gottes Sein zu machen.[61]

In Bezug auf von Balthasars verfehlte Methodik meint McCormack aber:

> Es hätte nicht so kommen müssen. Sinnvoll angewandt hätte von Balthasars Methode im Grunde nicht zu diesem Ergebnis führen müssen. Von Balthasar sagt uns ja, dass er eine Christologie ‚von unten‘ verfolgt – vom Startpunkt einer ‚Christologie des Bewusstseins‘ […] hin zu einer ‚Christologie des Seins.‘[62]

Diese Vermittlung ist für von Balthasar das Werk des Heiligen Geistes. Siehe: Wigley, *Karl Barth and Hans Urs von Balthasar. A Critical Engagement*, T and T Clark, London, S. 104f.

59 Vgl. Wigley, *Barth von Balthasar*, S. 96.

60 (eigene Übersetzung) McCormack, „Atonement“, S. 201.

61 Vgl. ebd., S. 201.

62 (eigene Übersetzung) ebd.

Dazu McCormack an anderer Stelle weiter: „Das ist nach meinem Dafürhalten eine vielversprechende Methode und die Entscheidung, bei Jesu Bewusstsein, für das Erreichen eines göttlichen Zwecks in die Welt gesandt zu sein, zu beginnen, hat eine starke exegetische Grundlage. Wenn von Balthasar nur der Verführung, in Spekulation abzugleiten, nicht erliegen wäre!“[63]

McCormack hat über viele Jahre hinweg den Versuch unternommen, einer nicht spekulativ angelegten Christologie, die nur vom biblischen Zeugnis des Schicksals Jesu Christi aus argumentiert, die entscheidende exegetische Grundlage zu geben. Im Ansatz lässt sich dies in dem bereits behandelten Artikel „Does God suffer?“ nachvollziehen. Nachdem sich McCormack mit Spannungen innerhalb des systematischen Entwurfs Barths beschäftigt hat, konfrontiert er diesen mit Zitaten aus Phil 2,7, Mk 15,34 und Röm 6,23.[64] McCormack entwickelt dabei eine Art narrative Theologie, indem er die biblische Geschichte von Jesu *Kenosis*, Gottverlassenheit und Sündersein als die Geschichte Gottes erzählt.[65] Ähnlich lässt sich McCormacks exegetisch angelegter Text „With loud Cries and Tears“ lesen. Auch hier nimmt er einen biblischen Text, das *Exordium* des Hebräerbriefes, und appliziert alle seine Aussagen auf die Gotteslehre, wobei sie diese laut McCormack gerade in ihrem scheinbaren Antagonismus von hoher und niedriger Christologie bereichern.[66] Dieser Form von Texten begegnet man bei McCormack oft.[67]

Einerseits führt McCormack also innerhalb dogmatisch argumentierender Texte das Schicksal Jesu Christi, wie es von den biblischen Schriften bezeugt ist, narrativ gegenüber seiner Meinung nach konventionellen oder sogar spekulativen Überlegungen an, um es dann unter der Ägide „Das

---

63 (eigene Übersetzung) ebd., S. 202.

64 Vgl. McCormack, „Suffer“, S. 68.

65 In Folge dessen entwickelt er das später zu erläuternde Konzept der Christologie des einen Subjekts, die Gott als sich in der zweiten Seinsweise selbst dahin Gebenden expliziert.

66 Vgl. McCormack, „Hebrews“, S. 58.

67 Weitere im selben Stil verfasste Texte, die McCormack zu seinem eigenständigen Entwurf geführt haben beziehungsweise diesen ausmachen sind McCormack, „So That He May Be Merciful to All: Karl Barth and the Problem of Universalism“ in: *Karl Barth and American Evangelism* (Bruce L. McCormack, Clifford B. Anderson [Hrsg.]), Eerdmanns Publishing, Grand Rapids, 2011; McCormack, „The Identity of the Son: Karl Barth's Exegesis of Hebrews 1.1–4 (And Similar Passages)“ in: *Christology, Hermeneutics and Hebrews. Profiles from the History of Interpretation* (Jon C. Laansma, Daniel J. Treier [Hrsg.]), T and T Clark, New York, 2012; McCormack, „Atonemnent and Human Suffering“ in: *Locatin Atonement: explorations in constructive dogmatics* (Oliver Crisp, Fred Sanders [Hrsg.]), Zondervan, Grand Rapids, 2015; McCormack, „The Passions of God Himself. Barth on Jesus's Cry of Dereliction“ in: *Reading the Gospels with Karl Barth* (Daniel Migliore [Hrsg.], Eerdmann's Publishing, Grand Rapids, 2017.

Neue Testament erzählt die Geschichte jedoch anders“[68] zum Ausgangspunkt des neuen theologischen Gedankens zu machen. Andererseits, darauf hat als einer der Wenigen Swain in seinem Buch *The God of the Gospel* hingewiesen,[69] hat McCormack in Princeton auch regelmäßig Vorlesungen im Fachbereich Neues Testament gehalten und verfasst bis heute Texte zu biblischen Themen und exegetischen Fragestellungen.[70] Mit ihnen erarbeitet er sich unter anderen gegenüber von Balthasar die exegetische Grundlage, um Barths Forderung an die Theologie, dass es keine dogmatischen Aussagen geben kann, die über Gottes Selbstoffenbarung in Jesus Christus hinaus gehen, zu erfüllen.

Gerade die exegetische Arbeit McCormacks offenbart jedoch einen nennenswerten und McCormacks Arbeit nach Barth und in Auseinandersetzung mit von Balthasar erhellenden Unterschied zwischen ihm und dem Basler Theologen. Dieser lässt sich am besten im Lichte einer Kritik an Barth nachvollziehen. Pannenberg hatte in Bezug auf die Anlage der Barthschen Trinitätslehre angemerkt, dass diese „aus dem formalen *Begriff* der Offenbarung als Selbstoffenbarung“[71] heraus entfaltet wird, obgleich Barth mit dem Anspruch angetreten war, sie aus dem konkreten Inhalt der bib-

---

68 (eigene Übersetzung) McCormack, „Atonement“, S. 189.

69 Vgl. Swain, *Gospel*, S. 209.

70 Siehe: McCormack, „Historical Criticism and Dogmatic Interest in Karl Barth's Theological Exegesis of the New Testament“ in: *Biblical Hermeneutics in Historical Perspective. Studies in Honor of Karlfried Froehlich on His Sixtieth Birthday* (Mark S. Burrows, Paul Rorem [Hrsg.]), William B. Eerdmans Publishing Company, Grand Rapids, 1991, S. 322–338.; McCormack, „The Actuality of God: Karl Barth in Conversation with Open Theism“ in: *Engaging the Doctrine of God. Contemporary Protestant Perspectives* (Bruce McCormack [Hrsg.]), Baker Academic/ Rutherford House, Grand Rapids/ Edinburgh, 2008, S. 185–242; McCormack: „‚With Loud Cries and Tears‘. The Humanity of the Son in the Epistle to the Hebrews“ in: *The Epistle to the Hebrews and Christian Theology* (Richard Bauckham, Daniel R. Driver, Trevor A. Hart, Nathan MacDonald [Hrsg.]), William B. Eerdmans Publishing Company, Grand Rapids, 2009, S. 37–68.; McCormack, „The Identity Of The Son: Karl Barth's Exegesis Of Hebrews 1.1–4 (And Similar Passages)“ in: *Christology, Hermeneutics And Hebrews. Profiles from the History of Interpretaion* (John C. Laansma, Daniel J. Treier [Hrsg.]), T and T Clark, New York, 2012, S. 155–172.; McCormack, „Can We Still Speak of ‚Justification by Faith‘? An In-House Debate with Apocalyptic Readings of Paul“ in: *Galatians And Christian Theology. Justification, The Gospel, and Ethics in Paul's Letter* (Mark W. Elliot, Scott J. Hafemann, N.T. Wright, John Frederick [Hrsg.]), Baker Academic, Grand Rapids, 2014, S. 159–186.; McCormack, „The Passion of Got Himself. Barth on Jesus's Cry of Dereliction“ in: *Reading The Gospel With Karl Barth* (Daniel L. Migliore),William B. Eerdmans Publishing Company, Grand Rapids, 2017, S. 155–172.

71 Pannenberg, *Systematische Theologie 1*, S. 322.

lisch bezeugten Offenbarung in Jesus Christus heraus zu explizieren.[72] Diese Leerstelle hat Pannenberg sowohl im ersten Band seines Werkes *Systematische Theologie* als auch in dem Buch *Problemgeschichte der neueren evangelischen Theologie in Deutschland von Schleiermacher bis Barth und Tillich* geäußert.

McCormack nimmt in seinen ausschließlich exegetisch gehaltenen Essays keinen Bezug auf Pannenberg und seinen Hinweis auf die Barthsche Leerstelle. Nichtsdestoweniger wird nicht erst in seinen bibelwissenschaftlichen Texten klar, dass es ihm um die Formung der theologischen Arbeit durch den konkreten Inhalt des biblischen Narrativs geht. So soll eben kein formaler Begriff am Anfang seines Arbeitens zur Gotteslehre und Christologie stehen, sondern eben dieses Arbeiten ganz im Zeichen der biblischen Geschichte geschehen.

McCormack stellt dabei klar, dass es selbstverständlich „keine theologische Exegese gibt, die komplett unabhängig von dogmatischen Vorannahmen"[73] ist. Jeder Mensch liest die biblische Geschichte beispielsweise mit einem Vorbegriff von Gott. Aber, so McCormack, man kann sich zumindest folgende Frage stellen: „Ist mein dogmatisches Konstrukt irgendetwas, das ich dem Text auferlege?"[74] Die Formulierung der Frage zeigt meines Erachtens, dass er es andersherum angehen möchte und der Theologie zunächst die biblische Geschichte von Jesus Christus als ihren Anfang auferlegen möchte.

McCormack unternimmt also den Versuch seine Dogmatik aus dem konkreten Inhalt des Neuen Testaments abzuleiten. Damit leistet er zugleich von Balthasars Idee einer Christologie von unten Vorschub. McCormack macht nämlich deutlich, dass gerade die Christologie nicht „von außen durch ein *a priori* Urteil [beispielsweise] zu einer Vorstellung göttlicher Leidenslosigkeit, die ihren Grund woanders hat,"[75] geprägt werden sollte.

Im Gegensatz zu Barth und von Balthasar, die seines Erachtens einen Vorbegriff von Offenbarung und somit von göttlichem Tun in ihre Dogmatik integrieren, ist es McCormack also besonders wichtig, zunächst den biblischen Text für sich zu Wort kommen zu lassen. Dabei wird er nicht müde, zu betonen, dass sich in den biblischen Texten zu den jeweiligen *loci*

---

72 McCormack verweist auf Pannenbergs Beschäftigung mit Barths Offenbarungsverständnis in seinem 2012 erschienenen Artikel „The Doctrine of the Trinity after Barth". Siehe: McCormack, „The Doctrine of the Trinity after Barth. An Attempt to Reconstruct Barth's Doctrine in the Light of His Later Christology" in: *Trinitarian Theology after Barth*, S. 90.

73 (eigene Übersetzung) McCormack, „Hebrews", S. 38.

74 (eigene Übersetzung) ebd., S. 38.

75 (eigene Übersetzung) ebd., S. 45.

kaum systematisch-theologische Konzepte göttlichen Seins finden, sondern diese Texte vorrangig Jesu Leben aus verschiedenen Perspektiven erzählen wollen. Ein für McCormacks eigene Christologie gewichtiges Beispiel ist die Darstellung von Jesu Schrei am Kreuz. Diese kümmert sich seines Erachtens nicht um eine vorgängige begriffliche Konzeptualisierung des göttlichen Seins in diesem Geschehen. Laut McCormack ist dieser Schrei nur „überliefert; das ist alles."[76] Der Princetoner Theologe zeigt damit meines Erachtens, was die Formung seiner eigenen Arbeit durch das Zeugnis der Heiligen Schrift nun praktisch bedeuten wird: Nur das in den Evangelien bezeugte Schicksal Jesu in seiner Auslegung durch die biblischen Schriften steht im Zentrum der Theologie und wird von dieser lediglich zum systematischen Nachvollzug des göttlichen Seins in Betracht gezogen.

Dass die Bibel keinerlei a priori-Systematik im Hinblick auf die Darlegung des göttlichen Seins und seines Tuns in Jesus Christus liefert, liegt für McCormack in der Sache selbst begründet. Wo andere Exegeten beispielsweise Spannungen zwischen der hohen Christologie aus Hebräer 1,1–4 einerseits und dessen Beschreibung als irdischem Hohepriester andererseits sehen, erkennt McCormack den einen Sohn Gottes, dessen Schicksal von verschiedenen Blickwinkeln aus betrachtet und nicht im Rahmen einer beispielsweise substanzontologischen Metaphysik beschrieben wird.[77] Aus seiner Sich ist Jesus Christus in der Bibel der ewige Sohn.[78] Davon ist laut McCormack nichts zu abstrahieren, sondern sich vielmehr darauf zu beschränken.

Wie gestaltet sich aber McCormacks exegetische Arbeit konkret? Aus europäischer Perspektive ist festzustellen, dass er eine Reihe an zeitgenössischen Neu-Entwicklungen innerhalb der angelsächsisch geprägten neutestamentlichen Wissenschaft in seine exegetische Arbeit aufnimmt. Dabei ist für ihn die von E.P. Sanders, James D.G. Dunn und N.T. Wright entwickelte sogenannte „New Perspective on Paul" zentral, die erheblichen Einfluss auf die sogenannte „apokalyptische Lesart" von J. Louis Martyn, Martinus de Boer, seiner Princetoner Kollegin Beverly Gaventa und Joel Marcus hatte.[79] Ob dieser Fokus auf die biblische Apokalyptik auf von Balthasars Einfluss zurückgeführt werden kann, muss offen bleiben. In jedem Fall verbindet der Fokus aus den apokalyptischen Charakter der Ereignisse in Jesus Christus die Arbeiten McCormacks und von Balthasars.

Mit der apokalyptischen Lesart versteht McCormack die Schreiben des Apostels Paulus grundlegend im Licht ihrer jüdisch-apokalyptisch gefärb-

76 (eigene Übersetzung) McCormack, „Passion", S. 161.

77 Vgl. McCormack, „Hebrews", S. 59.

78 Vgl. ebd.

79 Vgl. McCormack, „Justification", S. 160.

ten eschatologischen Aussagen. Damit sind vor allem Vorstellungen, wie jene von Gott als Richter, von den Gott gegnerischen Kräften, dem Satan wie auch von der neuen Schöpfung zur Zeitenwende einerseits und von Jesus Christus, in dem das neue Zeitalter bereits lebendig und wirksam ist (Gal 1,4; Röm 12,2; 1. Kor 1,20; 2,6; Eph 1,21), andererseits, gemeint. Somit müssen laut McCormack gerade die Aussagen der Apostelbriefe, wie beispielsweise das *Exordium* des Hebräerbriefes (Heb 1,1–4), im Licht „des Glaubens der Gemeinde, an die der Brief adressiert ist“[80], das bedeutet im Licht des Glaubens an den Gott Israels, gelesen werden. Die jüdische Gedankenwelt spielt demnach mit ihrer religiösen Erwartungshaltung eine wichtige Rolle für McCormacks Verständnis der Gemeindebriefe. Das hat im Hinblick auf christologische Fragen zur Folge, dass dieses biblische Zeugnis so verstanden werden muss, dass hier der Gott Israels mit Jesus, aber andersherum eben auch Jesus mit ihm identifiziert wird.

McCormack deutet die apokalyptischen Sprachbilder mit dem Fokus auf ihren jeweiligen christologischen Sachgehalt. Er zeigt dabei, dass Jesu Rolle durch den apokalyptischen Charakter der neutestamentlichen Aussagen theologisch hervorgehoben und gestärkt wird. McCormack rezipiert die Arbeit der sogenannten New Perspective und der apokalyptischen Lesart der Bibel also nicht zufällig: Sie geben McCormack exakt das exegetische Instrumentarium an die Hand, dem, was in Jesus Christus irdisch-historisch geschehen ist, in seiner eschatologischen Dimension eine unmittelbare Aussagekraft in Bezug auf Gottes Sein und Tun (Heb 1,1–4; Phil 2,6–8) zuzuschreiben.[81]

Mit dieser exegetischen Grundsatzentscheidung und der mit ihr verbundenen Vorarbeit zu seiner Dogmatik legt McCormack einen Grundstein für seine eigenen systematischen Aussagen. Zugleich legt er damit auch dar, dass seine theologische Priorisierung der Erwählung gegenüber der Christologie, wie auch der Gottes- und Trinitätslehre mit allen ihren Folgen in Bezug auf die Frage nach dem Leiden und Sterben Christi, vor allem aber auch nach der Gottverlassenheit und ihrem Platz in Gottes Leben, nicht nur im Anschluss an die getane analytische und konstruktive Arbeit notwendig, sondern zugleich auch exegetisch betrachtet sachgemäß war.[82]

Durch diese christologische Entfaltung des eschatologischen Charakters der Ereignisse, von denen das Neue Testament erzählt, entfaltet McCormacks durch die New Perspective und die apokalytische Lesart inspirierte Exegese nun eine erhebliche Wirkung auf materialdogmatischer Ebene.

---

80 (eigene Übersetzung) McCormack, „Hebrews“, S. 58.
81 Vgl. ebd., S. 50.
82 Vgl. McCormack, „Actuality“, S. 242.

Diese Wirkung ist dabei meines Erachtens eine zweifache: Einmal betrifft sie die Beziehung zwischen Jesus Christus und der Welt und ein andermal die Beziehung zwischen Jesus und dem Vater. Dabei ist der Nachvollzug der eschatologischen Ereignisse, die durch Jesus Christus in dieser Welt stattfanden, in meiner Wahrnehmung nur ein dogmatisches Instrument zur besseren Explikation des Verhältnisses Jesu zum Vater und seiner Gottheit.

Zu Jesu Verhältnis zum Vater und seiner Gottheit stellt McCormack in seinen exegetischen Texten zunächst klar, dass sich der Gott Israels, mit dem die eschatologischen Hoffnungen Israels verbunden sind, laut Heiliger Schrift in Jesus Christus offenbart hat. Im Fokus der neutestamentlichen Schriftsteller steht für McCormack damit „Gott, der Vater Jesu Christi" (Röm 15,6; 2. Kor 1,3; 2. Kor 11,31; Eph 1,3; Kol 1,3) und das, was er in ihm tut.[83]

Die nächste exegetische Einsicht McCormacks ist, dass Jesus am Kreuz den göttlichen Zorn auf sich nimmt (2. Kor. 5,21; Röm 8,3). Bei diesem Zorn handelt es sich in seinen Augen um den eschatologischen Zorn Gottes.[84] Dadurch ist für ihn „der Tod Jesu Christi der Tod *des Sünders*, die vollständige und totale Destruktion nicht nur der Sünde, sondern auch des Sünders. In Christus gibt es den Sünder nicht mehr."[85] Diese Wirkung auf die Welt verweist jedoch auch auf die Notwendigkeit, die Identität des göttlich-menschlichen Subjekts, von dem alle diese Dinge in historischer Form erzählt werden, neu zu bedenken, da es nämlich ein solches ist, dessen Geschichte „in der ewigen Vergangenheit beginnt und in der ewigen Zukunft endet."[86]

McCormacks Beschränkung auf die Erzählung des biblischen Texts führt ihn offensichtlich dazu, Jesu Leiden unter dem eschatologischen Zorn Gottes und seine damit verbundene Erfahrung der Gottverlassenheit ohne jede Einschränkung als theologisch „wirklich" zu betrachten.[87] „Wirklich" bedeutet für McCormack hier, dass beide „Naturen" Jesu Christi dabei nicht voneinander trennbar sind und mithin Gott in seiner Gottheit von diesem Schicksal betroffen ist (2. Kor 5,19).[88] McCormack dazu:

> Der ‚performativ Handelnde' ist offensichtlich der Mensch Jesus. Welche Bedeutung wir nun auch dem Wort ‚Natur' in der chalkedonischen Formulierung zukommen lassen, darf es nicht außer Acht lassen, dass sie hier ein sich vollständig selbst be-

---

83 Vgl. McCormack, „Hebrews", S. 58.

84 Vgl. McCormack, „Justification", S. 176.

85 (eigene Übersetzung) ebd.

86 (eigene Übersetzung) McCormack, „Hebrews", S. 58.

87 Vgl. McCormack, „Passion", S. 164.

88 Vgl. ebd., S. 169.

> wusstes, denkendes und wollendes menschliches Sein meint. [...] Wenn wir [nun] fragen: ‚Wer ist das Subjekt?' – [...] muss die Antwort irgendwie lauten: ‚Der Sohn als *Mensch*'.[89]

Die zweite göttliche Person handelt im Menschen Jesus. So wird Gott durch diesen Menschen offenbar. Durch das biblische Zeugnis wird Gott dann spätestens am Kreuz zudem auch als der offenbar, der die Konsequenz seiner Schöpfung selbst trägt.[90] Dies wird, so McCormack, dann möglich, wenn Gott in seinem Sein auf der Grundlage der biblischen Geschichte als der beschrieben wird, der dies aktiv antizipiert. McCormacks Gedankengang geht also vom biblischen Narrativ des am Kreuz leidenden Jesus Christus aus, sieht in ihm Gott selbst leiden und versteht dies durch Gottes ursprüngliche Entscheidung zu diesem Leiden ermöglicht. Somit erkennt er den Ermöglichungsgrund für die Einheit des göttlichen Seins im leidenden Jesus am Kreuz in der göttlichen Antizipation dieses Schicksals. So zeigt sich für McCormack letzten Endes, dass die Einheit des göttlichen Seins gerade in Jesu Erfahrung der schlechthinnigen Abgeschiedenheit von Gott nicht nur bewahrt ist, sondern hier im Besonderen hervortritt.[91] Dies ergibt sich aus der für McCormack sehr wichtigen Apostelschrift des Philipperbriefs und des darin enthaltenen Hymnus im zweiten Kapitel (Phil 2).[92] Durch diesen Hymnus wird McCormack deutlich, dass gerade in der Gottverlassenheit Jesu der Gott, der ganz Mensch sein und sich damit auch die Erfahrung des Sünders zu eigen machen will, besonders klar offenbart wird.

Die erste Einsicht der McCormackschen Bibelarbeit ist es also, dass gerade der Apostel Paulus vom Gott Israels und seinem Tun nicht mehr anders als im Zusammenhang mit Jesus Christus spricht. Aber nicht nur die Apostelbriefe finden Erwähnung in McCormacks theologischer Exegese, was zur zweiten wichtigen Einsicht McCormacks führt: Er identifiziert Jesus mit dem Sünder selbst. Den systematisch wahrscheinlich ertragreichsten Text dazu stellt der Artikel „Atonement and Human Suffering" von 2015 dar. Hier liefert McCormack eine theologisch-exegetische Gesamtschau aller vier Evangelientexte zu Christi Tod, deren Kombination in seinen Augen das immense Gewicht nachvollziehbar macht, welches die Heilige Schrift auf den Fakt legt, Jesus sei „in seinem Tod, *der Sünder*, nicht einfach nur der Träger anderer Schuld (obgleich er dies auch ist), sondern der Sünder."[93]

---

89 (eigene Übersetzung, Kursivierung McCormack) McCormack, „Hebrews", S. 63.
90 Vgl. McCormack, „Passion", S. 168.
91 Vgl. ebd., S. 170.
92 Vgl. ebd., S. 168.
93 (eigene Übersetzung Kursivierung McCormack) McCormack, „Atonement", S. 193.

McCormack zeigt, wie zuerst das Markusevangelium mit Jesu Schrei am Kreuz, dem Zerreißen des Tempelvorhangs und dem Ende der Finsternis im Moment von Jesu Sterben anzeigt, dass die Passion Christi an sich theologische Bedeutung besitzt: „Die Passion ist in ihrer physischen Dimension ein Symbol für den Ausbruch des eschatologischen göttlichen Zorns, eines Ausbruches, der nun in tiefer Abgeschiedenheit, Ablehnung und Verlassenheit endet.“[94] Um klar zu machen, dass diese nicht die menschliche Natur allein betrifft, lässt der Evangelist Markus den römischen Centurion, einen Heiden, feststellen, „wahrlich, *dieser Mensch* ist Gottes Sohn gewesen“[95].

Diese Aussagen der Markinischen Passionsgeschichte zeigen laut McCormack: Jesu Erfahrungen sind nicht nur menschliche Erfahrungen, sondern menschliche Erfahrungen in Gott. „Sie sind etwas, das unmittelbar in Gottes Leben aufgenommen worden ist“[96]. Matthäus fügt noch im Moment des Zerreißens des Vorhangs ein Erdbeben in die Szenerie, bei dem sich zeitgleich die Gräber öffnen. Auch hier sieht McCormack der Passion und dem Tod Jesu eine erlösende Bedeutung zugeschrieben.[97]

Dass Jesus aber im Tod der von Gott verlassene und damit der Sünder ist, zeigt sich in Markus und Matthäus laut McCormack nicht in seinem Verhalten an sich, geschweige denn durch das Handeln anderer Menschen. Vielmehr wird dies durch Gottes Stille im Moment des Todes Jesu offenbart. In diesem Tod ohne Gottes Anwesenheit ist er der Sünder.[98]

Die beiden anderen Evangelien unterstreichen dies noch weiter, indem Lukas Jesus einen Engel zur Seite stellt, was laut McCormack mehr seine Menschlichkeit denn seine Gottesnähe in diesem Moment unterstreicht, und indem Johannes zum Ende der Passion erwähnt, dass Jesus den sauren Wein, den Markus Jesus nicht trinken lässt, trinkt, sein Haupt neigt und verscheidet.[99] Diese Lesart aller vier Evangelien zeigt McCormack, dass Jesu Erfahrung der Gottverlassenheit zugleich Gottes eigene Erfahrung ist.

Nach der Identifizierung des Gottes Israels mit Jesus und dem Verständnis des letzteren als Sünder gibt es noch eine bemerkenswerte dritte systematisch-theologische Konsequenz, die McCormack aus seiner exegetischen Arbeit zieht. Diese ist die Bezeichnung Gottes als Liebe. In jenem Artikel, der seinen theologischen Neustart ankündigt, bezeichnet der Princetoner Theologe dies als die einzige inhaltliche Bestimmung des Seins

94 (eigene Übersetzung) McCormack, „Atonement“, S. 194.
95 Ebd., S. 195.
96 (eigene Übersetzung) ebd.
97 Vgl. ebd., S. 196.
98 Vgl. ebd., S. 197.
99 Vgl. ebd., S. 198.

Gottes, die sich in der Heiligen Schrift findet: „‚Gott ist die Liebe' (1. Joh 4, 16) ist im Neuen Testament die einzige Identitätsbestimmung beziehungsweise Beschreibung der göttlichen Natur."[100]

Dazu kommt, dass gerade der Hymnus des Apostelbriefs an die Gemeinde in Philippi diese Bestimmung für McCormack noch einmal spezifiziert.

> Aber was für eine ‚Liebe' ist die Liebe, die Gott ist? Die Antwort des Paulus in Phil 2,7 ist, dass sie eine sich selbst dahin gebende, sich selbst entleerende Liebe ist. Aber wenn dies Gottes Natur sein soll, wenn dies ist, was Gott weiß und will, indem er sich selbst kennt und will, dann ist die Beziehung zu ‚anderen' bereits in dem enthalten, was Gott wesenhaft als sich selbst dahin gebende Liebe ist.[101]

Diese Charakterisierung des göttlichen Seins, die im Anschluss an den Johannes- wie den Philipperbrief stattfindet, ist meines Erachtens ein zentraler Impuls von McCormacks Arbeit mit der Heiligen Schrift. Wie oben dargestellt hatte auch Jüngel den Begriff der Liebe in diesem Zusammenhang benutzt. Ebenfalls wurde erwähnt, dass Jüngel zu den gewichtigen Einflussgebern McCormacks zu zählen ist. Nun fällt auf, dass McCormack nur auf den biblischen Text schaut und diesen, ohne Jüngels Arbeit explizit zu nennen, zur alleinigen Basis seines Arguments zur Hand nimmt.

Jüngel hatte demgegenüber noch eine doppelte Notwendigkeit dieser Charakterisierung betont. Um Gott als Liebe zu bezeichnen, konnte man sich laut Jüngel nämlich „nicht nur auf einen neutestamentlichen *Satz* berufen, sondern auf das *Ereignis*, ohne das das ganze Neue Testament überhaupt nicht entstanden wäre: auf Jesu Tod und die Auferweckung Jesu von den Toten durch Gott."[102] So versuchte Jüngel, „von der spezifisch christlichen Glaubenserfahrung zu einem universale Geltung beanspruchenden Gottesbegriff"[103] zu gelangen.

Laut Jüngel gibt es also nicht nur den neutestamentlichen Satz „Gott ist Liebe", sondern auch das zu analysierende Ereignis des Schicksals Jesu Christi. In *Gott als Geheimnis der Welt* beschäftigt sich Jüngel in den einschlägigen Kapiteln sehr ausführlich mit dem, was er das Ereignis nennt. Der Satz aus dem Johannesbrief erhält daneben recht wenig Raum. So betont Jüngel nach der Behandlung des Begriffs „Liebe" bezüglich Gott, dass er hier „von der Sache her jeweils zu einem Vorgriff auf den Satz ‚Gott ist Liebe'"[104] genötigt wurde. Jüngel schreibt dann weiter: „Wir haben dabei

---

100 (eigene Übersetzung) McCormack, „Immutability", S. 21.

101 (eigene Übersetzung) ebd., S. 21.

102 Jüngel, *Geheimnis*, S. 430.

103 Ebd., S. X.

104 Ebd., S. 446.

den Satz ‚Gott ist Liebe' als Auslegung der Selbstidentifikation Gottes mit dem gekreuzigten Menschen Jesus zu lesen.“[105]

Nach meinem Dafürhalten gelangt Jüngel, wenn nicht vorwiegend über die Analyse des Ereignisses, so doch zumindest über die Analyse von Ereignis und Satz zum Begriff der Liebe als materielle Bestimmung innerhalb der Gotteslehre. Neben der direkten inhaltlichen Ausagen der Heiligen Schrift steht also bei ihm die analytische Behandlung des göttlichen Seins, das in Jesus Christus nicht nur ewiges, sondern auch zeitliches und sogar endliches Sein ist. Im Rahmen dieser konkreten Analyse kommt er zu dem Schluss, dass das Sein, das zwischen Ewigkeit und Endlichkeit existieren kann und beide überwindet, die Liebe ist.

McCormack hatte in Texten, die vor dem Jahr 2017 entstanden waren, weitestgehend strukturanalog zu Jüngel argumentiert. In „The Actuality of God“ von 2008 bemerkt er, dass die Aussage „Gott ist Liebe“ die zentrale biblische Aussage in Bezug auf Gottes Sein ist. Zugleich fügt er in dieser Phase seines Arbeitens hinzu: „Während uns diese Aussage des Johannes unstrittig *etwas* absolut Grundlegendes über Gott sagt, ist ihre Bedeutung doch alles andere als offensichtlich. Letzten Endes ist es nicht die Bedeutung, die wir solchen Aussagen zukommen lassen, die Gottes Sein definiert; es ist das Sein Gottes, das ihnen Bedeutung geben muss.“[106]

Dass McCormack in der Ankündigung eines programmatischen Neuanfangs zur Betrachtung der Liebe, die Gott ist, nur die Briefe des Johannes und des Paulus zu Rate zieht und zugleich Jüngels Vorarbeit, obgleich sie materiell letztlich nicht verschieden von seinen Überlegungen ist, unerwähnt lässt, zeigt, dass die Entfaltung des McCormackschen Gottesbegriffs ausschließlich unter Zuhilfenahme des biblischen Textes geschehen soll. In ihrem Zentrum wird eine kenotisch angelegte Christologie stehen. Somit gibt es für ihn kein theologisches Nebeneinander mehr von Satz und Ereignis, sondern vielmehr nur das biblisch bezeugte und ausgelegte Schicksal Jesu Christi als alleinig charakterisierende Ausgangslage für die Betrachtung des Ereignisses.

105 Jüngel, *Geheimnis*, S. 446.
106 (eigene Übersetzung) McCormack, „Actuality“, S. 192.

7.2.2 *Theologie der drei Tage* und *Theodramatik*: Von Balthasars Theologie als Inspiration McCormacks und Gegenstand seiner Kritik

Der Ausgangspunkt von McCormacks eigener Arbeit ist also wie bei von Balthasar die Betrachtung des biblisch bezeugten Schicksals Jesu Christi. Während von Balthasar sie jedoch in den Augen McCormacks teilweise noch spekulativ vollzieht, ordnet der amerikanische Dogmatiker das Zeugnis der Heiligen Schrift mithilfe seiner exegetischen Arbeit als Erzählung der Geschichte Gottes in Jesus Christus programmatisch vor. Seine Einsichten sind dabei, dass Gottes Sein mit dem konkret-geschichtlichen Schicksal Jesu Christi identifiziert werden muss, dass dieses Schicksal nicht nur mit dem Tod, sondern in der Gottverlassenheit des Karsamstags auch mit der Sünde konfrontiert ist und so Gottes Sein im Sinne des Johannesbriefs als Liebe zu bezeichnen ist.

Diese exegetisch angelegte theologische „Ästhetik“[107] McCormacks – durch von Balthasar inspiriert und zugleich methodisch neu ausgerichtet – bildet die gestalterische Grundlage für McCormacks Neustart. Gott ist als Liebe verstanden und die Erwählung als ihm wesenhaft zugehörig. Dies wurde nun bereits insofern spezifiziert, dass Gottes Sein mit Jesu Christi Schicksal zu identifizieren ist und dass Jesus Christus auch als von Gott Verlassener darin zum Sünder geworden ist.

Darin liegt nun der materialdogmatische Kern des McCormackschen Neustarts. McCormack hat sich, wie zu sehen sein wird, einen neuen Blick auf Jesus Christus und die Frage nach seinem Bewusstsein für seine Rolle in Gottes Geschichte erarbeitet. Im Hinblick auf diese konkrete Verhältnisbestimmung von göttlichem Sein und Tun im Schicksal Jesu Christi zeigt sich nun meines Erachtens ein weiterer durchaus produktiver Einfluss von Balthasars. Seine Werke *Theologie der drei Tage* und *Theodramatik* werden für McCormacks eigene Arbeit im Anschluss an seine Exegese zu wichtigen Einflüssen, weil sich von Balthasar in ihnen dergestalt mit der Passion Christi und dem Osterereignis auseinandersetzt, dass er Gottes Sein als dramatisch zu explizierendes Geschehen deutet. Im Zentrum dieser Überlegung findet sich meines Erachtens die für McCormacks Überlegungen zentrale, der Seinschristologie vorgelagerte Bewusstseinschristologie.

Von Balthasars theologische Ästhetik hat McCormack zu dem ersten Schluss geführt, dass sich im Schicksal Jesu Christi Gottes eigenstes Wesen offenbart, dass also Gott mit dem geschichtlichen Schicksal Jesu Christi identifiziert werden muss: „[I]ndem Gott dient, seiner Kreatur die Füße

---

107 Diese Bezeichnung habe ich im einer verbesserten Anschaulichkeit willen gewählt.

wäscht, offenbart er sich ins Eigentlichst-Göttliche und bekundet seine letzte Glorie"[108]. Mit dieser Festlegung zu Gottes geschichtlich verfasster Selbst-Erniedrigung versucht von Balthasar seiner Theologie zu (analytischer) Konkretheit in Bezug auf Gottes Sein zu verhelfen, denn „Gott hat in Christus unüberbietbar konkret an der Welt gehandelt. Theologie, die dieses Handeln bedenk[t], muss folglich so konkret sein wie möglich."[109]

Um dieser Konkretheit willen entfaltet von Balthasar ein theologisches Denken, das sich von den theologischen Kategorien der damals das akademisch katholische Denken beherrschenden Neoscholastik lösen will und zugleich einer kohärenten ontologischen Grundlage verpflichtet ist. Um diese in ihrem Einfluss auf McCormack zu verstehen, bietet sich ein Blick auf die sogenannte *Nouvelle Théologie* an, von der von Balthasar erheblich geprägt ist. Sie war ein von Balthasar zeitgenössisches Phänomen französischen katholischen Denkens, das als eine Art theologisches Versuchsfeld die verschiedene Formen dogmatischen Denkens unter dem Vorzeichen des Historismus und den veränderten Anforderungen der Pastoral zu prüfen und letztlich das streng thomistische Denken der damaligen katholischen Dogmatik zu überwinden suchte.[110]

Der Versuch, das thomistische Denken mit seinen klaren und oft strengen Kategorien zu überwinden, führte zu einer Reihe intensiver Diskussionen. Für das Verständnis dieser nicht ohne Konflikte von statten gegangenen Debatten ist der personale wie theologische Antagonismus zwischen dem Predigerorden der Dominikaner (OP) und dem Orden der Gesellschaft Jesu (SJ) nicht unerheblich. Während erstere die Theologie des Thomas von Aquin als „das wirklich wissenschaftliche Stadium des christlichen Denkens"[111] propagierten, versuchten Letztere, die von ihnen als starr empfundenen Elemente dieser Theologie, die zu diesem Zeitpunkt großen Einfluss auf die Dogmenbildung der katholischen Kirche gehabt hat, durch die Konfrontation mit zeitgenössischen philosophisch-theologischen Konzepten und Fragestellungen mehr oder minder zu beseitigen.[112]

Rudolf Voderholzer macht diesbezüglich darauf aufmerksam, dass dies natürlich zu einer erheblichen Problematisierung des katholischen Verständnisses sowohl der Offenbarung selbst als auch der Dogmen führte. Während Erstere im Rahmen der *Nouvelle Théologie* nun nicht mehr als Mitteilung „satzhafte[r] Wahrheiten"[113], sondern als „Selbstmitteilung

108 Balthasar, *3 Tage*, S. 5.
109 Ebd.
110 Vgl. Winling, „Nouvelle Théologie", S. 668.
111 Ebd., S. 671.
112 Ebd.
113 Voderholzer, „Nouvelle Théologie", S. 210.

Gottes im Medium der Geschichte“[114] nachvollzogen wurde, führte dieses neue Denken dazu, dass Letztere, nun nicht mehr als von der Kontingenz der Geschichte unberührte Phänomene galten.[115] Auf diese Problematisierung machte kein geringerer als Papst Pius XII bei einer Ansprache vor der Generalkongregation des Jesuitenordnes aufmerksam, wobei er letztendlich die Formel „Nouvelle Théologie“ prägte.[116]

Für von Balthasar war vor allen anderen der Jesuit Henri de Lubac zu einem wichtigen Einfluss aus der Sphäre der *Nouvelle Théologie* geworden.[117] Werner Löser hat in seinem Buch *Kleine Hinführung zu Hans Urs von Balthasar* deutlich gemacht, dass gerade dessen oftmals kritisiertes Denken für von Balthasar bedeutsam wurde.[118] Einmal, weil es sich dem Phänomen des gestiegenen historischen Bewusstseins zuwandte und ein andermal der zentralen Erkenntnis wegen, dass der Menschen in seinem Wesen auf die Begegnung mit Gott hin angelegt ist.

Interessanterweise problematisierten de Lubacs Überlegungen zur Hinordnung des Menschen auf Gott hin die neoscholastischen Vorstellungen zur Prädestinations- und damit zwangsläufig auch jene zur Gotteslehre. Bis dahin herrschte, so Löser, gerade in Frankreich unter katholischen Theologen die Vorstellung der doppelten Prädestination vor.[119] De Lubac problematisierte diese Lehre durch die Betonung der Heilsgeschichte sowohl für den Menschen als auch für Gott. Damit war Gottes Sein für de Lubac nicht mehr abseits von Gottes Tun nachvollziehbar. In seinem Buch *Catholicisme* nannte es de Lubac die Kunst Jesu, die Welt zu erlösen und ihr damit „gesamthaft den Weg zum Vater zu öffnen“[120]. Diese Formulierungen legen es

---

114 Ebd.

115 Vgl. Winling, „Nouvelle Théologie“, S. 670.

116 Zuerst war es Réginald Garrigou-Lagrange, der dieses Wort erfunden und dann oftmals verwendet hatte. Nachdem es die Zeitschrift *Osservatore Romano* aufgegriffen und verbreitet hatte, wurde es letztlich von Pius XII prominent verwandt. Siehe hierzu die Ausführungen von Balthasars in seinem Buch über Henri de Lubac: von Balthasar, *Henri de Lubac*, S. 13. Für die beteiligten Jesuiten hatte diese Kritik seitens des Papstes und der Dominikaner teilweise erhebliche Konsequenzen. Lyon, das zu einem Zentrum der *Nouvelle Théologie* geworden war, verlor schnell wichtige Denker wie beispielsweise Henri de Lubac, der bereits 1950 Lyon verlassen musste. Letztlich erfuhr aber dieses Denken, das bereits 1950 mit der Enzyklika *Humani generis* behandelt wurde, eine umfassende Rehabilitation. De Lubac erhielt 1957 einen Brief von Pius XII, in welchem er ihm für seine Bemühungen dankte und zu weiteren ermunterte. 1960 wurde de Lubac Berater der Theologischen Kommission, später Experte auf dem Zweiten Vatikanischen Konzil und schließlich sogar Kardinal. Siehe: Winling, „Nouvelle Théologie“, S. 671.

117 Vgl. Balthasar, *de Lubac*, S. 7.

118 Vgl. Löser, *von Balthasar*, S. 74.

119 Vgl. ebd.

120 Ebd., S. 75.

meines Erachtens nahe, den Willen Gottes mit dem Heilsgeschehen in Jesus Christus zu identifizieren. Demnach war das Sein Gottes also auch in Teilen der katholischen Theologie Gottes Tun theologisch stark angenähert und die *Nouvelle Théologie* gelangte, obgleich von der Auseinandersetzung mit dem Historismus und der Entfaltung einer eher philosophisch geprägten Anthropologie herkommend, zu ähnlichen Ergebnissen wie zur selben Zeit Barth.

In diesen beiden systematisch-theologischen Entscheidungen der Denker der *Nouvelle Théologie*, der Revision der Prädestinations- und der damit einhergehenden Problematisierung der Gotteslehre, liegt Erhellendes in Bezug auf das Verständnis der Theologie von Balthasars. Er wird, wie beispielsweise Voderholzer einleuchtend darstellt, als Teil des Lyoner Schülerkreises de Lubacs von vielen selbst zur *Nouvelle Théologie* geordnet.[121] Dieser Hintergrund lässt die Texte von Balthasars verständlicher werden: Sie sind, wie es Wigley expliziert, ebenfalls der Versuch, den Thomismus mit Hilfe einer Reaktion auf das gestiegene historische Bewusstsein der Menschen, als allein bestimmendes Strukturmuster katholischer Theologie zu problematisieren und letztlich mit der Annahme der Hinordnung des Menschen auf Gott und der tendenziellen Problematisierung der Vorstellung einer doppelten Prädestination mit allen Konsequenzen, die dies für die Lehre vom Sein Gottes hat, zu überwinden.[122]

Von Balthasar bemüht sich also im Anschluss an seine Lehrer um theologische Konkretheit und, wie gerade dargestellt, ist für ihn dabei der Blick auf Jesus Christus und die in ihm einsichtige göttliche Grundentscheidung zur Selbsterniedrigung zentral. Der katholische Theologe ist dabei, so schreibt es John O'Donnell, einer der wenigen zeitgenössischen Theologen, die sich umfangreich und systematisch der für McCormack so wichtigen „Frage widmen, welche Folgen Gottes Identifikation mit der sündigen Menschheit für Jesus hatte."[123]

Von Balthasar geht dieser Frage im konzentrierten Blick auf das Neue Testament nach. Dass dabei „die Evangelien ‚Passionsgeschichten mit ausführlicher Einleitung' (M.Kähler) sind, ist in ihrer inneren Struktur wie ihrer Stellung im Kontext der urkirchlichen Verkündigung"[124] in seinen Augen „evident"[125]. Damit versteht aber der katholische Theologe das gesamte Neue Testament in diesem Sinn: „Das Neue Testament läuft als Ganzes auf Kreuz und Auferstehung zu und wieder von ihnen her, und in

121 Vgl. Voderholzer, „Nouvelle Théologie", S. 208.
122 Löser, *von Balthasar*.
123 O'Donnell, „von Balthasar", S. 265.
124 Balthasar, *3 Tage*, S. 19.
125 Ebd.

diesem Licht wird auch der Alte Bund zu einem einzigen Vorlauf auf das Triduum hin, das zugleich Mitte und Ende der Wege Gottes bedeutet.“ [126]

Von Balthasar expliziert also die Menschwerdung Gottes in Jesus Christus grundsätzlich in ihrer Ausrichtung auf sein Leiden und Sterben. [127] Dabei sehen „[d]ie Evangelien [...] [laut von Balthasar] im Tod Jesu [...] den höchsten Akt seiner Freiheit“ [128], so O’Donnel. Der Karfreitag ist damit für von Balthasar ein Moment des aktiven Gehorsams Jesu Christi gegenüber dem Vater, wobei selbst „[i]n den Passiva des ‚Überliefertwerdens in die Hände der Sünder‘ usf. [...] Gott der Handelnde [bleibt], und zwar mit der Unerbittlichkeit und Unabwendbarkeit (δει) eines Gerichtsaktes“. [129]

An diesem Punkt betont von Balthasar die Rolle des Karsamstags für die Explikation des Seins Jesu Christi. Der Karsamstag stellt dem Karfreitag die umfassende Passivität Jesu gegenüber. [130] An diesem Tag findet, so von Balthasar, die Identifikation Jesu mit dem Menschen und seiner Sündhaftigkeit statt. Jesus ist hier für ihn „tot, hilflos, abgetrennt von Gott, nicht in der Lage sich selbst zu retten.“ [131] So erfährt Jesus Christus die völlige Macht- und Hilflosigkeit des Sünders.

Diese Betonung der Machtlosigkeit Jesu Christi im Moment seines Tot-Seins am Karsamstag stellt meines Erachtens den materialdogmatischen Kern des Einflusses von Balthasars auf McCormacks Arbeit dar. Mit ihm betont auch McCormack die theologische Bedeutung des Karsamstags, der deutlich macht, dass Jesus nicht nur dem Tod begegnet und ihn letztlich besiegt, sondern, dass Jesus, indem er das, was dem Menschen zukommt, selbst umfänglich durchlebt, der Sünder ist.

Wie McCormack gelangt von Balthasar also über eine Revision der Prädestinationslehre und der Hervorhebung des konkret-geschichtlichen Schicksals Jesu Christi zu der Identifizierung Gottes mit Jesu Christi Schicksal und zur Überzeugung, dass dieses Schicksal das Schicksal des gottverlassenen Sünders ist. Zentral für die Entfaltung dieser Identifizierung ist Jesu Erfahrung des Karsamstags und sein Bewusstsein, dass diese Erfahrung die Erfüllung eines göttlichen Zwecks ist. McCormack analysiert von Balthasars Interpretation der göttlichen Erfahrung des Karsamstags in Jesus Christus mit seinem 2015 erschienenen Artikel „Atonement and Human Suffering“. Darin beschäftigt sich McCormack mit von Balthasars

---

126 Ebd., S. 23.

127 Vgl. ebd.

128 O’Donnell, „von Balthasar“, S. 266.

129 Balthasar, *3 Tage*, S. 23.

130 Vgl. O’Donnell, „von Balthasar“, S. 266.

131 Ebd.

Überzeugung, die Person Jesu Christi sei seine Sendung.[132] Von Balthasar schreibt diesbezüglich im Band II/2 seines Werkes *Theodramatik*:

> [D]ie Sendung [ist] seinem Ich nicht wie etwas Äußerliches, wie ein ‚Gesetz' auferlegt [...] Er ist vielmehr der, der von jeher den Auftrag hat – ja der Auftrag ist – dieses Universale zu vollbringen, dem alles in ihm, Gedächtnis, Verstand und freier Wille, zugestaltet ist. Man wird nicht sagen ‚werkzeuglich', denn damit würde man der Sendung einen Vorrang vor dem Ich geben, während doch an der Identität [von seinem Ich und jener Sendung] festgehalten werden soll.[133]

In dem Bewusstsein, von Gott gesendet zu sein, ist Jesus Christus laut von Balthasar mit seiner Sendung zu identifizieren. McCormack meint dazu, der katholische Theologe versuche hier, eine „[...] psychologisierte Erklärung für die Identifikation von Sein und Sendung in Christus."[134] Subjekt dieser Identität, so McCormack, ist bei von Balthasar nicht der Mensch Jesus von Nazareth als solcher, sondern die Person der Vereinigung beziehungsweise die Person der Einheit.[135] Damit lenkt der katholische Theologe den Fokus unmittelbar auf die zweite Person der Trinität.

Von Balthasar schreibt hierzu in seiner *Theodramatik*:

> [W]enn Jesus, ‚dieser Mensch, der zugleich Gott ist, ... auch ein Verhältnis zu Gott als seinem Gegenüber [hat], welches lebendig gelebt wird und sich in entscheidenden Ereignissen vollzieht', dann zeigt sich daran, daß beide Momente: das Sein und das Werden des Menschgewordenen, Ausdruck des ewigen Seins sind, das, wenn auch nicht Werden, so doch strömendes ewiges Leben und (Über-)Ereignis ist. Die Dramatik, die in die Bestimmung der Person Jesu mit hineingehört, fällt nicht einfach als ganze auf die weltliche Seite seines Seins, sondern hat ihre letzten Voraussetzungen im göttlichen Leben selbst.[136]

Diese „Bewusstseinschristologie" führt von Balthasar über die konkrete Analyse der Kartage zu dem Schluss, in Jesu Selbsterniedrigung habe die Erniedrigung Gottes selbst stattgefunden. McCormack weist in diesem Zusammenhang mit Worten Jüngels auf von Balthasars Vorstellung der Veränderlichkeit Gottes hin: „Sofern das Subjekt, in dem Person und Sendung identisch sind, nur göttlich sein kann, ist wirklich ‚Gottes Sein im Werden'."[137]

In Jesus Christus macht Gott also bei von Balthasar alle Erfahrungen seiner Schöpfung und lässt sich von ihnen ontologisch affizieren.[138] Dies

132 Vgl. McCormack, „Atonement", S. 199.
133 Ebd., S. 200.
134 (eigene Übersetzung) ebd.
135 Vgl. ebd.
136 Ebd.
137 Ebd.
138 Vgl. Balthasar, *3 Tage*, S. 18.

drückt von Balthasars *Theologie der drei Tage* mithilfe der alten Lehre von der *Kenosis* aus.[139] Diese geht davon aus, dass sich Gott im Heilsgeschehen in Jesus Christus seiner göttlichen Eigenschaften entledigt. Von Balthasar verweist dabei exemplarisch auf den in diesem Zusammenhang bereits behandelten Philipperbrief. Dessen Hymnus macht aus seiner Sicht deutlich, dass es nicht nur der *incarnatus* Jesus, sondern Gott in der zweiten Person an und für sich ist, der sich selbst erniedrigt.[140] Damit erfährt laut von Balthasar auch der *Logos* das Schicksal Jesu Christi.[141]

McCormack spezifiziert dies im Anschluss an ihn: „Die Sünde der Welt – ihr ureigenes Wesen als Sünde – wurde in Körper wie Seele zu Jesu Christi Wesen. So verdammte Gott die Sünde am Kreuz. So war das Leiden Christi kein Leiden unter vielen: es war das Erleiden des eschatologischen Zornes Gottes."[142] Dass dies so ist, liegt für von Balthasar, und McCormack betont dies besonders, darin, dass Jesu Schrei am Kreuz, ein Schrei angesichts wahrhaftiger, wirklicher Gottverlassenheit ist und der Heilige Geist im Moment seines letzten Atemzugs von ihm geht:[143] „Dass der Geist von ihm geht, die umfassende Isolation und Verlassenheit. Was auch immer nun geschieht, Jesus wird dabei allein sein: allein im Tod, allein in der Erfahrung der ‚Hölle'."[144] Aber „[w]er ist das Subjekt, das *diesen* Tod stirbt? Wer nimmt das eschatologische ‚Nein' Gottes zum Sünder auf sich? Es ist ‚der Sohn, das Wort des Vaters'."[145]

Der Sohn entäußert sich also in Jesus Christus. Diese Entäußerung findet laut von Balthasar in einer ewigen göttlichen Entäußerung im Rahmen der ewigen trinitarischen Hingabe Gottes ihren Ermöglichungsgrund.[146]

> Gottes Entäußerung (in der Menschwerdung) hat ihre ontische Möglichkeit in Gottes ewiger Entäußertheit, seiner dreipersönlichen Hingabe; von ihr her wird auch geschöpfliche Person nicht mehr primär als ‚In-sich-Stehen' zu beschreiben sein, sondern tiefer (falls sie nach Gottes Bild und Gleichnis geschaffen ist) als ‚Auf-sich-Zurückkommen (reflexio completa) aus dem je schon Entäußertsein'[147].

Gottes Entäußerung im Schicksal Jesu Christi ist also Ausdruck seiner ewigen Entäußerung und seines ewigen Auf-sich-zurück-Kommens.[148] So

139 Vgl. ebd., S. 27.
140 Vgl. ebd., S. 5.
141 Vgl. ebd., S. 30.
142 (eigene Übersetzung) McCormack, „Atonement", S. 204.
143 Vgl. ebd., S. 205.
144 (eigene Übersetzung) ebd.
145 (eigene Übersetzung) ebd., S. 206.
146 Vgl. Balthasar, *3 Tage*, S. 168.
147 Vgl. ebd., S. 33.
148 Vgl. ebd.

wie nämlich die Sendung des Sohnes in die Welt ein Akt der Liebe ist, ist bereits seine Erzeugung ein solcher Akt der Liebe.[149] Das Kreuz Jesu Christi wird damit zum Ausdruck des eigentlichen Seins des Sohnes und damit folgerichtig die Offenbarung der trinitarisch sich vollziehenden göttlichen „Eigentlichkeit“[150].

In dieser Kreuzestheologie, die von Balthasar hier entwickelt, zeigt sich explizit der Einfluss der Barthschen Wort-Gottes-Theologie. Dieser ist auf dem Hintergrund der engen persönlichen Beziehung von Balthasars zu seinem reformierten Kollegen zwar naheliegend, jedoch zugleich auch insofern ungewöhnlich als, dass das Wort Gottes im damaligen akademischen katholisch-theologischen Denken, das sich überwiegend als Sakramententheologie verstand, ein gerade erst wiederentdecktes Phänomen war. An dieser Wiederentdeckung hatte von Balthasar zusammen mit Rahner und Joseph Ratzinger großen Anteil.[151] Von Balthasars Wort-Gottes-Theologie hat jedoch gegenüber der Barths einen stärker fundamentaltheologischen Impetus. Dieser ist meines Erachtens darin begründet, dass sich von Balthasar eingehend mit dem Konzept der in Gottes Wort historisch-dramatisch stattfindenden kenotischen Selbsterniedrigung Gottes auseinandersetzt.

Für die Deutung der göttlichen Selbsterniedrigung wird Barth für von Balthasar dennoch zu einem wichtigen Gesprächspartner. Er findet bei von Balthasar stets dann Erwähnung, wenn es ihm darum geht, Gottes Sein im Zusammenhang mit Gottes Selbsterniedrigung in seinem Tun in Jesus Christus theologisch zu fassen. Genau dieses Anliegen hat die *Theologie der drei Tage.*[152]

In der *Theologie der drei Tage* befasst sich von Balthasar sehr ausführlich mit der Lehre von der *Kenosis*, der Lehre also, die von der göttlichen Selbsterniedrigung in Gottes Tun in Jesus Christus ausgeht. Für von Balthasar ist dieses *theologoumenon* das richtige Instrument, um Gottes Sein christozentrisch auszulegen und damit die Gottheit Gottes gerade in dessen Erwählung der Menschlichkeit zu suchen. Das demonstriert von Balthasar nicht nur anhand des biblischen Zeugnisses und den Schriften der Kirchenväter, die er *in extensio* behandelt, sondern auch und vor allem unter Zuhilfenahme der Arbeit Barths, allen voran mit dessen *Kirchlicher Dogmatik*.

---

149 Vgl. O'Donnell, „von Balthasar“, S. 269.

150 Balthasar, *3 Tage*, S. 34.

151 Im *Lexikon für Theologie und Kirche* (*LThK*) aus dem Jahr 1965 nennt Rahner von Balthasar bereits an prominenter Stelle der Materialsammlung zu seinem Artikel „Wort Gottes“. Von Balthasar wird hier unmittelbar hinter ihm und Tillich erwähnt. Siehe: Rahner, „Wort Gottes“ in *Lexikon für Theologie und Kirche, Band 10*, S. 1238.

152 Vgl. Balthasar, *3 Tage*, S. 5.

Wie McCormack in seinem 2005 erschienen Artikel „Karl Barth's Christology as a Resource for a Reformed Version of Kenoticism" zeigt, sah sich Barth mit seinen christologischen Überlegungen keineswegs der kenotischen Theologie zugehörig.[153] Dennoch setzt er sich mit ihr intensiv auseinander und formuliert, wie es von Balthasar betont, als erste Forderung an den Entwurf dieses *theologoumenons*, dass das Werk Jesu Christi in der Erniedrigung nicht in allgemeinen Kategorien ausgedrückt werden soll.[154] Von Balthasars Arbeit nimmt sich diese Forderung zu Herzen und so ist die Lehre der Selbstentäußerung Gottes für ihn keine abstrakte Vorstellung, sondern eine unmittelbare Folge der Betrachtung des konkreten Schicksals Jesu Christi. Sie wird damit, wie Wolfgang Treitler es formuliert, für den katholischen Theologen zu einer „Totalbestimmung Gottes"[155], welche drei Aspekte hat: Zum einen die „Ur-Kenose"[156] der innertrinitarischen Zeugung des Sohnes, zum anderen die Schöpfung und zum dritten die praktische Selbsterniedrigung Gottes in seinem Sohn.[157] Alle drei bestimmen Gottes Sein in von Balthasars Augen konkret und zugleich umfassend.

Für von Balthasar bestätigt sich Gottes Gottheit also gerade darin, „dass er sich in die Bindung und in das Elend des menschlichen Geschöpfs begibt, dass er, der Herr, Knecht wird und insofern, gerade darin von den falschen Göttern unterschieden, sich selbst erniedrigt"[158]. McCormack zeigt im gerade erwähnten Artikel, dass dies durchaus auch die mit Äußerungen im Kapitel „Der Weg des Sohnes Gottes in die Fremde" (§ 59,1) aus dem Band IV/1 der *Kirchlichen Dogmatik* verbundene Überzeugung Barths ist. In diesem Abschnitt ist die Demut des Sohnes laut McCormack nicht vorrangig die des *incarnatus*, sondern hat ihre Wurzel in der Demut des ewigen Sohnes, „was heißt, dass sie ihre Wurzel in der ewigen Beziehung des Sohnes zum Vater"[159] hat.

Mit Barth zeigt also die *Theologie der drei Tage*, dass der Akt des Gehorsams Gott nichts Fremdes ist. „[A]uch die äußerste Kenose, [wird] als eine Möglichkeit in der ewigen Liebe Gottes, von ihr umfangen und verantwortet [...], dann ist auch die Entgegensetzung von theologia crucis und gloriae – ohne das beide ineinander verschwimmen dürften – grundsätzlich überholt"[160]. Diese an Barths theologiehistorische Ausführungen aus

153 Vgl. McCormack, „Kenoticism", S. 248.
154 Vgl. Balthasar, *3 Tage*, S. 79.
155 Treitler, „Theologie", S. 178.
156 Ebd.
157 Vgl. ebd., S. 179.
158 Balthasar, *3 Tage*, S. 34.
159 McCormack, „Kenoticism", S. 249.
160 Balthasar, *3 Tage*, S. 80.

dem Band IV/1 der *Kirchlichen Dogmatik* anschließenden Worte bilden die Zusammenfassung des Abschnitts „Kreuz und Theologie“ und dienen von Balthasar als vorläufiger Abschluss der systematischen Auseinandersetzung mit der Lehre von der *Kenosis*.

Jesu Christi Schicksal offenbart also Gottes Sein und so ist dieses für von Balthasar mit Jesu Christi Tun zu identifizieren. Die Folgen dieser These entfaltet der katholische Dogmatiker dann insofern er die Trinität nicht statisch, sondern „dramatisch“[161] versteht. Sie ist für ihn die dynamische „Begegnung mit der Liebe, die die Möglichkeit einer Begegnung mit einer Welt der Dunkelheit bereits in sich trägt.“[162] So nimmt der katholische Theologe konsequent Abstand von der neoscholastischen, soll heißen statisch und substantialistisch angelegten Konzeption des göttlichen Seins und expliziert das göttliche Sein als Selbstvollzug im Werden des Schicksals Jesu Christi.

Die Art und Weise von von Balthasars Entfaltung des göttlichen Seins im Rahmen des Dramas Jesu Christi trifft auf McCormacks Widerspruch. Er schreibt in „Atonement and Human Suffering“: „Was hier nicht überzeugt, ist die Rede von einem Werden, das Entwicklung und Veränderung beinhaltet.“[163] Offensichtlich zieht von Balthasars Theologie des *Triduums* laut McCormack die Vorstellung göttlicher Veränderlichkeit nach sich. Dies ist in den Augen des Princetoner Dogmatikers grundfalsch: „Das ‚Werden‘, das die zweite Person der Trinität unterläuft, muss Gott *eigen* sein: nicht ein *beinahe*-ewiger Gehorsam des Sohnes zum Vater (der eigentlich dann nur zu unserer Zeit gehörig und damit nur Teil einer ‚kontingenten‘ Entscheidung geworden ist), sondern einer der wahrhaft ewig und ihm damit zugehörig ist [muss es sein].“[164]

Von Balthasars Explikation des Zusammenhangs von göttlicher Selbst-Bestimmung und Gottes kontingenter Entscheidung zum Sein in Jesus Christus erzeugt laut McCormack eine theoretische Spannung, auf welche auch O’Donnell aufmerksam macht. Er zeigt, dass Gott bei von Balthasar der Welt letztlich um seiner Gottheit willen nicht bedarf.[165] Das Verhältnis zu ihr ist damit in keiner Weise wesenhaft für sein Sein, sondern lediglich eine kontingent für dieses Sein sich ergebende Möglichkeit. Damit ist dann aber Gottes Sein lediglich dergestalt auf das Kreuz ausgerichtet, dass er im Rahmen seiner trinitarischen Antizipation des Christusereignisses mit der immanenten Trinität die Basis für diese Entscheidung schafft. In deren

161 O’Donnell, „von Balthasar“, S. 270.

162 Ebd.

163 (eigene Übersetzung) McCormack, „Atonement“, S. 200.

164 (eigene Übersetzung, Kursivierung McCormack) ebd., S. 201.

165 Vgl. O’Donnell, „von Balthasar“, S. 270.

Offenheit liegt die Offenheit für die Schöpfung und das Kreuz als lediglich potentielle Handlungsoptionen Gottes.[166]

Wenn von Balthasar auch Terminologie und Grundanlage der Neoscholastik verlassen hat, so hat sich doch für McCormack offensichtlich gezeigt, dass seine Lehre von Gottes Sein bei aller Betonung der Selbstbestimmung Gottes zum Tod am Kreuz von einem mehr oder minder substantialistischen Entwurf der göttlichen Ontologie geprägt ist. Die Trinität ist zwar ein Drama, doch nicht in dem Sinn, dass Gott sein Sein umfänglich in historischer Dimension vollzieht. Hier eröffnet sich, wie unter anderen auch O'Donnell zeigt, eine Spannung im Denken von Balthasars. Einerseits ging es ihm ja in durchaus pointierter Form um die göttliche *Kenosis* und zugleich expliziert er die göttlichen Immanenz an sich und für sich, sodass diese lediglich die Grundlage beziehungsweise den Ermöglichungsgrund für das kontigente Handeln in Jesus Christus darstellen kann.[167]

Angesichts dieser Spannung macht McCormack auf ein weiteres Problem bei von Balthasar, speziell in seinem Werk *Theodramatik*, aufmerksam. „Von Balthasar ist offensichtlich sehr darum bemüht, [...] die christologische Unterscheidung zwischen dem menschlichen Subjekt und der göttlichen Person Jesu Christi aufrecht zu erhalten."[168] Von Balthasar mache nämlich zugleich auch deutlich, dass der Mensch erst in dem Moment zur Person wird, in welchem er seine Identität verkündet bekommt.[169] „Im Fall Jesu geschieht dies, indem Gott ihn anspricht und ihm die Wahrheit zusagt, die von Gott in Ewigkeit bereits gewusst ist: ‚Du bist mein geliebter Sohn'."[170] Laut McCormack trennt von Balthasar hier Jesus, auf den der Begriff „Person" angewandt wird und der als solcher göttlich ist, von dem Sohn, der sich mit ihm (Jesus) identifiziert.[171] Damit sind Jesus Christus in seinem historischen Schicksal und der Sohn als Sohn nach von Balthasar voneinander zu trennen.

Mit dieser Trennung verbleibt Jesus laut McCormack bei von Balthasar jedoch eine „bloße Analogie von Gott"[172]. Dieser Verweis auf den Analo-

---

166 Vgl. ebd., S. 269.

167 Diese Spannung führt beispielsweise den von Balthasar-Interpreten Junius Johnson dazu, von zwei Formen der Metaphysik in dessen Werk zu sprechen: Einmal die ideale Metaphysik, in der Gottes Sein an sich notwendig ist und alles andere aufgrund des göttlichen Willens existiert, sowie ein andermal die historische Metaphysik, in der Gott ganz in Christus als Teil und Ziel der Geschichte existiert. Siehe: Johnson, *Christ and Analogy – The christocentric Metaphysics of Hans Urs von Balthasar*, S. 114f.

168 (eigene Übersetzung) McCormack, „Atonement", S. 202.

169 Vgl. ebd.

170 (eigene Übersetzung) ebd.

171 Vgl. ebd., S. 203.

172 (eigene Übersetzung) ebd., S. 203.

giebegriff kommt nicht von Ungefähr: Die *Nouvelle Théologie* und mit ihr von Balthasar standen nach der Revision der Prädestinationslehre und der Problematisierung der Gotteslehre vor der Frage, wie nun göttliches Sein und Tun mit der Welt katholischerseits ohne die Kategorien der Neoscholastik zusammen gedacht werden sollen. Wigley zeigt in seinem Buch *Karl Barth and Hans Urs von Balthasar. A Critical Engagement*, dass Przywara hier mit seiner Innovation der Lehre von der Seinsanalogie Abhilfe schaffte. Von Balthasar war ihm zum ersten Mal während seiner ordensinternen Ausbildung am damals in Pullach sich befindlichen Jesuitenkolleg und später während seiner Arbeit für die Zeitschrift *Stimmen der Zeit* in München begegnet. Wigley beschreibt, dass die persönliche Begegnung schnell auch zu einer intellektuellen Beziehung wurde: Ein Jahr nachdem Przywaras *Analogia Entis* 1932 erschien, veröffentlichte von Balthasar sein Buch *Die Metaphysik Erich Przywaras.*[173]

Bei aller kritischen Auseinandersetzung mit dem Thomismus und der katholischen Scholastik war deren Konzept der Analogie des Seins laut Wigley für Przywara weiterhin die einzige Möglichkeit, die Spannung zwischen Gottes transzendentem Sein und seines von der Heiligen Schrift bezeugten konkret-immanenten Tun seinsmäßig zu denken.[174] Die katholische Lehrmeinung zur Seinsanalogie hatte das vierte Laterankonzil formuliert. Es hielt fest, dass bei der zwischen Schöpfer und Geschöpf zu bemerkenden Ähnlichkeit (*similitudo*), deren Unähnlichkeit (*dissimilitudo*) größer ist.[175] Die Entsprechung des göttlichen Seins zu dem der Welt war für die Konzilsväter demnach zwar eine reale aber doch naheliegenderweise kleinere als dessen Verschiedenheit zu ihr. Der katholische Theologe Cajetan hatte die recht sperrige Konzilsformel später wie folgt erläutert: „Das Seiende, das vom Sein her benannt wird, wird von Gott und von den Geschöpfen nicht univok ausgesagt, jedoch auch nicht äquivok, sondern analog, durch die Analogie sowohl der Attribution als auch der Proportionalität".[176]

Barth hatte die Konzils-Formel nach der Begegnung mit Przywara in Münster bekanntlich als „Erfindung des Antichrist"[177] bezeichnet. Und in der Tat verbindet kaum etwas der Barthschen Arbeit zum Sein Gottes mit der scholastischen Vorstellung einer Analogie des Seins zwischen Gott und Mensch. Wigley, aber auch Martin Bieler, zeigen jedoch, dass die

173 Vgl. Wigley, *Barth von Balthasar*, S. 15.
174 Vgl. ebd., S. 19.
175 Vgl. ebd., S. 18.
176 Müller, „von Balthasar", S. 17.
177 Barth, *KD I/1*, S. VIII.

Seinsanalogie, von der Przywara ausgeht, anders akzentuiert ist:[178] Auch in Przywaras Augen war die neuscholastische Konzeption der *analogia entis* ideologieanfällig, weil sie in letzter Konsequenz Aussagen über Gott unabhängig von dessen Offenbarung macht.[179] Przywara wählt deshalb in seinem (als Gegenentwurf zur Neoscholastik konzipierten) Buch *Analogia entis* für seine Lehre von der Seinsanalogie einen phänomenologischen Ansatz, in dessen Zentrum die Lehre von der sogenannten Realdistinktion von Sein und Wesen steht.[180]

Unter dem Leitwort „Realdistinktion" macht Przywara einen tatsächlich existierenden Unterschied zwischen dem Sein Gottes und seinem Wesen aus. Löser zeigt, wie Przywara diesen bereits von Thomas von Aquin betonten Unterschied dialektisch deutet: Für ihn ist das Sein einmal das alles Seiende Verbindende. Da aber alles Seiende das Sein unterschiedlich zum Ausdruck bringt, ist das Sein, das in allen diesen Seienden anwesend ist, folglich auch das diese Seienden voneinander unterscheidende.[181] Diese Weise der Seinsverwirklichung nennt Przywara das Wesen und unterscheidet es folglich vom Sein.

Die Unterscheidung von Sein und Wesen ermöglicht Przywara eine theoretische Wertschätzung des Endlichen in der Theologie.[182] Die Realdistinktion fasst in seinen Augen das „unauflösliche[...] Mysterium[...] des Entspringens des endlich geschöpflichen Seins aus dem Unendlichen"[183]. Gott ist in dieser Fassung „alles im Geschöpf und dennoch das Geschöpf nicht Gott"[184]. Diese in Przywaras Fassung der Seinsanalogie geschehene Ermöglichung einer „Metaphysik des endlich Seinenden"[185], die weder reine Logik, noch reine Dialektik ist, hat unter anderen von Balthasar zu einem, wie Busch es formuliert, „Przywaraschüler"[186] gemacht. Er hat, trotz seines Bemühens das der Seinsanalogie fremde Barthsche Denken für die katholische Dogmatik fruchtbar zu machen, Przywaras *analogia entis* stets verteidigt.[187]

Przywaras Lehre von der Seinsanalogie beziehungsweise von der *analogia entis* und die daraus resultierende Hinwendung zum endlichen Seienden ermutigte von Balthasar zu der theologisch folgenreichen Beschäfti-

---

178 Vgl. Bieler, „Drehung", S. 325.
179 Vgl. Müller, „von Balthasar", S. 17.
180 Vgl. Löser, *von Balthasar*, S. 71.
181 Vgl. ebd.
182 Ebd.
183 Ebd., S. 72.
184 Ebd.
185 Ebd.
186 Busch, *Karl Barth*, S. 316.
187 Vgl. Wigley, *Barth von Balthasar*, S. 20.

gung mit den sogenannten Transzendentalien, dem Wahren, dem Guten und dem Schönen.[188] In der von Pzrywara inspirierten phänomenologischen Betrachtung der menschlichen Situation kommt von Balthasar darauf, dass der Mensch als „begrenztes Wesen in einer begrenzten Welt [existiert], doch seine Vernunft ist offen zum Unbegrenzten, auf das gesamte Sein“[189]. Wenn aber alles, was ist, an diesem gesamten Sein teilhat, wenn also das Wahre, das Gute und das Schöne am Sein teilhat, dann muss es eben an dessen Wahrheit, Gutheit und Schönheit selbst teilhaben.[190]

Diese Beschäftigung mit den Transzendentalien ist eine von Przywara beeinflusste aber meines Erachtens eigenständig über ihn hinausgehende Arbeit von Balthasars. Die Realdistinktion von Sein und Wesen spielt in ihr eine zentrale Rolle, aber zugleich ist sie in meinen Augen mehr als eine Beschäftigung mit dem allgemeinen Konzept der Analogie. Statt einer Konzentration auf die allgemeinen Kategorien des Seins will von Balthasar „seine Philosophie und Theologie von einer Analogie her aufzubauen [...] nicht ausgehend vom abstrakten Sein, vielmehr von einem Sein, wie es konkret in seinen (nicht kategorialen, sondern transzendentalen) Eigenschaften begegnet“[191].

Diese Konzentration auf das konkrete Sein ist für katholische wie protestantische Denker der damaligen Zeit etwas Neues. Letztendlich führt sie von Balthasar zu einem eigenständigen, unter anderen von Barths Vorarbeit zur *Kenosis* inspirierten Nachdenken über Gottes Sein in seiner konkreten Selbsterniedrigung. Diese eigenartige Form der Konkretheit im Nachdenken über die Ontologie Gottes verdankt von Balthasar der *Nouvelle Théologie* mit ihrer Vorstellung der gegenseitigen Hinordnung von menschlichem und göttlichem Sein und Przywaras Neuinterpretation der Seinsanalogie. In dieser Prägung und vor allem seiner eigenständigen Fortentwicklung dieser Einflüsse wird er zur Inspiration für McCormack aber im Hinblick auf die Frage nach der Analogie auch zum Adressaten seiner Kritik.

Wie kann man aber eine konkrete Theologie mit einer historisch entfalteten Christologie in ihrer Mitte entwickeln, ohne von Christus nur als Analogie von Gott zu sprechen? McCormack verweist hier auf einen Kernaspekt der Christologie. In seinen Augen hätte sich von Balthasar von einer mit zwei Subjekten operierenden Christologie verabschieden müssen und von Jesus Christus als dem einen Subjekt, dem Gott-Menschen

---

188 Vgl. Krenski, *von Balthasar*, S. 52.
189 Ebd.
190 Vgl. ebd.
191 Ebd., S. 53.

reden müssen.[192] Dies wäre jedoch für McCormack nur möglich, wenn von Balthasar dann von einer ewigen, nicht nur kontingenten Rezeptivität auf Seiten Gottes zu sprechen gewagt hätte. Will man wirklich sagen, dass das Subjekt des Todes Christi in der zweiten Person Gott selbst ist, dann muss man eine solche Rezeptivität auf Seiten Gottes annehmen. Nur wenn er dieses Ereignis seinsmäßig antizipiert und nur

> wenn eine solche Rezeptivität die göttliche Unveränderlichkeit nicht zur Seite schiebt, dann muss der Mensch Jesus der zweiten Person der Trinität eigen sein, sodass dann das, was am Kreuz und im Gang in die Hölle mit ihm geschieht, die Verwirklichung dessen darstellt, was Gott in sich selbst von Ewigkeit her ist.[193]

Was ist nun also von Balthasars Impuls? Meines Erachtens weist er McCormack den Weg hin zu einer psychologischen Erklärung für die Identifikation von Jesu Sein und seiner göttlichen Sendung. Noch weitestgehend gemeinsam mit dem katholischen Theologen redet McCormack dann diesbezüglich nur noch von der Person der Einheit und nicht mehr von zwei unterschiedlichen Naturen. Mit diesem Blick auf diese Person der Einheit lässt sich laut McCormack mit von Balthasar Jüngels Diktum vom göttlichen Sein im Werden noch einmal im Besonderen betonen. Diese so erarbeitete „Bewusstseinschristologie“, welche die göttliche *Kenosis* in der zweiten Person der Trinität nachzuvollziehen sucht, benötigt, wie gezeigt, laut McCormack aber eine andere systematische Grundlage als sie von Balthasar im Letzten bietet. Diese kann für McCormack nur mit Hilfe einer Bewusstseinschristologie entfaltet werden, in deren Mitte das Konzept einer ursprünglichen und damit ewigen Rezeptivität des göttlichen *Logos* liegt.

7.2.3 Fazit: Von Balthasars Arbeit und ihre Bedeutung für McCormacks Theologie

Von Balthasar wird offensichtlich nicht nur im Hinblick auf analytische Fragen zur Theologie Barths zum prägenden Vordenker für McCormack. Mit seiner Idee von einer Bewusstseinschristologie scheint sich für McCormack ein Weg zu eröffnen, ganz im Sinne Barths Theologie nur im Blick auf die Offenbarung des göttlichen Seins in Jesus Christus zu betreiben. Während von Balthasar jedoch im Zeichen seiner analogisch angelegten Dogmatik in McCormacks Augen teilweise noch spekulativ bleibt, versucht der Princetoner Theologe über exegetische Arbeit und eine sich daran

192 Vgl. McCormack, „Atonement“, S. 203.
193 (eigene Übersetzung) ebd., S. 206.

anschließende narrative Dogmatik dem theologischen Denken zu jener Konkretheit zu verhelfen, die von Balthasar im Anschluss an Barth anvisiert hatte.

McCormacks Exegese stellte zunächst den Unterbau für die von von Balthasar zwar beabsichtigte, aber in den Augen des Princetoner Theologen letztlich nicht umgesetzte konkrete Theologie dar. Sie offenbarte dabei zunächst eine merkliche Prägung durch die Arbeit der sogenannten New Perspective und der apokalyptischen Lesart des Neuen Testaments. Mit deren Fokus auf die eschatologische Dimension der Ereignisse in Jesus Christus kam der Princetoner Theologe, wie oben erläutert, zu drei grundsätzlichen Einsichten. Der Gott Israels wird in den neutestamentlichen Texten seiner Meinung nach mit dem konkret-geschichtlichen Schicksal Jesu Christi identifiziert. Darüber hinaus ist für McCormack nach seiner Analyse der Evangelientexte zu Jesu Passion auch klar, dass dessen Sein zwischen Kreuzestod und Auferstehung das des gottverlassenen Sünders ist. So erscheint, und das nicht zuletzt, die inhaltliche Bestimmung des göttlichen Seins als Liebe, wie sie sich im ersten Johannesbrief findet, als einmalige und umfassende Bestimmung Gottes.

Der Blick auf die Heilige Schrift ermöglicht es McCormack, den christologischen Aussagen von Balthasars zu einem großen Teil zu folgen. Dabei nimmt er gerade dessen Aussagen über Jesu absolute Passivität und Gottverlassenheit während der Zeit zwischen seinem Kreuzestod und seiner Auferstehung besonders ernst. Jesus wird für ihn gerade in dieser Passivität als Träger des eschatologischen Zorns Gottes erkennbar. Diese Betrachtung der Kartage ermöglicht McCormack im Anschluss an von Balthasar eine psychologische Erklärung für die Identifikation von Sein und Sendung Jesu Christi. Diese resultiert bei ihm letztlich in einem Abschied von der Rede von den zwei Naturen und von einem *Logos* oder Jesus *simpliciter*. McCormack redet demgegenüber nun bevorzugt von der Person der Einheit, in der sich die göttliche Kenose vollzieht. Um diese nun entfalten zu können, benötigt es laut McCormack die Annahme einer ewigen Rezeptivität auf Seiten des *Logos*.

Bei von Balthasar war Jesus Gott in seiner geschichtlichen Selbsterniedrigung. Gottes „Ur-Kenose" innerhalb der immanenten Trinität ist bei ihm der ontologische Ermöglichungsgrund für Gottes geschichtliche Selbsterniedrigung im Schicksal Jesu Christi. Während jedoch Theologen wie Treitler diese *Kenosis* als „Totalbestimmung"[194] Gottes lesen, meint McCormack, von Balthasar gehe von einer göttliche Immanenz aus, die durchaus anders bestimmt sei als dessen Ökonomie. In Folge dessen ist

194 Treitler, „Theologie", S. 178.

sein Werden in der Geschichte eines, das Gott nicht ursprünglich, sondern letztlich kontingent zu seinem eigentlichen Sein zusätzlich zukommt. Diese Vorstellung verwirft McCormack und erinnert an die von ihm selbst erarbeitetet exegetische Grundlage der von Balthasarschen Bewusstseinschristologie. Eine solche kann in seinen Augen nur dann entwickelt werden, wenn das Werden Gottes im geschichtlichen Schicksal Jesu Christi als Gott ursprünglich zukommend beschrieben wird.

7.3 McCormacks Neustart

McCormack lässt offensichtlich Teile der Barthschen Theologie aufgrund ihrer aus seiner Sicht kaum mehr miteinander vereinbaren unterschiedlichen Aussagen hinter sich. Die Artikel „With loud cries" und „Atonement and Human Suffering" deuten daran anschließend an, wie sein eigener theologischer Neustart angelegt ist. Zuvörderst geht es ihm um die Neuanlage der Christologie, deren Vorbild die Bewusstseinschristologie des katholischen Dogmatikers von Balthasar ist.

Von Balthasars Vorstoß, das Bewusstsein Jesu Christi zum Ausgangspunkt zu machen, wurde von McCormack exegetisch gerechtfertigt. Im Rahmen dieser Arbeit hat er gezeigt, dass Gott sein Sein ganz in Jesus Christus, damit auch ganz in dessen Sünder-Sein, vollzieht. Dieses Sünder-Sein versteht McCormack als Tragen des eschatologischen Zornes Gottes. Da er diese Einsicht nun für exegetisch gerechtfertigt hält, lässt sich seiner Meinung nach mit von Balthasar auch sagen, dass Jesu Bewusstsein, diesen göttlichen Zweck zu erfüllen, Ausgangspunkt einer nichtspekulativen Theologie sein kann.

McCormacks Theologie versteht sich, wie er im Jahr 2017gemeinsam mit Alexandra Pârvan sagt, als „Psychologische Ontologie". Er entwickelt mit ihr also eine Dogmatik, welche auf eine Seinslehre nicht verzichten will, in deren Mitte sich jedoch die Christologie mit Jesu Bewusstsein als Ausgangspunkt findet. Die Beschränkung auf das biblische Narrativ führt McCormack dann dazu, von Jesus nicht mehr anders als von der Person der Einheit (von Gott und Mensch) zu reden. Diese Notwendigkeit hatte nach McCormacks Dafürhalten zuerst Schleiermacher aufgezeigt. Da Schleiermacher jedoch laut McCormack die klassischen Gottesattribute wie Unwandelbarkeit und Leidenslosigkeit beibehält und die Vorstellung des göttlichen Zorns für theologisch unredlich hält, wird er für McCormack nur punktuell zum Impulsgeber.

Mit Schleiermachers Impuls entwickelt McCormack eine von ihm so genannte Christologie des einen Subjekts. Damit meint er: Gott ist das Subjekt des menschlichen Schicksals Jesu Christi. In ihm ereignet sich die göttliche *Kenosis*, die McCormack als von der zweiten Person ausgeführt versteht. Indem er Gott als das Subjekt des menschlichen Schicksals Jesu Christi expliziert, verdeutlicht er damit zugleich, dass Gott menschliche Erfahrungen macht.

Diese Theologie ist meines Erachtens in einer zweifachen Weise als kritische Theologie zu verstehen. Zunächst ist Gott in Barthscher Tradition Subjekt seiner Erkenntnis. Das soll durch eine konsequente Christozentrik ermöglicht werden. Eine solche, christozentrisch angelegte Theologie zielt bei McCormack jedoch nicht nur auf eine kritische Epistemologie ab, sondern darüber hinaus auch auf eine praktische Ideologiekritik. Er meint, dass jede Theologie heutzutage die Frage nach ihrer Instrumentalisierung für außertheologische Zwecke stellen und einer solchen kritisch begegnen muss. In dieser doppelten Dimension ist seine dogmatische Arbeit meines Erachtens dann als kritisch zu verstehen.

7.3.1 Psychologische Ontologie

Was meinen McCormack und Pârvan nun, wenn sie ihren theologischen Neustart als „Psychologische Ontologie" bezeichnen?[195] Dazu McCormack und Pârvan: „Psychologische Ontologie nennen wir den Versuch, das Sein Gottes ausgehend von seiner Selbstoffenbarung im individuellen Leben Jesu Christi zu denken. Wir halten die ontologische Identität Jesu Christi und die Art und Weise der Auffassung der Einheit seiner Person für ausschlaggebend für das Verständnis davon, wer dieser christliche Gott ist, ein Verständnis, das wir als Ausgangspunkt annehmen für ein Nachdenken darüber, was Gott ist. [...] [Wir] weisen auf interne Spannungen in den jeweiligen Auffassungen über göttliche Unveränderlichkeit und (Im)passibilität hin und wie diese mit deren Auffassung von Gott und ihrem Verständnis der Person Christi zusammenhängen. Die ungelösten Probleme [...] veranlassen uns über deren Ontologien hinaus zu argumentieren, dass die göttlich-menschliche Beziehung, die ontologisch die Einheit Jesu Christi ausmacht, von Ewigkeit her dasjenige ist, was der zweiten Person der Trinität Identität gibt. Auf dieser Behauptung basierend schlagen wir eine Rekonzeptualisierung der Unveränderlichkeit Gottes vor, von der

195 Es ist meines Erachtens als sicher anzusehen, dass der Terminus „Psychologische Ontologie" von Alexandra Pârvan stammt. Nirgendwo vorher deutet McCormack eine solche Formulierung an. Pârvan hingegen lehrt in Pitesti am Institut für Psychologie und Kommunikationswissenschaften und forscht unter anderem zu Augustin. Insofern gehe ich davon aus, dass sie nicht nur den Terminus geprägt, sondern auch einen Großteil des gemeinsamen Artikels von 2017 verfasst hat.

gezeigt werden kann, dass sie mit göttlichem Leiden und Angerührtheit vereinbar ist.“ [196]

Mit diesen Sätzen positionieren sich McCormack und Pârvan zwischen den scheinbar exklusiven Alternativen von Anti-Ontologie und traditioneller Ontologie. Während erstere Gott ohne den Begriff des Seins zu konzeptualisieren sucht, beschreibt letztere Gott seiner Meinung nach in den Kategorien der philosophisch konnotierten Metaphysik. [197] Mit dem Vorschlag einer psychologischen Ontologie versuchen McCormack und Pârvan nun „wahrzunehmen, wie Gott ist, wenn er weder vom Bereich des Seins verwiesen wurde, noch in bereits etablierte Konzepte von dem, was Gott sein soll, eingefügt wurde.“ [198]

Dieser Versuch, weiterhin Antworten auf ontologische Fragen zu geben und Gottes Sein zugleich nicht in bereits etablierten Konzepten göttlicher Ontologie zu erklären, revidiert die konventionellen Herangehensweisen an die Frage nach Gottes Sein. Zentral hierfür ist der Abschied von der Annahme, wer Gott sei, wäre grundlegend dadurch bestimmt, was er ist. Während dies bei Gegenständen oder auch Menschen stets der Fall ist (wer jemand ist, hängt davon ab, was er ist, nämlich ein Mensch und beispielsweise kein Pferd), behaupten McCormack und Pârvan nun, dass Gott sich so nicht beschreiben lässt. In ihren Augen ist es irrelevant für die Antwort auf die Frage wer Gott sei, zu wissen, was Gott ist. Für sie ist Gott nicht zuerst etwas (Gott) und danach jemand (dieser Gott); was er ist, lässt sich bei Gott nicht vor der Frage, wer er ist, beantworten, weil das, was er ist, das, wer er ist, ist.

Die Frage ist also „Wer ist Gott?“ und sie kann laut McCormack und Pârvan im Blick auf Jesus Christus beantwortet werden: „Wir wollen also von Gottes Selbst-Konstitution als Beziehung zum Menschen Jesus reden und dabei feststellen, dass ein Verständnis Gottes, welches diese Beziehung einschließt, nach sich zieht, dass die Vorstellung einer göttlichen Unveränderlichkeit dergestalt zu transformieren ist, dass sie auch göttliches Leiden einschließt.“ [199] Gott ist also in der Beziehung zu Jesus Christus und damit leidensfähig, ohne dass er ein anderer würde. Damit ist klar, dass die psychologische Ontologie ein *per se* trinitarisch angelegtes Projekt ist. Über das *theologoumenon* der Trinität lässt sich Gott als Beziehung zu Jesus Christus denken. Damit ist für McCormack und Pârvan aber auch unmittelbar klar, dass „Gottes Selbst-Offenbarung als Jesus Christus und seine personale Existenz als Gott-Mensch von uns verlangt, die zweite Person der Trinität

196 McCormack, „Immutability“, S. 2.
197 Vgl. ebd., S. 4.
198 (eigene Übersetzung) ebd., S. 2.
199 Ebd., S. 4.

als ewig durch die Beziehung zu dem anderen, dem menschlichen Sein, konstituiert zu verstehen."[200]

Trinitarisch ausgelegt meint die (biblisch bezeugte) Vorstellung von Gottes Unveränderlichkeit für McCormack und Pârvan, dass Gott sich als Beziehung zu Jesus Christus keinem Wandel, der ihn selbst betrifft, aussetzt. McCormack ist der „[...] Überzeugung, dass diese Beziehung und alles, was sie nach sich zieht, die Vorstellung von Gottes Unveränderlichkeit nicht in Frage stellt, sondern vielmehr diese umfasst. [...] [McCormack] denkt, dass Gottes Unveränderlichkeit nicht ohne Verbindung zu seinem Leben in Jesus Christus definiert sein kann."[201]

Mit dieser Überzeugung gehört zugleich das Leiden Christi zu Gott. So gilt es nun für den Princetoner Theologen und Pârvan, Unveränderlichkeit und Leidensfähigkeit in Gott zusammen zu denken. McCormack und Pârvan dazu:

> Wenn wir den Terminus ‚leidensfähig' auf Gott applizieren, wollen wir nicht sagen, dass er von Emotionen, die mit seiner Vernunft nicht in Einklang stehen, bewegt wird oder passiv äußeren Störungen ausgesetzt ist – hier halten wir uns an die Tradition. Gleichzeit verlassen wir [...] mit unserem Konzept der Unveränderlichkeit dessen traditionelles Verständnis, weil wir es insofern erweitern als, dass es Gottes Selbstkonstitution als Beziehung zum menschlichen Sein in der zweiten Person einschließt, wodurch Liebe-für-den-anderen zu seinem eigenen Sein wird. Diese Selbst-Konstitution als sich selbst dahingebende Liebe macht das Leiden in Christus zum Leiden des ganzen Christus, des göttlichen wie menschlichen, und sie macht Gottes Unveränderlichkeit, die sich selbst dahingebend *ist*, mit Leiden kompatibel.[202]

Diese neu angelegte Betrachtung Gottes ist nun also weder traditionelle Ontologie, noch eine Gotteslehre, die auf ontologische Aussagen verzichten will, sondern, wie McCormack und Pârvan sagen, psychologische Ontologie. McCormack und Pârvan schauen

> darauf *wer* Gott ist, um zu verstehen, was für ein Sein er ist, [nämlich] das Sein *dieses* christlichen Gottes. Davon ausgehend, dass sich Gott uns Menschen offenbart hat, denk[en McCormack und Pârvan] [...], dass die Spekulation über das, was sein Sein ausmacht, dort anfangen sollte, wo er sein Sein historisch sichtbar gemacht und gelebt hat.[203]

Damit verlässt die göttliche Ontologie, die McCormack und Pârvan hier entwickeln, die Tradition, indem „Gott darin das absolute Sein ist, dass

---

200 (eigene Übersetzung) McCormack, „Immutability", S. 5.
201 (eigene Übersetzung) ebd.
202 (eigene Übersetzung, Kursivierung McCormack) ebd., S. 6.
203 (eigene Übersetzung, Kursivierung McCormack) ebd.

er allein *für den anderen*"[204] ist und zugleich lässt er mit ihr eine antiontologisch argumentierende Moderne hinter sich, indem er dafür plädiert, dass Gott „der Gestalt unveränderlich ist, dass Leiden in Jesus erklärt und gerechtfertigt ist."[205]

Wenn sich Gottes Sein in Jesus Christus historisch offenbart hat, zeigt sich damit, dass Gott dieses historische Schicksal für sich gewollt hat. McCormack und Pârvan machen nun im Rahmen dieses Neustarts deutlich, dass dieses göttliche Wollen inklusive des göttlichen Wissens nicht von den göttlichen *processiones* unterschieden werden kann:

> In der Zeugung des Sohnes und der Hauchung des Geistes weiß und will Gott sich selbst. Das eine kann dem anderen nicht untergeordnet sein; beide sind Beschreibungen des ewigen Aktes, welcher das ‚Sein' Gottes ist. [...] So sind sich selbst Wollen und sich selbst Wissen genauso notwendig das Sein Gottes wie die trinitarischen *processiones.*[206]

Was ist es aber, das Gott will? McCormacks und Pârvans Antwort darauf stammt aus dem Neuen Testament: Gott will „seine Natur als bestimmte Art von Liebe."[207] In der Zusammenschau von 1. Joh 4,16 und Phil 2,7 sehen sie die Natur Gottes als sich selbst gebende Liebe. Zeugung und Hauchung als trinitarische *processiones* sind für McCormack und Pârvan so Ausdruck der sich hingebenden Liebe, die Gott ist. Diese Hingabe oder Kenose vollzieht sich in der Ökonomie, konkret durch den Sohn, und führt zur Versöhnung und Erlösung der Menschheit.[208]

> Wenn nun jedoch die Beziehung zur Menschheit in Jesus Christus zu der Liebe gehört, die Gott ist, dann ist das, was im göttlichen Selbst-Wissen und Selbst-Wollen gewusst und gewollt wird, Jesus Christus, wesenhaft zu Gott gehörig. Und das kann nur heißen, dass Jesus Christus schlicht die zweite ‚Person' der Trinität ist – und dass er, demzufolge, Subjekt und nicht nur Objekt einer Erwählung, die im göttlichen Selbst-Wollen auftritt, ist.[209]

So ausgelegt, lässt sich nun in McCormacks und Pârvans Augen von Jesus als Subjekt der Erwählung sprechen.

Für McCormack und Pârvan ist nun Gottes Erwählung in Jesus Christus Teil seiner Selbst-Konstitution. „Damit lässt die Fleischwerdung Gott nicht unberührt und stellt zugleich seine Unveränderlichkeit nicht in Frage. Gottes Tun finden in der Geschichte als notwendige Ausführungen von

---

204 (eigene Übersetzung, Kursivierung McCormack) ebd., S. 7.
205 (eigene Übersetzung) ebd.
206 (eigene Übersetzung) ebd., S. 21.
207 (eigene Übersetzung) ebd.
208 Vgl. ebd.
209 (eigene Übersetzung) ebd.

dem, wer und was Gott ist, statt."[210] Eine solche Re-Konzeptualiserung des göttlichen Seins und seiner Attribute hängt laut McCormack und Pârvan jedoch an einer Neu-Auslegung der Einheit der Person Christi.[211]

7.3.1.1 McCormacks Weg zu einer eigenständigen Bewusstseinschristologie

Angesichts der Häufigkeit, mit der McCormack und Pârvan die Rolle, welche die Christologie in ihrem Neu-Entwurf theologischer Ontologie spielen wird, betonen, verwundert es, dass sie diesen *topos* in ihrem Artikel „Immutability, (Im)passibility and Suffering" von 2017 nur streifen. Will man ihren hier angekündigten Neustart jedoch verstehen, muss deren Anlage zumindest in groben Zügen erläutert werden. Meines Erachtens lässt sich dies unter Zuhilfenahme früherer Artikel McCormacks bewerkstelligen.

Nach meinem Dafürhalten ist die psychologische Ontologie eine Arbeit, welche mit der Christologie in ihrer Mitte die in der zweiten Person erfolgte göttliche Kenose so expliziert, dass sie die bereits von Jüngel gestellte und für McCormack ja zentrale Frage, was diese Kenose für konkrete Folgen für eben diese zweite Person hat, zuerst beantwortet. McCormack geht auf diese Frage ein und entwirft unter Zuhilfenahme der Arbeiten Barths und von Balthasars ausgehend von Jesu Christi Bewusstsein letztlich eine eigene Christologie.

Die Entwicklung dieser Bewusstseinschristologie war schon vor dem Jahr 2009, in welchem mit „With loud Cries and Tears" der meiner Meinung nach wichtigste Text zu diesem Projekt veröffentlicht wurde, Gegenstand McCormackscher Überlegungen zu einer neuen Grundlegung der Christologie. Während der Princetoner Theologe 2005 in dem Vortrag „Karl Barth's Christology as a Resource for a Reformed Version of Kenoticism" zunächst klar machte, dass eine Christologie nach Barth das Verständnis der zwei Naturen ausschließlich im Blick auf Jesu Christi historisches Schicksal zu explizieren, die Vorstellung einer direkten Kommunikation ihrer Attribute zu problematisieren und zudem die Lehre vom *genus tapeinoticum* zu affirmieren hätte,[212] wurde von ihm in dem Artikel „Über Barth hinaus – mit Schleiermacher?" von 2006 dargelegt, wie die für eine daran anschließende Entwicklung einer Bewusstseinschristologie entscheidende Einheit der Person Jesu Christi expliziert werden kann. Bei Schleiermacher fand er dies im Ansatz gut erklärt und scheute sich auch als Barth-Forscher nicht, dessen Impuls wahr- und aufzunehmen. Im Gegensatz zu Barth sah

---

210 (eigene Übersetzung) McCormack, „Immutability", S. 21.

211 Vgl. ebd., S. 23.

212 Vgl. McCormack, „Kenoticism", S. 247.

er bei Schleiermacher nämlich keinen Hinweis darauf, dass dieser versuchen würde, „den Unterschied zwischen Christus und dem Christen zu relativieren. Vor allem in diesem Punkt irrte Barth“[213] laut McCormack.

McCormack zeigt, dass laut Schleiermacher Jesu Rezeptivität gegenüber der Gegenwart Gottes seine erlösende und versöhnende Aktivität ermöglicht. Zugleich weist er darauf hin, dass Jesus nach Schleiermachers Dafürhalten damit aktiv die archetypische Menschheit in einer geschichtlichen Existenz realisiert.[214] Für McCormacks eigene Überlegungen zur Christologie ist nun interessant, auf welche Art und Weise Jesus dies in Schleiermachers Augen getan hat, nämlich mittels der Vorstellung einer göttlichen Einwohnung im Menschen Jesus von Nazareth. So wird laut McCormack die Menschwerdung Gottes zum eigentlichen Thema der Christologie Schleiermachers.

Bei der Behandlung der Frage nach der Menschwerdung schätzt McCormack an der Arbeit Schleiermachers, dass er die Rede von den zwei Naturen Christi kritisch betrachtet und zugleich einen aus einer Sicht gewinnbringenden Gegenvorschlag macht. Schleiermachers Kritik an der Zweinaturenlehre zeigt nach McCormack zunächst, dass mit dem Begriff Natur zwei „Realitäten zusammen[ge]fasst [werden], die auf diese Weise schlechterdings nicht vereint werden können“[215] und ein andermal, „Natur“ sowohl „für das Göttliche und das Menschliche gleichermaßen“[216] verwendet wird. Diese Kritik generalisiert Schleiermacher laut McCormack im Hinblick auf den „Gedanken einer Doppelheit der Naturen, den er vehement zurückweist. Schleiermacher besteht überall auf der Einheit der Person Christi und muss sein Anliegen mit der Menschlichkeit Jesu radikal ernst zu machen, gedanklich so fassen, dass die Einheit Jesu nirgends gefährdet ist.“[217]

Schleiermachers Impuls für McCormack ist also die Betonung der Einheit der Person Jesu Christi in jedem Moment ihres Seins. McCormack zeigt hier zusätzlich, dass Schleiermachers Arbeit dabei „stets bemüht ist, die menschliche Seite an Jesus zu betonen.“[218] Gottes Wirken in ihm nennt Schleiermacher deswegen „Einwohnung“[219]. Durch seine radikale Kritik an der Zwei-Naturen-Lehre muss er jedoch laut McCormack nun im Gegenvorschlag „mit der Menschlichkeit Jesu radikal ernst [...] machen“[220]. Diese

---

213 McCormack, „Barth und Schleiermacher“, S. 69.
214 Vgl. McCormack, „Schleiermacher“, S. 59.
215 Ebd., S. 50.
216 Ebd.
217 Ebd., S. 54.
218 Ebd., S. 53.
219 Ebd.
220 Ebd., S. 54.

Radikalität zeigt sich dann nach McCormacks Dafürhalten darin, dass Schleiermacher die Person des Gottmenschen zunächst mit dem Menschen Jesus gleichsetzt und die Vereinigung der göttlichen mit der menschlichen Natur dann mit Gottes Einfluss auf das Bewusstsein Jesu gleichsetzt.[221]

Da McCormack, wie bereits gesehen, großen Wert auf die trinitarische Explikation von Gottes Sein legt, stellt er sich nun die Frage, wie die zweite Person der Trinität Mensch wird. Diesen Vorgang versteht McCormack mit Hilfe Schleiermachers aktualistisch. Jesu Gottesbewusstsein ist lebendige Empfänglichkeit für Gott.[222] Da diese lebendige Empfänglichkeit immer nur als Tätigkeit verstanden werden kann, ist der Akt der Vereinigung von göttlichem und menschlichem Sein bei Schleiermacher laut McCormack stets prioritär gegenüber dem Zustand ihres Vereinigtseins. Schleiermacher geht dabei, wie McCormack zeigt, sogar so weit, zu sagen, dass, obwohl der Akt der Vereinigung in der Zeit stattfindet, es sich dabei um eine „ewige Tätigkeit“[223] handelt.[224] Da der Mensch hier „nur aufnehmend“[225] handelt, droht Schleiermacher in McCormacks Augen nicht, in die Vorstellung eines menschlichen Vermögens, eines latenten Gottesbewusstseins also, zu verfallen.[226]

Das laut McCormack sinnvolle Anliegen Schleiermachers, die Einheit der Person Christi zu betonen, kommt nach seinem Dafürhalten jedoch in dem Moment an eine konzeptuelle Grenze, wenn die menschliche Natur als „im ‚Göttlichen‘“[227] realisiert verstanden wird. McCormack dazu: „Jesus hat sein Sein und seine Existenz von dem Moment der Empfängnis an im ‚Göttlichen‘, oder präziser der ‚reinen Tätigkeit‘, die Gott selbst ist.“[228] McCormack versteht diese Idee als Schleiermachers Auslegung der Lehre von der Anhypostasie-Enhypostasie der menschlichen Natur Jesu Christi und zugleich stellt sie für McCormack Schleiermachers „Abschied von der orthodoxen Trinitätslehre dar“[229]. Problematisch wird dieser dadurch, dass die reine Tätigkeit, die Gott ist, für Schleiermacher lediglich ein ewiger Akt ist. Wenn es jedoch nur einen göttlichen Akt gegenüber der Schöpfung gibt, hat Schleiermacher in McCormacks Augen das Problem, dass er letzten

---

221 Vgl. McCormack, „Schleiermacher“, S. 54.

222 Vgl. ebd., S. 55.

223 Schleiermacher, *Der christliche Glaube nach den Grundsätzen der evangelischen Kirche im Zusammenhange dargestellt (1830/31), [Hrsg. Martin Redeker], Bd. 2,* De Gruyter, Berlin, 1960[7], S. 62

224 Vgl. McCormack, „Schleiermacher“, S. 57.

225 Ebd.

226 Vgl. ebd.

227 Ebd., S. 58.

228 Ebd.

229 Ebd.

Endes nicht erklären kann, wie Gott in der Geschichte operieren kann, ohne selbst den Charakter der Ewigkeit zu verlieren.[230]

McCormack weist also darauf hin, dass das Anliegen, die Einheit der Person Christi zu betonen, angesichts der Schleiermacherschen Gottesvorstellung fraglich wird. Da bei seinem Konzept der ewigen Tätigkeit, die Gott ist, laut McCormack weiterhin die „traditionellen Feststellungen der göttlichen *simplicitas, aeternitas* und *impatientia*“[231] gelten, könne er schwerlich das „Naturwerden des Übernatürlichen“ in Jesu Christi historischem Schicksal explizieren, ohne dass Gott seine Identität als Gott einbüßt.[232] Gott ist also (auch) bei Schleiermacher ganz anders als seine Schöpfung und zugleich ist sein Tun nur als ein einziger Akt expliziert. So kommt es dazu, dass er bei Schleiermacher laut McCormack nicht in der Schöpfung handeln kann, ohne letzten Endes Teile seiner göttlichen Attribute zu verlieren. So operiert Gott zwar, wie McCormack es formuliert, „als ein wirkmächtiger Akteur *in der Geschichte*, aber von einem Punkt aus, der *jenseits der Geschichte* liegt.“[233] Diese Konzeption birgt für McCormack Dissonanzen.

Angesichts der Dissonanzen im Entwurf Schleiermachers muss laut McCormack ein Weg gefunden werden, der den Impuls Schleiermachers methodisch ermöglicht. Den entscheidenden Text für McCormacks Entwicklung einer aus seiner Sicht methodisch konsistenten Bewusstseinschristologie, welche die Defizite des Schleiermacherschen Versuchs überwindet, stellt meines Erachtens sein 2009 erschienener Artikel „With loud Cries and Tears“ dar. Hier entwickelt McCormack im Rahmen eines exegetisch angelegten Textes von der theologischen Ontologie der Versöhnungslehre Barths ausgehend mit vielen christologischen Überlegungen von Balthasars seine eigene Christologie.

Von von Balthasar übernimmt McCormack den Hinweis auf den eigentlichen Ausgangspunkt der Bewusstseinschristologie. War es bei Schleiermacher Jesu Empfänglichkeit gegenüber der reinen Tätigkeit des Göttlichen, rückt McCormack nun Jesu konkret-geschichtliches Leiden und Sterben in das theologische Blickfeld. Dabei stellt er mit von Balthasar fest, dass nicht das faktische Leiden und Sterben Christi an sich für die Chris-

230 Vgl. ebd., S. 63.

231 Ebd.

232 Zum gleichen Urteil war McCormack bereits im Jahr 1998 in seinem Artikel „Revelation and History in Transfoundationalist Perspective. Karl Barth's Theological Epistemology in Conversation with a Schleiermacherian Tradition“ gekommen. Hier beschreibt er Schleiermachers Gotteslehre als „nahezu platonische Konzeption der göttlichen Unveränderlichkeit, Leidenslosigkeit und Einfachheit.“ Siehe: McCormack, „Revelation and History in Transfoundationalist Perspective. Karl Barth's Theological Epistemology in Conversation with a Schleiermacherian Tradition“, S. 32.

233 McCormack, „Schleiermacher“, S. 64.

tologie entscheidend ist, sondern die Art und Weise, beziehungsweise die Qualität seines Todes.[234] Jesu Christi Tod ist, so formuliert es der Princetoner Theologe nun, das Ertragen des eschatologischen, das heißt göttlichen ‚Nein'. Dieses zu Tragen ist in den Augen McCormacks der göttliche Zweck, den der Mensch Jesus in dieser Welt erfüllt und deshalb stellt sich gerade angesichts seines Todes die Frage nach seiner Gottheit.

Spätestens an diesem Punkt kann McCormack den Schleiermacherschen Impuls nicht weiterverfolgen. Für die Vorstellung des göttlichen Zorns hatte Schleiermacher bekanntermaßen wenig übrig. Für ihn war diese Vorstellung weder für die Christengemeinde förderlich, geschweige denn, dass sie auf Jesu Verkündigung zurückgeführt werden könnte. McCormack kann aber mit der Vorstellung des eschatologischen Zorns Gottes etwas im historischen Schicksal Jesu Christi für die Anlage seiner Christologie entnehmen. Mit dieser Vorstellung kann er sie so konkret wie möglich vom Bewusstsein Jesu aus entwerfen und muss demzufolge die Bewusstseinschristologie Schleiermachers mit einem Gedanken von Balthasars ergänzen.

McCormack fragt nun, sicherlich auch mit den durch die New Perspective und apokalyptische Lesart geprägten Ergebnissen seiner exegetischen Arbeiten im Kopf: „Wenn den Sünder die Hölle erwartet, sollte nicht der, der seine Schuld bezahlt diese Hölle erleben? Müsste sein Tod nicht Tod in Gottverlassenheit sein[?] [...], ein Tod in Gottes Abwesenheit, der eben darin im ‚Abstieg in die Hölle' endet?"[235] Mit von Balthasar und der apokalyptischen Lesart im Rücken bejaht McCormack diese Fragen und macht damit klar, dass Jesu Tod eine eschatologische Dimension besitzt. Jesu Christi Aufgabe ist das Er- und Durchleiden des eschatologischen Zorns Gottes. Von dort aus ist für McCormack dann auch die Frage nach seiner Gottheit zu stellen.

Das theoretische Zentrum von von Balthasars Christo- und letztlich auch Soteriologie ist also die Überzeugung, dass der Kelch, den Jesus getrunken hat, der eschatologische Kelch ist, welchen der Sünder zu trinken hat (Jes 51,17; Jer 25,15; Hes 23,31). Folgerichtig war Jesu Tod kein ordinärer Tod; es war letztlich der absolut einmalige „zweite Tod" in Gottverlassenheit. Die Hölle, die Jesus dabei erlebt, ist für von Balthasar kein Ort, sondern ein Seelenzustand, der negativ oft mit *poena damni* beziehungsweise positiv mit der *visio mortis* beschrieben wird.[236] Dieser Tod ist laut McCormack eine „durch und durch passive Erfahrung, in welche kein Licht scheint und

---

234 Vgl. McCormack, „Hebrews", S. 52.
235 (eigene Übersetzung) ebd.
236 Vgl. ebd., S. 54.

in der kein Grund für Hoffnung mehr existiert. Das ist, was es bedeutet Gottes eschatologisches ‚Nein' zu des Menschen Sünde zu erleben."[237]

Die Hölle ist also bei McCormack zuerst eine Erfahrung Jesu. So wird sie im Anschluss an von Balthasar zusammen mit dem eschatologischen Ereignis von Jesu Tod laut McCormack eine menschliche Erfahrung in Gott:[238]

> Der Tod in Gottverlassenheit, der ‚zweite Tod' im ‚Feuer' des göttlichen Gerichts ist, wie ich es sagen würde, ein durch und durch *menschliches* Ereignis – eines, das der zweiten Person darin ermöglicht ist, dass sie die menschliche Natur angenommen hat. Anders ausgedrückt verlässt der Geist nicht ‚den Sohn Gottes' als abstrakte Entität (einen solchen ‚Sohn' gibt es sowieso nicht), sondern den Gott-Menschen *im Hinblick auf das menschliche Bewusstsein.*[239]

Das Subjekt der Erfahrung der Gottverlassenheit ist für McCormack also der Gott-Mensch. Als zweite Person der Trinität erfährt er sie in der Menschheit Jesu und menschlich findet sie ihren Platz in Gottes Leben und Sein.[240] Auf Jesus Christus bezogen heißt das:

> Die Unterscheidung zwischen göttlicher ‚Natur' als dem, was von allen göttlichen Personen geteilt wird, und der ‚Person' des Logos ist letztlich nur konzeptuell und künstlich. Der Logos ist nichts ohne die göttliche Natur. Er ist einfach das göttliche Subjekt – aber eben das göttliche Subjekt in seiner ‚zweiten Seinsweise'. Genauso ist die menschliche ‚Natur' keine Substanz, an welcher alle Menschen teilhaben. Der Mensch Jesus ist der bewusste performativ Handelnde, dessen Existenz in jedem Moment seines Lebens im göttlichen Subjekt gegründet ist, dessen Identität [eben auch] diese ‚Natur' beinhaltet.[241]

McCormack spezifiziert diese Aussagen nun pneumatologisch: „Was auch immer der Mensch Jesus getan haben mag, das ihm als menschliches Sein unmöglich war, wurde durch das Werk des Heiligen Geistes in ihm getan."[242] Gott ist das Subjekt des Wirkens Jesu, indem er im Heiligen Geist in ihm wirkt. Jesus ist also ganz Mensch und seine Wunder wurden laut McCormack mit der Kraft vollzogen, in der wir sie vollziehen würden, wenn wir dazu berufen wären: In der Kraft des Heiligen Geistes.[243]

Diese Klärung in Bezug auf die Bevollmächtigung des Menschen Jesus durch den Heiligen Geist zieht, wie angedeutet, eine weitere über das Tun

---

237 (eigene Übersetzung) ebd., S. 54.
238 Vgl. ebd.
239 (eigene Übersetzung, Kursivierung McCormack) ebd., S. 55.
240 Vgl. ebd.
241 (eigene Übersetzung) ebd., S. 47.
242 (eigene Übersetzung) ebd., S. 39.
243 Vgl. ebd., S. 56.

des *Logos* nach sich. Jener handelt nämlich nicht unmittelbar in Jesu historischem Schicksal. Mit John Owen sagt McCormack nun:

> Der einzige singulär unmittelbare *Akt* der Person des Sohnes an der menschlichen Natur war ihre *Aufnahme* (*assumptio*) in die Subsistenz mit ihm selbst. Im Hinblick auf jeden anderen Akt des Gott-Menschen, der sich an diese Aufnahme der menschlichen Natur in Gemeinschaft mit ihm anschließt, handelte der Gott-Mensch *menschlich* – in anderen Worten in Abhängigkeit von der Kraft des Heiligen Geistes.[244]

Mit dieser Unterscheidung der Handlungen des Heiligen Geistes und des *Logos* gelingt McCormack nun auch die Aufnahme des sogenannten *genus tapeinoticum* im Anschluss an Barth. Er schreibt:

> Wenn die Handlungen und Erfahrungen des Menschen Jesus Handlungen und Erfahrungen des Sohnes Gottes sein sollen, wenn sie also in das göttliche Leben aufgenommen werden sollen, dann ist die Beziehung der ‚Person' zu dieser menschlichen Natur durch *Rezeptivität* charakterisiert sein. [...] Es muss also eine ewige Demut des Sohnes geben, die die zweite Seinsweise zu dem macht, was sie von der ersten und dritten unterscheidet.[245]

McCormacks Einführung des *genus tapeinoticum* in seine Christologie und Trinitätslehre erhellt nun auch sein Verständnis der göttlichen *Kenosis*. Wie bereits erwähnt, versteht er diese als ausschließlich von der zweiten Person ausgeführt. Sie meint für ihn jedoch keinesfalls die Entäußerung von etwas, das ihr *qua* ihres Gottseins zukommt.[246] Vielmehr muss diese „Idee einer Entäußerung durch eine [Vorstellung der] *Kenosis* als ewigem Nichtgebrauch der omni-Attribute in und durch die menschliche Natur, die aufgenommen wurde, ersetzt werden."[247]

Die 2017 in „Immutability, (Im)passibility and Suffering" vorgeschlagene „Psychologische Ontologie" ist daran nun anschließend der Versuch, „das Sein Gottes ausgehend von seiner Selbstoffenbarung im individuellen Leben Jesu Christi zu denken."[248] Wie dargestellt kann dies bewerkstelligt werden, wenn dem Defizit des ansonsten wertvollen Impulses Schleiermachers mit den Ideen Barths und von Balthasars trinitätstheologisch begegnet wird. Wenn also nicht das Göttliche an sich, sondern der *Logos* als Subjekt des Schicksals Jesu Christi dargestellt wird, kann die menschliche Erfahrung Jesu als göttliche wahrgenommen und Gott somit als Subjekt

---

244 (eigene Übersetzung, Kursivierung McCormack) McCormack, „Hebrews", S. 39.
245 (eigene Übersetzung, Kursivierung McCormack) ebd., S. 50.
246 Vgl. ebd.
247 (eigene Übersetzung, Kursivierung McCormack) ebd., S. 50.
248 McCormack, „Immutability", S. 1.

dieses Schicksals in der Geschichte expliziert werden.[249] Dies setzt für McCormack dann jedoch auch voraus, dass der Sohn als Akteur des göttlichen Gehorsams und somit als Ausführender seiner *Kenosis* betrachtet wird.

Das Sein Gottes ist also im individuellen Leben Jesu offenbart, da das Subjekt der Inkarnation der ewige Sohn ist. Dies hatte McCormack bereits 2006 im Verweis auf Barth gezeigt, der dies letztlich erst durch die Revision der Erwählungslehre in der Lage ist zu sagen.[250] Dabei ist die Fleischwerdung in der *assumptio carnis* aktualistisch, das heißt als stetes Vereint-Werden und kein statisches Vereint-Sein.[251] Als solche ist sie ein Ereignis in der Geschichte, das seine Wirklichkeit im Gehorsam des ewigen Sohnes hat, der damit nun zum Gehorsam Gottes geworden ist.[252] Damit ist die göttliche Kenose etwas, das nicht nur die Sendung des Sohnes, somit also nur die Ökonomie Gottes betrifft, sondern seine ontologische Voraussetzung in der ewigen Beziehung des Sohnes zum Vater findet. Barth hatte hier klar gemacht, dass auch der Gehorsam als Gehorsam des Sohnes gegenüber dem Vater als *processio* zum inneren Leben Gottes gehört.[253]

Mit diesem ontologischen Ermöglichungsgrund im Blick erklärt sich nun auch wie die sogenannte *communicatio idiomatum* im Rahmen der Psychologischen Ontologie gedacht werden kann. McCormack sagt, dass nach Barth, der die Erwählungslehre zum bestimmenden Moment seiner Theologie gemacht hat, nicht mehr auf die „Person der Einheit, die *über* dem Gegensatz“[254] von Gott und Mensch steht, fokussiert werden muss, sondern auf den Menschen Jesus. Dieser bestimmt durch die Antizipation seines Seins im Gehorsam des ewigen Sohnes dessen Identität. McCormack beschreibt dies wie folgt: „Die Teilhabe des menschlichen Wesens am göttlichen stellt sich hingegen als eine Folge des Empfangens der Existenz und Wirklichkeit im Sohn Gottes ein.“[255]

Auf dem Hintergrund der bisherigen Ausführungen lässt sich nun konkreter nachvollziehen, was McCormack meint, wenn er in „Immutability, (Im)passibility and Suffering“ schreibt: „Wir halten die ontologische Identität Jesu Christi und die Art und Weise der Einheit seiner Person für ausschlaggebend für das Verständnis davon, wer dieser christliche Gott ist, ein Verständnis, das wir als Ausgangspunkt annehmen für ein Nachdenken

249 Vgl. McCormack, „Schleiermacher“, S. 83.
250 Vgl. ebd., S. 73.
251 Vgl. ebd., S. 75.
252 Vgl. ebd., S. 81.
253 Vgl. ebd.
254 Ebd., S. 83.
255 Ebd., S. 85.

darüber, was Gott ist.“[256] Die psychologische Ontologie nimmt den Impuls Schleiermachers auf, der laut McCormack zeigt, Jesus sei „das perfekte Replikat Gottes in menschlicher Form“[257], weil Gott „so vollständig aktiv in und durch Jesus [ist], dass man sagen kann, alles, was durch Jesus geschieht, [...] durch Gott [geschehe]“[258]. Damit kann es also gelingen, „das Sein Gottes ausgehend von seiner Selbstoffenbarung im individuellen Leben Jesu Christi zu denken“[259], da nun die Frage, wer Gott ist, in historischen Kategorien beantwortet werden kann.[260]

In „With Loud Cries and Tears“ fasst McCormack diese Bewustsseinschristologie noch einmal zusammen:

> Die Christologie, die ich hier entwickelt habe, zeichnet sich durch folgende Aspekte aus. Erstens ist sie eine pneumatologisch fundierte ‚Zwei-Naturen-Lehre‘. Christus hat seine Wunder in der selben Art und Weise getan, in der wir sie tun würden, wären wir von Gott dazu berufen: in der Macht des Heiligen Geistes. Zweitens, Tod in der Gottverlassenheit ist eine menschliche Erfahrung, deren Subjekt der Logos als *menschlicher* ist. [...] Da aber die ‚Person der Einheit‘ die zweite Person der Trinität ist, ereignet sich diese menschliche Erfahrung im göttlichen Leben. Gott erfährt den Tod. All das ist dadurch ermöglicht, dass der Geist das Bewusstsein des Menschen Jesus im Moment seines Todes verlässt – und er die Höllenerfahrung macht, die von von Balthasar derart verständig beschrieben wurde. Drittens ist der Tod in Gott durch ein Verständnis der ‚Idiomenkommunikation‘ ermöglicht, das das ganze Gewicht auf das *genus tapeinoticum* legt. Das ‚Werden‘ Gottes, das eben jenes nach sich zieht, beinhaltet keinen ontologischen Wandel in der zweiten Person der Trinität, weil diese von Ewigkeit zu genau dieser Erfahrung bestimmt wurde.[261]

7.3.1.2 McCormacks trinitarisch angelegte Re-Konzeptualisierung der Lehre von den göttlichen Attributen

Die *Relecture* basaler *loci* der Christologie galt für McCormack als unentbehrliche Voraussetzung für die Re-Konzeptualisierung der Gotteslehre, allen voran der Lehre von den göttlichen Attributen. Mit der Entwicklung einer Bewusstseinschristologie hat McCormack nun zuerst Raum geschaffen für eine Neubewertung der Vorstellung von Gottes Unveränderlichkeit und Leidenslosigkeit. Diese stellt letztlich aber nur einen Anfang dar. Indem er nämlich Gott selbst in seiner zweiten Seinsweise Demut und Gehorsam und damit das geschichtliche Schicksal Jesu Christi zuschreibt, sind im Grunde

256 McCormack, „Immutability“, S. 1.
257 McCormack, „Metakritik“, S. 311.
258 Ebd.
259 McCormack, „Immutability“, S. 1.
260 Vgl. McCormack, „Metakritik“, S. 313.
261 (eigene Übersetzung, Kursivierung McCormack) McCormack, „Hebrews“, S. 56.

alle davon unabhängig entfalteten Konzepte des göttlichen Seins obsolet geworden.

Für McCormack steht also grundsätzlich fest, dass Gott alle Erfahrungen des Schicksals Jesu Christi macht. Folgerichtig trifft McCormacks Abschied von den abstrakt entfalteten Vorstellungen von Gott damit vorrangig die Idee der göttlichen Leidenslosigkeit.[262] Der Princetoner Theologe macht diesbezüglich klar: Jesus Christus leidet am Kreuz. Wenn die Theologie nun davon ausgeht, dass sie in dessen Leben Gottes Sein erkennt, muss das Leiden laut McCormack auch seinen Platz in der Gotteslehre finden. Einen frühen Vorstoß in diese Richtung stellt sein Artikel „The Doctrine of the Trinity after Barth: An Attempt to Reconstruct Barth's Doctrine in the Light of His Later Christology" von 2011 dar.[263]

Besagter Artikel hat laut McCormack wiederum den Charakter einer „Problemanzeige"[264]. Wie „Grace and Being" scheint er also eine durchaus substantielle Weiterentwicklung eines Barthschen Gedankens auf dem Hintergrund seiner Erwählungslehre und der sich daraus ergebenden „späteren Christologie"[265] zu beinhalten. Deren Kern ist in seinen Augen die durch den *genus tapeinoticum* ermöglichte Vorstellung der (aktiven) Rezeptivität des *Logos*. Durch diese wird Jesu Schicksal nicht zum Schicksal des Menschen oder der zweiten Person an und für sich, sondern zur Geschichte der Person der Einheit.[266]

Diese weitgehende christologische Aussage muss in McCormacks Augen trinitätstheologisch eingeholt werden. Dabei ist für ihn klar, dass dem späten Barth darin gefolgt werden muss, dass die Trinität „strenggenommen nur auf der Basis jener Geschichte [expliziert] werden kann, die von der Heiligen Schrift bezeugt wurde."[267] In Barths Versöhnungslehre beginnt die Entfaltung dieses *theologoumenons* damit laut McCormack mit Jesu Gehorsam und Demut.[268] Wie er in dem ebenfalls 2012 veröffentlichten Artikel „The Lord and Giver of Life. A ‚Barthian' Defense of the Filioque" bemerkt, sind Jesu Christi Demut und Gehorsam aber nicht in dem Sinn konstitutiv für das trinitarische Sein Gottes, dass durch sie Gottes Willen in Kraft tritt, sondern so, dass in ihnen die göttliche Selbsterniedrigung vollzogen und damit einsichtig wird.[269] In „The Doctrine of the Trinity after

262 McCormack, „Immutability", S. 17.
263 Vgl. McCormack, „After Barth", S. 105.
264 Ebd., S. 89.
265 (eigene Übersetzung) ebd., S. 189.
266 Vgl. ebd., S. 107.
267 (eigene Übersetzung) ebd., S. 109.
268 Vgl. ebd.
269 Vgl. McCormack, „Filioque", S. 245.

Barth" zeigt der Princetoner Theologe dann im Anschluss, wie die Trinitätslehre Barths diese Selbsterniedrigung als von Gott in Freiheit gewolltes Tun explizieren kann. Jesus ist laut Barth nämlich „als Sohn dasselbe in Demut als sich Fügender, was der Vater in Hoheit als der Verfügende ist, als Sohn in der Folge (in der Folgsamkeit!) dasselbe, was der Vater im Ursprung ist"[270]. Indem der Sohn also in Demut den Befehl des Vaters vollzieht, bleibt das Sein Gottes also auch in seinem Leiden eines, womit so Gott selbst bei Barth Leidensfähigkeit zugeschrieben werden muss.

Wenn Gott laut McCormack aber leidet, wie kann er dann unveränderlich sein? McCormack erläutert dies in seinem Artikel von 2012 unter Zuhilfenahme von Barths Konzept der göttlichen Selbstbestimmung.[271] Der Basler Theologe schrieb hierzu in Band IV/2 der *Kirchlichen Dogmatik*: „Gott erwählt und bestimmt sich selbst dazu, des Menschen Gott zu sein. [...] er erwählt und bestimmt sich selbst zur Erniedrigung."[272] Bereits 2012 schließt McCormack daraus, dass die immanente Trinität bereits das ist, was sie in der Zeit manifestiert.[273] In seinem Artikel aus dem Jahr 2017 zeigt der Princetoner Systematiker, dass das Konzept der göttlichen Unveränderlichkeit im Angesicht dieser Einsicht seiner Meinung nach so modifiziert werden muss, dass diese Gottes ursprüngliche und damit wesenhafte Selbsterniedrigung meint: „Gottes Unveränderlichkeit beinhaltet damit die von Gott selbst geordneten Vorgänge, in denen er seine eigene Beziehung und damit seine von ihm bestimmte Liebe, also auch die körperliche Existenz in der Geschichte"[274] vollzieht. Indem Gott sich also dazu bestimmt, sich selbst der Welt hinzugeben, stellen die Konsequenzen dieser Hingabe für ihn keine Veränderung mehr dar.

Dieses Verständnis der göttlichen Selbstbestimmung zur Erniedrigung erhellt das Verhältnis zwischen Erwählung und Trinität. In seinem Artikel von 2012 resümiert McCormack, dass der Vater den Sohn als zweite Seinsweise zeugt, dass er in dieser als göttliches Subjekt gehorsam sein kann.[275] Damit ist der Akt, in dem Gott sein Sein bestimmt, die Erwählung Jesu Christi. Da dieser Akt für Barth ursprünglich ist, hat die Erwählung für McCormack eine logische Priorität gegenüber dem trinitarisch verfassten Sein Gottes.[276]

270 Barth, *KD IV/1*, S. 228.
271 Vgl. McCormack, „After Barth", S. 110.
272 Barth, *KD IV/2*, S. 92.
273 Vgl. McCormack, „After Barth", S. 107.
274 (eigene Übersetzung) McCormack, „Immutability", S. 24.
275 Vgl. McCormack, „After Barth", S. 114.
276 Vgl. ebd., S. 115.

Diese *Relecture* der basalen Grundbegriffe der Trinitätslehre findet ihren Niederschlag in McCormacks theologischem Neustart. 2017 stellt er dementsprechend fest: Die göttlichen *processiones* beinhalten Gottes *missiones*. Zu diesem Schluss kommt McCormack meines Erachtens mit Hilfe seines Konzepts des göttlichen Sich-Selbst-Wollens.[277] Gott will sich selbst als die Menschheit Erwählender. McCormack meint damit, dass die Erwählung und die Dreieinigkeit Gottes einen einzigen göttlichen Akt darstellen. Damit gibt die Geschichte der Erwählung dem göttlichen Subjekt auch sein Wesen. Diese Zuordnung von Gottes Sein und der Erwählung ist nach meinem Dafürhalten die Reformulierung von McCormacks kontroverser Kernthese aus seinem Artikel „Grace and Being", dass die Erwählung Gott in seinem trinitarisch verfassten Sein prägt. Die Rede von logischer beziehungsweise ontologischer Priorität gegenüber der Dreieinigkeit verliert mit dieser Reformulierung jedoch weitestgehend ihre Bedeutung.

2017 bringt McCormack diese Vorstellung des Verhältnisses zwischen Erwählung und Trinität zu einem durchaus pointierten Schluss. Klar war nun im Angesicht der sich neu entwickelnden Christologie, dass die allgemein angelegten Konzepte der göttlichen Apathie und Unveränderlichkeit der Grundanlage der Gotteslehre bei McCormack nicht im Wege stehen dürfen. Die Neu-Betrachtung der Konzepte von Gottes Unveränderlichkeit und Leidenslosigkeit sind jedoch nur der Anfang einer umfassenden Re-Konzeptualisierung des göttlichen Seins. McCormack definiert nämlich im Anschluss an seine Neu-Ordnung des Verhältnisses von Erwählung und Trinität noch ein weiteres, bisher allgemein gehaltenes Konzept der Barthschen Gotteslehre um, die göttliche Absolutheit. Nun versteht McCormack Gott in seiner Hingabe an die Welt als absolutes Sein. Für ihn ist Gott darin absolut, dass er als einziger umfassend „für andere sein kann"[278]. Damit ist deutlich, dass die Erwählung kein kontingenter Akt ist, der dem göttlichen Sein nicht notwendigerweise zukommt, sondern vielmehr das göttliche Sein selbst im Vollzug ist.[279]

In der biblisch erzählten Geschichte Jesu Christi zeigt sich also ein gegenüber menschlichen Konzeptionen „ganz anderer Gott". Was menschlich als absolut gilt, wird hier durch den Inhalt der Offenbarung neu bestimmt. Dies konzeptionell zu fassen, leistet bei McCormack die Trinitätslehre. Sie ermöglicht ihm die Explikation der göttlichen Selbstoffenbarung in der Geschichte, wobei er offensichtlich bei der Barthschen Konzeption eines göttlichen Subjekts, das sich in drei Seinsweisen selbst wiederholt, ver-

277 McCormack, „Immutability", S. 20.
278 (eigene Übersetzung) ebd., S. 7.
279 Vgl. ebd., S. 23.

bleibt.[280] Dabei verzichtet McCormacks Trinitätslehre letzten Endes nicht auf die Vorstellung der immanenten Trinität und des *Logos asarkos*, wenn er sie auch einer recht umfassenden Neuausrichtung unterzieht. Die Konzentration auf das Ereignis des Schicksals Jesu Christi zwingt McCormack, beide Vorstellungen ausschließlich im Blick auf ihn zu explizieren.

Die Herausforderung an die Lehre von der Trinität liegt dabei für ihn darin, über Gottes Sein vor und nach der Geschichte Jesu Christi reden zu müssen. In meinen Augen findet McCormack in genau dieser Herausforderung auch den Schlüssel zur Redefinition der Lehre von der immanenten Trinität. Die Lehre von der immanenten Trinität ist für ihn so nämlich keine allgemeine Denknotwendigkeit mehr, sondern die notwendige Implikation aus dem Versuch, Jesu Christi Geschichte als Gottes Geschichte begreifen zu können. Für das „Vor" der Fleischwerdung benötigt es einen Namen für das göttliche Sein, das logisch betrachtet das der immanenten Trinität ist.[281] Der *Logos asarkos* wird ebenfalls über diesen Weg verstanden, so nämlich, dass er rein logisch gesehen natürlich wie die immanente Trinität existiert, aber niemals nicht bereits der *incarnandus* ist. Gottes Sein ist also der Vollzug seiner Hingabe und die psychologische Ontologie entfaltet damit, wer Gott ist:[282] Gott ist Liebe.[283]

7.3.1.3 Kritische Theologie

McCormacks programmatischer Rückgriff auf das Zeugnis der Bibel, seine Konzentration auf das Bewusstsein Jesu Christi im Anschluss an von Balthasar sowie seine pointierte Transformation der Barthschen Vorstellung von Gott als dem ganz Anderen ist in meinen Augen Ausdruck eines übergreifenden theologischen Impetus, den man als „Kritische Theologie" bezeichnen kann. Für McCormack soll nur das biblisch bezeugte Bewusstsein Jesu Christi Ausgangspunkt des dogmatischen Arbeitens sein, damit nicht eine von diesem losgelöste „Spekulation"[284] die Auseinandersetzung mit den verschiedenen *loci* prägt. Zugleich soll Theologie auch aktive Kritik der Funktionalisierung theologischen Arbeitens sein. Infolge dieser zweidimensionalen Forderung an die Dogmatik erhält seine Theologie einen kritischen Charakter, der sich nach meinem Dafürhalten als Gegenstand der Arbeit McCormacks jedoch nicht erst in seinem im Jahr 2017 angekündigten eigenständigen Schaffen zeigt, sondern bereits sein historisch-analytisches wie auch historisch-konstruktives Arbeiten prägt.

---

280 Vgl. McCormack, „After Barth", S. 111.

281 Vgl. ebd.

282 Vgl. McCormack, „Immutability", S. 6.

283 Vgl. ebd., S. 21.

284 Ebd., S. 6.

Schon McCormacks Dissertation aus dem Jahr 1989 verfolgte gegenüber der Neo-Orthodoxie das Ziel, auf den kritischen Aspekt der Auseinandersetzung Barths mit dem göttlichen Handeln in seiner Offenbarung hinzuweisen. Über Barths Theologie, die bei diesem Handeln ihren Ausgang zu nehmen sucht, schreibt er hier zunächst: „Nach seiner Abkehr von einem durch Wilhelm Herrmann geprägten theologischen Liberalismus im Jahre 1915 blieb Karl Barths Theologie durchgehend kritisch-realistisch und dialektisch geprägt."[285] Das Adjektiv „kritisch-realistisch" wird von McCormack also in die Barth-Forschung mit dem Ziel eingebracht, „Barths Version dialektischer Theologie von alternativen Konzeptionen, etwa den dialektischen Theologien Rudolf Bultmanns oder Paul Tillichs, zu unterscheiden."[286]. Damit versuchte McCormack, Barths Arbeit in ihrem historischen Kontext präziser einzuordnen und ihre Entwicklung so besser nachzuvollziehen.

Bisher habe ich jedoch versucht deutlich zu machen, dass McCormack unter Zuhilfenahme des Wortpaares „kritisch-realistisch" über die rein historische Analyse hinausgeht. Mit dieser Charakterisierung der Barthschen Dogmatik will er explizit auch einer Vereinnahmung Barths durch neoorthodoxe Theologien Einhalt gebieten. Dies versucht er, indem er ihre Beobachtung zu Barths Fokus auf die Heilige Schrift und Gottes Absolutheit zwar ernst nimmt, sie jedoch zugleich bezüglich der dahinterliegenden theologischen Intention Barths einzuordnen versucht. Während McCormacks Einschätzung der Barthschen Theologie als „realistisch" der Neo-Orthodoxie also einerseits zugesteht, dass laut Barth Gotteserkenntnis durch Gottes Handeln im Geheimnis seiner Offenbarung grundsätzlich ermöglicht ist,[287] verweist seine zusätzliche Beschreibung als „kritisch" andererseits darauf, dass die Identität Gottes mit dem Medium seiner Offenbarung eine indirekte ist.

Gegenüber der Neo-Orthodoxie betont McCormack also im Rahmen seiner analytischen Barth-Rezeption die grundsätzliche Gegebenheit und gleichzeitige Unverfügbarkeit der Offenbarung Gottes in Jesus Christus. Damit zielt er letztlich auf eine Selbstbeschränkung der Theologie ab, in deren Folge die antispekulative Identifizierung von Gottes Sein und Jesus Christus ermöglicht wird, ohne dass McCormack in einen Offenbarungspositivismus verfällt. Dazu McCormack:

> Im Rahmen seiner Offenbarung macht sich Gott indirekt mit einem kreatürlichen Medium dieser Offenbarung identisch. So eine Verbindung ist *indirekt*, da Gottes

---

285 McCormack, *Theologische Dialektik*, S. 385.

286 Ebd., S. 385.

287 Vgl. ebd.

> Gebrauch dieses kreatürlichen Mediums keine ‚Vergöttlichung' des selben nach sich zieht. [...] Und doch muss zugleich gesagt werden, dass Gott im Akt seiner Selbst-Offenbarung mit diesem kreatürlichen Medium indirekt *identisch* ist. Das soll heißen, dass die Präsenz Gottes in dem Medium der Offenbarung die vollständige und umfassende Präsenz *Gottes* ist. Es ist kein *Teil* Gottes, der sich offenbart, während ein anderer *Teil* der Ansicht verborgen bliebe. Nein, Barth macht sehr deutlich, dass, wenn Offenbarung *Selbst*-Offenbarung ist, dann meint sie die Offenbarung Gottes in seiner ganzen Fülle.[288]

Im Rahmen der analytischen Arbeit McCormacks stellte „Kritischer Realismus" also eine Charakterisierung des Barthschen Werkes dar. Sie wird jedoch ab dem Jahr 2000 bei McCormack auch Zielpunkt der durch den Artikel „Grace and Being" eingeleiteten Phase seines konstruktiven Arbeitens. In diesem Abschnitt seiner Barth-Rezeption versucht nun auch McCormack selbst kritisch realistisch zu arbeiten. Oben wurde bereits sein im konstruktiv gestalteten Anschluss an Barth entfaltetes Konzept des „transfoundationalism" vorgestellt. Dieses hatte McCormack ja in zweifacher Weise als kritisch empfohlen: Einmal, weil die Theologie Kants *Kritik der reinen Vernunft* folgt und damit um ihr Unvermögen, Gott aus eigener Kraft erkennen zu können, weiß und ein andermal, weil sie diese Erkenntnis aber im Gegensatz zu Kant Gott selbst überlässt und damit, wie er sagt, im eigentlichen Sinne kritisch arbeitet.[289]

Im Rahmen seiner konstruktiven Barth-Rezeption geht es McCormack darum, ein hermeneutisches Prinzip zu entwickeln, „das der Kirche erlaubt, zuverlässig darüber zu reden, was Gott ‚vor der Schöpfung der Welt' getan hat, *ohne spekulativ zu werden.*"[290] Dabei offenbart dieser Teil seiner Arbeit meines Erachtens seine entscheidenden Prägungen. McCormack macht nun zum einen wie von Balthasar schon die formale Gestaltung des theologischen Erkenntnisweges von der Betrachtung des göttlichen Tuns in Jesus Christus abhängig. Für von Balthasar sind in der Folge „Fundamentaltheologie und [...] Dogmatik untrennbar"[291], wobei er nun die Prolegomena im Gegensatz zu Barth nicht vom Wort Gottes, sondern von der Geschichte Jesu Christi selbst aus entfaltet. Zum anderen ist nach meiner Einschätzung zudem bei McCormack wie bei Jüngel in Bezug auf den theologischen Erkenntnisweg auch klar, dass dieser Weg Gottes der „seiner Wahl"[292] ist. Damit ist meines Erachtens der Kern, der bei McCormack wie bei Jüngel

---

288 (eigene Übersetzung, Kursivierung McCormack) McCormack, „Beyond", S. 110.

289 Vgl. McCormack, „Transfoundationalism", S. 160.

290 (eigene Übersetzung, Kursivierung McCormack) McCormack, „Grace and Being", S. 183.

291 Fisichella, „Gestalt", S. 299.

292 Jüngel, *Gottes Sein*, S. V.

theologisch zuerst zu sagenden Dinge, wenn auch nicht mehr die göttliche „Urentscheidung“[293], so aber zumindest dessen ewige Intentionalität zum Versöhnungshandeln. Gottes Versöhnungshandeln ist für Jüngel nämlich das, was „die Bibel Offenbarung nennt“[294]. Damit führt Jüngel McCormack in meinen Augen zu einer Identifikation von Versöhnung und Offenbarung.

McCormacks Verzicht auf theologische Spekulation in epistemologischer Hinsicht wird von ihm im Rahmen seiner konstruktiven Barth-Rezeption mit einer weiteren programmatischen Festsetzung ergänzt. In seinem Artikel „Über Barth hinaus – mit Schleiermacher?“ [295] aus dem Jahr 2006 macht er deutlich, dass sich die Theologie ein „kritisches Element“[296] bewahren muss. Damit meint er, dass heute „nichts [....] notwendiger [scheint], als dass jede Theologie [...] einer kompromisslosen *Ideologiekritik* unterzogen wird: einer Kritik ihrer Funktionalisierung für bestimmte kirchliche oder politische Interessen und moralische Prinzipien, die ohne Rücksicht auf das wahre Thema der Theologie (die Selbstoffenbarung Gottes in Jesus Christus) bestimmt werden.“[297].

McCormacks Forderung nach einer theologischen Ideologiekritik ist in meinen Augen die konstruktive Fortführung dessen, was Barth die „Wahrheitsfrage“[298] der Theologie genannt hat.[299] Barth meinte: „Die Wahrheitsfrage, um die es in der Theologie durchweg geht, ist die Frage der Übereinstimmung der der Kirche eigentümlichen Rede von Gott mit dem Sein der Kirche. Das Kriterium der christlichen Rede von der Vergangenheit und

293 Ebd., S. 83.

294 Jüngel, *Geheimnis*, S. 393.

295 Dieser Text wurde laut McCormack bereits am 26. Mai 2006 in Jena öffentlich vorgetragen (Siehe: McCormack, Art.: „Not a possible God but the God Who Is: Observations on Friedrich Schleiermacher's Doctrine of God“ in: The Reality of Faith in Theology. Studies on Karl Barth. Princeton-Kampen Consultation 2005 (Bruce McCormack, Gerrit Neven [Hrsg.]), Peter Lang, Bern, 2007, S. 58), meines Wissen aber erst 2015 veröffentlicht.

296 McCormack, „Schleiermacher“, S. 47.

297 Ebd., S. 48.

298 Barth, *KD I/1*, S. 2.

299 Was McCormack als „Ideologie“ versteht, deutet er in vielen Einleitungen zu seinen Vorträgen an: Im Zusammenhang mit den rasant schrumpfenden Mitgliederzahlen der reformierten wie auch lutherischen Kirchen im globalen Westen entdeckt er eine Verwirrung, die allzu oft auf der linken Seite in eine Art Neuheidentum und auf der rechten Seite in eine transformatorisch anmutende Lebensphilosophie, die sich mit kulturell zunehmend dominanten religiös-therapeutischen Trends zu verbinden such, mündet. Siehe: McCormack, „Participation in God, Yes; Deification, No. Two Modern Protestant Responses to an Ancient Question“ in: *Orthodox and Modern. Studies in the Theology of Karl Barth*, Baker Academic, 2008, S. 236.

von der Zukunft her und mitten in der Gegenwart ist also das Sein der Kirche, d.h. aber Jesus Christus: Gott in seiner gnädigen offenbarenden und versöhnenden Zuwendung zum Menschen."[300] Barths Frage am Beginn des theologischen Denkens ist also die nach der Kohärenz von kirchlicher Rede von Gott und kirchlichem Sein in Jesus Christus. Damit rückt ihr Fokus auf die Erkenntnis dieser Kohärenz oder eben Inkohärenz und die Theologie muss sich dementsprechend über ihren Erkenntnisweg verständigen.[301] Dieser liegt, gerade in seiner reiferen Theologie, laut McCormack in der Betrachtung der göttlichen Selbsterniedrigung in Jesus Christus, also auf Gott in seiner versöhnenden Zuwendung.

McCormacks Ideologiekritik kann also als die Barthsche Wahrheitsfrage in zwei Dimensionen verstanden werden: Zum einen bemüht er sich meines Erachtens zunächst im Bereich der theologischen Epistemologie um die Beantwortung der Frage nach der Erkenntnis Gottes. Das kritische Element, von dem McCormack spätestens in „Über Barth hinaus, mit Schleiermacher?" diesbezüglich spricht, ist, dass die Offenbarung „dem Zugriff des menschlichen Strebens nach epistemischer Kontrolle über sie"[302] entzogen wird und „die Erkenntnis Gottes, Gott allein überlassen bleibt"[303]. Zum anderen beinhaltet seine Beantwortung der Wahrheitsfrage die Kritik der Funktionalisierung theologischen Arbeitens für außertheologische Zwecke. Wenn die Erkenntnis Gottes und seines Willens für uns Gott allein zu überlassen ist, bedeutet das, dass auch in Fragen, die über rein epistemologische Problemfelder hinausgehen, keine vorgängigen Spekulationen stattfinden dürfen. So muss die gesamte und vielfältige Verkündigung der Kirche immer wieder neu an Gottes Selbstoffenbarung in Jesus Christus ausgerichtet werden.

McCormacks „kritischer Realismus" führt ihn offenbar im Rahmen seiner konstruktiven Barth-Rezeption zur Forderung nach einer vielschichtigen theologischen Ideologiekritik im Anschluss an Barth. Praktisch wird diese mit dem Blick auf Gottes Selbsterniedrigung in Jesus Christus, was für McCormack meint, die Christologie ins Zentrum des theologischen Arbeitens zu stellen.[304] Damit wird für ihn das kritische Element der Sache der Theologie in ihr dadurch zum Ausdruck gebracht, dass der „unendlich qualitative Unterschied zwischen göttlicher und [...] menschlicher Natur

300 Barth, *KD I/1*, S. 3.
301 Vgl. ebd., S. 23.
302 McCormack, „Schleiermacher", S. 46.
303 Ebd., S. 87.
304 Vgl. ebd.

erhalten bleibt"[305] und zugleich das „göttliche ‚Werden' [betont] und ein Bild von einem Gott, der auch leiden kann"[306], entworfen wird.[307]

Offensichtlich entwickelt sich die Bedeutung des „Kritischen Realismus" in den Jahren der Arbeit McCormacks. Dabei steht der Artikel „Über Barth hinaus – mit Schleiermacher", der 2015 veröffentlicht wurde, nicht nur am Ende der konstruktiven Barth-Rezeption McCormacks, sondern in meinen Augen auch an der Wiege seines eigenständigen „Neustarts" im Jahr 2017. Dieser Neustart trägt nämlich McCormacks finaler Einsicht im Hinblick auf die Form der dogmatischen Arbeit als kritischer Rechnung: Dass diese nämlich stets den offenen Charakter eines Versuchs behält. Nach meinem Dafürhalten lässt sich dieses eigenständige Arbeiten des Princetoner Systematikers nun als „kritische Theologie" bezeichnen. Dieser Terminus fasst, wie nun im Folgenden dargestellt werden soll, sein Anliegen am präzisesten. Zuerst muss er jedoch nach verschiedenen Seiten hin abgegrenzt werden.

Grundlegend ist bisher deutlich geworden, dass McCormack mit dem Adjektiv „kritisch" die umfassende Anlage und Ausrichtung der Theologie auf den sich in Jesus Christus offenbarenden Gott meint. Insofern kann „kritisch" erstens nicht auf eine im Anschluss an Franz Schupp sich entwickelnde „kritische Theologie" rekurrieren, „die von der sozialen Wirklichkeit der Menschen ausgehend das Thema der Gerechtigkeit bzw. des guten Lebens in den Mittelpunkt"[308] stellt und somit auch „unter dem Stichwort Politische Theologie subsumier[t]"[309] werden könnte. Hier meint „kritisch" die politische Dimension der Theologie, die diese durch den Fokus auf die soziale Realität des Menschen erhält und eben nicht durch den konzentrierten Blick auf Jesus Christus.

Zweitens kann „kritisch" bei McCormack nicht im Sinne einer philosophischen Grundierung des theologischen Arbeitens verstanden werden. Bereits am Ende seiner Dissertationsschrift zu Barth macht er klar, dass die Beifügung „kritisch realistisch" nicht mit der gleich lautenden zeitgenössischen philosophischen Strömung verglichen werden kann: Einmal, da es Barth dezidiert darum ging, eine theologische Epistemologie zu entwerfen, die mit einer philosophischen Form wie dem „kritischen Realismus" nicht identifiziert werden kann, und zweitens eine solche Synthese umso anachronistischer interpretiert werden würde, da Barth, wenn er eine phi-

305 Ebd.

306 Ebd.

307 Neben dem genannten, verdeutlicht dies ein weiterer Artikel McCormacks aus dem Jahr 2015 mit dem Titel *Barths Kritik an Schleiermacher: Eine Meta-Kritik*.

308 Bohmeyer, „Ortsbestimmung", S. 256.

309 Ebd.

losophische Erkenntnislehre hatte, eher in einen Kantianisch geprägten Idealismus vertraute.[310]

Dieser Hinweis auf das Kantsche Paradigma der Epistemologie Barths erfordert eine dritte Abgrenzung des Terminus „kritisch". Er meint nämlich genauso wenig „das Verfahren [...] die Bedingungen, Voraussetzungen, den Umfang und die Grenzen der Erkenntnis festzustellen"[311]. Dies wäre „Kritizismus" im Rahmen der von Kant neu geprägten philosophischen Erkenntnislehre.

Für McCormack hatte Barths Arbeit innerhalb des Kantschen Paradigmas stattgefunden und auch er selbst bleibt diesem im Rahmen seines Neustarts treu. Zugleich versucht er es insofern zu überwinden, dass er Gottes (erwählendes) Handeln ins Zentrum der theologischen Epistemologie und der Dogmatik überhaupt stellt und so Gott durch sein eigenes Handeln zum Objekt der menschlichen Wahrnehmung macht. Genau diese Form dogmatischen Arbeitens wurde von dem holländischen Barth-Forscher Theodorus Haitjema bereits im Jahr 1926 als „kritische Theologie"[312] bezeichnet.

Mit dem Terminus „kritische Theologie" verweist Haitjema, der als Hauptvertreter der frühen konfessionell-reformierten Barth-Rezeption in den Niederlanden gilt,[313] darauf, dass es zu Barths Verdiensten gehört, eine „kritische", das heißt für ihn auf Gottes Sein und Handeln in Christus fokussierte Lehre von der Gotteserkenntnis zu entwerfen, die sein gesamtes theologisches Arbeiten prägt:

> Bei Kant hängt es von anderen Vernunftfaktoren ab, ob dem Menschen jenseits der Grenze mehr als ein leerer Raum vorhanden ist; bei Karl Barth hängt es von einem anderen als dem religiösen Subjekt ab, ob der Mensch jenseits der Grenzlinie die Gewißheit der inhaltsreichen Gotteserkenntnis empfängt. [...] [F]ür Karl Barth liegt die große Voraussetzung [...] auf der Seite des Objekts: Gottes, Gottes Erwählung.[314]

Kann nun also bei McCormack, der in Bezug auf Schleiermacher von einer „Christologie [, die] [...] kritisch zu nennen ist"[315] oder bei Barth von einer „kritische[n] Theologie des Wortes Gottes"[316] redet, von „kritischer Theologie" gesprochen werden? Ich meine, ja. Der Terminus „Kritische Theologie" ist nach meinem Dafürhalten bei McCormack sogar noch angemessener, da er in Bezug auf seine Arbeit das Potential hat anzuzeigen,

---

310 Vgl. McCormack, *Theologische Dialektik*, S. 385.
311 Hoffmeister, *Wörterbuch*, S. 366.
312 Haitjema, *Theologie*, S. 35.
313 Vgl. Hennecke, *Niederlande*, S. 72.
314 Haitjema, *Theologie*, S. 36.
315 McCormack, „Schleiermacher", S. 67.
316 Ebd., S. 87.

dass McCormack sich mit seiner dogmatischen Arbeit letztlich der von Gott selbst praktizierten Ideologiekritik anschließen will. Damit ist seine Arbeit nicht nur kritisch im epistemologischen Sinn, sondern auch insofern sie dazu den Anspruch erhebt, praktische Kritik jeglicher Funktionalisierung der Theologie zu sein und sie damit als Grundsatz umfassend zu prägen gewillt ist.

Nimmt man also den Hinweis Haitjemas auf, lässt sich nach der oben versuchten, dreifachen Abgrenzung des Begriffs in meinen Augen auch McCormacks Arbeit als „Kritische Theologie" bezeichnen. Seine Barth-Analyse zielte darauf ab, den kritisch-realistischen Charakter von dessen Arbeit hervorzuheben, indem er der Betonung der grundsätzlichen Gegebenheit der göttlichen Offenbarung auch den Hinweis auf deren Indirektheit beifügte. Dazu hatte er im Rahmen des Kantianisch geprägten Schemas im dann konstruktiv gestalteten Anschluss an Barth das Konzept des sogenannten „transfoundationalism" entwickelt, welches er selbst in zweifacher Weise als kritisch empfahl. Auch im Rahmen seiner eigenständigen Arbeit behält McCormack nun jene Momente der Barthschen Theologie bei, die Haitjema „kritisch"[317] nannte und zugleich erweitert er sie gerade in seinem Text „Über Barth hinaus – mit Schleiermacher?" zu einer zunehmend eigenständigen Theologie, die er nun als „Ideologiekritik" versteht.

Mit dem letztgenannten Artikel deutet McCormack eine Form theologischen Arbeitens an, die sich meines Erachtens als Bei- oder Zu-ordnung zum jede Ideologie offenlegenden, damit also ideologiekritischen Handeln Gottes versteht: „Theologie wird [nämlich] [...] erst an dem Punkt wirklich kritisch, wo die Erkenntnis Gottes Gott allein überlassen bleibt und damit der Erfolg theologischer Reflexion grundsätzlich auf eine Initiative Gottes bezogen bleibt."[318] Diese Initiative zeigt sich für McCormack darin, „[d]ass Gott das Subjekt des menschlichen Denkens, Wollens und Handelns Jesu Christi ist."[319]

Die kritische Theologie beginnt so mit dem Blick auf das Denken, Wollen und Handeln Jesu. Sie versucht dabei, Gottes Offenbarung „dem Zugriff des menschlichen Strebens nach epistemischer Kontrolle über sie"[320] zu entziehen, indem sie sein Bewusstsein so auslegt, dass sie nicht als Bewusstseinstheologie im Sinne Schleiermachers, sondern als Lehre von der Doppelstruktur sowohl des objektiven Bewusstseins wie auch des unmittelbaren Selbstbewusstseins Jesu angelegt ist.[321] Eine solche Theologie, die sich dazu

---

317 Haitjema, *Theologie*, S. 35.
318 McCormack, „Schleiermacher", S. 87.
319 Ebd., S. 87.
320 Ebd., S. 46.
321 Vgl. ebd., S. 47.

auch um praktische Ideologiekritik bemüht, hat für McCormack letztlich „den Charakter eines Versuchs“[322]. „Die Bewegung von der Offenbarung zur Lehre ist eine Bewegung von der Unmittelbarkeit der Erfahrung, die alles Denken fundiert, zu einer Versprachlichung, die allerdings niemals den ganzen Inhalt des ursprünglichen Erlebnisses zu fassen vermag.“[323]

McCormack unternimmt ab 2017 selbst einen solchen Versuch. Gegenüber Schleiermacher soll sich dieser jedoch dadurch auszeichnen, dass er nicht nur theologische Auslegung und damit Lehre des doppelt strukturierten Bewusstseins Jesu sein soll, sondern auch Ontologie. Damit zeichnet sich sein Impuls gegenüber der Bewusstseinstheologie als Psychologische Ontologie aus.

7.4 Zusammenfassung

Im Jahr 2017 hat McCormack explizit gemacht, was sich nach meinem Dafürhalten in einer Reihe von Artikeln zuvor bereits implizit angedeutet hatte: Seine Arbeit ist nicht nur analytische und konstruktive Barth-Rezeption, sie ist auch eigenständiges und sogar neues dogmatisches Denken.

Für McCormacks Neustart ist, wie gezeigt, die Arbeit von Balthasars die entscheidende Prägung. In seinem Werk begegnet McCormack einer kenotischen Theologie, die von der ästhetischen Betrachtung des Christusgeschehens ausgehend Gottes Sein und Tun in historischen Kategorien nachvollziehen will. Während der katholische Theologe jedoch trotz der Betonung des dramatischen Charakters der Geschichte Gottes mit seiner Schöpfung auf der Absolutheit seines Seins gegenüber der Geschichte beharrt, geht McCormack im Angesicht der Geschichte Jesu Christi so weit, zu sagen, dass Gottes Absolutheit nur in dieser Geschichte nachvollziehbar ist.

Ermöglicht wird diese Aussage McCormacks durch eine Christologie, deren Ausgangspunkt wie bei von Balthasar das Bewusstsein Jesu Christi, einen göttlichen Zweck zu erfüllen, ist. Dabei modifiziert McCormack Barths Lehre von Person und Werk Jesu Christi unter Zuhilfenahme eines Impulses von Schleiermacher und von Balthasars Ausführungen zur Bewusstseinschristologie zu einer Christologie des einen Subjekts, in welcher sich der *Logos* gegenüber dem historischen Schicksal Jesu Christi ewig rezeptiv verhält und damit wesenhaft *incarnandus* ist. Jesus Christus ist dann

322 McCormack, „Schleiermacher“, S. 67.
323 Ebd.

ganz Gott und Mensch, indem er die göttliche *Kenosis* in dessen zweiter Seinsweise ausführt und menschlich in der Kraft des Heiligen Geistes handelt. Damit ermöglicht er menschliche Erfahrungen in Gott.

Diese Christologie führt McCormack zu einer trinitarisch explizierten Neubetrachtung der göttlichen Attribute. Gott ist bei ihm nun unter den Vorzeichen der revidierten Christologie im Werden der Welt leidensfähig. Darüber hinaus ist er gerade darin absolut, dass er als einziger ganz für den anderen sein kann. Dabei stellt der Princetoner Theologe klar, dass die Konzepte des *Logos asarkos* ebenso wie jenes von der immanenten Trinität logisch betrachtet weiterhin ihren Platz in seinem theologischen Denken haben.

Die Gestalt der McCormackschen Arbeit zeugt von einer Prägung durch ihren Inhalt. Indem sie versucht, allein im Blick auf Jesu Bewusstsein, das göttliche Gericht auf sich zu nehmen, das theologische Denken zu entwickeln, beschränkt sie sich auf das Zeugnis des Neuen Testamentes in der Dimension der apokalyptischen Erwartung des Alten Testaments. So soll Gott ganz Subjekt seiner Erkenntnis sein und die Theologie jeglicher Instrumentalisierung durch ihr fremde Zwecke entgegenwirken. Dieser doppelt kritische Charakter der Arbeit McCormacks kulminiert in seiner Einsicht, dass Theologie als betrachtende Zuordnung des Denkens zum kritischen Handeln Gottes stets offen verbleiben und damit immer nur den Charakter eines Versuchs annehmen kann. Damit ist McCormacks Denken meines Erachtens am präzisesten erfasst, wenn es als „Kritische Theologie“ bezeichnet wird.

8 Schluss

McCormacks Arbeit spielt im Rahmen der heutigen Barth-Rezeption eine ambivalente Rolle. Diese lässt sich meines Erachtens sehr gut anhand des im Jahr 2016 erschienenen *Barth Handbuchs* nachvollziehen. Michael Beintker hat in seiner Einleitung zum Handbuch vor allem dessen „Vielschichtigkeit"[1] und „Mehrdimensionalität"[2] hervorgehoben und verdeutlicht, dass das Werk den Anspruch erhebt, „den heutigen Forschungsstand"[3] darzulegen. Auf wenigen Seiten gibt er einen Abriss zur „Barth-Forschung heute" und verweist darauf, dass eine „so bahnbrechende Deutung der Theologie Barths wie diejenige Hans Urs von Balthasars [...] noch nicht wieder geschrieben worden"[4] sei, ohne dabei auf McCormack, der selbstverständlich auch Beiträge für das Handbuch verfasst hat und seine Arbeit dementsprechend selbst vorstellen kann, Bezug zu nehmen und ihn zu erwähnen. Gleichzeitig übernimmt er in seinem später im Buch dargelegten Resümee zur Periodisierung des Barthschen Denkens McCormacks diesbezügliche Barth-Analyse mit direktem Verweis auf ihn und schließt sich ihr in gewisser Weise selbst an.[5]

Wenn man auch über den Vergleich von McCormacks Barth-Analyse mit der von Balthasars im Hinblick auf ihre Qualität geteilter Meinung sein kann, irritiert doch Beintkers Aussage bezüglich des durch von Balthasar geprägten Interpretationsparadigmas. McCormacks Paradigma der Barth-Analyse war ja die dezidierte Infragestellung der These des katholischen Theologen, Barths theologische Entwicklung zeichne ein Bruch von dialektischer zu analogischer Phase aus, und der Princetoner Systematiker wurde für die Vorstellung eben dieser alternativen Barth-Lesart laut Jüngels Laudatio mit dem Karl-Barth-Preis und sicherlich zu großen Teilen für seine weitere diesbezügliche Arbeit mit einer deutschen Ehrendoktorwürde ausgezeichnet.[6]

Offensichtlich scheint man sich über die Tragweite der McCormackschen Barth-Analyse im Rahmen der zeitgenössischen Barth-Forschung noch nicht hinreichend im Klaren zu sein. Seine über die reine Barth-Analyse hinausgehende These von 2017, dass man im Hinblick auf Barths Ausführungen zur göttlichen Freiheit im Rahmen der *Kirchlichen Dogma-*

---

1 Beintker, „Vorwort", S. V.
2 Ebd., S. V.
3 Ebd.
4 Beintker, „Barth-Forschung", S. 8.
5 Vgl. Beintker, „Resumee", S. 236.
6 Vgl. Jüngel, „Laudatio", S. 285.

tik vor einem ungelösten Problem steht, das dazu veranlasst, über Barths Ontologie hinauszugehen[7], wird es darüber hinaus sicherlich noch lange schwer haben, Akzeptanz zu finden. Abgesehen von der analytischen wie konstruktiven Barth-Rezeption, werden die eigenständig formulierten Thesen McCormacks meines Erachtens innerhalb der Forschung zu und im Anschluss an Barth noch kaum rezipiert.

Es gibt also heute die paradoxe Situation, dass *Theologische Dialektik und Kritischer Realismus* und viele weitere Arbeiten McCormacks zwar einerseits ausgezeichnet, aber inhaltlich in der deutschen Barth-Forschung in ihrer Tragweite noch nicht wirksam geworden sind bzw. noch nicht hinreichend diskutiert wurden. Dass gerade auch in dem *Barth Handbuch*, an welchem eine große Zahl unterschiedlichster Barth-Forscher mitgearbeitet haben, die intensive Debatte um McCormacks Standpunkt, sowie andere Auseinandersetzungen in der englischsprachigen Welt im Anschluss an Barth nicht ausführlich besprochen werden, verleitet den deutschen Theologen Friedrich Wilhelm Graf in seiner vielbeachteten Rezension des *Barth Handbuchs* zu der Aussage, es habe sich in der aktuellen deutschen Barth-Forschung ein „Provinzialismus"[8] eingeschlichen, der nicht-deutsche Forschung zwar wahr-, jedoch selten aufnimmt und den Basler Theologen in eher heroisierender und nicht kritischer Perspektive zu erforschen vermag.[9] Aus diesem Grund resümiert Graf: „Der protestantische Theologe Karl Barth wird weltweit bewundert. Warum das so ist, kann [das Barth] Handbuch nicht wirklich erklären."[10]

Auch wenn man diese Einschätzung nicht ungeteilt übernehmen mag, ist sie doch umso bedenklicher, als Karl Barths Theologie in der Form, wie sie heute von den deutschen ‚Barthianern' vertreten wird, für Graf kaum noch Relevanz zu besitzen scheint. Dies liegt offenbar auch daran, dass von dieser Forschergemeinschaft nur selten Kritik an Barth geäußert wird. Dabei hatte Barth doch selbst vor einer bloßen Weitergabe seines Denkens gewarnt und diese Warnung vor einer Barth-Schule in das bekannte Bonmot gebracht: „Wenn sie einen Barthianer treffen, richten sie ihm bitte aus, ich bin keiner!" Offensichtlich hat Barth schon zu seinen Lebzeiten eine solche Warnung für nötig befunden angesichts der sich auf ihn berufenden Schülerschaft, die sich Barthianer nannte. Barth befürchtete offenbar das Entstehen einer Barth-Schule. Eine solche könne, wie er selbst sagte, ihre Mitglieder lediglich zur denkerischen Unfreiheit erziehen, sodass sie

7 Vgl. McCormack, „Immutability", S. 2.
8 Graf, „Klassiker".
9 Ebd., Vgl.
10 Ebd.

sich nur noch in dem „Gehäuse seiner Ideen, Prinzipien und Methoden“[11] bewegten, ohne sie immer wieder neu zu durchschreiten, um „ins Freie zu kommen.“[12]

Tatsächlich wurde Barths Theologie zunehmend als Repristination jener Auslegungen der Gottes- und Trinitätslehre angesehen, welche die Kantianische Infragestellung der epistemologischen Grundlagen der christlichen Dogmatik entweder noch nicht rezipiert hatten oder sie ignorieren wollten. Höhe- oder eher Tiefpunkt dieses Barthverständnisses ist die sogenannte „Neoorthodoxie“ insbesondere amerikanischer Provenienz. Diese „neoorthodoxe“ Lesart Barths offenbart eine durchaus eindimensional zu nennende Perspektive auf das Barthsche Denken, die all jene Denkanstöße, mit denen Barth im Blick auf die Passion Jesu Christi das Bild vom allmächtigen, unabhängigen, apathischen Gott transformiert, nicht oder in ihrer Tiefe zumindest nicht hinreichend wahrnimmt. Damit wurde in der neoorthodoxen Lesart besonders amerikanischer Prägung der Blick auf jenen neuen Weg versperrt, den Barth am Ende seiner Vorlesungstätigkeit mit dem Hinweis vorzeichnete, den ich an den Anfang des vorliegenden Buches gestellt habe, nämlich, dass ihm Gottes inkarnatorische Selbstbindung an das irdische Schicksal Jesu Christi so wichtig geworden sei, dass seine Theologie konsequenterweise in „Theantropologie“ umbenannt werden müsste.

So sehr es Barth also ablehnte, dass sich eine Schülerschaft um ihn herum bildete, hat er dieser doch zugleich Folgendes mit auf den Weg gegeben: „Das Kriterium eines guten Barthianers – wenn es solchen denn schon geben sollte! – ist sicher das: dass Barth selbst etwas von ihm lernen kann und muss“[13]. Warum ich Bruce McCormack für einen solch „guten“ Barthianer halte, der Graf letzten Endes die Frage „weshalb man Barth überhaupt noch lesen soll“[14], beantworten kann, will ich nun abschließend darlegen.

8.1 McCormacks analytische Barthrezeption

McCormacks Arbeit „mit Barth über Barth hinaus“ beginnt als Auseinandersetzung mit der die angloamerikanische Barth-Forschung dominierenden Neo-Orthodoxie (Kap. 3.1). Ihr gegenüber entwickelt McCormack ein neues Interpretationsparadigma der theologischen Entwicklung Barths. Diesbezüglich beherrschte lange der katholische Theologe Hans Urs von

11 Busch, *Karl Barth*, S. 376.
12 Ebd.
13 Ebd.
14 Graf, „Klassiker“.

Balthasar mit seiner These von einer Wende im Barthschen Denken den Forschungsdiskurs. Von Balthasar hatte 1951 erklärt, dass sich Barth 1931 durch die Beschäftigung mit Anselm vom dialektischen Denken verabschiedet habe und eine analogisch angelegte Theologie erarbeitet hätte (Kap. 3.2). In dem Buch *fides quaerens intellectum* zeige Barth, dass es Gott mit seinem in Jesus Christus gesprochenen Wort dem Menschen ermöglicht, im Glauben analoge Aussagen über Gott zu treffen. Damit sei aber die dialektische Methode, welche Aussagen über Gott nur als „unmögliche Möglichkeit" verstehen konnte, letztlich verabschiedet.

Diese Analyse der von Barth sogenannten „analogia fidei" als Abschied von der Dialektik eröffnete der in Nordamerika bis heute dominanten neo-orthodoxen Barth-Lesart den Weg. Sie konnte nun – mit Barth als Gewährsmann – Gott in seinem Wirken in der Welt im voraufklärerischen Sinne als innerweltlich erkennbar betrachten. McCormack zeigt in seiner Arbeit „mit Barth" der Neo-Orthodoxie gegenüber aber auf, dass sich die Elemente dialektischen Denkens auch nach 1931 in Barths Theologie aufweisen lassen. Aus seiner Sicht ging es Barth seit dem Abfassen der Römerbriefkommentare bis zuletzt darum zu zeigen, dass Offenbarung zwar in der Geschichte stattfindet, aber nicht aus ihr heraus kommt oder stammt, und insofern nicht an ihr und in ihr erkennbar ist, sondern sich unverfügbar einstellt.[15] Der unendliche qualitative Unterschied zwischen Gott und seiner Schöpfung, der nur durch Gott selbst in Jesus Christus überwunden wurde, bleibt aus McCormacks Sicht durchgehend das konstitutive Element der Barthschen Theologie, die unter anderem in dieser Hinsicht in reformierter Tradition zu stehen scheint.

McCormack beschränkt sich in seiner Neuinterpretation der Arbeit Barths nicht nur auf die Infragestellung der Lesart von Balthasars, die stark auf Barths Methode fokussierte, sondern setzt ihr ein neues Interpretationsparadigma entgegen, welches stärker auf materialdogmatische Fragen eingeht (Kap. 3.3). McCormack sieht den entscheidenden Entwicklungsschritt Barths in der, mit seiner Vorlesungstätigkeit in Göttingen verbundenen und ins Jahr 1924 zu datierenden, Entdeckung der altkirchlichen Lehre von der Anhypostasie – Enhypostasie der menschlichen Natur Jesu Christi. Dieses *theologoumenon*, welches darlegt, dass die menschliche Natur Jesu Christi nicht an sich ihre Wirklichkeit besitzt, sondern ihre Existenz nur in der zweiten göttlichen Person verwirklicht wird, war eine Festlegung des Konzils von Konstantinopel im Jahr 553. Es ermöglichte Barth laut McCormack, bei aller Dialektik in seiner Theologie nun einen von Gott selbst in Jesus Christus dargebotenen, undialektischen Einheitspunkt zu finden,

15 Vgl. McCormack, *Theologische Dialektik*, S. 223.

der die menschliche Rede von Gottes Sein möglich macht. Gottes Aseität konnte damit einerseits trotz der Inkarnation gewahrt und menschliche Aussagen über Gottes Sein andererseits dennoch getroffen werden. Dieser Fokus auf Jesus Christus prägt Barths Theologie in McCormacks Augen immer stärker, sodass er ab dem Jahr 1924 von einer immer durchdringenderen Christozentrik in Barths Werk spricht.

Für McCormack ist der Höhepunkt der Barthschen Christozentrik die Erwählungslehre aus dem Band II/2 der Kirchlichen Dogmatik. Die dortige christozentrische *Relecture* der in der reformierten Lehre bis dahin eher anthropozentrisch ausgerichteten Prädestinationslehre als Lehre von der Gnadenwahl führt Barth aus McCormacks Sicht jedoch zu theologischen Aussagen, die eine Vorordnung der Lehre von der Gnadenwahl vor die Prolegomena notwendig machen (Kap. 4.1). Aus McCormacks Sicht ist Barths Betonung der Selbstbestimmung Gottes in der Erwählung Jesu Christi zum erwählenden Gott und erwählten Menschen derart entscheidend, dass sie nicht zur strikten Betonung der immanenten Trinitätslehre der Prolegomena der Kirchlichen Dogmatik passt. Diese von Gundlach angeregte *Relecture* McCormacks betrachtet die Theologie Barths seit dessen Zeit in Göttingen nun im Hinblick auf ihren Fluchtpunkt, der Erwählungslehre und deren Folgen in Barths reifer Theologie, allen voran seiner Versöhnungslehre. Diese sind nach McCormacks Dafürhalten, dass Gott die menschliche Unfähigkeit, ihn wahrzunehmen durch sein Handeln transzendiert, sich damit in die irdische Subjekt-Objekt-Relation begibt und in Folge dieser Beobachtung die Erwählungslehre gewissermaßen zum Materialprinzip der Dogmatik wird (Kap. 4.2).

8.2 McCormacks konstruktive Barthrezeption

Die beiden Phasen seines analytischen Arbeitens führen McCormack an einen Punkt, von dem aus er nicht mehr nur Barths Aussagen betrachtet, sondern auch beginnt, die Implikationen, die sich aus dessen Erwählungslehre ergeben, zu benennen und sie weiter zu entwickeln. Den Beginn dieser Phase konstruktiver Arbeit im Anschluss an Barth markiert McCormacks wahrscheinlich prominentester Text „Grace and Being" aus dem Jahr 2000. Dieser Text offenbart eine merkliche Prägung durch die konstruktive Barth-Rezeption Eberhard Jüngels (Kap. 5.1). Er hatte Barths Theologie im Zeichen seiner reiferen Aussagen unter anderem zur Erwählungslehre so verstanden, dass dieser Gottes Sein im Werden in seiner Beziehung zur Welt begreift. Die für McCormack zentralen Überzeugungen Jüngels im Anschluss an Barth sind die Einheit von immanenter mit ökonomischer Trinität, die Problematisierung des Konzepts eines *Logos asarkos* und die

Vorstellung einer Konstitution des trinitarischen Seins Gottes durch und im göttlichen Akt der Erwählung.

Vor allem die These von einer Vorordnung der Erwählungslehre vor die *loci* der Gottes- und Trinitätslehre wird in den Jahren 2000 bis 2017 entscheidend für die konstruktive Arbeit McCormacks (Kap. 5.2). Dabei nimmt er zuerst die Implikationen in den Blick, die sich aus seiner Sicht im Hinblick auf Barths Christologie ergeben. Deren zentrale Konzeption muss wie die der Gottes- und Trinitätslehre letzten Endes auch im Anschluss an Barths reife Überzeugungen McCormacks Meinung nach nun ganz von der Vorstellung der göttlichen Selbstbestimmung zur Erwählung her gelesen und damit ausschließlich im Blick auf das historische Schicksal Jesu Christi expliziert werden. Über Jüngels Barth-Interpretation hinaus meint McCormack, dass der Begriff der „Natur" bei Barth durch den der „Geschichte" ersetzt wird. Da der *Logos* angesichts dieser geschichtlich, auf der Grundlage des historischen Schicksals Jesu, explizierten göttlichen Selbstbestimmung laut McCormack bei Barth nicht mehr *simpliciter* nachvollzogen werden kann, sondern im Licht der reifen Überlegungen Barths nur noch als wesenhaft *incarnandus*, gehört Jesu konkret-geschichtliches Schicksal mit seinen Erfahrungen zum Sein Gottes, sodass diesem auch Leiden und Tod zugeschrieben werden müssen.

Dieser Zugang zu Barth erregt Widerspruch. Sowohl Hunsinger als auch Molnar kritisieren McCormack scharf für seine Arbeit zu Barth. Hunsinger hat selbst lang analytisch zu Barth gearbeitet (Kap. 6.2). In seiner Kritik an McCormack beschäftigt er sich deshalb zuvörderst mit der Frage nach der Angemessenheit der von McCormack herausgearbeiteten Implikationen der Barthschen Erwählungslehre (Kap. 6.3). Darüber hinaus argumentiert Hunsinger gegen McCormacks (mit Barths Interpretation der Erwählungslehre verbundenen) Abschied von der Lehre der immanenten Trinität (Kap. 6.4). Hunsinger meint hierzu, dass es Barths andauernde und nie aufgegebene Überzeugung war, dass die Erwählung nur dann als Gnadenhandeln verstanden werden kann, wenn Gott sie auch hätte nicht vollziehen können. Molnar ergänzt dies mit einem allgemeinen Argument für Gottes Aseität, ohne die er in seinem Handeln in der Welt aufzugehen droht. Diese Entgegnungen stellen eine über 11 Jahre andauernde Debatte dar, in die sich neben McCormack noch viele andere einbringen (Kap. 6.5, 6.6). Beendet wird diese Auseinandersetzung durch einen Artikel McCormacks aus dem Jahr 2017, in dem er nach meinem Dafürhalten Hunsinger und Molnar in ihrer Analyse des Barthschen Begriffs göttlicher Freiheit unter gewissen Vorzeichen recht gibt und in der Folge seine Ideen bezüglich des Verhältnisses von Gottes Sein und seinem Erwählungshandeln nun als eigenständige Arbeit vorstellt.

8.3 McCormacks Weg zu einer eigenen Theologie

Das vorliegende Buch eröffnet nicht zuletzt auch einen Blick auf die eigenständigen theologischen Gedanken McCormacks „über Barth hinaus". Ausgangspunkt dieser eigenen dogmatischen Arbeit ist McCormacks Erkenntnis, dass die Implikationen, die er in Barths Lehre von der Gnadenwahl zu entdecken meint, mit Barths Begriff der göttlichen Freiheit nicht in Einklang zu bringen sind. Dies hatten Hunsinger und Molnar zuvor besonders stark gemacht, und McCormack gibt ihnen nun zu, dass Barth, der unter anderem im ersten Band der *Kirchlichen Dogmatik* noch sagte, dass Gott um nichts weniger Gott wäre, hätte es die Schöpfung nicht gegeben, eine Vorordnung der Erwählungslehre vor jegliche anderen *loci* nicht mitgetragen hätte. Barths Begriff der göttlichen Freiheit steht also laut McCormack dem umfassenden Fokus auf Jesus Christus und sein Schicksal im Weg. Das hat zur Folge, dass McCormack diesen Teil des Barthschen Werkes hinter sich lässt (Kap. 7.1).

McCormack löst sich im Jahr 2017 von Barths Begriff der göttlichen Freiheit und damit auch von einem signifikanten Teil von Barths Arbeit zur Christologie und Trinitätslehre. Indem er gleichwohl die göttliche Freiheit im biblisch bezeugten Schicksal Jesu Christi nicht in Frage gestellt, sondern geradezu verwirklicht sieht, macht er sich daran, viele christologische und trinitätstheologische Standpunkte neu zu prägen. McCormack möchte Gottes Freiheit und mit ihr Gottes gesamtes trinitarisches Sein nur vom Inhalt der biblischen Offenbarung aus denken. Dieser Inhalt ist für ihn das Schicksal Jesu Christi.

Der Ansatzpunkt für die Neu-Entfaltung der basalen christologischen *loci* ist für McCormack nun der Blick auf Jesu Bewusstsein, den eschatologischen Zorn Gottes am Kreuz zu tragen. Dieser, 2017 in seinem Artikel „Immutability, (Im)passibility and Suffering" vorgestellte, dogmatische Neuansatz unternimmt ausgehend von Jesu Christi historischem Schicksal den Versuch, die Frage zu beantworten, wer Gott ist. Vorbild für dieses Projekt ist die Theologie, allen voran die Bewusstseinschristologie von Balthasars (Kap. 7.2). Im Zentrum dieser Christologie steht Jesu Bewusstsein, in der Geschichte einen göttlichen Zweck zu erfüllen. Dieser Zweck ist für von Balthasar wie für McCormack das Ertragen des eschatologischen Zorns Gottes. Von diesem Bewusstsein aus betrachtet McCormack Jesu gesamtes Schicksal und entfaltet von hier aus den Erweis der Gottheit Jesu. Dabei macht McCormack deutlich, dass Jesu Schicksal ein menschliches Schicksal war, dessen Subjekt Gott im Heiligen Geist ist. Damit ist die Historie des Lebens Jesu Christi die Historie des einen gott-menschlichen Subjekts.

Diese Einheit der Person Jesu Christi will McCormack über den Gedanken einer ewigen rezeptiven Antizipation des Schicksals Jesu Christi in der zweiten Person der Trinität plausibilisieren. Der *Logos* ist aus seiner Sicht nie an sich *asarkos*, sondern stets *incarnandus*, nie also unabhängig von der Inkarnation, sondern immer und wesenhaft mit der Fleischwerdung verbunden. So erhält die Lehre von der Trinität eine neue, wie ich meine, konstitutive Funktion für die Christologie. Der *Logos* und mit ihm die Trinität ist durch die ursprüngliche Selbstbestimmung Gottes im Akt der Erwählung immer mit dem Schicksal Jesu Christi identifiziert.

McCormacks langfristiges Ziel ist der Entwurf einer eigenen Theologie, die von der Betrachtung des biblisch bezeugten Schicksals des Menschen Jesus von Nazareth ausgeht, welcher der zweiten göttlichen Person ihre Identität gibt. Dieses Vorgehen, Gottes Sein von Jesu historischem Bewusstsein aus zu explizieren, nennt McCormack selbst „psychologische Ontologie" (Kap. 7.3). Mit ihrer Hilfe kann McCormack nun die Einheit der Person Christi ausgehend von dessen irdischem Bewusstsein aus der Geschichte her begreifen. Gott handelt nach seinem Dafürhalten in Jesu Christi Schicksal als Gott menschlich. Durch den Heiligen Geist handelt dann Jesus Christus in der Macht des göttlichen Subjekts. Zentral hierfür ist der exegetisch neu überdachte Blick auf Jesu menschliches Bewusstsein, in apokalyptischer Erwartung irdisch einen göttlichen Zweck zu erfüllen.

In nuce ist das aus meiner Sicht die christologische Grundlage für McCormacks möglichen neuen Entwurf trinitarisch angelegter Theologie, der am präzisesten als ‚kritische' Theologie bezeichnet wird. Mit kritischer Theologie ist dabei, wie ich versucht habe zu zeigen, ein Zweifaches gemeint. Zum einen geht es McCormack mit der Neugestaltung des theologischen Denkens im Anschluss an Barth darum, die epistemische Selbstermächtigung des Menschen zu unterbinden und allein Jesus Christus zum Grund der Gotteserkenntnis zu erklären. Zum anderen soll die Theologie Teil der Kritik werden, die Gott selbst mit seiner Bindung an das Schicksal Jesu an falschen Gottesbildern übt. Aus diesem Grund ist das theologische Arbeiten für McCormack ein unabgeschlossener Prozess, der bis zur Wiederkunft Jesu Christi für das Wirken des lebendigen Gottes offen sein muss.

McCormacks Nachdenken über Gottes Sein und Handeln in Jesus Christus führt ihn nicht nur zur *Relecture* christologischer und trinitätstheologischer Positionen Barths, sondern auch zur Infragestellung der konventionellen Konzepte von Gottes Leidenslosigkeit und Unveränderlichkeit. Indem er Gottes Selbstkonstitution und die Intention zur Gnadenwahl zum gleichen Akt erklärt, versteht er Leiden und Tod Jesu Christi als von Gott willentlich und ewig antizipiert und insofern nicht als Infragestellung der göttlichen Unveränderlichkeit und Einheit. Damit vertritt McCormack die Meinung, dass Gott im Schicksal Jesu Christi die menschliche Erfahrung des Leidens macht und zugleich die Vorstellung von Gottes Unveränderlichkeit theologisch gewahrt bleiben kann, indem Gottes Selbstkonstitution und seine Selbstbestimmung zur gnädigen Erwählung in Jesu Schicksal als der gleiche Akt verstanden werden.

Für McCormack liegt Gottes Absolutheit demzufolge darin, als einziger ganz für den anderen sein zu können. Damit ist Gott letztlich in seinem Wesen die Beziehung zum anderen. Gottes Sein ist für McCormack die sich in der Geschichte des göttlichen Gnadenerweises in Jesus Christus vollziehende Selbstidentität der drei göttlichen Personen. Dieser anvisierte Zielpunkt der analytischen, konstruktiven und eigenständigen Arbeit McCormacks „mit Barth über Barth hinaus" ist eine konsequente göttliche Ontologie des Gnadenbundes. Da McCormack dies von der Christologie ausgehend trinitarisch begründet, versteht er meines Erachtens Gnade als trinitarisches Sein.

8.4 ... und ihre Bedeutung für die Barthrezeption?

McCormack erweist sich dadurch als „guter" Barthianer, dass er Barths theologische Entwicklung nicht nur kritisch analysiert, sondern auch die Konsequenzen seiner Lehre von der Gnadenwahl formuliert. Schlussendlich deutet er an, wie im Anschluss an Motivkonstellationen Barths eine Neuordnung von Christologie und Trinitätslehre erfolgen kann. Dabei ergeben sich sowohl methodische, wie auch inhaltliche *Surplus* gegenüber der derzeitigen Barth-Rezeption. Das erste liegt sicherlich im Aufweis der materialdogmatischen Widersprüche innerhalb der *Kirchlichen Dogmatik*. Darüber hinaus intensiviert McCormack auch die Barthsche Skepsis gegenüber den *loci* von der immanenten Trinität und des *Logos asarkos*. Nicht zuletzt birgt seine spezifische Fassung der Bewusstseinschristologie nicht nur neue Impulse für die Christologie, sondern hat Auswirkungen bis in die Pneumatologie hinein.

McCormacks Perspektive auf Barth weist seine Leserinnen und Leser heute zuerst auf die seiner Meinung nach vorhandenen und nicht miteinander vereinbaren Widersprüche innerhalb der *Kirchlichen Dogmatik* hin. Hier vertritt ein Großteil der zeitgenössischen Barth-Forschung einen gegenteiligen Standpunkt. So hat beispielsweise Georg Plasger noch in seinem Eröffnungsvortrag zum Emdener Barthsymposion 2014, der den Titel „Die Konzeption der Versöhnungslehre Barths unter besonderer Berücksichtigung der ‚Menschlichkeit Gottes'" trägt, davor gewarnt, bezüglich des Barthschen *opus magnum* von Brüchen zu sprechen.[16] Mit dieser Meinung

16 Vgl. Plasger, „Versöhnungslehre", S. 15.

steht er für die heutige Barth-Forschung in gewisser Weise exemplarisch, denn auch im 2016 erschienenen *Barth Handbuch* lässt sich kaum etwas von unvereinbaren Aussagen innerhalb der *Kirchlichen Dogmatik* finden.[17] Auch hier wird Barths spätes Verständnis von Gott als dem in die Fremde Gehenden weitestgehend in Kontinuität mit den Prolegomena der *Kirchlichen Dogmatik* gesehen.[18]

Auch McCormacks Intensivierung der späteren Barthschen Vorsicht im Umgang mit der Vorstellung einer göttlichen Aseität, allen voran gegenüber der Lehre vom *Extra Calvinisticum*, kann der aktuellen Forschung zu Barth neue Impulse geben. Derzeit wird recht einhellig die Position, die

---

17 So erwähnt beispielsweise Detlev Schneider in seiner Betrachtung der Beziehung zwischen Barth und dem Ideengeber seiner Erwählungslehre, Maury, nichts, was auf ein problematisches Verhältnis dieses *theologoumenons* zu der Barthschen Trinitätslehre hinweisen könnte. (Siehe: Schneider, „Barth und Maury" in: *Barth Handbuch*, Mohr Siebeck, Tübingen, 2016, S. 121.) In Bezug auf das Verhältnis der Barthschen Erwählungslehre und seiner Trinitätslehre ist Krötke McCormack schon näher. Er bemerkt dazu: „Diese Lehre [Trinitätslehre] war in KD I/1 zwar offenbarungstheologisch, aber nicht letztlich christologisch begründet worden. […] Dominierend war dabei das Interesse an Gott als dem alles bestimmenden *Subjekt* der Offenbarung. Durch die skizzierte Fassung der Erwählungslehre gewinnt jedoch bei Barth das Denken *von den Beziehungen* her, in denen Gott ist und wählt, Dominanz." (Siehe: Krötke, „Erwählungslehre" in: *Barth Handbuch*, Mohr Siebeck, Tübingen, 2016, S. 224.) Bei diesen vorsichtigen Formulierungen bleibt Krötke aber beispielsweise auch in seinem Beitrag unter dem Titel „Gottes Souveränität und Menschlichkeit". Hier sind Barths Erwählungs- und Versöhnungslehre letztlich nur „Zuspitzungen und Konkretionen" der trinitätstheologischen Einsicht aus Band I/1, Gott sei „im voraus der unsrige". (Siehe: Krötke, „Gottes Souveränität und Menschlichkeit" in: *Barth Handbuch*, Mohr Siebeck, Tübingen, 2016, S. 302.) Etwas anders interpretiert Ernstpeter Maurer die Aussagen aus Erwählungs- und Versöhnungslehre gegenüber denen der Trinitätslehre. Er schreibt in seinem *Barth Handbuch*-Beitrag „Sprache bei Barth", dass viele der *in puncto* göttlicher Erwählung und Selbstbestimmung getätigten Äußerungen Barths Zeugnisse „doxologischer Sprache" seien. Ihr Sinn und Zweck besteht für ihn nicht darin, das göttliche Wesen von außen zu beschreiben und damit beispielsweise die Lehre von der immanenten Trinität aufzuheben, sondern lediglich auf der Schwelle von Dogma und Doxologie auf Gottes Handeln, das zwischen Schrift und Verkündigung zur Sprache kommt, hinzuweisen. (Siehe: Maurer, „Sprache bei Barth" in: *Barth Handbuch*, Mohr Siebeck, Tübingen, 2016, S. 172.)

18 Eine Ausnahme bildet McCormacks Betonung der Barthschen Entdeckung der Lehre von der Anhypostasie-Enhypostasie Jesu im Jahr 1924. Bezeichnenderweise wurde diese jedoch im Kontext einer Barth-Tagung zur Christologie durch einen Niederländer, namentlich Edward van't Slot, mit dem Vortrag „Die christologische Konzentration: Anfang und Durchführung" eingebracht. Er nutzt McCormacks analytische Barth-Rezeption, allen voran seine These von der immer durchdringenderen Christozentrik, welche in der Lehre von der Gnadenwahl zu ihrem Höhepunkt gelangt, um die Vorstellung von der Menschlichkeit Gottes in Barths *Kirchlicher Dogmatik* im Besonderen zu würdigen. Siehe: Slot, „Die christologische Konzentration: Anfang und Durchführung" in: *Zeitschrift für Dialektische Theologie*, 2015, S. 12–31, S. 29.

Plasger im eben erwähnten Vortrag vorstellt, vertreten: „Gott geht in seine Schöpfung hinein. Dass er ihr gleichwohl gegenüber bleibt (man könnte, wenn man wollte, hier das Extracalvinisticum am Horizont sehen), zeigt, dass er nicht uns gleich wird, sondern wir ihm."[19] Ähnlich argumentiert Ernstpeter Maurer. In seinem Beitrag „Barth und das Luthertum" im *Barth Handbuch* unterstreicht er Barths Betonung des *Extra Calvinisticums* gegenüber den Lutheranern. Nur mit ihm ist es Barth laut Maurer gelungen, die Freiheit Gottes überzeugend zum Ausdruck zu bringen.[20] Dieses Festhalten an Gottes Aseität zeigt sich auch in Bezug auf die Lehre vom *Logos asarkos*. In dem 2015 veröffentlichten Vortrag „‚Der königliche Mensch': Das Leben Jesu in Barths Christologie" hebt Maurer auf die herausragende Rolle dieses *theologoumenons* für Barths Theologie ab. Für ihn stellt der *Logos asarkos* „innerhalb der Trinitätslehre [Barths] [...] eine ‚Leerstelle', den Hintergrund für die ewig-lebendige Erwählung des Menschen durch den Sohn Gottes"[21] dar.[22]

Dieses sich in den Lehren von der immanenten Trinitätslehre, des *Extra Calvinisticums* wie auch des *Logos asarkos* zeigende Beharren auf Gottes Aseiät in Barths Theologie zeichnet die Rezeption seiner Arbeit meines Erachtens bis heute maßgeblich aus. Es zeigt sich in den verschiedensten Beiträgen zu Tagungen, Zeitschriften, Sammelbänden und anderen Texten[23] und offenbart einen nicht unerheblichen Gegensatz zu McCormacks

---

19 Plasger, „Versöhnungslehre", S. 23.

20 Vgl. Maurer, „Barth", S. 127.

21 Maurer, „Leben Jesu", S. 26.

22 Ähnlich argumentiert beispielsweise auch Paul Dafydd Jones in seinem Buch „The Humanity of Christ" von 2008. Obgleich er sich mit McCormacks Barth-Rezeption durchaus wohlwollend auseinandersetzt, betont er ihm gegenüber die zentrale Rolle, welche der *Logos asarkos* in dessen Theologie spielt. Der *Logos asarkos* hat aus Jones Sicht einen „genuinen Wert" (eigene Übersetzung) für Barth, da er theologisch sicherstellt, dass Gott durch das Handeln in seiner Ökonomie nicht bedingt ist. Siehe: Jones, *The Humanity of Christ: Christology in Karl Barth's Church Dogmatics*, T and T Clark, New York, 2008, S. 93.

23 Eine Ausnahme bilden neben Eberhard Jüngel interessanterweise die Missionswissenschaftler unter den heutigen Barth-Rezipienten John G. Flett und Darrell Guder. Sie betonen, dass Barths Ekklesiologie gerade in ihrer Prägung durch seine Versöhnungslehre, welche Gottes Sein mit der Geschichte Jesu Christi identifiziert, missionswissenschaftlich fruchtbar gemacht werden kann. Damit bestimmen sie von einer anderen theologischen Fragestellung herkommend, ähnlich wie McCormack, die Versöhnung in Jesus Christus als Vollzug dessen, was Gott ist und legen dementsprechend wenig Wert auf die Betonung der göttlichen Aseität, sondern unterstreichen vielmehr Gottes Hinwendung zur Welt. (Siehe: Flett, „Versammlung, Auferbauung und Sendung der christlichen Gemeinde. Die Ekklesiologie in Karl Barths Versöhnungslehre" in: *Karl Barth als Lehrer der Versöhnung*, TVZ, Zürich, 2016, S. 117. und Guder, „Barths Missionsverständnis" in: *Karl Barth als Lehrer der Versöhnung*, TVZ, Zürich, 2016, S. 254.

in *Theologische Dialektik und kritischer Realismus* begonnener und mit Aufsätzen wie „Grace and Being“ weiter entwickelten Barth-Rezeption.

Nicht zuletzt offenbart McCormacks eigenständige Erarbeitung einer Bewusstseinschristologie, die ja eine Intention Barths, nämlich Theologie ausschließlich im Blick auf das historische Schicksal Jesu Christi zu betreiben, umzusetzen gedenkt, neue Möglichkeiten für die heutige Barth-Forschung. Während diese beispielsweise, wie bei Plasger zu lesen, die Rolle des Heiligen Geistes bis in die Barthsche Versöhnungslehre hinein (und vermutlich auch darüber hinaus) lediglich in „der subjektiven Realisierung der Versöhnung“[24] und der „aktiven Teilnahme des Menschen an Gottes Versöhnungstat“[25] sieht, zeigt McCormack, dass der Geist vor allem die Einheit der Person des *Logos*, welche die göttliche *Kenosis* und damit Gottes Versöhnungshandeln vollzieht, ermöglicht. So hat die Arbeit des Princetoner Theologen Wirkung bis in die Pneumatologie hinein.

Dass sich McCormack nun der Abfassung einer Christologie widmet, ist notwendig und folgerichtig. Er nimmt Barths Lehre von der Gnadenwahl mit allen Konsequenzen ernst und stellt sich der Aufgabe, diese auch zu explizieren. Dass diese Explikation auch das Format kurzer Artikel und Essays übersteigen muss, liegt meines Erachtens auf der Hand, muss sich McCormack doch nun ausführlich mit dem Verhältnis von Gottes Immanenz und seiner Ökonomie beschäftigen und dabei zeigen, dass eine Bewusstseinschristologie hier tatsächlich die Schlüsselfunktion einzunehmen vermag, die er ihr zutraut.

McCormacks Christologie wird sich in diesem Zusammenhang vertieft mit der Frage nach der Einheit der beiden Naturen in der zweiten Person, nach Gottes Eigenschaften und nicht zuletzt nach den Werken der anderen trinitarischen Personen und deren Handlungs-Einheit beschäftigen müssen.

Ausgangspunkt dafür wird sicherlich McCormacks Konzept der ontologischen Rezeptivität Gottes gegenüber dem Schicksal Jesu Christi sein müssen. Dieses historische Schicksal ist für ihn ja das Konstitutivum der Identität der zweiten Person. In diesem Sinne soll das Konzept der psychologischen Ontologie garantieren, dass der *Logos* im Menschen Jesus Christus die handelnde Person des Versöhnungsgeschehens ist und so die Einheit der zweiten Person gewahrt bleibt. Interessant ist nun, auf welche Art und Weise McCormack die Lehre von der Trinität dazu nutzt, die Frage nach Gottes Leiden und seiner Unveränderlichkeit zu beantworten. Nicht zuletzt wird es auch darauf ankommen, zu klären, wie die Werke der trinitarischen Personen nach außen weiterhin als vereint expliziert werden können.

---

24 Plasger, „Versöhnungslehre“, S. 27.

25 Ebd.

Alle diese Überlegungen zeugen von einer lebendigen Auseinandersetzung mit Barths Theologie, die Barths Anforderungen an einen „guten Barthianer" zu erfüllen scheinen und sicherlich aus genau diesem Grund von jungen Forschern wie etwa Dorrien[26], Christophe Chalamet[27], Gockel[28], Wigley[29], Jones[30], van Driel[31], Paul T. Nimmo[32], Dempsey[33], Long[34] oder van't Slot[35] heute vielfach rezipiert wird. Kein anderer Barth-Forscher wird

26 Dorrien sieht seine Arbeit in *The Barthian Revolt in Modern Theology* an vielen Stellen im Einklang mit McCormacks analytischer Barth-Rezeption. Siehe: Dorrien, *The Barthian Revolt in Modern Theology. Theology without Weapons*, John Knox Press, Luisville, 2000, S. 5.

27 Chalamet nimmt McCormacks Barth-Analyse zum Ausgangspunkt seiner Interpretation von dessen Theologie im Vergleich mit Herrmann und Bultmann. Siehe: Chalamet, *Dialectical Theologians. Wilhelm Herrmann, Karl Barth and Rudolf Bultmann*, Theologischer Verlag Zürich, Zürich, 2005, S. 16.

28 Gockels vielbeachtete Dissertation zum Verhältnis von Barth und Schleiermacher spiegelt McCormacks zwar von Barth geprägten aber überaus undogmatischen Umgang mit der liberalen Theologie pointiert wieder. Siehe: Gockel, *Barth and Schleiermacher on the Doctrine of Election: A Systematic-Theological Comparison*, Oxford University Press, Oxford, 2007.

29 Wigley setzt sich ausführlich mit McCormacks Arbeit zu von Balthasars These von einer Wende im Barthschen Denken auseinander. Siehe: Wigley, *Karl Barth and Hans Urs von Balthasar. A Critical Engagement*, T and T Clark, London, 2007, S. 16.

30 Bei aller Betonung der Bedeutung der Lehre von der immanenten Trinität und des *Logos asarkos* würdigt Jones in seinem Buch *The Humanity of Christ* McCormacks Einsicht, die Barthsche Erwählungslehre bestimme die Barthsche Christologie. Siehe: Jones, *The Humanity of Christ*, T and T Clark, London, 2008, S. 66.

31 Van Driels Buch *Incarnation anyway* beschäftigt sich im fünften und längsten Kapitel über lange Strecken mit McCormacks konstruktiver Barth-Rezeption, wobei die Debatte, die van Driel mit McCormack in den oben genannten Artikeln geführt hat, hier bereits eingearbeitet ist. Siehe: Van Driel, *Incarnation Anyway: Arguments for Supralapsarian Christology*, Oxford University Press, Oxford, 2008, S. 83ff.

32 Nimmo übernimmt McCormacks Interpretation der Barthschen Erwählungslehre, um mit ihrer Hilfe zu zeigen, dass die menschliche Person, wie die göttliche ein Sein im Akt ist. Siehe: Nimmo, *Being in Action: The Theological Shape of Barth's Ethical Vision*, T and T Clark, London, 2008, S. 8.

33 Dempsey hat sich die Mühe gemacht, alle bis ins Jahr 2010 veröffentlichten Beiträge zur Debatte zwischen McCormack und Hunsinger zu sammeln und mit einer Einleitung versehen zu veröffentlichen. Siehe: Dempsey, *Trinity and Election in Contemporary Theology*, Eerdmans Publishing, Grand Rapids, 2011.

34 Long setzt sich in seinem Buch *Saving Karl Barth* wiederholt mit McCormack auseinander. Siehe: Long, *Saving Karl Barth: Hans Urs von Balthasar's Preoccupation*, Fortress Press, Minneapolis, 2014, S. 101.

35 Van't Slot nutzt McCormacks These von der immer durchdringenderen Christozentrik in Barths Werk, um Barths Vorstellung von der Menschlichkeit Gottes zu explizieren. Siehe: Van't Slot, „Die christologische Konzentration. Anfang und Durchführung" in: *Zeitschrift für Dialektische Theologie*, 2015, S. 12–31.

in jüngeren angloamerikanischen Veröffentlichungen zur Trinitätslehre oder Christologie bei oder im Anschluss an Barth regelmäßiger aufgegriffen als McCormack. Es bleibt zu hoffen, dass dies im deutschsprachigen Raum nun auch geschieht.

Bibliographie der Veröffentlichungen von Bruce Lindley McCormack

Bruce Lindley McCormack, Ph.D, Dr.h.c

Lebenslauf

Geburt: 27.11.1952 in Peru/Indiana
Studium:
1973–1976 *B.A. (summa cum laude)* in Economic/Business Administration and Religion Point Loma Nazarene University San Diego
1978–1980 *M.Div (summa cum laude)* Nazarene Theological Seminary Kansas City
1980–1989 Princeton Theological Seminary (Ph.D.)
1984–1985 Fulbright-Stipendiat in Basel
1989 *Ph.D (summa cum laude)* Princeton Theological Seminary
Lehre:
1987–1991 *Lecturer in Reformed Theology*, University of Edinburgh, Schottland
1991–1998 *Weyerhaeuser Associate Professor of Systematic Theology*, Princeton Theological Seminary, Princeton NJ
1992 Studiensemester in Tübingen
1997 Gründung des *Center for Barth Studies (CBS)* am Princeton Theological Seminary
1998 *Karl-Barth-Preisträger*
1998–2009 *Weyerhaeuser Professor of Systematic Theology*, Princeton Theological Seminary
25.05.2004 Ehrenpromotion durch die Friedrich-Schiller-Universität Jena
Seit 2009 *Charles Hodge Professor of Systematic Theology*, Princeton Theological Seminary
2019–2020 *Alfried Krupp Senior Fellow* am Alfried Krupp Wissenschaftskolleg in Greifswald

Monographien und Sammelbände

1. *For Us and Our Salvation: Incarnation and Atonement in the Reformed Tradition*, Studies in Reformed Theology and History 1, Princeton, 1993.
2. *Karl Barth's Critically Realistic Dialectical Theology. Its Genesis and Development 1909–1936*, Oxford, 1995.
   Deutsche Übersetzung von Matthias Gockel: *Theologische Dialektik und kritischer Realismus. Entstehung und Entwicklung von Karl Barths Theologie 1909–1936*, Zürich, 2006.
3. *Orthodox and Modern. Studies in the Theology of Karl Barth*, Grand Rapids, 2008.

Herausgeberschaften inklusive eigener Beiträge

1. Bruce McCormack, *Justification in Perspective. Historical Developments and Contemporary Challenges.* Grand Rapids: Baker Academic, 2006.
   Darin: „*Justitia aliena*: Karl Barth in Conversation with the Evangelical Doctrine of Imputed Righteousness", S. 167–196.
2. Bruce McCormack, *Engaging the Doctrine of God. Contemporary Protestant Perspectives.* Grand Rapids: Baker Academic, 2008.
   Darin: „The Actuality of God: Karl Barth in Conversation with Open Theism", S. 185–242.

Mitherausgeberschaften inklusive eigener Beiträge

1. Bruce McCormack, Gerrit Neven, *The Reality of Faith in Theology. Studies on Karl Barth. Princeton - Kampen Consultation 2005.* Bern: Peter Lang AG, 2007.
   Darin: „Not a Possible God but the God Who Is: Observations on Friedrich Schleiermacher's Doctrine of God", S. 111–139.
2. Bruce McCormack, Kimlyn J. Bender, *Theology as Conversation. The Significance of Dialogue in Historical and Contamporary Theology. A Festschrift for Daniel L. Migliore.* Grand Rapids: William B. Eerdmans Publishing Company, 2009.
   Darin: „God *Is* His Decision: The Jüngel - Gollwitzer ‚Debate' Revisited", S. 48–66.
3. Bruce McCormack, Clifford B. Anderson, *Karl Barth and American Evangelism.* Grand Rapids: William B. Eerdmans Publishing Company, 2011.
   Darin: „So That He May Be Merciful to All: Karl Barth and the Problem of Universalism", S. 227–249.
   Und: „Afterword: Reflections on Van Til's Critique of Barth", S. 366–380.
4. Bruce McCormack, Kelly M. Kapic, *Mapping Modern Theology: A Thematic and Historical Introduction.* Grand Rapids: Baker Academic, 2012.
   Darin: „Introduction: On ‚Modernity' as a Theological Concept", S. 1–19.
5. Bruce McCormack, Günther Thomas, Rinse Reeling Brouwer, *Dogmatics After Barth: Facing Challenges in Church, Society and the Academy.* Leipzig: Create Space Independent Publishing Platform 2012.
   Darin: „Wither Protestant Ecumenism? The Contribution of Karl Barth's Later Christology to the Task of Protestant Ecumenical Theology Today", S. 143–152.
6. Bruce McCormack, Thomas Jopseh White O.P., *Thomas Aquinas And Karl Barth. An Unofficial Catholic-Protestant Dialogue.* Grand Rapids: William B. Eerdmans Publishing Company, 2013.
   Darin: „Processions and Missions: A Point of Convergence between Thomas Aquinas and Karl Barth", S. 99–126.

Und: „Epilogue: Musings on the Role Played by Philosophy in Ecumenical Dialogue", S. 280–284.
7. Bruce McCormack, Clifford B Anderson, *Karl Barth and the Making of Evangelical Theology: A Fifty – Year Perspective.* Grand Rapids: William B. Eerdmans Publishing Company, 2015.
8. Bruce McCormack, David Fergusson, *Schools of Faith. Essays on Theology, Ethics and Education.* New York: T and T Clark, 2019.
Darin: „Schleiermacher's Trinitarian ‚Realism'", S. 101–116.

Beiträge in anderen Herausgeberschaften

1. Bruce McCormack, „Historical Criticism and Dogmatic Interest in Karl Barth's Theological Exegesis of the New Testament" In: *Biblical Hermeneutics in Historical Perspective. Studies in Honor of Karlfried Froehlich on His Sixtieth Birthday.* Hrsg. von Mark S., Burrows, Paul, Rorem. Grand Rapids: William B. Eerdmans Publishing Company, 1991, S. 322–338.
2. Bruce McCormack, „Response to Benjamin W. Farley's Recurring Hermeneutical Principles" In: *Calvin as Exegete.* Hrsg. Peter de Klerk: MI: Cacin Studies Society, 1995 S. 89–93.
3. Bruce McCormack, „The Sum of the Gospel. The Doctrine of Election in the Theologies of Alexander Schweizer and Karl Barth" In: *Toward the Future of Reformed Theology: Tasks, Topics, Traditions.* Hrsg. von David Willis, Michael Welker. Grand Rapids: William B. Eerdmans Publishing Company, 1999, S. 470–493.
Deutsche Ausgabe (Übersetzt von Ralf Frisch): Bruce McCormack, „Die Summe des Evangeliums – Die Erwählungslehre in den Theologien von Alexander Schweizer und Karl Barth" In: *Zur Zukunft der Reformierten Theologie. Aufgaben – Themen – Traditionen.* Hrsg. von Michael Welker, David Willis. Vluyn: Neukirchener, 1998, S. 541–566.
(Ebenfalls abgedruckt in *Orthodox and Modern. Studies in the Theology of Karl Barth*, S. 41–61.)
4. Bruce McCormack, „Setting the Minds on Things Above: The Immediate Practicality of Theoretical Knowledge of God" In: *Theology in the Service of the Church: Essays in Honor of Thomas W. Gillespie* Hrsg. Wallace M. Alston, Jr. Grand Rapids: William B. Eerdmans Publishing Company, 2000, S. 140–152.
5. Bruce McCormack, „Grace and Being. The Role of God's Gracious Election in Karl Barth's Theological Ontology" In: *The Cambridge Companion to Karl Barth.* Hrsg. von John Webster. Cambridge: Cambridge University Press, 2000, S. 92–110.
(Ebenfalls abgedruckt in *Orthodox and Modern. Studies in the Theology of Karl Barth*, S. 183–200.)
6. Bruce McCormack, „Karl Barth" In: *The Oxford Companion to Christian Thought.* Hrsg. Adrian Hastings. Oxford: Oxford University Press, 2000, S. 64–67.
7. Bruce McCormack, „The Significance of Karl Barth's Theological Exegesis of Philippians" In: Karl Barth, *Epistle to the Philippians. 40th anniv. ed..* Louisville: Westminster John Knox, 2002, v–xxv.
(Ebenfalls abgedruckt in *Orthodox and Modern. Studies in the Theology of Karl Barth*, S. 89–105.)
8. Bruce McCormack, „The End of Reformed Theology? The Voice of Karl Barth in the Doctrinal Chaos of the Present" In: *Reformed Theology: Identity and Ecumenicity.* Hrsg. von Wallace Alston Jr., Michael Welker. Grand Rapids: William B. Eerdmans Publishing Company, 2003, S. 46–64.

9. Bruce McCormack, „The Being of Holy Scripture is in Becoming: Karl Barth in Conversation with American Evangelical Criticism“ In: *Evangelicals and Holy Scripture: Tradition, Authority and Hermeneutics.* Hrsg. von Vincent Bacote, Laura M. Miguélez, Dennis L. Okholm. Downers Grove: InterVarsity Press, 2004, S. 55–75.
10. Bruce McCormack, „Participation in God, Yes; Deification, No. Two Modern Protestant Responses to an Ancient Question“ In: *Denkwürdiges Geheimnis – Beiträge zur Gotteslehre: Festschrift für Eberhard Jüngel zum 70. Geburtstag.* Hrsg. von Ingolf U. Dalferth, Johannes Fischer, Hans – Peter Grosshans. Tübingen: Mohr Siebeck, 2004, S. 347–374.
(Ebenfalls abgedruckt in *Orthodox and Modern. Studies in the Theology of Karl Barth*, S. 235–260.)
11. Bruce McCormack, „The Ontological Presuppositions of Barth's Doctrine of the Atonement“ In: *The Glory of the Atonement: Biblical, Historical, and Practical Perspectives: Essays in Honor of Roger Nicole.* Hrsg. von Charles E. Hill, Frank A. James III.. Downers Grove: InterVarsity Press, Downers Grove, 2004, S. 346–366.
12. Bruce McCormack, „What's at Stake in Current Debates Over Justification? The crisis of Protestantism in the West“ In: *Justification: What's at Stake in the Current Debate.* Hrsg. von: Mark Husbands, Daniel J. Treier. Downers Grove: InterVarsity Press, 2004, S. 81–117.
13. Bruce McCormack, „An open Letter to Eberhard Jüngel on His 70th Birthday“ In: *Für Eberhard Jüngel: Eine Festgabe* Hrsg. Wolfgang Erk, Dirk Evers. Stuttgart: Radius Verlag, 2004, S. 78–79.
14. Bruce McCormack, „Der theologiegeschichtliche Ort Karl Barths“ In: *Karl Barth in Deutschland (1921–1935): Aufbruch – Klärung – Widerstand* Hrsg. Michael Beintker, Christian Link, Michael Trowitzsch. Zürich: TVZ, 2005, S. 15–40.
15. Bruce McCormack, „Christ and the Decree: An Unsettled Question for the Reformed Churches Today“ In: *Reformed Theology in Contemporary Perspective. Westminster: Yesterday – Today – and Tomorrow?* Hrsg. von Lynn Quigley. Edinburgh: Rutherford House, 2006, S. 124–142.
16. Bruce McCormack, „Divine Impassibility or Simply Divine Constancy? Implications of Karl Barth's Later Christology for Debates over Impassibility“ In: *Divine Impassibility and the Mystery of human Suffering.* Hrsg. von James F. Keating, Thomas Joseph White O.P.. Grand Rapids: William B. Eerdmans Publishing Company, 2009, S. 150–186.
17. Bruce McCormack, „Trinity and Election: A Progress Report.“ In: *Ontmoetingen – tijdgenoten en getuigen: Festschrift for Gerrit Neven.* Hrsg. von Rinse Reeling Brouwer, Akke von der Koi, Volker Küster. Kampen: Kok, 2009, S. 14–35.
18. Bruce McCormack, „‚With Loud Cries and Tears‘: The Humanity of the Son in the Epistle to the Hebrews“ In: *The Epistle to the Hebrews and Christian Theology.* Hrsg. von Richard Bauckham, Daniel R. Driver, Trevor A. Hart, Nathan McDonald. Grand Rapids: William B. Eerdmans Publishing Company, 2009, S. 37–68.
19. Bruce McCormack, „Protestant Identity as a Theological Problem“ In: *Contact Zone: Explorations in Intercultural Theology, vol. 1: Reshaping Protestantism in a Global Context* Hrsg. Volker Küster. Berlin: Lit Verlag, 2009, S. 177–194.
20. Bruce McCormack, „Karl Barth's Version of an ‚Analogy of Being‘: A Dialectical No and Yes to Roman Catholicism“ In: *The Analogia Entis: Invention of the Antichrist or the Wisdom of God?* Hrsg. von Thomas Joseph White O.P.. Grand Rapids: William B. Eerdmans Publishing Company, 2010, S. 88–144.
21. Bruce McCormack, „The Doctrine of the Trinity after Barth: An Attempt to Re-

construct Barth's Doctrine in the Light of His Later Christology" In: *Trinitarian Theology after Barth.* Hrsg. von Myk Habets, Phllip Tolliday. Eugene: Pickwick Publications, 2011, S. 87–118.

22. Bruce McCormack, „The Identity of the Son: Karl Barth's Exegesis of Hebrews 1:1–4 (and Similar Passages)" In: *Christology, Hermeneutics and Hebrews: Profiles from the History of Interpretation.* Hrsg. von: Jon C. Laansma, Daniel J. Treier. London: T and T Clark, 2012, S. 155–172.
23. Bruce McCormack, „The Lord and Giver of Life: A ‚Barthian' Defense of the *Filioque*" In: *Rethinking Trinitarian Theology: Disputed Questions and Contemporary Issues in Trinitarian Theology.* Hrsg. von Giulio Maspero, Robert J. Wozniak. London: Continuum, 2012, S. 230–253.
24. Bruce McCormack, „The Only Mediator: The Person and Work of Christ in Evangelical Perspective" In: *Renewing the Evangelical Mission.* Hrsg. von Richard Lints. Grand Rapids: Eerdmans Publishing Company, 2013, S. 250–269.
25. Bruce McCormack, „Can we Still Speak of ‚Justification by Faith'? An In - House Debate with Apocalyptic Readings of Paul" In: *Galatians and Christian Theology. Justification, the Gospel, and Ethics in Paul's Letter.* Hrsg. von Mark W. Elliott, Scott J. Hafemann, N.T. Wright und John Frederick. Grand Rapids: Baker Academic, 2014, S. 159–184.
26. Bruce McCormack, „Longing for a New World: On Socialism, Eschatology and Apocalyptic in Barth's Early Dialectical Theology" In: *Theologie im Umbruch der Moderne. Karl Barths frühe Dialektische Theologie - Christentum und Kultur, Band 15.* Hrsg. von Georg Pfleiderer, Harald Matern. Zürich: Theologischer Verlag Zürich, 2014, S. 135–149.
27. Bruce McCormack, „Atonement And Human Suffering" in: *Locating Atonement : Explorations in Constructive Dogmatics.* Hrsg. von Oliver D. Crisp, Fred Sanders. Grand Rapids: Zondervan, 2015, S. 189–208.
28. Bruce McCormack, „Barths Kritik an Schleiermacher. Eine Meta - Kritik" In: *Karl Barth und Friedrich Schleiermacher.* Hrsg. von Matthias Gockel, Martin Leiner. Göttingen: Vandenhoeck und Ruprecht, 2015, S. 303–315.
29. Bruce McCormack, „Über Barth hinaus - mit Schleiermacher?" In: *Karl Barth und Friedrich Schleiermacher.* Hrsg. von Matthias Gockel, Martin Leiner. Göttingen: Vandenhoeck und Ruprecht, 2015, S. 45–88.
30. Bruce McCormack, „Barth und Schleiermacher" (S. 64–70), „Christonomie" (S. 226–231), „Dogmatische Werke" (S. 247–250) In: *Barth Handbuch.* Hrsg. von Michael Beintker. Tübingen: Mohr Siebeck, 2016.
31. Bruce McCormack, „Does God Suffer?" In: *Karl Barth als Lehrer der Versöhnung (1950–1968). Vertiefung - Öffnung - Hoffnung.* Hrsg. von Michael Beintker, Georg Plasger, Michael Trowitzsch. Zürich: Theologischer Verlag Zürich, 2016, S. 55–72.
32. Bruce McCormack, „The Passion of God Himself. Barth on Jesus's Cry of Dereliction" In: *Reading The Gospel With Karl Barth.* Hrgs. von Daniel L. Migliore. Grand Rapids: William B. Eerdmans Publishing Company, 2017, S. 155–172.

Artikel

1. Bruce McCormack, „Divine Revelation and Human Imagination: Must we Choose Between the Two?“ in: Scottish Journal of Theology, Jahrgang 37, Ausgabe 4, November 1984, S. 431–455.
2. Bruce McCormack, „Historical Criticism and Dogmatic Interest in Karl Barth's Theological Exegesis of the New Testament“ in: Lutheran Quarterly 5, 1991, S. 211–225.
3. Bruce McCormack, „The Unheard Message of Karl Barth“ in: Word and World 14, 1994, S. 59–66.
4. Bruce McCormack, „Karl Barth and the Impossible Possibility of Theology“ in: Harvard Divinity Bulletin 25, 2/3, 1996, 10–11.
5. Bruce McCormack, „Barth in Context: A Response to Professor Gunton“ in: Scottish Journal of Theology, Jahrgang 49, Ausgabe 4, November 1996, S. 491–498.
6. Bruce McCormack, „Beyond Nonfoundational and Postmodern Readings of Barth. Critically Realistic Dialectical Theology“ in: Zeitschrift für dialektische Theologie, Nr. 13, 1997, S. 67–95.
   (Ebenfalls abgedruckt in *Orthodox and Modern. Studies in the Theology of Karl Barth*, S. 109–165.)
7. Bruce McCormack, „Revelation and History in Transfoundationalist Perspective. Karl Barth's Theological Epistemology in Conversation with a Schleiermacherian Tradition“ in: Journal of Religion 78, 1998, S. 18–37.
   (Ebenfalls abgedruckt in *Orthodox and Modern. Studies in the Theology of Karl Barth*, S. 21–40.)
8. Bruce McCormack, „The Limits of the Knowledge of God. Theses on the Theological Epistemology of Karl Barth“ in: Zeitschrift für dialektische Theologie, Nr. 15, 1999, S. 75–86.
   (Ebenfalls abgedruckt in *Orthodox and Modern. Studies in the Theology of Karl Barth*, S. 167–180.)
9. Bruce McCormack, „Dankeswort“, in: The Princeton Seminary Bulletin, Nr. 23, 2000, S. 211–219.
10. Bruce McCormack, „Karl Barth's Historicized Christology. Just How ‚Chalcedonian' Is It?“ übersetzt von Amy Marga als „Barth's grundsätzlicher Chalcedonismus“ in: Zeitschrift für dialektische Theologie, Nr. 18, 2002, S. 38–73.
    (Ebenfalls abgedruckt in *Orthodox and Modern. Studies in the Theology of Karl Barth*, S. 201–233.)
11. Bruce McCormack, „The Barth Renaissance in America: An Opinion“ in: The Princeton Seminary Bulletin, 2002, S. 337–340.
    (Ebenfalls abgedruckt in *Orthodox and Modern. Studies in the Theology of Karl Barth*, S. 281–284.)
12. Bruce McCormack, „What has Basel to do with Berlin? Continuities in the Theologies of Barth and Schleiermacher“ in: The Princeton Seminary Bulletin, 2002, S. 146–173.
    (Ebenfalls abgedruckt in *Orthodox and Modern. Studies in the Theology of Karl Barth*, S. 63–87.)
13. Bruce McCormack, „The One, the Three, the Many: In Memory of Colin Gunton“ in: Cultural Encounters: A Journal fot the Theology of Culture, 1,2, 2005, S. 7–17.
14. Bruce McCormack, „Karl Barth's Christology as a Resource for a Reformed Version of Kenoticism“ in: International Journal of Systematic Theology, Jahrgang 8, Ausgabe 3, Juli 2006, S. 243–251.

15. Bruce McCormack, „Theology and Science. Karl Barth's Contribution to an Ongoing Debate“ in: Zeitschrift für dialektische Theologie (Sonderausgabe), Nr. 22, 2006, S. 56–59.
(Ebenfalls abgedruckt in *Orthodox and Modern. Studies in the Theology of Karl Barth*, S. 285–289.)
16. Bruce McCormack, „In einem einzigen Leib durch das Kreuz: Das ‚Princeton Proposal‘ für die Einheit der Christen“ in: Catholica 61, 2007, S. 169–192.
17. Bruce McCormack, „Seek God where he may be found: a response to Edwin Chr. van Driel“, in: Scottish Journal of Theology, Jahrgang 60, Ausgabe 1, Februar 2007, S. 62–79.
(Ebenfalls abgedruckt in *Orthodox and Modern. Studies in the Theology of Karl Barth*, S. 261–277.)
18. Bruce McCormack, „Why Should Theology Be Christocentric? Christology and Metaphysics in Paul Tillich and Karl Barth.“ in: Wesleyan Theological Journal 45, 2010, S. 42–80.
19. Bruce McCormack, „Election and the Trinity: Theses in response to George Hunsinger“, in: Scottish Journal of Theology, Jahrgang 63, Ausgabe 2, Mai 2010, S. 203–224.
20. Bruce McCormack, „Let's Speak Plainly: A Response to Paul Molnar“ in: Theology Today, Nr. 67, 2010, S. 57–65.
21. Bruce MCCormack, „Why Should Theology Be Christocentric? Christology and Metaphysics in Paul Tillich and Karl Barth“ in: Wesleyan Theological Journal, Nr. 45, 2010, S. 42–80.
22. Bruce McCormack und Alexandra Pârvan, „Immutability, (Im)passibility and Suffering: Steps towards a ‚Psychological‘ Ontology of God“ in: Neue Zeitschrift für Systematische Theologie, Nr. 59, Ausgabe 1, 2017, S. 1–25.
23. Bruce McCormack, „In Memoriam: Robert Jenson (1930–2017)“ in: International Journal of Systematic Theology, Volume 20, Number 1, January 2018, S. 3–7.

Rezensionen

1. Bruce McCormack, „Models of God: Theology for an Ecological, Nuclear Age. By McFague Sallie. Fortress Press, 1987.“ in: Scottish Bulletin of Evangelical Theology Jahrgang 8, 1990, S. 55–57.
2. Bruce McCormack, „Revelatory Positivism? Barth's Earliest Theology and the Marburg School. By Fisher Simon. Oxford University Press, 1988. Pp. xv + 248. No price“ in: Scottish Journal of Theology, Jahrgang 43, Ausgabe 4, Mai 1990, S. 504–508.
3. Bruce McCormack, „Barth and Schleiermacher: Beyond the Impasse? Edited by Duke James O. and Streetman Robert F.. Philadelphia, Fortress Press, 1988. Pp. xiii + 186. No price“ in: Scottish Journal of Theology, Jahrgang 44, Ausgabe 2, Mai 1991, S. 260–264.
4. Bruce McCormack, „Karl Barth, Biblical and Evangelical Theologian. By Torrance Thomas F.. Edinburgh, T. and T. Clark, 1990. Pp. xii + 240. £14.95“ in: Scottish Journal of Theology, Jahrgang 45, Ausgabe 2, Mai 1992, S. 253–254.
5. Bruce McCormack, „Reckoning with Barth. Essays in Commemoration of the Centenary of Karl Barth's Birth. London, Mowbray, 1988. Edited by Nigel Biggar“ in: European Journal of Theology, Jahrgang 1, 1992, S. 87–89.
6. Bruce McCormack, „A Theology on Its Way? Essays on Karl Barth. By Roberts Richard H.. Edinburgh, T. and T. Clark, 1991. Pp. xvi + 199. £17.50“ in: Scottish Journal of Theology, Jahrgang 47, Ausgabe 1, Februar 1994, S. 133–135.

7. Bruce McCormack, „Karl Barth, The Holy Spirit and the Christian Life: The Theological Basis of Ethics“ in: Princeton Seminary Bulletin, Nr. 25, 1994, S. 312–314. (Ebenfalls abgedruckt in *Orthodox and Modern. Studies in the Theology of Karl Barth*, S. 309–312.)
8. Bruce McCormack, „The Hastening that Waits. By Nigel Biggar“ in Theology Today, Jahrgang 51, 1994, S. 488–490.
9. Bruce McCormack, „Graham Ward's ‚Barth, Derrida and The Language of Theology‘“ in: Scottish Journal of Theology, Jahrgang 49, Ausgabe 1, Februar 1996, S. 97–109.
10. Bruce McCormack, „Barth's Ethics of Reconciliation. By John Webster.“ in: Modern Theology, Jahrgang 13, 1997, S. 273–276.
11. Bruce McCormack, „Jesus Christ in the Preaching of Calvin and Schleiermacher. By Dawn DeVries, Luisville, Westminster, John Knox, 1996, 115 pp. 15.00 Dollar“ in: Theology Today, vol. 55, 3, 1. Oktober, 1998, S. 482–485.
12. Bruce McCormack, „Karl Barth und der Neukantianismus: Die Rezeption des Neukantianismus im ‚Römerbrief‘ und ihre Bedeutung für die weitere Ausarbeitung der Theologie Karl Barth's. By Johann Friedrich Lohmann“ in: Journal of Religion, Nr. 78, 1998, S. 129–130.
(Ebenfalls abgedruckt in *Orthodox and Modern. Studies in the Theology of Karl Barth*, S. 305–307.)
13. Bruce McCormack, „The Mystery of God: Karl Barth and the Postmodern Foundations of Theology. By William Stacy Johnson, Luisville, Westminster, John Knox, 1997, 211 pp., 18.00 Dollar“ in: Theology Today, vol. 55, 3, 1. Oktober, 1998, S. 458–460.
14. Bruce McCormack, „The Question of Woman: The Collected Writings of Charlotte von Kirschbaum. Edited (with Introduction) by Jackson Eleanor. Grand Rapids, Wm. B. Eerdmans Publishing Company, 1996. pp.x + 202. $16.00“ in: Scottish Journal of Theology, Jahrgang 52, Ausgabe 4, November 1999, S. 525–529.
15. Bruce McCormack, „Timothy J. Gorringe, Karl Barth: Against Hegemony (Oxford: Oxford University Press, 1999), pp. x + 313. £14.99“ in: Scottish Journal of Theology, Jahrgang 55, Ausgabe 2, Mai 2002, S. 250–252.
16. Bruce McCormack, „Christopher Asprey, Eschatological Presence in Karl Barth's Göttingen Theology (Oxford: OUP, 2010), pp. xi + 284. £55.00“ in: Scottish Journal of Theology, Jahrgang 67, Ausgabe 2, Mai 2014, S. 250–252.

Literatur

Quellen

Balthasar, Hans Urs von. *Henri de Lubac. Sein organisches Lebenswerk*. Einsiedeln: Johannes Verlag, ³1976.

– *Herrlichkeit. Eine theologische Ästhetik*. Einsiedeln: Johannes Verlag, ³1988.

– *Karl Barth. Darstellung und Deutung seiner Theologie*. Einsiedeln: Johannes Verlag, ⁴1976.

– *Theologie der drei Tage*. Einsiedeln: Johannes Verlag, 1990.

Barth, Karl. *Christliche Dogmatik im Entwurf. Die Lehre vom Worte Gottes. Prolegomena zur christlichen Dogmatik*. Karl Barth Gesamtausgabe. Zürich: Theologischer Verlag Zürich, 1927.

– *Einführung in die evangelische Theologie*. Zürich: Theologischer Verlag Zürich, ⁶2006.

– „Gottes Gnadenwahl". In: *Theologische Existenz heute 47* (1936).

– *Kirchliche Dogmatik – Die Lehre von Gott, Zweiter Band, Erster Halbband*. Zürich: Theologischer Verlag Zürich, 1948.

– *Kirchliche Dogmatik – Die Lehre von Gott, Zweiter Band, Zweiter Halbband*. Zürich: Theologischer Verlag Zürich, 1948.

– *Kirchliche Dogmatik – Die Lehre vom Wort Gottes, Erster Halbband*. Zürich: Theologischer Verlag Zürich, 1952.

– *Kirchliche Dogmatik – Die Lehre von der Versöhnung, Erster Teil*. Zürich: Theologischer Verlag Zürich, 1953.

– *Kirchliche Dogmatik – Die Lehre von der Versöhnung, Zweiter Teil*. Zürich: Theologischer Verlag Zürich, 1955.

Hunsinger, George. „Beyond Literalism and Expressivism. Karl Barth's Hermeneutical Realism". In: *Disruptive Grace. Studies in the Theology of Karl Barth*. Hrsg. von George Hunsinger. Grand Rapids: Eerdmans Publishing, 2000, S. 210–225.

– *Disruptive Grace. Studies in the Theology of Karl Barth*. Grand Rapids: Eerdmans Publishing, 2000.

– „Election and the Trinity: Twenty-five Theses on the Theology of Karl Barth". In: *Modern Theology 24:2* (April 2008), S. 179–198.

– *How to read Karl Barth. The Shape of his Theology*. Oxford: Oxford University Press, 1991.

– „Karl Barth's Christology. Its basic Chalcedonian Character". In: *The Cambridge Companion to Karl Barth*. Hrsg. von John Webster. Cambridge: Cambridge University Press, 2000, S. 127–142.

– „Mysterium Trinitatis. Karl Barth's Conception of Eternity". In: *Disruptive Grace – Studies in the Theology of Karl Barth*. Hrsg. von George Hunsinger. Grand Rapids: Eerdmans Publishing, 1999, S. 186–209.

– *Reading Barth with Charity. A hermeneutical Proposal*. Grand Rapids: Baker Academic, 2015.

– „Truth as Self-Evolving. Barth and Lindbeck". In: *Disruptive Grace – Studies in the Theology of Karl Barth*. Hrsg. von George Hunsinger. Grand Rapids: Eerdmans Publishing, 1999, S. 305–318.

Jüngel, Eberhard. „...keine Menschenlosigkeit Gottes... Zur Theologie Karl Barths zwischen Theismus und Atheismus". In: *Barthstudien*. Hrsg. von Eberhard Jüngel. Gütersloh: Gütersloher Verlagshaus Gerd Mohn, 1982, S. 332–347.

– „Das Verhältnis von ökonomischer Trinität und immanenter Trinität. Erwägungen über eine biblische Begründung der Trinitätslehre im Anschluss an und in Auseinandersetzung mit Karl Rahners Lehre vom dreifaltigen Gott als transzendentem Urgrund der Heilsgeschichte". In: *Entsprechungen, Gott – Wahrheit – Mensch*. München: Chr. Kaiser Verlag, 1980, S. 265–275.

Jüngel, Eberhard. *God's being is in becoming*. Edinburgh: T und T Clark, 2001.

– *Gott als Geheimnis der Welt. Zur Begründung der Theologie des Gekreuzigten im Streit zwischen Theismus und Atheismus*. Tübingen: Mohr Siebeck, [6]1992.

– *Gottes Sein ist im Werden*. Tübingen: Mohr Siebeck, 1965.

– „Laudatio [für Professor McCormack anlässlich der Verleihung des Karl-Barth-Preises 1998]". In: *Berliner Theologische Zeitschrift 16* (1999), S. 282–291.

– *Paulus und Jesus. Eine Untersuchung zur Präzisierung der Frage nach dem Ursprung der Christologie*. Tübingen: Mohr Siebeck, [2]1964.

– „Von der Dialektik zur Analogie. Die Schule Kierkegaards und der Einspruch Petersons". In: *Barthstudien*. Hrsg. von Eberhard Jüngel. Gütersloh: Gütersloher Verlagshaus Gerd Mohn, 1982, S. 127–179.

McCormack, Bruce. „The Limits of the Knowledge of God". In: *Orthodox and Modern. Studies in the Theology of Karl Barth*. Hrsg. von Bruce McCormack. Grand Rapids: Baker Academic, 2008, S. 167–180.

– „"With Loud Cries and Tears". The Humanity of the Son in the Epistle to the Hebrews". In: *The Epistle to the Hebrews and Christian Theology*. Hrsg. von Richard Bauckham. Grand Rapids: Eerdmanns Publishing, 2009, S. 37–68.

– „Atonement and Human Suffering". In: *Locating Atonement: Explorations in Constructive Dogmatics*. Hrsg. von Fred Sanders Oliver D. Crisp. Grand Rapids: Zondervan, 2015, S. 189–208.

– „Barth und Schleiermacher". In: *Barth Handbuch*. Hrsg. von Michael Beintker. Tübingen: Mohr Siebeck, 2016, S. 64–74.

– „Barths grundsätzlicher Chalkedonismus". In: *Zeitschrift für Dialektische Theologie, Jahrgang 18, Nr. 2* (2002). Hrsg. von Gerrit Neven, S. 138–173.

– „Barths Kritik an Schleiermacher – Eine Meta-Kritik". In: *Karl Barth und Friedrich Schleiermacher. Zur Neubestimmung ihres Verhältnisses*. Hrsg. von Martin Leiner Matthias Gockel. Göttingen: Vandenhoeck und Ruprecht, 2015, S. 303–317.

– „Beyond Nonfoundational and Postmodern Readings of Barth. Critically Realistic Dialectical Theology". In: *Orthodox and Modern. Studies in the Theology of Karl Barth*. Hrsg. von Bruce McCormack. Grand Rapids: Baker Academic, 2008, S. 67–95.

– „Can We Still Speak of ‚Justification by Faith'?"In: *Galatians And Christian Theology: Justification, the Gospel, and Ethics in Paul's Letter*. Hrsg. von Mark Elliot. Grand Rapids: Baker Academic, 2014, S. 159–186.

– „Divine Impassibility or simply Divine Constancy? Implications of Karl Barth's Later Christology for Debates over Impassibility". In: *Divine Impassibility and the Mystery of Human Suffering*. Hrsg. von James F. Keating und O.P. Thomas Joseph. Grand Rapids: Eerdmans Publishing, 2009, S. 150–186.

– „Does God Suffer? Karl Barth's Contribution to a Growing Theological Controversy". In: *Karl Barth als Lehrer der Versöhnung (1950-1968): Vertiefung – Öffnung – Hoffnung*. Hrsg. von Michael Trowitzsch Michael Beintker Georg Plasger. Zürich: Theologischer Verlag Zürich, 2016, S. 55–72.

- „Election and the Trinity: Theses in response to George Hunsinger". In: *Scottish Journal of Theology* (2010), S. 203–224.
- „God Is His Decision: The Jüngel-Gollwitzer ‚Debate' Revisited". In: *Theology as Conversation*. Grand Rapids: Eerdmanns Publishing, 2009, S. 48–66.
- „Grace and Being – The Role of God's Gracious Election in Karl Barth's Theological Ontology". In: *Orthodox and Modern – Studies in the Theology of Karl Barth*. Hrsg. von Bruce McCormack. Grand Rapids: Baker Academic, 2000, S. 183–200.
- „Immutability, (Im)passibility and Suffering: Steps towards a ‚Psychological' Ontology of God". In: *Neue Zeitschrift für Systematische Theologie und Religionsphilosophie* (2017), S. 1–25.
- „In Memoriam: Robert Jenson (1930-2017)". In: *International Journal for Systematic Theology, Volume 20, Nr. 1* (2018), S. 3–7.
- „Karl Barth's Christology as a Resource for a Reformed Version of Kenoticism". In: *International Journal of Systematic Theology Volume 8, no. 3* (Juli 2006), S. 243–251.
- „Karl Barth's Historicized Christology. Just How ‚Chalcedonian' Is It?"In: *Orthodox and Modern. Studies in the Theology of Karl Barth*. Hrsg. von Bruce McCormack. Grand Rapids: Baker Academic, 2008, S. 38–73.
- „Let's speak plainly. A Response to Paul Molnar". In: *Theology Today, Volume 67* (2010), S. 57–65.
- *Orthodox and Modern – Studies in the Theology of Karl Barth*. Grand Rapids: Baker Academy, 2008.
- „Participation in God: Yes; Deification: No". In: *Orthodox and Modern – Studies in the Theology of Karl Barth*. Hrsg. von Bruce McCormack. Grand Rapids: Baker Academic, 2004, S. 235–260.
- „Processions and Missions. A Point of Convergence between Thomas Aquinas and Karl Barth". In: *Thomas Aquinas and Karl Barth: An Unofficial Catholic-Protestant Dialogue*. Hrsg. von Thomas Joseph White O.P. Bruce McCormack. Grand Rapids: Eerdmanns Publishing, 2013, S. 99–126.
- „Revelation and History in Transfoundational Perspective: Karl Barth's Theological Epistemology in Conversation with a Schleiermacherian Tradition". In: *Orthodox and Modern. Studies in the Theology of Karl Barth*. Hrsg. von Bruce McCormack. Grand Rapids: Baker Academic, 2008, S. 21–40.
- „Seek God where He may be found: a response to Edwin Chr. van Driel". In: *Scottish Journal of Theology 60 (1)* (2007), S. 62–79.
- „The Actuality of God. Karl Barth in Conversation with Open Theism". In: *Engaging the Doctrine of God*. Hrsg. von Bruce McCormack. Grand Rapids: Baker Academic, 2008, S. 185–242.
- „The doctrine of the Trinity after Barth. An attempt to reconstruct Barth's doctrine in the light of is later Christology". In: *Trinitarian theology after Barth*. Cambridge: James Clarke und Co., 2011, S. 87–118.
- „The Lord and Giver of Life. A ‚Barthian' Defense of the Filioque". In: *Rethinking Trinitarian Theology*. Hrsg. von Robert J. Wozniak Giulio Maspero. New York: T und T Clark, 2012, S. 230–253.
- „The Passion of God Himself. Barth on Jesus's Cry of Dereliction". In: *Reading the Gospels with Karl Barth*. Hrsg. von Daniel Migliore. Grand Rapids: Eerdmanns Publishing, 2017, S. 155–172.
- „The Sum of the Gospel – The Doctrine of Election in the Theologies of Alexander Schweizer and Karl Barth". In: *Orthodox and Modern – Studies in the Theology of Karl Barth*. Hrsg. von Bruce McCormack. Grand Rapids: Baker Academic, 1999, S. 41–62.

McCormack, Bruce. *Theologische Dialektik und kritischer Realismus. Enstehung und Entwicklung von Karl Barths Theologie 1909–1936*. Zürich: TVZ, 2006.
– „Trinity and Election: A Progress Report". In: *Ontmoetingen: tijdgenoten en getuigen; studies aangeboden aan Gerrit Neven*. Kampen: Kok, 2009, S. 14–35.
– „Über Barth hinaus – mit Schleiermacher?"In: *Karl Barth und Friedrich Schleiermacher. Zur Neubestimmung ihres Verhältnisses*. Hrsg. von Martin Leiner Matthias Gockel. Göttingen: Vandenhoeck und Ruprecht, 2015, S. 45–88.
Molnar, Paul D. *Divine Freedom and the Doctrine of the Immanent Trinity: In Dialogue with Karl Barth and Contemporary Theology*. London und New York: T und T Clark, 2002.
– „Trinity, Election and God's ontological Freedom: A response to Kevin W. Hector". In: *International Journal of Systematic Theology, Vol. 8, No. 3* (July 2006), S. 294– 306.

Sekundärliteratur

Anderson, Victor. „The narrative Turn in Christian Ethics. A critical Appraisal". In: *American Journal of Theology and Philosophy, Vol. 19, No. 3* (September 1998), S. 293–312.
Aquin, Thomas von. *Lehre des Heils. Eine kleine Summe der Theologie*. Heidelberg: F.H. Kerle, 1948.
Beintker, Michael. „Barth-Forschung heute". In: *Barth Handbuch*. Hrsg. von Michael Beintker. Tübingen: Mohr Siebeck, 2016, S. 7–11.
– *Die Dialektik in der ‚dialektischen Theologie' Karl Barths*. München: Chr. Kaiser Verlag, 1987.
– „Resümee. Periodisierung des Barthschen Denkens". In: *Barth Handbuch*. Hrsg. von Michael Beintker. Tübingen: Mohr Siebeck, 2016, S. 232–236.
– „Vorwort". In: *Barth Handbuch*. Hrsg. von Michael Beintker. Tübingen: Mohr Siebeck, 2016, S. V– VI.
Bell, Richard H. „Wittgenstein and descriptive Theology". In: *Religious Studies, Vol. 5, No. 1* (Oktober 1969), S. 1–18.
Bieler, Martin. „Die kleine Drehung – Hans Urs von Balthasar und Karl Barth im Gespräch". In: *Logik der Liebe und Herrlichkeit Gottes*. Ostfildern: Matthias-Grünewald-Verlag, 2006, S. 318–338.
Bohmeyer, Axel. „Option für die Missachteten. Zur annerkennungstheoretischen Ortsbestimmung einer Kritischen Theorie". In: *Verstehen und Verdacht. Hermeneutische und Kritische Theologie im Gespräch*. Hrsg. von Andreas Telser Franz Gruber Ansgar Kreutzer. Ostfildern: Grünwald, 2015, S. 255–270.
Braun, Herbert. „Die Heilstatsachen im Neuen Testament". In: *Zeitschrift für Theologie und Kirche* (1960), S. 41–50.
– „Die Problematik einer Theologie des Neuen Testaments". In: *Gesammelte Studien zum Neuen Testament und seiner Umwelt*. Tübingen: Mohr Siebeck, 1962, S. 325–342.
Busch, Eberhard. *Karl Barths Lebenslauf*. München: Chr. Kaiser Verlag, 1976.
Carl E. Braaten, Robert W. Jenson. *Union with Christ. The New Finnish Interpretation of Luther*. Grand Rapids: Eerdmanns Publishing, 1998.
Carry, Phillip. *Barth Wars. A Review of Reading Barth with Charity*. https://www.firstthings.com/article/2015/04/barth-wars. aufgerufen: St. Andrews, den 30.08.2016.
Chalamet, Christophe. *Dialectical Theologians. Wilhelm Herrmann, Karl Barth and Rudolf Bultmann*. Zürich: Theologischer Verlag Zürich, 2005.

Cunningham, Dennis. *These Three Are One. The Practice of Trinitarian Theology*. Oxford: Blackwell, 1998.
Dempsey, Michael. „Introduction". In: *Trinity and Election in Contemporary Theology*. Grand Rapids: Eerdmans Publishing, 2011, S. 1–25.
Diem, Hermann. *Dogmatik: Ihr Weg zwischen Historismus und Existenzialismus*. München: Chr. Kaiser Verlag, 1955.
Diller, Kevin. „Is God necessarily who God is? Alternatives for the Trinity and Election Debate". In: *Scottish Journal of Religion, Vol 66, Nr. 2* (Mai 2013), S. 209–220.
Dorrien, Gary. *The Barthian Revolt in Modern Theology. Theology without Weapons*. Luisville: John Knox Press, 2000.
Dvorak, Rainer. *Gott ist Liebe. Eine Studie zur Grundlegung der Trinitätslehre bei Eberhard Jüngel*. Würzburg: echter, 1999.
Erickson, Millard J. *Who's Tampering with the Trinity? An Assessment of the Subordination Debate*. Grand Rapids: Kregel, 2009.
Fisichella, Rino. „Fundamentaltheologisches bei Hans Urs von Balthasar". In: *Hans Urs von Balthasar – Gestalt und Werk*. Köln: Communio, 1989, S. 298–311.
Flett, John G. „Versammlung, Auferbauung und Sendung der christlichen Gemeinde. Die Ekklesiologie in Karl Barths Versöhnungslehre". In: *Karl Barth als Lehrer der Versöhnung (1950–1968): Vertiefung – Öffnung – Hoffnung*. Hrsg. von Michael Trowitzsch Michael Beintker Georg Plasger. Zürich: Theologischer Verlag Zürich, 2016, S. 117–138.
Freyer, Thomas. *Zeit – Kontinuität und Unterbrechung. Studien zu Karl Barth, Wolfhart Pannenberg und Karl Rahner*. Würzburg: echter, 1993.
Geyer, Hans-Georg. „Gottes Sein als Thema der Theologie". In: *Andenken*. Tübingen: Mohr Siebeck, 2003, S. 112–148.
Gockel, Matthias. *Barth and Schleiermacher on the Doctrine of Election. A Systematic-Theological Comparison*. Oxford: Oxford University Press, 2006.
– „How to read Karl Barth with charity: A critical reply to George Hunsinger". In: *Modern Theology, 32:2* (April 2016), S. 259–267.
Goebel, Hans-Theodor. „Trinitätslehre und Erwählungslehre bei Karl Barth". In: *Wahrheit und Versöhnung. Theologische und philosophische Beiträge zur Gotteslehre*. Gütersloh: Gütersloher Verlagshaus Gerd Mohn, 1989, S. 147–166.
– *Vom freien Wählen Gottes und des Menschen. Interpretationsübungen zur Analogie nach Karl Barths Lehre von der Erwählung und Bedenken ihrer Folgen für die Kirchliche Dogmatik*. Frankfurt am Main: Peter Lang, 1990.
Gollwitzer, Helmut. *Die Existenz Gottes im Bekenntnis des Glaubens*. München: Chr. Kaiser Verlag, 1963.
– *Krummes Holz – Aufrechter Gang. Zur Frage nach dem Sinn des Lebens*. München: Christian Kaiser Verlag, 1970.
Graf, Friedrich Wilhelm. „Klassiker ist eine gefährliche Existenzform". In: *Frankfurter Allgemeine* (9. Dezember 2016).
Guder, Darrell. „Barths Missionsverständnis". In: *Karl Barth als Lehrer der Versöhnung (1950–1968): Vertiefung – Öffnung – Hoffnung*. Hrsg. von Michael Trowitzsch Michael Beintker Georg Plasger. Zürich: Theologischer Verlag Zürich, 2016, S. 349–362.
Gundlach, Thies. *Selbstbegrenzung Gottes und die Autonomie des Menschen. Karl Barths Kirchliche Dogmatik als Modernisierungsschritt evangelischer Theologie*. Frankfurt: Peter Lang, 1992.
Haitjema, Theodorus. *Karl Barths ‚Kritische Theologie'*. Wageningen, 1926.

Härle, Wilfried. *Sein und Gnade: Die Ontologie in Karl Barths Kirchlicher Dogmatik.* Berlin: De Gruyter, 1975.

Harvey, Michael G. „Wittgenstein's notion of ‚Theology as Grammar'". In: *Religious Studies, Vol. 25, No. 1* (März 1989), S. 89–103.

Hector, Kevin W. „God's Triunity and Self-Determination: A Conversation with Karl Barth, Bruce McCormack and Paul Molnar". In: *International Journal of Systematic Theology, Vol. 7, No.3* (July 2005), S. 246–261.

– „Immutability, Necessity and Triunity. Towards a Resolution of the Trinity and Election Cotroversy". In: *Scottish Journal of Theology, Vol 65, Nr. 1* (Februar 2012), S. 64–81.

Hennecke, Susanne. *Karl Barth in den Niederlanden. Teil 1: Theologische, kulturelle und politische Rezeptionen (1919–1960.* Göttingen: Vandenhoeck und Ruprecht, 2014.

Hoffmeister, Johannes. *Wörterbuch der philosophischen Begriffe.* 2. Aufl. Hamburg: Meiner, 1955.

Hordern, William. *The Case for a New Reformation Theology.* Philadelphia: Westminster Press, 1959.

Jäggi, David. *Fundamentalismus contra ‚Neo-Orthodoxie'. Francis Schaeffers theologische Prägung, sein Anliegen und die daraus resultierende Kritik an der Lehre von Karl Barth.* Berlin: Logos Verlag, 2013.

Jenson, Robert. „Once more the Logos asarkos". In: *International Journal of Systematic Theology Volume 13, no. 2* (April 2011), S. 130–133.

– *Systematic Theology Volume 1. The triune God.* Oxford: Oxford University Press, 1997.

Johnson, Junius. *Christ and Analogy. The Christocentric Metaphysics of Hans Urs von Balthasar.* Minneapolis: Fortress Press, 2013.

Jones, Paul Dafydd. *The Humanity of Christ. Christology in Karl Barth's Church Dogmatics.* London: T und T Clark, 2008.

Klimek, Nicolaus. *Der Gott – der Liebe ist. Zur trinitarischen Auslegung der Begriffs ‚Liebe' bei Eberhard Jüngel.* Essen: Die Blaue Eule, 1986.

Kreck, Walter. *Grundentscheidungen in Karl Barths Dogmatik. Zur Diskussion seines Verständnisses von Offenbarung und Erwählung.* Berlin: Evangelische Verlagsanstalt Berlin, 1983.

Krenski, Thomas. *Hans Urs von Balthasar. Das Gottesdrama.* Mainz: Matthias-Grünewald-Verlag, 1995.

Krötke, Wolf. „Die Summe des Evangeliums. Karl Barths Erwählungslehre im Kontext der Kirchlichen Dogmatik". In: *Karl Barth im europäischen Zeitgeschehen (1935–1950) – Widerstand – Bewährung – Orientierung.* Zürich, 2010, S. 67–82.

– „Erwählungslehre". In: *Barth Handbuch.* Hrsg. von Michael Beintker. Tübingen: Mohr Siebeck, 2016, S. 221–226.

– „Gottes Souveränität und Menschlichkeit". In: *Barth Handbuch.* Hrsg. von Michael Beintker. Tübingen: Mohr Siebeck, 2016, S. 301–307.

Lindbeck, George. *Die Christliche Lehre als Grammatik des Glaubens. Religion und Theologie im postliberalen Zeitalter.* München: Chr. Kaiser, 1994.

Link, Christian. *Die Welt als Gleichnis. Studien zum Problem der natürlichen Theologie.* München: Christian Kaiser Verlag, 1976.

– *Schöpfung. Schöpfungstheologie angesichts der Herausforderungen des 20. Jahrhunderts.* Gütersloh: Gütersloher Verlagshaus Gerd Mohn, 1991.

Lochbrunner, Manfred. *Hans Urs von Balthasar und seine Theologenkollegen. Sechs Beziehungsgeschichten.* Würzburg: echter, 2009.

Long, Stephen. *Saving Karl Barth. Hans Urs von Balthasar's Preoccupation.* Minneapolis: Fortress Press, 2014.

Löser, Werner. *Kleine Hinführung zu Hans Urs von Balthasar.* Freiburg: Herder, 2005.

Mannermaa, Tuoma. *Der im Glauben Gegenwärtige Christus. Rechtfertigung und Vergottung. Zum ökumenischen Dialog.* Hannover: Lutherisches Verlagshaus, 1989.

– „Theosis als Thema der finnischen Lutherforschung". In: *Luther und Theosis.* Erlangen: Martin Luther Verlag, 1990, S. 11–26.

Marquardt, Friedrich-Wilhelm. *Theologie und Sozialismus. Das Beispiel Karl Barths.* München: Chr. Kaiser Verlag, 1972.

Marquart, Kurt E. „Luther and Theosis". In: *Concordia Theological Quarterly Volume 64:3* (Juli 2000), S. 182–205.

Maurer, Ernstpeter. „Barth und das Luthertum". In: *Barth Handbuch.* Hrsg. von Michael Beintker. Tübingen: Mohr Siebeck, 2016, S. 126–132.

– „Der ‚königliche Mensch'. Das Leben Jesu in Barths Christologie". In: *Zeitschrift für Dialektische Theologie* (2015), S. 5–30.

– „Sprache bei Barth". In: *Barth Handbuch.* Hrsg. von Michael Beintker. Tübingen: Mohr Siebeck, 2016, S. 165–171.

McCall, Thomas H. „I believe in divine Sovereignty". In: *Trinity Journal, Volume 29* (2008), S. 205–226.

– „We believe in God's sovereign Goodness. A rejoinder to John Piper". In: *Trinity Journal, Volume 29* (2008), S. 235–246.

Michael Hüttenhoff, Henning Theißen, Hrsg. *Abwehr – Aneignung – Instrumentalisierung. Zur Rezeption Karl Barths in der DDR.* Leipzig: Evangelische Verlagsanstalt, 2015.

Minear, Paul. *Eyes of Faith: A Study in the Biblical Point of View.* Philadelphia: Westminster Press, 1946.

Müller, Wolfgang. „Hans Urs von Balthasar im Gespräch mit Karl Barth. Ein theologiegeschichtlicher Rückblick". In: *Karl Barth – Hans Urs von Balthasar. Eine theologische Zwiesprache.* Zürich: Theologischer Verlag Zürich, 2006, S. 11–23.

Murrmann-Kahl, Michael. *Mysterium Trinitatis. Fallstudien zur Trinitätslehre in der evangelischen Dogmatik des 20. Jahrhunderts.* Berlin: Walter de Gruyter, 1997.

Neuser, Wilhelm. *Karl Barth in Münster 1925–1930.* Zürich: Theologischer Verlag Zürich, 1985.

Nimmo, Paul T. „Barth and the Election-Trinity debate: A Pneumatological View". In: *Trinity and Election in Contemporary Theology.* Grand Rapids: Eerdmans Publishing, 2011, S. 162–181.

– *Being in Action. The Theological Shape of Barth's Ethical Vision.* London: T und T Clark, 2007.

O'Donnell, John. „Alles Sein ist Liebe – Eine Skizze der Theologie Hans Urs von Balthasars". In: *Hans Urs von Balthasar – Gestalt und Werk.* Köln: Communio, 1989, S. 260–276.

Pannenberg, Wolfhart. *Systematische Theologie Band 1.* Göttingen: Vandenhoeck und Ruprecht, 1988.

Paulus, Engelbert. *Liebe – Das Geheimnis der Welt. Formale und materiale Aspekt der Theologie Eberhard Jüngels.* Würzburg: echter, 1990.

Peter Ehlen Gerd Haeffner, Friedo Ricken. *Philosophie des 20. Jahrhunderts.* 3. Aufl. Stuttgart: Kohlhammer, 2010.

Piper, John. „I believe in God's self-sufficiency. A response to Thomas McCall". In: *Trinity Journal, Volume 29* (2008), S. 227–234.

Plasger, Georg. „Die Konzeption der Versöhnungslehre Barths unter besonderer Berücksichtigung der ‚Menschlichkeit Gottes'". In: *Karl Barth als Lehrer der Versöhnung (1950–1968): Vertiefung – Öffnung – Hoffnung*. Hrsg. von Michael Trowitzsch Michael Beintker Georg Plasger. Zürich: Theologischer Verlag Zürich, 2016, S. 13–30.

Pöhlmann, Horst-Georg. *Analogia entis oder Analogia fidei. Die Frage der Analogie bei Karl Barth*. Göttingen: Vandenhoeck und Ruprecht, 1965.

Richards, Jay Wesley. „Truth and Meaning in George Lindbeck's ‚The Nature of Doctrine'". In: *Religious Studies, Vol. 33, No. 1* (März 1997), S. 33–53.

Richardson, Alan. *Christian Apologetics*. London: SCM Press, 1947.

Sanders, Fred. „Review on: Divine Freedom and the Doctrine of the Immanent Trinity: In Dialogue with Karl Barth and Contemporary Theology". In: *Cultural Encounters: A Journal for the Theology of Culture, Sommer 2006/1* (2006), S. 109–111.

Sass, Hartmut von. *Gott als Ereignis des Seins. Versuch einer hermeneutischen Onto-Theologie*. Tübingen: Mohr Siebeck, 2013.

Schleiermacher, Friedrich. *Der christliche Glaube nach den Grundsätzen der evangelischen Kirche im Zusammenhange dargestellt*. 7. Aufl. Berlin: De Gruyter, 1960.

Schneider, Detlev. „Barth und Maury". In: *Barth Handbuch*. Hrsg. von Michael Beintker. Tübingen: Mohr Siebeck, 2016, S. 116–122.

Slot, Edward van't. „Die christologische Konzentration. Anfang und Durchführung". In: *Zeitschrift für Dialektische Theologie* (2015), S. 12–31.

Spieckermann, Ingrid. *Gotteserkenntnis. Ein Beitrag zur Grundfrage der neuen Theologie Karl Barths*. München: Chr. Kaiser Verlag, 1985.

Stroble, Paul E. „Review on: How to Read Karl Barth: The Shape of His Theology. George Hunsinger". In: *The Journal of Religion 72, no. 3* (Juli 1992), S. 447–448.

Swain, Scott R. *The God of The Gospel. Robert Jenson's Trinitarian Theology*. Downers Grove: IVP Academic, 2013.

Tillich, Paul. *Systematische Theologie Band 3*. Stuttgart: Evangelisches Verlagswerk, 1966.

Torrance, Thomas Forsyth. *The Christian Doctrine of God*. Edinburgh: T und T Clark, 1996.

– *The Trinitarian Faith*. 2. Aufl. Edinburgh: T und T Clark, 1997.

Treitler, Wolfgang. „Wahre Grundlagen authentischer Theologie". In: *Hans Urs von Balthasar – Gestalt und Werk*. Köln: Communio, 1989, S. 175–190.

Trenery, David. *Alasdair McIntyre, George Lindbeck and the Nature of Tradition*. Eugene: Pickwick Publications, 2014.

Voderholzer, Rudolf. „Die Bedeutung der so genannten »Nouvelle Théologie« (insbesondere Henri de Lubacs) für die Theologie Hans Urs von Balthasars". In: *Logik der Liebe und Herrlichkeit Gottes*. Ostfildern: Matthias-Grünewald-Verlag, 2006, S. 204–228.

Ware, Bruce A. *Father, Son and Holy Spirit. Relationships, Roles and Relevance*. Wheaton: Crossway, 2005.

Weber, Otto. *Grundlagen der Dogmatik I*. Berlin: Evangelische Verlagsanstalt, 1964.

Webster, John. „Balthasar and Karl Barth". In: Cambridge: Cambridge University Press, 2004.

– *Barth*. London, 2000.

– „Theology after Liberalism?"In: *Theology after Liberalism*. Hrsg. von John Webster und George P. Schner. Oxford: Blackwell Publishers, 2000, S. 52–64.

– „Translator's introduction". In: *Eberhard Jüngel: God's being is in Becoming*. Edinburgh: T und T Clark, 2001.

Weinrich, Michael. „Trinität". In: *Barth Handbuch*. Tübingen: Mohr Siebeck, 2016.
Wigley, Stephen. *Karl Barth and Hans Urs von Balthasar. A Critical Engagement*. Edinburgh: T und T Clark, 2007.
Winling, Raymond. „Nouvelle Théologie". In: *Theologische Realenzyklopädie Band XXIV*. Berlin: Walter de Gruyter, 1994.